中 俄 现 代 新 闻 理 论 比 较

СРАВНИТЕЛЬНОЕ ИССЛЕДОВАНИЕ
СОВРЕМЕННОЙ
ТЕОРИИ ЖУРНАЛИСТИКИ
КИТАЯ И РОССИИ

中俄现代
新闻理论比较

■ 张举玺 等 / 著

社会科学文献出版社
SOCIAL SCIENCES ACADEMIC PRESS (CHINA)

СРАВНИТЕЛЬНОЕ ИССЛЕДОВАНИЕ
СОВРЕМЕННОЙ
ТЕОРИИ ЖУРНАЛИСТИКИ
КИТАЯ И РОССИИ

目 录

导　论

　　俄罗斯是世界性大国，又是中国最大的邻国。俄罗斯的发展与变化对中国已经产生过并将继续产生影响。同时，俄罗斯也是一个正在重新崛起的大国，其荣辱兴衰与中国军事、政治、经济安全息息相关。研究俄罗斯的传媒体制与新闻理论不仅具有重要的学术意义，更具有重要的参考价值。

　　近年来，介绍俄罗斯传媒事业现状的文章不断见诸中国报刊和书籍之中，中国学者出版了《转型时期的俄罗斯大众传媒》、《转型中的俄罗斯传媒》、《当代俄罗斯大众传媒研究》、《中俄现代传媒文体的比较研究》等专著。学者们从俄罗斯大众传媒转型、俄罗斯媒体私有化、俄罗斯新闻功能变异、俄罗斯媒体寡头化、俄罗斯政府与媒体寡头之间的斗争、中俄传媒文体的比较等多个角度，对俄罗斯传媒业的演变过程进行了分析。但是，学界对俄罗斯现代新闻事业的整体介绍和研究，尤其是对中俄现代新闻理论进行的全面比较研究却显得比较薄弱。原因在于受专业技术因素限制较多，研究者不仅要精通俄语，熟悉俄罗斯当代新闻理论及传媒，还需要深入了解中国新闻理论及新闻事业的发展历史和现状等。

　　20世纪上中叶，苏联作为世界上第一个社会主义国家，有着不少可供新中国新闻事业借鉴的经验。因此，学习苏联的新闻工作经验，是新中国建立初期党和政府对新闻工作者提出的要求。在学习苏联新闻工作经验的热潮中，中国新闻界系统地学习了列宁、斯大林的办报实践、办报思想和苏联新闻工作的传统，加深了对无产阶级新闻理论党性原则的认识，并在很大程度上成为建设我国社会主义新闻事业新体制的指导思想与理论基础。

20 世纪 80 年代中期，苏联在戈尔巴乔夫领导下开始改革。戈尔巴乔夫首先提出了"公开性"战略构想，认为"公开性"意味着揭露所有阻碍全面改革的缺点，本着"公开性"原则，媒体可以揭露改革中的不正当现象，从而推动改革进程。但是，戈尔巴乔夫倡导"公开性"的目的并不是为了实现新闻自由，而是要配合政策的变化进行有效的宣传。① 因为戈尔巴乔夫一度把"公开性"作为官方机构应该是公开、透明的，并作为他全面推行改革路线，争取群众"自下而上"支持，以避开苏共保守派反对的工具。

在这种情况下，改革初期的新闻报道主要围绕改革的具体进程展开，配合苏共的要求，宣传改革，揭露妨碍改革的缺点。1990 年 6 月，在戈尔巴乔夫的推动下，通过了苏联历史上第一部新闻法，即《苏联出版与其他大众传媒法》。该新闻法不但取消了新闻审查，确立了言论自由，给予多种主体以创办大众传媒的权利，还第一次把对大众传媒的管理从几十年的行政管理方式中解放出来，纳入法制轨道。这对苏联大众传媒的新闻自由、所有制、结构与类型都产生了重要影响。②

戈尔巴乔夫所倡导的改革最初是在社会主义范畴内展开的，但在改革的进程中，它渐渐偏离了最初的方向，并最终演变为一场颠覆社会主义制度的剧变。一般所说的俄罗斯转型是指从苏联社会主义制度向资本主义和民主政治的转型。由于俄罗斯大众传媒始终置身于这场剧烈的社会转型之中，它所经历的变化也是异常深刻的。其职能随着苏联解体、俄罗斯的独立发生了翻天覆地的变化，由"宣传功能"转变成为"信息传播功能"。

研究俄罗斯现代新闻事业发展的经验和教训，有助于我国新闻事业严格遵守党性原则，有助于我国新闻事业坚持"党和政府喉舌及耳目"的功能，有助于我国建立快速发展、现代化、多功能、高效率、适合市场经济改革机制的大众传媒体系。

但是，在信息数字化的今天，新闻学已经同其他学科相互联系、相互渗透，形成了多种边缘科学，比如新闻传播学、新闻写作学、新闻文本学、新闻语言学、新闻心理学、新闻管理学、传媒经济学、政治舆论学等。要想在这些相互联系与渗透的多种边缘学科中比较研究中俄现代新闻理论，存在很大难度。因此，需要紧紧围绕新闻学的核心内容，即理论新闻学、

① 〔美〕小杰克·马特洛克：《苏联解体亲历记》，世界知识出版社，1996，第 64 页。
② 贾乐蓉：《当代俄罗斯大众传媒研究》，中国广播电视出版社，2008，第 1～2 页。

应用新闻学和新闻史学，遵循时代步伐，尽量挖掘两国最新最前沿的新闻理论信息，选择和采用最新鲜的案例辅助诠释经典理论。

本书试图在此基础上对两国现代新闻功能、传媒集团化、新闻自由与社会控制、国有资本在传媒中的作用、新闻文体的理论与实践基础和新闻文体特征等核心问题展开研究。

本书由以下六章内容组成：

第一章"中俄现代新闻功能比较"回顾和归纳中国无产阶级新闻事业的创立、新中国成立初期及"文化大革命"时期的新闻事业与功能、中国新时期新闻事业与功能和改革开放以来社会主义新闻事业功能、俄罗斯转型期的传媒事业与功能、叶利钦时代传媒寡头崛起与媒体功能、普京时代传媒控制与国家功能，并将两国新闻功能进行了比较，发现其相似与不同之处。

第二章"中俄新闻自由与社会控制比较"论述中国的新闻自由、法规控制与发展趋势、俄罗斯的新闻自由、大众传媒法与发展趋势。经过比较后认为，两国的新闻自由空间不同，两国的新闻控制不同，两国新闻法制化发展趋势也不同。

第三章"中俄传媒集团化比较"论述中国报业集团化发展现状、中国广电报业集团化发展现状、中国传媒集团化发展趋势、俄罗斯报业集团化发展现状、俄罗斯广电报业集团化发展现状和俄罗斯传媒集团化发展趋势，并就两国传媒集团化成因、现状和发展趋势进行了比较。

第四章"中俄国有资本在传媒中的作用比较"论述中国传媒企业国营化、WTO 机制对中国传媒机制带来的挑战、国有资本在中国传媒中的责任和作用、俄罗斯传媒企业私营化、国际资本使俄罗斯传媒业快速集团化和国有资本在俄罗斯传媒中的责任和作用。经过比较发现，两国传媒体制不同，外资进入传媒业的结果不同，但是两国坚持国有资本必须承担政府职能的要求却相同。

第五章"中俄新闻实践基础比较"论述与比较中俄新闻体裁划分方法、中俄报刊词汇、中俄新闻修辞和中俄新闻外来词汇。研究结果认为，除新闻体裁划分方法有一定区别外，两国报刊词汇、新闻修辞和外来词汇均呈现出相似或类同特征。

第六章"中俄新闻文体特征比较"论述与比较中俄新闻作品的逻辑结构、叙述方法、记者角色和引语说话的方式。研究结果表明，两国新闻作品的逻辑结构不同，新闻作品对事件的叙述方法不同，记者在新闻作品中的角色不同，新闻作品用引语说话的方式不同。

本书运用历史比较法、结构分析法、体裁分析法、逻辑分析法和统计分析法等手段，对上面提到的各项研究内容进行研究和论述。

本课题的创新之处在于：用历时和共时两个时间概念，对两国新闻理论发展进行纵向和横向同步研究；用辩证方法对中俄现代新闻理论体系进行历史性、概念性和翔实性描述，充分展示两国现代新闻理论的典型特征；客观观察和研究俄罗斯现代新闻事业发展过程中的一系列重大事件；认真总结俄罗斯政府对大众传媒所采取的各项有益整顿经验，对中国新闻事业改革所给予的启示。

本书的研究价值在于：发现俄罗斯传媒事业在转型过程中的得与失，便于我国新闻事业在改革过程中扬长避短和取长补短。课题所包含的研究材料、主要见解、论述和结论等，有助于我国新闻工作者等对俄罗斯传媒事业的特点加深了解，促进中俄两国新闻界在社会、政治、经济等领域的相互了解和交流，推动两国战略伙伴关系向前发展。

在课题研究过程中，课题组选用中俄当代媒体的大量出版物，比如《北京青年报》、《大河报》、《第一财经日报》、《光明日报》、《环球时报》、《南方周末》、《人民日报》、《文汇报》、《小说月报》、《新华每日电讯》、《中国青年报》、《21 世纪环球报道》、《21 世纪经济报道》、《莫斯科华人报》、*Аргументы и факты*、*Известия*、*Итоги*、*Коммерсантъ*、*Комсомольская правда*、*Независимая газета*、*Огонёк*、*Проф-иль*、*Российская газета*、*Совершенно секретно* 等 70 余种当代报刊。

本书的理论基础立足于近年来中俄新闻传播学等专业公开出版的教材、科研论著、期刊论文和相关学术文章。作为理论研究基础，本书主要参考了以下论著：丁柏铨的《中国当代理论新闻学》，丁淦林的《中国新闻事业史》，甘惜分的《新闻理论基础》，高钢的《新闻写作精要》，郭庆光的《传播学教程》，胡正荣的《新闻理论教程》，季宗绍、石坚的《新闻采访与写作》，贾乐蓉的《当代俄罗斯大众传媒研究》，李良荣的《新闻学概论》，李希光的《畸变的媒体》，李元授、白丁的《新闻语言学》，刘海贵的《中国报业发展战略》，桑义燐的《新闻报道学》，史有为的《外来词——异文化的使者》，童兵的《中西新闻比较论纲》，吴非、胡逢瑛的《转型中的俄罗斯传媒》和《俄罗斯传媒体制创新》，喻国明的《中国传媒业：洗牌、模式与规则再造》，张殿元的《中国报业传媒体制创新》，张举玺的《新闻写作技法》、《中俄现代传媒文体的比较研究》和《俄罗斯大国转型之道》，张威的《比较新闻学：方法与考证》，郑保卫的《当代新闻理论》，Бельчиков Ю. А. 的 *Стилистика*，Ваншенкин К. 的 *Журналистика как творчество*，Ворошилов В. В. 的 *Журналистика*，Грабельников А. А. 的 *Работа журналиста в прессе*，Засурский Я. Н. 的 *Средства массовой информации постсоветской России*，Земская Е. А. 的 *Языка игра*，Земская Е. Я. 的 *Словообразование как деятельность*，Ким М. Н. 的 *Технология создания журналистского произведения*，Корконосенко С. Г. 的 *Основы журналистики*，Костомаров В. Г. 的 *Языковой вкус эпохи*，Максимов В. И. 的 *Стилистика и литературное редактирование*，Прохоров Е. П. 的 *Введение в теорию журналистики*，Сментанина С. И. 的 *Медиа-текст в системе культуры*，Солганик Г. Я. 的 *Лексика газеты*、*Стилистика текста* 和 *Стилистика русского языка*，Тертычный А. А. 的 *Жанры периодической печати* 等。（见 "参考文献"）

　　同时，课题组还研究和参考了程曼丽的《转型期俄罗斯新闻业透视》、《"松"与"紧"的变奏——现行俄罗斯新闻体制的演变及其特点》，邓涛的《论新闻传媒的集团化整合》，董晓阳的《俄罗斯金融工业集团角逐传媒界》，国秋华的《俄罗斯大众传媒自由化的理想与现实》，何振红的《中国报业集团化发展瓶颈分析》，姜宗仁的《上海文广的探索之路》，郎劲松的《俄罗斯大众传媒步入"普京时代"》，李良荣的《论中国新闻传媒的双轨制》，李玮的《俄罗斯传媒的现状与发展趋势》，梅琼林、国秋华的《社会转型与俄罗斯新闻传播观念的嬗变》，史天经的《普京"可控民主"与俄国新闻媒体》，孙汉军的《俄语外来词研究》，童兵的《界定"新闻"和"宣传"》，吴非、胡逢瑛的《俄罗斯媒体资本运作与政府角色》，张永红的《优化新闻作品的结构》，赵华胜的《变化中的俄罗斯新闻业》和郑保卫的《"三股推力"与"三重阻力"下的舆论监督》，Засурский Я. 的 *Исследователи жур-тики и развитие отечественных СМИ*，Руденко Б. 的 *Гибель четвертой власти*，Ботодина А. 和 Воронцев К. 的 *Кому принадлежит Россия* 等大批珍贵的期刊文献。（见 "参考文献"）

　　本书在研究过程中参考了张举玺博士主持完成的教育部留学回国人员科研启动基金项目成果《中俄现代新闻文体比较研究》、河南省教育厅人文社科项目《中俄现代新闻功能比较研究》和其博士学位论文 *Сходства и различия современных текстов в китайской и российской прессе*。

在俄文资料的收集与选择上，得到了俄罗斯人民友谊大学大众传媒教研室 Б. Виктор 教授、Т. Галина 教授和 А. Грабельников 教授的大力支持。

综上所述，中国是社会主义国家，俄罗斯在独立之前也曾经是社会主义国家，自 20 世纪 90 年代后，两国对传媒事业都进行了市场化改革，但是由于二者社会体制不同，所采用的改革模式不同，由此而引起的结果也不同。

中国传媒事业改革的初始条件是国家政治体制不变，媒介市场政策放开，媒介性质为"事业单位企业化管理"。经过三十年"增量改革"，媒介经济实力不断壮大。然而，兼具官办与商业化运作的体制使媒介发展遭遇瓶颈。

俄罗斯传媒改革的初始条件是国家推行资本主义制度，经济领域实施激进的自由化政策。经过短暂的多元化阶段之后，俄罗斯传媒被金融寡头所操纵，并成为政治选举的工具，新闻自由被扭曲。普京执政后，全力整顿金融寡头，传媒市场重归国家主导，从而扭转了制度化的方向。

然而，在自由化与国家化的两极震荡之间，俄罗斯传媒什么经验和教训值得中国传媒发展借鉴，哪些内容能作为中国传媒进一步改革的参考依据，这是该课题要解决的核心问题。围绕该核心问题将先后解答下列六个实际问题，并在研究过程中给出结论。

第一，观察研究中俄新闻功能各自呈现的状态与特征。在比较分析中国社会主义新闻事业、俄罗斯资本主义传媒事业的过程中，发现俄罗斯的经验与教训。

第二，观察研究中俄两国新闻自由的性质与社会控制手段。在比较分析中国新闻自由与控制、俄罗斯新闻自由与控制的过程中，发现俄罗斯的经验与教训。

第三，观察研究中俄传媒市场集团化发展状态。在比较分析中国传媒集团化现状与发展趋势、俄罗斯传媒集团化现状与发展趋势的过程中，发现俄罗斯的经验与教训。

第四，观察研究中俄国有资本在传媒中的作用。在比较分析中国国有资本在传媒中的作用、俄罗斯国有资本在传媒中的作用的过程中，发现俄罗斯的经验与教训。

　　第五，观察研究中俄新闻实践基础。在比较分析两国新闻体裁、报刊词汇、新闻修辞和外来词汇的过程中，发现其共性与区别，为比较研究两国新闻文体建立理论基础。

　　第六，观察研究中俄新闻文体特征。在比较分析两国新闻作品的逻辑结构、叙述方法、记者角色和说话方式的过程中，发现各自新闻实践特色。

　　上述问题共同组成该课题的研究内容与逻辑结构。

第一章
中俄现代新闻功能比较

　　新闻功能是新闻理论所讨论的一个重要问题。归纳起来，新闻事业的主要功能是报道新闻、引导舆论、传播知识、提供娱乐、刊登广告。① 越来越多的事实证明，新闻功能是多元的，新闻既有其主功能，又有诸多其他功能。②

　　研究中俄现代新闻功能是学界近年来新开辟的一个前沿领域。这里对该专题进行研究，目的在于探讨新闻功能在中国社会主义体制和俄罗斯资本主义体制两种不同模式中所承担的责任和所发挥的作用，解答新闻功能在哪种社会体制模式中可以很好地发挥优势这样的问题。为此，我们将分别论述中国社会主义新闻事业与功能和俄罗斯传媒事业与功能，并在此基础上分析新闻两大功能，即新闻宣传与信息传播之间的异同。

第一节　中国社会主义新闻事业与功能

一　中国无产阶级新闻事业的创立

　　中国共产党的新闻事业，萌芽于轰轰烈烈的五四运动时期。1920 年 9

---

① 何梓华：《新闻理论教程》，高等教育出版社，1999。
② 邱沛篁：《新闻传播手册》，四川大学出版社，2004，第 118 页。

月 1 日，陈独秀创办《新青年》，自 8 卷 1 号起作为中国共产党上海发起组的机关刊物出版；1922 年 9 月 13 日中国共产党第一家机关报《向导》创刊。以此二者为标志，中国无产阶级新闻事业横空出世。在五四运动以及大革命时期，它旗帜鲜明地宣传、传播马克思主义，坚持不懈与各种错误思想和反动宣传进行坚韧不拔的斗争，进行反帝、反封建宣传，帮助中国人民认清民主革命的正确道路，推动大革命向前发展。中国共产党早期新闻思想在这种大革命浪潮的洗礼中得以形成。这一新型新闻思想，具有鲜明无产阶级的阶级性与党性，广泛的民主性与群众性，务实的科学性以及符合新闻规律的创造性。①

大革命失败后，中国共产党领导的新闻事业分为两支队伍，分别在白区和苏区展开斗争。在白区，共产党的报刊遭到残酷破坏，不得不秘密出版，继续传播革命声音，先后创办出版了党的中央机关刊物《布尔什维克》、《红旗》、《红旗日报》、《斗争》等。党的地下报刊，在血雨腥风的白色恐怖中，高举革命大旗，揭露了国民党叛变革命的真面目以及勾结投靠帝国主义，压迫剥削工农大众的罪行，扩大了中国共产党的影响，启发了人民群众的觉悟。在苏区，人民第一次掌握政权，创办了党和人民的新闻事业。1931 年 11 月 7 日，红色中华通讯社成立。12 月 11 日，中华苏维埃中央政府机关报《红色中华报》创刊。革命根据地的新闻事业，是一种有着鲜明特色、崭新的新闻事业，它是第一次在人民政权下人民大众创办的自由新闻事业，它是中国苏维埃运动的喉舌，是武装起来的根据地人民用以扩大巩固工农民主政权，争取中华民族解放的锐利武器。②

在抗日战争与解放战争的峥嵘岁月里，中国共产党领导的新闻事业在战火洗礼中继续发展，并创造了可歌可泣的光辉业绩。抗战时期，延安是陕甘宁边区的首府，在中共中央的领导下，新闻事业从初期的小型报发展到大型报，从单一的报刊扩大到《解放日报》、新华通讯社和延安新华广播电台等，形成多种新闻媒体兼备的初具规模的新闻事业，成为全国革命新闻事业的中心。

1935 年 10 月中央红军到达陕北吴起镇，长征取得了胜利。1935 年 11 月，长征前停刊的《红色中华报》在陕北复刊，并于 1937 年 1 月更名为

① 郑保卫：《中国共产党新闻思想史》，福建人民出版社，2004，第 25 页。
② 方汉奇、张之华：《中国新闻事业简史》，中国人民大学出版社，1993，第 270 页。

《新中华报》。同年 4 月，中共中央又创办了政治理论刊物《解放》周刊。1939 年至 1940 年期间，随着《共产党人》、《八路军军政杂志》、《中国青年》等一批新报刊纷纷出版，形成了一个以中共中央机关报《新中华报》为中心的报刊系统。

1941 年后，抗日战争在经济上进入了艰难困苦时期，以延安为中心的陕甘宁边区经济发生了严重困难。为坚持并加强党的新闻宣传工作，中共中央决定将部分刊物停刊，并将延安《新中华报》和《今日新闻》合并，创刊《解放日报》。这是党成立以来，在革命根据地创办的第一个大型、每日出版的中共中央机关报。

中国共产党领导的人民广播事业，也诞生于抗日战争的烽火之中。1940 年 12 月，中国共产党领导的第一座人民广播电台——延安新华广播电台建成，并从当月 30 日起以 "XNCR" 为呼号开始试播。

1942 年，党中央在延安开展了整风运动。这次全党范围的马克思主义思想教育运动，引发了党对无产阶级新闻理论的探索，促进了党对新闻工作的改革。最重要的成果之一，是党中央机关报《解放日报》的改版。4 月 1 日，《解放日报》发表改版宣言，明确提出党报必备的品格，即党性、群众性、战斗性、组织性，并开始整风改版。[①]《解放日报》这次改版，贯彻了无产阶级的办报思想，加强了党对报纸的领导，促进了党报与革命斗争实际的联系以及同群众的联系，树立了生动活泼、新鲜有力、言之有物的文风，进行了无产阶级新闻理论的建设，是党的新闻事业史上具有历史意义的重大改革。两年间，《解放日报》发表了毛泽东、博古、陆定一、胡乔木等同志撰写的有关新闻工作的文章和一系列关于新闻工作的社论，初步奠定了中国无产阶级新闻学理论的基础。

解放战争时期，党所领导的新闻事业在推进夺取全国胜利的进程中继续发展。1947 年，解放区开展了轰轰烈烈的土地改革。中共中央晋绥分局机关报《晋绥日报》在检查报纸上关于土地改革的不真实报道后，为了挽救党报的威信，维护新闻的真实性原则，开展了反 "客里空" 运动，并进行了公开的批评和自我批评。1948 年 3 月，毛泽东接见了报社编辑人员，发表了重要谈话。谈话中，毛泽东阐述了党报的作用、任务以及办报的路线、方针、风格等一系列重大问题，明确提出了 "全党办报、群众办报"

---

① 　周亚飞：《中国共产党新闻八十年》，《新闻爱好者》2001 年第 7 期，第 7 页。

的原则。

1948年9月至10月间，中共中央为了改进和加强新闻工作，在西柏坡村召集人民日报社、新华社华北总分社的部分记者进行学习。10月2日，刘少奇在这次学习的集会上发表了重要谈话，后来整理成《对华北记者团的谈话》一文，主要阐明了新闻事业的作用和任务，论述了新闻工作者的基本条件和修养。

毛泽东《对晋绥日报编辑人员的谈话》和刘少奇《对华北记者团的谈话》两篇谈话成为指导党的新闻工作的纲领性文献。解放战争后期，伴随着人民解放军大反攻的号角，中国内地各省会及其他大中城市相继回到人民手中。1949年2月，中共华北局机关报《人民日报》迁至北平出版。同年8月，中共中央决定将《人民日报》改为中共中央机关报。在此前后，各省会及其他大中城市的党报也相继在解放大军攻克并占领城市后不久即行创办。至新中国成立前夕，已基本形成一个从中央到地方的全国性的党报系统。

结　语

无产阶级的新闻事业在五四运动后横空出世，在抗日战争与解放战争的峥嵘岁月里继续发展，迎来了共和国成立的曙光，与此相随的是中国共产党对无产阶级新闻事业性质、功能以及新闻理论的继承、探索、发展与成熟。

（1）中国共产党早期的新闻思想，继承俄共（布）的马克思主义新闻思想，并逐步与中国新闻宣传的实践经验相结合。新闻宣传是中国共产党事业的重要组成部分，是共产党的喉舌，具有鲜明的党性，坚持以事实为新闻宣传的基础，形成了坚持真理、求真务实、旗帜鲜明的战斗风格。

（2）土地革命时期，在严酷的阶级斗争环境中，中国共产党对党报功能和作用的认识进一步深入，将列宁"党报不仅是集体的宣传员和集体的鼓动员，而且是集体的组织者"的党报理论，作为党报功能的指导思想，明确提出"报纸是阶级斗争的工具"的命题，使全党办报的思想得以初步形成。

（3）抗日战争与解放战争时期，中国共产党的党报理论得以发展并趋向成熟。强调新闻必须完全真实，并通过整风运动批判、遏制虚假新闻。在党报整风改版运动中，明确了党报所具备的品质，即党性、群众性、战斗性和组织性。毛泽东《对晋绥日报编辑人员的谈话》和刘少奇《对华北记者团的谈话》两篇谈话成为指导中国共产党新闻工作的纲领性文献。

二　新中国成立初期、"文化大革命"时期的新闻事业

1. 新中国成立初期新闻事业发展概况

1949 年 10 月 1 日，中华人民共和国宣告成立，党和政府迅速完成了对旧中国新闻事业的清理整顿。经过有领导、有计划、有步骤的调整和改造，党和人民的新闻事业形成了以《人民日报》、新华通讯社、中央人民广播电台为核心的全国规模的较为全面的新型事业网。广袤的中国大地，出现了由中国共产党统一领导的人民新闻事业繁荣发展的新局面。

（1）报纸事业

报刊是新中国成立初期最普及也是最重要的新闻传播工具。据统计资料显示，1950 年全国各类铅印报纸有 382 种，1951 年增至 475 种。经过 1952 年的整顿和 1953 年的调整，至 1954 年 10 月，全国共有报纸 248 种。其中，国营报纸 239 种，公私合营报纸 4 种，私营报纸 5 种。

在各类报刊中，以党报为主体的国营报纸代表着新中国报业的发展方向。中共中央机关报《人民日报》早在新中国成立前夕就已正式组建，新中国成立后迅速发展成为全国最大的报纸。《人民日报》的发行量，1949 年为 9 万多份，1950 年达 17 万份，1955 年为 71 万份，1956 年将近 90 万份。与此同时，各大行政区、省、直辖市党委的机关报，也逐渐发展起来。由中共中央及各级党委机关报组成的党报系统，是公营报刊系统的主体，在各类报刊中占优势地位。

此外，还有社会团体、民主党派与民主人士、人民军队、少数民族和专业部门的报纸，如《工人日报》、《光明日报》、《中国青年报》、《健康报》、《文汇报》、《大公报》、《解放军报》等。

1958 ~ 1959 年，是我国报业骤然大发展时期，全国报纸总数最高时达到 1776 家。这期间，由于受"大跃进"的浮夸风影响，很多报纸是匆匆上马的。1960 ~ 1965 年是我国经济由困难到发展的时期，我国的报业也从调整充实走向稳步发展。1962 年，全国报纸压缩到 308 家，国民经济恢复后，到 1965 年增至 413 家，期发行量达 2784.8 万份。

（2）通讯社事业

1950 年 3 月，中共中央发出《关于改新华社为集中统一的国家通讯社的指示》，同年 4 月，国家新闻出版总署通过《关于统一新华社组织和工作

的决定》。据此，国家新闻出版总署对新华社的组织机构进行调整。新华通讯社从中共中央的宣传机关改组为新中国国家通讯社。党和国家对新华通讯社进行了一系列调整，迅速将新华社建设成为集中统一的国家通讯社。作为国家新闻统一发布机构，新华社受权发布中央人民政府的一切公告和公告性新闻，并担负起每日向全国报纸和广播电台供给国内外重要新闻的任务。1952 年，新华社在国内设有 6 个总分社，28 个分社，国外设 5 个分社。对国内广播每天 3 万字，对地方报纸每天发简要新闻 7500 字，对国外英文广播每天发 8000 字，新闻照片全年发 75 万张。[①]

（3）广播事业

在没收利用国民党广播电台设备的基础上，一个从中央到地方的国营人民广播电台网迅速建成。1949 年 12 月，北京新华广播电台改名为中央人民广播电台，相继开办了"新闻报道"、"全国联播"两个在全国影响广泛的新闻节目。1950 年起，中央人民广播电台开办对少数民族语言广播业务，1954 年后开办对台湾广播业务。至 1956 年，中央人民广播电台已发展到每天播出 5 套节目，播音时间累计为 38 小时。1950 年 4 月，开办对国外广播。与此同时，各地区的人民广播电台也纷纷创建。1954 年，全国各省区市除西藏、台湾两地外，均建立起本地的人民广播电台。许多有条件的地市也创建起本地区的人民广播电台。

2. 新中国成立初期新闻事业的基本功能

（1）党报党刊喉舌理论的继承、探索与深入

中国共产党领导的新闻事业是党、政府和人民的喉舌，承担着宣传、舆论引导的功能，中国社会主义新闻事业的喉舌功能和理论是在学习和继承马克思主义新闻思想的基础上，在多年波澜壮阔的斗争和发展中积累形成的光荣传统与实践总结。马克思、恩格斯最早提出了人民报刊具有特定的"喉舌"功能。1849 年，马克思在驳斥反动势力对《新莱茵报》的攻击时指出："报刊按其使命来说，是社会的捍卫者，是针对当权者的孜孜不倦的揭露者，是无处不在的耳目，是热情维护自己自由的人民精神的千呼万应的喉舌。"[②]

革命导师列宁从政治的角度进一步强调了党的新闻事业的喉舌功能。

---

① 方汉奇、张之华：《中国新闻事业简史》，中国人民大学出版社，1993，第 380 页

② 《马克思恩格斯全集》第 6 卷，人民出版社，1965，第 275 页。

列宁认为，新闻事业是党所领导的革命事业的一个重要部分，党所掌握的各种机关报刊，都必须"由确实忠实于无产阶级的可靠的共产党人来主持"，"应该完全服从于党中央委员会的领导"。①

以马列新闻思想为理论指南，中国共产党第一次全国代表大会通过的第一个决议即规定："任何出版物，无论是中央的还是地方的，均不得刊登违背党的原则、政策和决议的文章。"② 党报党刊的党性原则和喉舌角色实质上已经确立。

延安时期，党报的界定以及党报喉舌性质与功能的定位得到进一步明确。——"报纸是党的喉舌，是这一个巨大集体的喉舌。"这个时期的中共新闻思想是以"组织喉舌"为中心的思想，突出报纸"组织的喉舌"这一性质与功能，即"全党办报"。

新中国成立后，伴随着社会主义建设事业轰轰烈烈的展开，党的新闻事业在宣传实践中继续对喉舌理论进行深入摸索。这一过程是伴随着党的第二次新闻事业的改革进行的。此次改革以 1956 年 7 月 1 日《人民日报》发表改版社论为开端。社论认为，《人民日报》是党的报纸，也是人民的报纸，从创刊到现在，一直是为党和人民的利益服务的。

社论提出，将从三个方面改进其工作。第一，扩大报道范围，尽量满足读者的多方面要求。第二，开展自由讨论，甚至可以发表与共产党人不同的观点。第三，改进文风，力求言之有物、言之成理，使读者愿意看、喜欢看。③《人民日报》带头改革，全国新闻媒体纷纷跟进，新华社在提交的改革设想中提出：少以"官办"面孔出现，多采"民办做法"；办成"消息总汇"等。通过此次改革，党对社会主义新闻事业的性质问题进一步深化。社会主义的新闻事业，既是党领导的事业，又是人民自己的事业。中央认为，我们党的各种报纸都是人民的报纸，它们应该发表党的指示，同时尽量反映人民群众的意见。

刘少奇在谈到新华社性质时说，新华社做国家通讯社好，还是当老百姓好。我看，还是当老百姓好。1956 年新闻改革实践及领导的指示与谈话从不同层次反映出党对新闻事业喉舌性质与功能认识的深化，蕴含着党对

---

① 《列宁全集》第 31 卷，人民出版社，1963，第 182、185 页。
② 中共中央档案馆编《中共中央文件选集》第一册，中共中央党校出版社，1989，第 7 页。
③ 郑保卫：《中国共产党新闻思想史》，福建人民出版社，2004，第 329～330 页。

新闻事业既是党、政府喉舌又是人民喉舌这一性质的认识。新中国成立初期，特别是 1956 年前后的中国新闻思想，可称为由原来立足于"组织喉舌"的思想向立足于"社会喉舌"的思想的转化。

（2）积极宣传社会主义事业

党的新闻事业是党、国家的喉舌，承担着宣传党和政府方针、政策和社会主义意识形态的功能。新中国成立初期，百废待兴。经济恢复、国家安全、社会安定等问题无不考验着新生的共和国，党和国家急需将全国人民的认识、意志和智慧凝聚统一到社会主义建设事业上来。在这个特定阶段，新闻事业的喉舌宣传功能得到了强化和突出表现。

在经济宣传报道方面，经济建设是新中国各项工作的重中之重，经济宣传报道始终是新中国成立初期新闻工作的一个重要内容。一是紧密配合党和政府的中心工作。《人民日报》等新闻机构紧密配合恢复国民经济这一中心任务，重点宣传报道统一全国财政工作、调整工商业、精简节约等方面的情况。农业合作化运动兴起后，新闻机构抓住农业合作化这一主线，进行了大量持续的报道。针对合作化工作中急躁冒进的倾向，《人民日报》等媒体保持了清醒的头脑和高度的警惕性，发表评论和社论进行校正和批评。二是突出报道国家重点建设的成就。《人民日报》、新华社等新闻机构通过新闻、评论、通讯、报告，突出报道了国家重点建设的成就，向海内外读者展示了一幅幅国家重点建设的壮丽图景，同时抓住人民群众中涌现的典型人物、典型事件大力宣传，激励人们热爱祖国、积极投身社会主义建设。

在政治宣传报道方面，新闻事业通过对开国大典、第一届全国人民代表大会、《宪法》的制定、日内瓦会议、万隆会议等重大政治、外交活动的报道，宣扬了新中国的形象，赞颂了人民民主专政制度。

抗美援朝报道，是新中国成立初期政治宣传报道的一个重要部分。为配合全国抗美援朝保家卫国运动的开展，新闻战线进行了长达 3 年多的广泛宣传报道，真实地报道反侵略自卫战争，歌颂中朝人民的伟大胜利，坚定了人民对正义事业必胜的信心。在报道中，战地新闻通讯和报告文学被广泛应用，推出了以《谁是最可爱的人》为代表的一系列不朽的篇章，感动了千百万读者，鼓舞了前方战士。

在意识形态宣传报道方面，新中国成立初期为巩固和促进社会政治经济制度变革的需要，加强马列主义的宣传，用无产阶级的思想体系改造旧的意识形态，显得格外重要。中共中央发出《关于宣传唯物主义思想，批判资产阶级唯心主义思想的指示》，要求各级党报"加强理论宣传"，成为宣传马列主义的"重要基地"。《人民日报》、新华社等新闻机构采取多种形式，广泛系统地进行了宣传报道。《人民日报》用大量篇幅介绍马列主义经典著作，特别是突出宣传了《毛泽东选集》第 1～3 卷的出版发行和全国学习毛泽东著作的热潮；加强新闻报道的思想性，重视新闻评论，努力运用马列主义立场、观点、方法，讲清事物道理，帮助读者提高思想觉悟和马列主义水平；组织读者讨论一些思想认识问题，向读者生动地宣传马列主义。

（3）新中国成立初期新闻宣传工作的教训

这主要表现在违反新闻规律的"大跃进"新闻宣传报道。1957 年，虽然在政治思想战线发生了反右派斗争扩大化的错误，但是在经济建设方面仍取得了超额完成第一个五年计划的成就。在这种形势下，中国共产党内"左"倾冒进思想进一步发展，导致了以高指标、瞎指挥、浮夸风和共产风为基本特征的"大跃进"运动。这场运动严重脱离了中国经济发展状况和发展规律，给社会主义经济建设造成了极大的损失，直接导致了后来的三年困难时期。其间，新闻媒体违反新闻规律，为"大跃进"进行了大量的失实报道和浮夸宣传，推波助澜，也客观上促进了"大跃进"的膨胀和升级。

首先，违背中国共产党的新闻传统，违反新闻真实，以宣传代替新闻。

真实，是新闻的生命，新闻媒体是党和政府、人民的喉舌，具有重要的宣传功能，但必须建立在新闻真实这一基础上。从无产阶级新闻事业在中国诞生起，中国共产党就坚持新闻真实的规律。毛泽东主张报纸"要根据事实说话，不可专谈空洞的大道理"[1]。在延安整风中，批判新闻失实，进行新闻打假成为报纸整风改版运动的一项重要内容。1943 年，陆定一在《解放日报》发表《我们对新闻学的基本观点》，指出新闻是对新近发生事实的报道。事实是第一性的，新闻（报道）是第二性的。1948 年，刘少奇发表的《对华北记者团的谈话》中提到党报工作"第一要真实"的命题，在多处谈到了新闻真实性的问题，指出党报要"靠真理吃饭"，不能搞"客里空"。

① 郑保卫：《中国共产党新闻思想史》，福建人民出版社，2004，第65页。

　　可以说，新中国成立初期新闻事业取得的辉煌成果是和对新闻真实这一党的新闻思想的坚持分不开的。在"大跃进"的新闻报道中，囿于当时的政治大气候，新闻媒体摒弃了新闻真实，完全沦为单纯的宣传工具，踊跃报道宣传各地所谓的"高产卫星"和"高产经验"。从1958年6月份报道农业生产中的第一颗"高产卫星"开始，在新闻宣传的渲染推动下，工农业生产放"卫星"一浪高过一浪，一发而不可收。新闻机构在不做调查的情况下，连篇累牍地宣传"高产卫星"，无疑导致了"大跃进"的骤然升级。

　　其次，新闻媒体在"大跃进"的宣传报道中出现了严重的片面性现象。新闻报道大搞"浮夸风"，只讲正面宣传，压制负面报道，盲目报喜，不愿报忧，媒体舆论监督功能丧失殆尽。据统计，仅1959年，我国生产的宣传"大跃进"的长纪录片达30部（184本）、短纪录片达313部（508本）、各种新闻杂志139本、地方新闻566本，共约1400本，创造了我国新闻纪录片生产的纪录。[①] 这些片面性宣传，客观上为决策层对当时局面的误判提供了错误的依据，对"大跃进"起了推波助澜的作用，在群众中造成了不良的影响。1961年，刘少奇在谈到媒体在"大跃进"中的错误和教训时，曾严肃批评媒体正面宣传与负面报道失衡的片面性。他说，报纸宣传了很多高指标，使得我党和国家在国际上陷于被动，由于《人民日报》作为党中央机关报，在群众中享有很高的威望，出现报道失实和片面性现象，在群众中所造成的影响是很坏的。刘少奇认为，1958年蔓延全国，祸害百姓的浮夸风，是中央领导一半，《人民日报》领导一半。[②]

3. "文化大革命"时期的新闻功能

　　（1）新闻功能的畸变，成为阶级斗争的工具

　　在1957年的反右斗争中，毛泽东突出强调新闻传媒在阶级社会中的阶级性，认为报纸属于意识形态范围，是一种上层建筑，是一定社会的经济基础通过新闻手段的反映。这一认识，从新闻本质上来讲，无疑是正确的，深刻揭示了新闻事业同经济与政治的关系。然而，毛泽东却片面地强调报

---

①　宇文利：《"大跃进"运动期间新闻宣传产生的消极作用述评》，《党史纵览》2006年第6期，第21页。

②　郑保卫：《中国共产党新闻思想史》，福建人民出版社，2004，第552页。

纸是阶级斗争的工具，特别是在新中国成立并逐渐以经济建设为中心后，仍一再强调报纸的主要任务是阶级斗争，从而将新闻传媒的其他属性、多样性的功能淡化甚至抹杀了。

1957 到 1966 年，"阶级斗争工具论"从确立到全国普及，成为这一时期中国新闻理论的基础，直接导致了"文化大革命"时期的新闻功能的畸变。"文化大革命"是阶级斗争扩大化的产物，自始至终借助了新闻媒体的力量。其间，一些新闻媒体在林彪、江青等操纵下，任意发号施令，造舆论，搞批斗，成了"全面思想专政的阶级斗争工具"。从对新闻界的彻底批判和夺权到发动"文化大革命"的宣传，从攻击、批判国家主席刘少奇及一切"牛鬼蛇神"到推动个人崇拜的造神宣传，从"斗、批、改"宣传到"批林批孔"的影射宣传，媒体极尽颠倒黑白、混淆是非、罗织罪状、陷害忠良之能事，完全将自己置于人民群众的对立面，成为对人民群众实行思想专政的工具，为人民所唾弃和责骂。

（2）对新闻真实性原则的践踏

客观真实是新闻的基本要求，是马克思主义新闻理论的重要范畴。"文化大革命"期间，林彪、江青等对新闻真实大加践踏，令人发指。"文化大革命"中有一个"原则"，即所谓"事实为政治服务"：材料要从斗争需要出发，而不是从材料出发；应该先有题目，然后寻找材料，这样材料运用就活了，这就叫做事实为政治服务。这一"原则"完全背离了"事实第一性、新闻（报道）第二性"的新闻客观规律，严重摧残了党和人民的新闻事业，求实求真优良传统遭到严重破坏。在此原则下，"故意失实"、虚假报道遍及全国媒体，影响恶劣，这不仅在中国新闻史上，而且在世界新闻史上也极为罕见。

结　语

新中国成立后，社会主义新闻事业得以创立并取得巨大的发展。从1949 年到 1976 年"文化大革命"结束，中国的新闻事业既有辉煌，又有低谷；对新闻理论及新闻功能的认识，一波三折，变化起伏，既有继承和创新，又有沉痛的经验教训。

1. 新中国成立初期的 7 年，社会主义新闻事业取得辉煌成就

新闻媒体以极大的革命热情投入到社会主义建设事业的宣传工作之中，在经济宣传报道、政治宣传报道以及思想文化报道各方面，表现突出，硕

果累累。这一切，完全得益于新闻事业对延安时期中国共产党所形成的正确的新闻理论、路线、政策的继承与坚持。

2. 党报是党的报纸，也是人民的报纸

新中国成立后，中共新闻事业在宣传实践中继续对喉舌理论进行摸索探讨，提出了党报是党的报纸，也是人民的报纸，以及新华社"不做国家通讯社，当老百姓好"的观点，反映出党对新闻事业喉舌性质与功能认识的深化，蕴含着党对新闻事业既是党、政府喉舌又是人民喉舌这一性质的认识。

3. "大跃进"期间，媒体违背了新闻规律

"大跃进"期间，在"左"的政治思想指导下，媒体违反新闻规律对"大跃进"进行了大量虚假的新闻宣传报道，为"大跃进"推波助澜，扮演了不光彩的角色。其教训可以总结如下：不能正确辩证地处理新闻宣传中存在的各种关系；在强调报纸的党性时不同程度地忽视报纸的群众性；在强调报纸的喉舌作用时不同程度地忽视报纸的耳目作用；在强调报纸的宣传作用时不同程度地忽视报纸的舆论监督作用。

4. "文化大革命"期间，媒体畸变为"阶级斗争的工具"

新闻事业完全畸变为阶级斗争的工具，否定党对新闻事业的领导，篡改全党办报的方针，践踏新闻的真实性原则，败坏马克思主义文风，严重摧残了社会主义新闻事业，成为人民群众唾弃和责骂的对象。

三　中国新时期新闻事业

1976 年 10 月，中共中央粉碎"四人帮"集团。全国新闻界迅速奋起，揭批"四人帮"破坏新闻工作的罪行。为配合中国共产党恢复正确的思想路线，以《人民日报》为代表的新闻媒体掀起了真理标准问题的大讨论，冲击了"左"倾思想，打破了精神枷锁，使党和群众的思想得到大解放。新闻工作的优良传统逐渐得到恢复和发扬，新闻报道和理论宣传的实践标准得以重新确立。

1978 年中共十一届三中全会决定停止使用"以阶级斗争为纲"的口号，鲜明地提出"以经济建设为中心"这一基本路线，以经济建设宣传为主成为新时期中国宣传领域的中心任务。1992 年，中共十四大确立了社会主义市场经济体制改革目标，新闻事业面临着前所未有的发展机遇，开始真正走上了一条辉煌之路。

1. 报业发展现状

党的十一届三中全会以后，党和国家的工作重心转移到经济建设上来，党报单一的宣传功能也开始向重视信息传递功能和经济服务功能转变。20世纪80年代初，报纸开始推行"事业单位，企业化管理"的改革，极大调动了报纸自我发展的积极性。随着经济体制改革的不断深入，报纸改革的力度也越来越大，特别是1992年邓小平南方讲话以及党的十四大以后，报纸开始进行多元化、大规模的体制创新。近30年的改革使中国报业获得迅速发展，生产能力不断增强，规模不断壮大、走强，报道模式、组织形式不断创新，新闻功能趋于务实与多元化。

（1）报业实力与规模增强

以日报为例，2004年，我国共出版日报955种，日报占报纸总量比例由1990年的20%上升到49.7%。据世界报业协会统计，2004年，全球日报出版总量为6580种，我国出版的日报数量位居世界首位，占全球日报出版总量的14.5%。全国日报平均期印数达9860.39万份，较上年增长6.6%。日报出版规模连续5年位居世界第一，成为无可争议的世界日报出版大国。我国日报千人拥有量2004年达75.86份，北京、上海的千人日报拥有量达274.2份和268.1份，已超过中等发达国家。①

1992年前后信息概念再度引入，信息产业的性质界定使媒介确立了事业和产业的双重属性，媒介经济蓬勃而起。报业信息产业的确立，使得报纸竞争日益激烈。中国报业开始走上了一条由分散到集中、由粗放经营型向规模效益型转化的集团化之路。1996年5月29日，我国首家报业集团试点单位广州日报集团正式挂牌成立。1998年，南方日报报业集团、光明日报报业集团等5家报业集团成立。之后，报业集团化蔚然成风，各报业成员大量增加，并出现跨地区、跨媒体的趋势。截至2004年，全国报业集团达到39家。通过集团化建设，已组建的39家报业集团成为我国报纸出版业的主导力量。2004年，39家报业集团拥有的报纸数量占全国报纸总量的17%，平均期印数占30%，总印数占41%，总印张占56%。② 报业集团的广告收入、利税总额等，也都远远超出一般报社，不少报业集团的年经营

---

① 张殿元：《中国报业传媒体制创新》，南方日报出版社，2007，第159页。
② 石峰：《总结经验，深化改革，全面推进报业集团建设的新阶段》，《传媒》2006年第2期，第5页。

总收入已超过 101 亿元。集团化的发展推动了我国报业整体经济实力、竞争能力的增强。

（2）报纸功能由单一的宣教向多元化功能转换

20 世纪 80 年代初，信息概念传入中国，报纸开始重新思考自身的功能，认识到报纸除了宣教功能外，还具有提供娱乐、传播知识的功能，而这一切须建立在信息传播的基本功能之上。这样，一批以信息传播为主的报纸纷纷创办，党报垄断的格局被打破。20 世纪 90 年代初，一些可读性、趣味性强的报纸诸如《南方周末》、《北京青年报》、《精品购物指南》等诞生了。

20 世纪 90 年代中期，强调"软些、软些、再软些"的晚报大量出现，开始走入、关注人们身边的生活。20 世纪 90 年代后期，都市报异军突起，宣告中国报纸"平民化时代"的到来。与此同时，服务不同阶层的小众化、专业化的报纸开始出现，如计算机报、休闲报、财经报等。伴随着中国报业格局的多元化，中国报业的新闻功能由单一的宣传功能向包括宣教在内的传播知识、提供娱乐、提供信息等功能的多元化转变。

2. 广电的发展状况

进入新时期，特别是改革开放后，中国广播电视得到了空前发展。

（1）规模发展迅速

1980 年全国拥有广播电台 106 座，广播人口覆盖率为 53%，电视台 38 座，电视人口覆盖率为 30%；1982 年，广播电台发展到 118 座，电视台为 47 座；1988 年广播电视台和电视台分别达到 461 座和 422 座。

20 世纪 90 年代是我国电视业发展的黄金时期。电视的影响力超过报纸，广告额居三大媒体之首。1995 年，广播电台和电视台分别发展到 1210 座和 976 座。各省、区、市和所有中等以上地级城市，甚至不少的县城都有了电台和电视台。1996 年底广播人口覆盖率达到 83.7%，电视人口覆盖率达到 86.1%。1999 年广播人口覆盖率达到 90.35% 以上，电视人口覆盖率达到 91.95% 以上。[1]

为优化资源配置，做大做强，在报业集团纷纷问世之际，广播电视集团开始诞生。1999 年 6 月，无锡广播电视集团成立，为我国第一家广播电视集团。2000 年 12 月 27 日，我国第一家省级广播影视媒介集团在长沙正

---

① 黄瑚、李新丽：《简明中国新闻事业史》，中南大学出版社，2005，第 214～219 页。

式挂牌成立，总资产 30 亿元。2001 年，山东省广播电视集团、上海文化广播影视集团、北京广播影视集团相继成立。同年 12 月 6 日，号称中国广电集团"航空母舰"的中国广播影视集团挂牌成立，堪称我国广电集团化道路上的里程碑。截至 2004 年，已获国家广电总局正式批准的广电集团共有 16 家，更多的广电媒体正在进行内部改革和方案准备。

（2）服务功能增强

十一届三中全会以来，新闻传播观得以转变，媒介的信息服务功能得到重视。广电媒体充分利用自己的媒介特性，强调新闻报道的时效性，增加新闻信息量，开拓报道领域以增强自身的服务功能。

中央电视台《新闻联播》1980 年开始播报国际新闻，1984 年开办《午间新闻》，1985 年开办《晚间新闻》，1986 年开办《英语新闻》，1987 年开办《经济新闻》，1989 年开办《体育新闻》。1994 年，中央电视台《焦点访谈》开播，以"用事实说话"为报道宗旨，倡导强有力的舆论监督，针砭时弊，有力地推动了社会的进步，受到群众的热烈欢迎。

中央人民广播电台 1982 年开始设置《快讯》节目，传播"刚刚发生"和"正在发生的新闻"。顺应经济改革的需要，经济台开始出现。1986 年，首家经济广播电台"珠江经济广播电台"开播。之后，各地陆续开办的经济电台达 30 座。随着中国改革由经济体制改革向政治体制改革的深入，广电媒体不断开拓自身的服务领域，监督社会功能凸显。1993 年，中央电视台开办杂志型栏目《东方时空》，勇于报道社会热点问题，一经播出，备受瞩目。

3. 新兴媒体发展现状

1998 年 5 月，联合国新闻委员会举行年会，正式提出"第四媒体"的概念，将互联网上的新闻媒体称为继报纸、广播和电视后的"第四媒体"。第四媒体集报纸、广播、电视三家之长，实现文本、图片、音频、视频等素材的有机结合，并使受众全球化，是大众传媒领域一次革命性的飞跃。

在报纸、广电和新闻通讯事业得以迅速发展的同时，20 世纪 90 年代以来，中国互联网新闻事业也紧随世界潮流，迈出了可喜的步伐。1995 年，中国国家教委主办的中文刊物《神州学人》成为中国最早的网络报刊。此后，以《人民日报》为首的各大报刊纷纷"触网"。

1996 年，也是中国网络媒体呈现出强劲发展势头的一年。1 月 2 日，《广州日报·电子版》和《中国证券报·电子版》在网上正式发行。1 月 13

日,《人民日报》综合数据库国际平台经过 3 个月的调试,开始正常运行,读者可以在互联网上阅读当日出版的《人民日报》、《人民日报·海外版》和《市场报》的全文和部分图片。到 1996 年底,有 30 多家报纸在互联网上发行了电子版。另外,有 20 多家杂志也上了网。在广播、电视以及通讯社方面,1996 年 10 月,广东人民广播电台建立自己的网站,1996 年 12 月,中央电视台建立自己的网站,同时中国新闻社香港分社也上了网。

1997 年 1 月 1 日,《人民日报》正式开通了在互联网上的网站,定名为《人民日报·网络版》。中国新闻社的《华声月报》社于 1997 年 4 月申请了自己的独立域名,随即制作了 5 个专栏共 10 多万字的网络版,正式定名为"《华声报》电子版",于 5 月 25 日亮相互联网。新华社于 1997 年 11 月 7 日正式开通自己的网站。

1998 年,报纸上网掀起了新的热潮。据中国记协报纸电子网络版调研会统计,到 1998 年底,全国电子报刊总数为 127 家。到 1999 年底,全国上网报纸近 1000 家,上网的广播电视机构近 200 家。到 2000 年底,在全国总共 1 万多家传播媒体中,共有 2000 多家媒体上了网。

此外,还有一些非传统媒体兴办的网络媒体也越来越引起人们的关注。门户网站"网易"与"搜狐"在 1998 年开通了新闻频道,与国内的多家著名媒体建立了合作。新浪网于 1998 年 12 月成立后,在 1999 年 4 月改版成功,推出了大型的新闻中心。这些网站在国家政策许可的范围内,每天发布并随时更新国际、国内、社会、体育、娱乐、财经等各种新闻信息,页面浏览量迅速增长。2000 年 5 月,还诞生了两家由地方传统媒体联合而成并试图进入资本市场运作的网络新闻媒体,即北京千龙新闻网和上海东方网。

4. 中国特色社会主义新闻功能

当代中国新闻事业的运作具有新闻业运行的一般特征,遵守新闻运作的一般规律。中国新闻事业与整个当代中国社会一样,处于一种渐变的转型状态。中国社会主义市场经济体制改革将中国新闻事业带入一个新境界、新时代,使得中国新闻事业表现出独有的一些特征。1992 年前后信息概念从国外引入,对信息产业的性质界定使媒介确立了自己的双重基本属性,即新闻事业既有意识形态属性、事业属性,又有一般产业的属性。伴随着新闻事业属性定位的明晰,中国新闻事业的新闻功能开始多元化、多样化、多层次化。

作为党、政府和人民喉舌的中国新闻事业，其宣传功能一直占据着核心地位。进入新时期以来，新闻本位功能得到了前所未有的强化和提升。"以正面宣传为主，实现正确舆论引导"是近三十年来中国新闻事业非常明确的基本方针。在新闻事业的本位功能和宣传功能的关系方面，学界已经形成了一定的共识，即在新闻传播活动的多样性中，传播新闻、监督社会和引导舆论是最基本的功能，传播新闻是新闻传播活动，也是整个新闻传播业的核心功能。但就当代新闻事业来说，将新闻功能与宣传功能自觉、明确且有机地结合起来、统一起来，无疑具有十分明显的中国个性、中国特色，甚至可以称作中国气派。①

可以说，中国社会主义新闻事业的功能具有多元、多样、多层次的特点，是宣传功能和新闻本位功能的有机结合，新闻本位功能是社会主义新闻事业最基本、最一般的功能，宣传功能必须建立在这一基本功能的正常运行之上。

（1）社会主义新闻事业的基本功能

第一，传播新闻。传播新闻即新闻事业的信息传播功能。信息，即"在人们需要进行决策之际，影响他们可能的行为选择之概率的物质—能量的形式"，具有帮助我们消除对事物的不确定性的功能。② 无疑，传播新闻是新闻事业最基本的功能。中国人民大学杨保军博士认为，传播新闻是新闻传播活动，也是整个新闻传播业的核心功能。人们需要新闻事业，最主要的目的是为了从中获取各种与自己利益相关的新闻信息。传播信息是新闻事业存在与发展的前提。真实、客观、全面的新闻可以帮助人们消除对周围世界不确定性的认识，提高人们应对各种突发事变的能力，使得人们能够更加有效地生活，使得社会能够更加有效地运转和有序地运行。

第二，引导舆论。舆论是在特定的时间空间里，公众对于特定的社会公共事务公开表达的基本一致的意见或态度。新闻事业与舆论有一种天然、密切的关系，具有反映舆论、表达舆论、影响舆论和引导舆论的功能。通过引导舆论，新闻事业传播、维护社会主流价值系统，保证正常的社会秩序；沟通协调社会不同群体之间的关系，缓解社会冲突，消除矛盾；解释

---

① 杨保军：《新闻活动论》，中国人民大学出版社，2006，第370～371页。
② 郭庆光：《传播学教程》，中国人民大学出版社，1999，第264页。

国家的重大方针政策，将人民的注意力集中到国家的发展上。

第三，服务社会功能。新闻事业还具有一定的社会服务功能。

首先是传播知识，传播文化知识是新闻事业最基本的社会服务功能之一。人类的文明生产和生活离不开科学文化知识，社会的发展需要人们文化素质的提高。新闻事业传播手段的迅速性和广泛性决定了它可以成为传播科学文化知识的最有效的工具。它每天不间断地和群众见面，可以用最快的速度把最新的科学文化知识传播给广泛的群众。这样看来，新闻媒体俨然成为社会教育机关外又一有效的教育渠道和手段。"秀才不出门，便知天下事"，通过新闻媒体，人们可以学习到方方面面的知识，丰富自己，提高对客观世界的认识和把握能力。

其二是提倡社会主流道德价值观念。主流价值和道德规范是维系社会存在的基础，新闻事业通过提倡主流价值道德规范，通过对偏离社会规范和道德行为的曝光、批评，起到强制遵守社会规范的作用，从而维持社会的正义、公平和秩序。

其三是提供娱乐。新闻事业中的内容并不都是务实的，其中相当一部分是为了满足人们精神生活的需要。随着社会经济的发展，娱乐休闲成了现代人社会生活中不可或缺的内容。在各种各样的娱乐休闲形式中，媒体所提供的娱乐内容和方式越来越为人们喜欢和依赖。媒体通过向群众提供内容健康、情趣高尚、生动有趣的娱乐产品，陶冶人们的情操，提高人们的审美能力。

（2）中国社会主义新闻事业的任务

社会主义新闻事业作为党、政府和人民的喉舌，决定了它应起的特殊作用和应承担的特殊任务。从1922年《向导》创刊到现在的80多年间，伴随着新民主主义革命和社会主义建设事业的胜利发展，社会主义新闻事业的喉舌功能在理论和实践中不断成熟。

第一，向人民宣传马克思主义、毛泽东思想、邓小平理论、"三个代表"及科学发展观理论，宣传和阐释中共十一届三中全会以来中国共产党的各项路线、方针、政策，使之深入人心，成为振奋人民奋发图强、艰苦奋斗的动力。

第二，宣传和报道改革开放，宣传和推广各条战线在改革开放过程中创造的经验，总结存在的问题和教训，集中优势力量加强经济宣传，广开信息传播渠道，扩大经济报道的信息量，为经济建设鼓劲，努力促进社会主义经济持续、稳定、协调发展。

第三，认真宣传和报道我国优秀的民族文化，弘扬和培育中华民族伟大的民族精神，去激励和鼓舞全国各族人民，在社会主义精神文明建设中发挥积极作用。

第四，作为人民群众的耳目和喉舌，社会主义新闻事业担负着反映人民群众的利益和要求，报道人民群众的劳动和生活，为人民群众提供各种信息服务，帮助人民群众行使各种民主权利的任务。社会主义新闻事业要真正做到一切从人民利益出发，一切为了满足人民的需要，要牢牢树立公仆观念，始终贴近人民群众，当好人民群众的耳目喉舌。

第五，做好对外报道和国际宣传。宣传中国改革开放、经济建设的伟大成就，宣传中国在人权保护、民主建设方面的努力和成果，宣传中国独立自主、和平共处的外交政策，树立一个负责任大国的中国形象，为创造有利于我国经济建设的国际环境而努力。①

结　语

1. 中国新闻事业恢复新闻规律，追求真实

从中共十一届三中全会开始，中国新闻媒介拨乱反正，正本清源，摒弃"报纸是阶级斗争工具"的性质，高扬新闻规律的旗帜，号召杜绝新闻的"假、大、空"，捍卫新闻的真实性。

2. 注重宣传还是信息传播成为争论焦点

1983 年前后，信息概念首次从国外引入中国，立刻和传统观念发生激烈碰撞。中国新闻界历来把新闻媒介当做宣传工具，新闻媒介的第一功能甚至全部功能就是宣传，一切与宣传意图无关的、与宣传意图相悖的新闻都不能公开传播。信息概念的引入，在学术上表现为新闻与宣传两者关系的大讨论。所有媒介都面临着一个亟待解决的问题：中国新闻媒介是否应承担信息传播功能？新闻媒介究竟以信息传播为第一功能还是以宣传为第一功能？这一争论对于促进中国新闻事业发展起到了重要作用。

3. 中国新闻事业进入信息传播与新闻宣传并举时代

1992 年前后信息概念再度引入，信息产业的性质界定使媒介确定了自己事业和产业的双重属性，媒介经济蓬勃而起。报纸方面，近 30 年的改革

---

① 李良荣：《新闻学概论》，复旦大学出版社，2001。

使中国报业获得迅速发展，生产能力不断增强，规模不断壮大、走强，报道模式、组织形式不断创新。报业信息产业的确立，使得报纸竞争日益激烈。中国报业开始走上了一条由分散到集中、由粗放经营型向规模效益型转化的集团化之路。同时，报纸功能由单一的宣教向多元化功能转换，一批以信息传播为主的报纸纷纷创办，党报垄断的格局被打破。进入新时期后，中国广播电视也得到了空前发展，为优化资源配置，做大做强，在报业集团纷纷问世之际，广播电视集团开始诞生。同时，服务功能增强，广电媒体充分利用自己的媒介特性，强调新闻报道的时效性，加大了新闻信息量，开拓了报道领域以增强自身的服务功能。

4. 中国新闻事业具有多元化功能

20 世纪 90 年代后，特别是进入新世纪后，社会主义新闻事业对自身功能的认识也逐渐明确、清晰。新闻事业的功能具有多元化、多样化、多层次的特点，当代中国新闻事业的运作既遵守新闻运作的一般规律，也承担着传播新闻、引导舆论和服务社会的功能，又具有中国社会主义的特色，即执政党、政府和人民的喉舌，具有典型的宣传功能。各种功能既对立统一，又各具特色。

四　改革开放以来社会主义新闻事业

中国共产党十三届四中全会以来，特别是进入新世纪以后，随着改革开放的不断深化，随着经济全球化、全球信息化、信息网络化步伐的加快，社会主义新闻事业在继承优秀的新闻工作传统基础上，不断开拓创新，对新闻工作性质、地位以及任务的认识不断深化。

1. 对新闻工作性质、地位、任务、作用认识的进一步深化

（1）"喉舌论"与"生命论"

社会主义新闻事业是共产党和人民的喉舌，这是马克思主义新闻理论的一个最基本的观点，坚持新闻工作的喉舌性，是中国社会主义新闻事业的优良传统，但这一传统一度遭遇怀疑，片面强调新闻事业的信息传播功能，否定新闻事业的喉舌功能，甚至把"喉舌论"讥之为"器官论"。

中共十三届四中全会后，这一观点被纠正，认为信息传播是所有新闻媒体的基本功能，只不过是社会主义新闻事业对之同时赋予了"喉舌"功能。江泽民在全国新闻工作研讨班上指出："我们国家的报纸、广播、电视等是党和人民的喉舌。"① 1996 年，江泽民在视察人民日报社的讲话中强调说："党的新闻事业与党休戚与共，是党的生命的一部分。可以说，舆论工作就是思想政治工作，是党和国家的前途和命运所系的工作。"② 江泽民把新闻舆论工作看做党的生命的一部分。"生命论"更为深刻地揭示了中国共产党新闻事业的性质。

（2）"祸福论"与"导向论"

"祸福论"与"导向论"的提出，说明对社会主义新闻事业作用与任务问题认识的进一步深化。1996 年 9 月，江泽民在视察人民日报社时指出："历史经验反复证明，舆论导向正确与否……具有重要作用，舆论导向正确，是党和人民之福；舆论导向错误，是党和人民之祸。""祸福论"深刻揭示了新闻宣传工作正反两方面的作用。江泽民在 1996 年初全国宣传思想工作会议的讲话中，对社会主义新闻事业宣传舆论工作的任务作了全面科学的概括，即"以科学的理论武装人，以正确的舆论引导人，以高尚的精神塑造人，以优秀的作品鼓舞人"。③

"喉舌论"与"生命论"，"祸福论"与"导向论"之间的发展与递进关系，反映了以江泽民为核心的中共第三代中央领导集体对新闻事业的性质、地位和功能的深刻认识。这些理论观点纠正、明晰了一些关于社会主义新闻事业模糊的认识，再一次肯定、坚持了社会主义新闻事业的喉舌性质和喉舌功能，同时还有许多新的时代特征，包含着许多新的思想内涵，例如，提出了宣传要讲究宣传艺术，注意宣传效果；唱响主旋律，同时提倡多样性；要按新闻规律来指导新闻宣传工作等。

2. "三贴近"理论的形成

中国共产党"十六"大以后，以胡锦涛为总书记的新一届中央领导集体高举邓小平理论和"三个代表"重要思想的伟大旗帜，强调"立党为公、执政为民、以人为本"的执政理念，提出构建和谐社会的科学发展观，在新闻宣传工作方面，形成了以贴近实际、贴近生活、贴近群众为灵魂与核心的新闻理念。

---

① 《十三大以来重要文献选编》，人民出版社，1991，第 766 页。
② 《以正确舆论引导人——学习江泽民总书记视察人民日报社的重要讲话》，人民日报出版社，1996，第 3 页。
③ 《以正确舆论引导人——学习江泽民总书记视察人民日报社的重要讲话》，人民日报出版社，1996，第 3 页。

　　贴近实际，就是立足于社会主义初级阶段这个最大的实际，坚持解放思想，实事求是，与时俱进，真实反映改革开放和现代化建设的实践。贴近生活，就是要深入到火热的现实生活中去，反映客观现实，把握社会主流，解决具体矛盾，更好地融入生活、服务生活、引导生活。贴近群众，就是深深扎根于群众之中，充分体现群众意愿，满足群众需求，说群众想说的话，讲群众能懂的话，更好地代表最广大人民群众的根本利益。

　　"三贴近"新闻理论是中国共产党以人为本，构建和谐社会执政理念在新闻指导思想方面的反映，是对社会主义新闻事业性质、地位、功能的精确把握，是对社会主义新闻理论认识的又一次深入和推动。中国社会主义新闻事业坚持"三贴近"原则，遵循新闻工作的客观规律，转变新闻报道理念，拓展新闻报道领域，积极创新新闻报道手法，新闻宣传工作取得显著成效。主要成效表现在：

　　一、加强对人民群众的报道。人民群众是历史的创造者，是新闻事业的主人，理应成为新闻报道的主体。加强对人民群众的报道是新闻事业报道主体的回归。新闻报道一定要把体现共产党的意志同反映人民群众的心声结合起来；努力贴近实际、贴近生活、贴近群众，以"群众满意不满意、高兴不高兴、赞成不赞成、答应不答应"作为根本出发点和最终归宿。

　　二、改进突发事件报道。在报道 2003 年"非典"疫情、2008 年中国南部的冰雪灾害、汶川大地震等重大突发事件时，中共中央审时度势，力挽狂澜，指导主流媒体及时公布疫情、灾情，进行有效舆论引导，充分尊重了公众的知情权。建立健全了新闻发言人制度，加强政府信息公开制度，提高了政府工作的透明度，在改进和加强突发事件新闻报道工作方面取得了明显的成效。

　　三、加强舆论监督。胡锦涛把舆论监督作为反映人民群众心声的重要渠道，强调要站在民主政治建设的高度，站在增强共产党执政能力建设的高度，把体现党的意志和反映人民群众心声结合起来，加强和改进新闻的舆论监督工作。2003 年年底颁布的《中国共产党党内监督条例（试行）》把舆论监督作为单独一节提出来，指出"新闻媒体要按有关规定和程序，通过内部反映或公开报道，发挥舆论监督的作用"。

结　语

　　自 1978 年改革开放 30 多年以来，特别是进入新世纪以后，中国共产党、新闻学界和新闻媒体对新闻事业运行规律以及社会主义新闻事业的性质与功能的认识逐渐明晰。

1. 社会主义新闻事业要当好共产党、人民政府和人民群众的喉舌

中国社会主义新闻事业是党和政府的喉舌，也是人民群众的耳目喉舌，这是社会主义新闻事业的根本性质。1922 年，中共第一个机关报《向导》，就明确提出要依据"全国真正的民意"的要求来办报。1930 年出版的机关报《红旗日报》公开说，自己要成为"广大全国工农群众的喉舌"[①]。胡耀邦在 1982 年所作的《关于党的新闻工作的性质问题》[②] 发言中认为，党的新闻事业就它最重要的意义来说，是党的喉舌，自然也是党所领导的政府的喉舌，同时也是人民自己的喉舌。此后，江泽民在担任中共中央总书记时也多次强调了社会主义新闻事业的喉舌功能。

新闻媒体作为一种舆论机关，作为共产党和人民的喉舌，一方面自觉地站在共产党和政府的立场上，坚持正确的舆论导向，通过实事求是的宣传报道，宣传共产党的纲领、路线、方针、政策的正确性；另一方面，还要自觉地站在人民群众的立场，维护人民群众的利益，贴近群众、关心群众、服务群众，反映群众生活的实际状况，积极为群众代言。

总之，社会主义新闻事业是作为共产党、政府以及人民喉舌的统一，它需要处理好对党负责和对人民负责的关系，党和人民根本利益的一致性是处理好两者辩证关系的基础，三贴近的新闻报道原则是将两者有机统一起来的手段。

2. 新闻本位功能和宣传功能的有机结合是社会主义新闻事业的基本特色

"传播新闻信息"和"进行政治宣传"是中国社会主义新闻事业的两项最基本的任务。如何处理好新闻与宣传的关系，始终贯穿于社会主义新闻事业的实践和理论探索中。处理好两者的关系，新闻事业就能健康发展，处理不好两者关系，新闻事业的功能便会发生畸变，"文化大革命"中新闻媒体阶级斗争工具化便是我们需要吸取的教训之一。

因此，社会主义新闻媒介要正常发挥功能，就必须处理好宣传与新闻的关系。新闻事业喉舌功能的发挥，必须是在尊重新闻规律以及新闻本位功能正常发挥的基础上，要坚持新闻规律和宣传规律的结合与统一，实现

---

① 郑保卫：《中国共产党新闻思想史》，福建人民出版社，2004，第 534 页。
② 郑保卫：《中国共产党新闻思想史》，福建人民出版社，2004，第 396 页。

新闻与宣传的双重价值，要努力做到既提供满足受众需要的有价值的新闻信息，又宣传符合共产党和政府立场倾向的观点和主张。

进入新世纪以来，新闻媒体在处理新闻功能和宣传功能方面进行了积极的探索，例如改进了会议新闻的报道，克服会议报道中的官僚主义和形式主义；加强对人民群众的报道，增加了对工作有指导意义和群众关心的内容，使新闻报道更贴近实际、贴近群众、贴近生活。

综上所述，新闻宣传功能与新闻本位功能是社会主义新闻事业的基本特征之一；这两种功能的有机结合，具有鲜明的社会主义新闻事业的中国个性与中国特色。

五　中国现代传媒的新闻宣传功能

1. 现代传媒的宣传功能

新闻宣传是指阶级或社团运用新闻媒介，通过新闻、评论等形式进行表达与传播观念，以影响人们的思想与行为的社会活动。从中国新闻事业的产生和发展历程来看，新闻的宣传功能一直占据着重要地位。早在中国共产党夺取政权阶段，党报就被当做革命的宣传工具，用来宣传党的路线、方针、政策，发挥了重要作用。直到今天，宣传功能依然是中国新闻事业最主要的新闻功能。

作为现代化传播手段，中国新闻事业在宣传党和政府的各项方针政策，反映人民群众的意见和呼声，影响人们的思想和行为等方面发挥着不可替代的作用。

与以往相比，现代传媒宣传功能的内涵有了进一步的延伸。今天的新闻传媒依然发挥着强大的宣传作用，但这种功能的实现主要通过反映、影响和引导舆论来完成，其中舆论导向的作用最为明显。正确引导社会舆论，是中国现代传媒宣传功能的重要体现和一贯要求。正如胡锦涛在 2003 年 12 月全国思想工作会议上所说："新闻工作要牢牢把握正确的舆论导向，坚持团结稳定鼓劲、正面宣传为主的方针，唱响时代主旋律，在全社会形成和发展积极健康的主流舆论。"①

宣传功能的发挥离不开新闻媒体。中国媒体分为两大类，一类是属于党的喉舌的新闻媒体，即一报两台；另一类是不属于党的喉舌的新闻媒体。这

---

① 胡锦涛：《在全国宣传思想工作会议上的讲话》，2003 年 12 月 5 日。

两类媒体都必须接受党的领导，在政治上和党中央保持一致，有着共同的责任，对党和人民高度负责。前者的主要功能是宣传，即宣传党的基本理论和方针政策、国家的法律法规，传播的主要内容是以思想性为主导的硬新闻，它们是中国舆论宣传的主阵地、社会舆论导向的引航员。后者也承担着宣传任务，但其主要功能在信息沟通、提供娱乐和知识、舆论监督等方面。①

中国新闻事业必须坚持宣传功能，只有在无条件完成宣传任务的前提下才能履行其他新闻职能，这是中国转型时期新闻改革的硬性要求。

为了更好地发挥现代传媒的宣传功能，中国必须坚持共产党的新闻事业，必须坚持共产党的党性原则，必须坚持中国特色社会主义政治方向。

重视现代传媒的宣传功能是必需的，但也要防止和避免片面化与绝对化。要想更好地发挥现代传媒的宣传功能，必须在严格遵循新闻规律、按照新闻规范操作的前提下，适当地进行新闻宣传。所谓适当，第一是有理：有足够的新闻信息可以作为载体；第二是有利：新闻信息的价值指向对宣传者意欲宣达的观点有益；第三是有节：宣传的力度与新闻信息的承受量相宜，两者平衡。②

2. 现代传媒的宣传特点

在具体新闻实践中，中国现代传媒的宣传功能形成了如下四个鲜明特点。

第一，以正面宣传为主。

正面宣传是中国现代传媒宣传功能的一个显著特点。以正面宣传为主，即新闻传播机构及其新闻工作者要着力去宣传报道，鼓舞和启迪人们发展社会生产力，鼓舞和启迪人们坚持四项基本原则、坚持改革开放，鼓舞和启迪人们推进社会主义民主和法制建设，鼓舞和启迪人们加强社会主义精神文明建设，鼓舞和启迪人们热爱伟大祖国和弘扬民族文化，鼓舞和启迪人们维护国家统一和民族团结，鼓舞和启迪人们为推动世界和平与发展而斗争。③

"正面宣传"被认为是中国记者的行动指南。这项宣传和新闻政策近半个世纪以来基本没有什么改变，甚至几乎没有偏离所公布的政策。④ 坚持以

---

① 李良荣：《论中国新闻传媒的双轨制》，《现代传播》2003年第3期，第2~3页。
② 童兵：《界定"新闻"和"宣传"》，《新闻与写作》1995年第2期，第13页。
③ 童兵：《理论新闻传播学导论》，中国人民大学出版社，2000，第133页。
④ 李希光：《畸变的媒体》，复旦大学出版社，2003，第270页。

正面宣传为主，目的是为了正确地发挥新闻的舆论导向功能，即通过传播正确舆论，正确指导人民群众的思想和行动。

实行"正面宣传为主"的方针，并不是不要、减少，更不是排斥舆论监督和新闻批评。这里的关键在于正确处理好正面宣传与批评报道的关系，处理好歌颂与揭露的关系。新闻既要讴歌伟大的成就，也要对存在的问题展开批评；既要赞颂时代的壮举，也要对消极丑恶现象进行揭露。这里，正面宣传必须占主导地位，批评与揭露性的报道只能占次要位置，并且要十分注意把握分寸。①

第二，突出典型报道。

典型报道是指对具有普遍意义的突出事物的强化报道和宣传。典型报道是中国新闻宣传工作的有力武器和重要手段，是发挥新闻媒介舆论引导功能的有效形式。

典型报道是中国新闻宣传中注重抓典型的产物。典型人物是时代精神的集中体现者和践行者。通过对典型的报道和挖掘，宣传党的方针、政策，弘扬社会正气和良好道德风尚，是中国新闻报道的一大特色。在中国面临重要战略转型时期的今天，典型报道对于弘扬主旋律，构建和谐的社会舆论环境，起着重要作用。

运用典型宣传引导舆论，要做好四方面的工作。一要选那些富有鲜明时代特征，具有深厚群众基础，有推广价值的先进典型。二要强化典型的个性，使典型报道更有针对性，防止模式化、概念化。三要注意区分层次，使典型具有贴近性、可学性，这样更有利于充分发挥典型的示范、激励和引导作用。四要将典型和一般相结合。②

第三，加强政策指导与动员。

党和政府是政策的实际制定者，但政策要能产生积极的社会效果，不仅仅需要党和政府的努力，更离不开人民群众的支持与配合。党和政府的某些政策制定以后，需要广大干部群众很好地贯彻执行。这就需要新闻媒介通过宣传报道及时加以引导，以帮助干部群众尽快地认识和把握这一政策的精神实质，以及贯彻执行的措施和方法。③

---

① 童兵：《中西新闻比较论纲》，新华出版社，1999，第348～349页。
② 童兵：《马克思主义新闻经典教程》，复旦大学出版社，2002，第271～272页。
③ 郑保卫：《当代新闻理论》，新华出版社，2003，第419页。

同时，在当代中国的政策宣传中，一个富有特色并根植于多年来的政治传统的形式是，对于中央出台的特别重大的政策，往往会在一段时间内，通过组织化的程序调动大量的媒体资源，进行大规模的政策动员。①

第四，实施热点引导。热点引导，即对人们普遍关注的事件和问题，集中时间和版面进行报道，并对社会舆论加以积极引导的一种报道方法。所谓"热点"，是指人们热切关注的要点，具有广泛的社会性和较大的集中性，能够调动人们关注和参与的热情。②

近年来，中国新闻传媒在政策宣传方式和效果方面的进步，在某种程度上与"热点引导"宣传观念的提出有很大关系。以"引导"的方式来对待社会问题和社会舆论，反映了党、政府和新闻媒介在传播观念上的进步，即不再是仅仅从党和政府的政策出发，以灌输式的宣传为主要传播方式，而是着眼于公众关心、舆论关注的问题，在此基础上追求政策宣传——公众认同的良性循环。③

3. 现代传媒功能的发展趋势

在相当长的历史时期内，中国传媒功能是单一的宣传。宣传党和国家的重大方针政策，保持政令畅通，正确引导社会舆论是其功能的主要体现。改革开放以后，中国新闻领域也推行了前所未有的改革，新闻功能随之多元化。

对中国新闻事业社会属性的重新认识是新闻功能发生转变的重要原因。新闻事业既属于上层建筑范畴，又属于信息产业。但长期以来，中国只单一看到新闻传媒的事业属性，认为新闻传媒所生产的精神产品属于意识形态范畴，习惯于把新闻事业定位为上层建筑的一部分，把它仅仅当做党和国家的宣传工具，而忽略了新闻事业也属于信息产业的另一面。随着市场经济体制的逐步建立和完善，人们渐渐认识到新闻事业不仅具有精神力量，而且具有经济力量，其本身就是市场经济的一个重要组成部分，能够创造财富，为经济作出贡献。

"事业性质，企业管理"是上述双重属性在当前中国新闻事业中的外在表现形式。这一模式在保证中国新闻事业作为党和政府、人民喉舌的根本

---

① 汪凯：《转型中国：媒体、民意与公共政策》，复旦大学出版社，2005，第157页。
② 童兵：《马克思主义新闻经典教程》，复旦大学出版社，2002，第272~273页。
③ 汪凯：《转型中国：媒体、民意与公共政策》，复旦大学出版社，2005，第160~161页。

性质的同时，也保持了新闻事业双重属性的张力，有利于协调发挥新闻事业的多重功能。[①]

改革开放前，中国的新闻事业是单一的国营体制，所有权与经营权都属于国家，媒体生存主要依赖政府拨款。在这样的体制下，新闻媒体自然成为党和国家的宣传机构，宣传党和国家的方针、政策是其主要任务。改革开放后，新闻事业实行双轨制，事业单位企业经营。

这样，新闻传媒的经营管理体制冲破固有模式，从重视宣传忽视经营转变为传播为主兼顾经营，新闻媒介实行自主经营模式。国家对新闻媒介的调控手段从过去单纯的行政调控转变为行政调控与利益调控兼顾。新闻媒介在党的统一领导下发挥政治功能的同时，经济功能也日益凸显。

当代中国新闻传媒的社会功能是在市场经济下衍生和形成的，既有中外新闻传播的共性，也有中国新闻传播的个性，体现出中国改革开放对新闻传播运行产生的深刻影响。[②] 近年来，随着政府将传媒业作为重点发展的文化产业，并加大扶持力度，传媒业的市场化进程进一步加快。政策上的相对宽松，为传媒产业的发展营造了良好的经济环境和社会环境，促进了传媒产业的深化改革与发展。[③] 传媒市场化程度的进一步加深，必然会带来新闻改革在更深层面上的不断推进，新闻功能以新闻宣传为主，集信息传播、娱乐教育、舆论监督等于一身的趋势将进一步增强。

结　语

综上所述，中国新闻事业以宣传为基本功能，在宣传党和国家的重大方针政策，正确引导社会舆论等方面发挥着重大作用。现代传媒宣传功能的内涵有了进一步的延伸，主要通过反映、影响和引导舆论来完成。为了更好地发挥现代传媒的宣传功能，新闻事业必须坚持共产党的新闻事业原则，坚持共产党的党性原则，坚持社会主义政治方向。

中国现代传媒中的宣传功能具有四个鲜明特点：以正面宣传为主、突出典型报道、加强政策指导与动员、实施热点引导。

改革开放以来，伴随着社会政治和经济结构的不断调整，中国现代传

---

① 李良荣：《新闻学概论》，复旦大学出版社，2003，第105页。
② 丁柏铨：《中国当代理论新闻学》，复旦大学出版社，2002，第98页。
③ 郑保卫：《十六大以来我国新闻传媒的政策调整与改革创新》，《现代传播》2005年第6期，第38页。

媒功能发生重大转变，从以往单一宣传逐渐转向宣传为主，信息传播、娱乐教育、舆论监督等多重功能集于一身转变。随着政府扶持力度加大及传媒业市场化进程加快，这一发展趋势将进一步增强。

第二节　俄罗斯传媒事业与功能

一　俄罗斯转型期的传媒事业

1991 年 12 月 25 日，当俄罗斯宣布成为独立主权国家之后，推行资本主义制度，其新闻事业一方面进入快速发展与转型阶段，另一方面这种发展进入复杂、多变甚至是混乱的阶段。

与此同时，俄罗斯传媒功能也发生了巨大变化。因此，探究俄罗斯传媒事业的发展变化过程与阶段化特征，不但具有学术价值，而且对中国新闻事业的改革发展具有重要的参考价值。

1. 俄罗斯独立初年的传媒事业与功能

1991 年底苏联解体之后，俄罗斯大众传媒随着国家政治体制的变革与全面推行市场经济模式而发生了翻天覆地的变化，虽然部分新闻理论、传媒立法、媒介组织、经营管理、报道方式等一时照搬并沿袭了苏联晚期的程式，但媒介整体运营境况却与苏联时期迥然不同。

（1）苏联新闻事业概述

1917 年，世界上第一个社会主义国家诞生。以列宁为首的布尔什维克在创立一种全新的社会制度的同时，也建立起一套独特的社会主义新闻体系，该新闻体系一直延续到苏联解体。在布尔什维克长期执政的政治体制下，新闻媒体成为苏共巩固意识形态与组织功能的工具，这是苏联新闻事业最重要的特色。

苏联新闻体系有两个主要特点：首先，无产阶级出版事业归无产阶级所有是其基本属性，实行百分之百国有化；其次，该体系突出了苏共和国家对一切信息出版机构的集中领导。[1]

苏联时期有两套出版管理系统：

一套属于苏共内部的专门报刊管理机构，包括苏共中央出版局、中央

---

[1]　李玮：《转型时期的俄罗斯大众传媒》，上海外语教育出版社，2005，第 3 页。

宣传鼓动部，以及后来的中央文化宣传部报刊司、苏共中央报刊和出版部等；

另一套属于苏联政府管理系统，包括从 1917 年人民委员会下属的国家出版局发展而来的苏联国家出版、印刷与图书贸易委员会等。

从理论上看，苏共负责把握宏观出版政策，起监督和检查作用；而政府机构则负责具体事项管理，如贯彻执行苏共政策、审批出版计划、做财政预算和管理书刊发行程序中的具体事情等。[①] 但事实上，宏观和微观之间的界限模糊不清，苏共常常取代政府机构，成为最高和最直接的管理者。因此，苏联新闻体系通常要同时接受苏共和政府的双重管理。

苏联时期，几乎所有的报刊都隶属于各级党政机关，例如《消息报》隶属于最高苏维埃，《真理报》隶属于苏共中央，《共青团真理报》是苏联共青团中央的机关报，等等。

苏联新闻体系实行的是垂直管理模式：中央级→加盟共和国级→边疆区、州、自治共和国级→一般城市和地区级→工矿、学校、农庄级等。各级媒体由苏共中央统一领导，同时接受各级党委的管理和监督。各级媒体的声音高度一致，统一来自中央新闻社——塔斯社，中央报纸则通过传真送达各地并在行政指派下统一订购。[②]

苏联报刊制度的基础是：必须通过各种定期刊物把它们所能吸引到的全部潜在读者吸引住；报刊的任务是它应该成为对发达社会主义各方面进行社会管理的工具，成为苏共和国家领导社会团体的社会政治工具，成为苏联人民得到政治信息的工具。社会政治组织与其管理系统的每一个主要部门，负责出版和领导一份或几份定期报刊，党委会出版和领导党的所有出版物，政府各部、各部门、各社会组织的领导机关都有自己的定期刊物。[③]

同时，苏联政府并没有放松对广播电台的建设与管理工作。1922 年，莫斯科中央广播电台正式播音。30 年代，莫斯科中央广播电台纳入全苏中央广播电台，由苏联广播委员会负责统管使用。到 80 年代末，全苏有地方电台 176 座，转播站 6270 座，同全苏中央广播电台逐步形成用 71 种语言播

① 余敏：《苏联俄罗斯出版管理研究》，中国书籍出版社，2002，第 7 页。
② 李玮：《转型时期的俄罗斯大众传媒》，上海外语教育出版社，2005，第 4 页。
③ 吴非、胡逢瑛：《转型中的俄罗斯传媒》，南方日报出版社，2005，第 83 页。

音组成的广播网。①

从 20 世纪 60 年代到 90 年代，电视传播已经形成了苏共一党专政的中央集权垄断型媒体。苏共中央政府以垄断电波频谱与新闻资源的方式，来控制苏联 15 个加盟共和国境内的人民信仰社会主义意识形态。苏联广播电视媒体成为苏共党营事业和宣传机器。

1985 年，苏共中央总书记戈尔巴乔夫倡导"公开性"改革，拉开了苏联政治体制改革的序幕，也撬动了苏联新闻体系得过死的根基。为了调动民众参与的热情，戈尔巴乔夫倡导公开报道情况、公开揭露问题、公开批评、公开讨论问题之社会风气，还民众信息知情权和社会政治参与权。这意味着信息开放和共享，意味着每个公民有权知道和了解国内外正在发生和已经发生的、没有经过修饰和限制的事实真相。

1986 年 2 月 13 日，《真理报》一篇题为《净化，开诚布公的谈话》的文章拉开了"公开性"的大幕。文章一改以往惯用的吹捧式语言，以尖锐泼辣的措辞揭露出党内官僚主义、滥用职权、裙带风、挥霍公款等腐败现象，提出令人心惊肉跳的"净化"共产党的观点。党报上刊登如此论调的文章引起石破天惊的巨大反响，这期报纸被一抢而空，文章被复印传阅。编辑部先后收到近两千封表达惊讶与赞同意见的读者来信。②

过去，苏联报刊的政治角色使其信息功能减退，可读性降低。而今，大量被禁止的主题突然在报刊中出现，大量闻所未闻的信息使传媒成了万众瞩目的焦点，报刊的征订额大幅度提高，街头排队抢购报刊的景象常有发生。仅 1986 年秋季，《共青团真理报》的订数就增加 300 万份，《苏维埃俄罗斯报》增加 100 万份，《消息报》增加 4 万份，《共产党人》杂志增加 7 万份。到 1987 年春节，《真理报》的发行量增加到 1100 万份，《共青团真理报》达到 1700 万份，《劳动报》则达到 1800 万份。1988 年苏联报刊发行总数比 1985 年增加了 6240 万份。③

与此同时，广播电视的功能也开始发生转变，从转播戏曲演出的工具逐渐变成万众瞩目的信息中心。它们打开了人民直接沟通交流的渠道。过去，它们展示的只是人人皆知的观点和口号，如今，它们成为人们交流的

---

① 郑超然：《外国新闻传播史》，中国人民大学出版社，2000，第 259～260 页。
② 〔俄〕阿法纳西耶夫：《真理报总编沉浮录》，贾泽林泽，东方出版社，1993，第 162～163 页。
③ Кузнецов И. В. История отечественной журналистики（1917 – 2000），Изд-во Флинта，2003. 505.

意见平台。

由此不难看出，"宣传"是苏联时期新闻事业的重要功能。正如列宁所说的，苏维埃新闻体系是"政治的鼓动者、意识形态的宣传者和社会的组织者"[①]。

在这种思想指导下，苏联新闻事业的特色是党性原则和宣传鼓动，是集体组织者，在各个阶段都突出其政治宣传功能。比如20世纪20年代宣传无产阶级专政，30年代宣传社会主义建设，40年代中前期宣传卫国战争，中后期宣传战后经济重建，50年代宣传国际和解与和平共存，60年代宣传航天成果，70年代至80年代中前期宣传国际秩序重建，80年代中后期宣传公开性与新思维。90年代以后政治议题虽然出现多元化，但仍围绕在政权的争斗上。[②]

综上所述，苏联新闻事业主要包括苏共机关报刊和广电媒体。报刊成为苏共革命事业与宣传共产党政策方针的喉舌。政府所拥有的国有频道和新闻垄断资源成为苏共中央巩固政权与社会意识形态的最佳宣传机器。

苏联建成上述庞大的现代化新闻体系，其功能主要局限于对社会主义意识形态和价值体系的宣传，以及对群众的政治动员、组织和教育。这套新闻体系为巩固苏共领导和贯彻社会主义方针政策发挥着无比巨大的作用。

但苏联时期的新闻功能过于单一，只单纯地承担宣传功能，而信息传播以及娱乐等功能在媒体上没有踪影；媒体的发展也不是按照经济规律运行，而是由苏共的政治方针决定新闻媒体的发展方向；同时还存在着媒体受众定位模糊、新闻出版自由得不到完全保障、大众无法实现媒体接近权等诸多方面的缺陷。

（2）俄罗斯新闻功能大转型

1991年随着政治与经济的转型，俄罗斯新闻体系开始从形式到内容与国际接轨，真正融入全球化的道路。

俄罗斯新闻体系的全球化，首先表现为对新闻认识的改变。新闻观念范围进一步扩大，信息功能、娱乐功能、经济功能得以凸显。国家停止对新闻媒体的财政拨款，大众传媒为了赢得受众，扩大发行量和收视率，开始研究受众对新闻信息的喜好，以便生产符合其需要的信息产品。

① 《列宁全集》第5卷，人民出版社，1986，第13页。
② 吴非、胡逢瑛：《转型中的俄罗斯传媒》，南方日报出版社，2005，第10页。

信息接受者成为信息产品的消费者。受众在传播过程中的角色越来越重要，媒体与受众的互动成为俄罗斯新闻人关注的中心，传播行为从过去的"国家中心论"向"受众中心论"转型。

同时，俄罗斯媒体打破了行业垄断。在私有化、市场化的社会意识推动下，传媒法开宗明义，首先取缔了传媒领域长期一贯的国家控制，将创办媒体的权利同时赋予了国家机构、党派组织、商业机构和任何年满18岁的个人。①

苏联时期，传媒的经济来源归国家预算统一划拨，经济收入也归入国家或所属机关的账户。苏联解体后，国家的管制解除了。同时，来自国家的经济源泉也被掐断，特别是1992年俄罗斯政府实行自由价格政策后，除了少量政府传媒如塔斯社、俄罗斯电视台、《俄罗斯报》等还能得到政府预算拨款外，其余的几乎全被抛入市场经济的海洋，开始了自给自足、自谋生路的新里程。一向习惯于只管业务不问经营的俄罗斯新闻人，在获得独立自主的同时，积极集企业经营者、生产组织者、经费调控者、市场研究和开拓者的角色于一身。媒体纷纷调整内部结构，专门设立市场部、广告部和公共关系部等部门。②

俄罗斯媒体经营体制普遍采取股份制，股东大会是最高管理机构，日常经营由执行机构如理事会、编委会负责，也可以由总编、主编实行一长代理。有的媒体还设立监事会，对公司的利益分配、产权转换等重要经济活动进行监督。

进入新世纪后，俄罗斯已经形成了庞大的传媒工业。据统计，到2001年，有60%（1995年只有15%）左右的媒体企业完全不再依靠国家或企业的资助就能独立生存。③ 媒体积累资本，经济独立，市场化势头高涨，在俄罗斯经济结构中的位置变得越发重要。如今，传媒领域解决了俄罗斯近百万人的就业。2001年，俄罗斯报刊和出版市场的年收入达到了10亿美元④，2003年达到15亿美元，此外广告收入也日益增长（10亿～25亿美元）。⑤

---

① 张举玺译：《俄罗斯联邦大众传媒法》，《新闻与信息传播研究》，2006年冬季号。

② 李玮：《转型时期的俄罗斯大众传媒》，上海外语教育出版社，2005，第91～92页。

③ Индустрия Российских СМИ: Цифры, Факты, проблемы. *Журналист*, 2002 (7).

④ Засурский Я. Исследователи журналистики и развитие отечественных СМИ. *Журналистика*, 2002 (1).

⑤ Ботодина А. и К. Воронцев. Кому принадлежит Россия 2004. *Коммерсант-Власть*, 2004 (8).

俄罗斯大众传媒业真正进入了市场化、产业化时代，传媒工业的概念开始深入人心。俄罗斯新闻功能真正发挥着下列功能：

第一，信息传播功能成为新闻媒体的首要功能

随着新闻事业的蓬勃发展、传媒市场化道路的推进，俄罗斯新闻功能也在发生着巨大变化。俄罗斯新闻功能的转型，主要是社会变迁促成的。苏联解体，俄罗斯政治转型后，其新闻功能实现了从单一的新闻宣传到信息传播等多元化转变。

这种转变具有深刻的背景：

首先，资本主义民主、自由、多元的价值观和剧烈的政治转型在客观上给媒体提供了广阔的信息传播空间与舆论监督的权利。

其次，市场经济和私有化打破了国家作为传媒唯一所有者的格局，形成了国家、政党、集团等不同的所有制关系，他们对新闻媒体功能有不同的理解（政治功能、经济功能和广告功能等），媒体多功能得以实现。

再次，政治民主化、经济市场化和文化多元化使社会和受众的信息需求不断增加。俄罗斯传媒走向市场，实行自主经营、自负盈亏。只有发挥多功能，满足社会和受众的信息需求，媒体才能自我发展壮大。

最后，俄罗斯媒体的多功能发展也是"信息全球化"的需要。国际互联网的蓬勃发展，电子通信的高速发展，国际交通日益便利，使世界变成了一个"地球村"。俄罗斯要融入全球化发展的浪潮，作为世界传播体系的一员，其新闻媒体就必须改变单一的政治宣传功能，以适应与世界各地信息交流的需要。

在自由主义理论的影响下，俄罗斯新闻媒体长期被忽视和压制的诸多新闻功能得到前所未有的恢复和重视，开放式的言论自由和新闻自由使新闻媒体有一种当家做主的喜悦，它们认真地履行自己的职能，加强信息传播功能。信息传播成为俄罗斯新闻媒体的首要功能。信息传播不断朝客观、准确的方向发展，信息量大，时效性强。[①]

俄罗斯媒体的新闻选择标准发生了改变，方针政策介绍式的报道已经少见，具有重大新闻价值的国内国际大事的客观报道增多，报纸的版面涵盖了新闻、政治、经济、国际、重大计划、商业、金融、文化、体育等各个方面，报道丰富多彩、深刻、详尽，更贴近民众的日常生活。电视新闻

---

① 吴泽霖：《苏联解体后俄国报刊业的发展态势》，《新闻与传播研究》2002 年第 2 期。

节目推行滚动播出，播放时间、次数大大增加，新闻信息的类别多样化，具体内容更加丰富。这种节目设置和制作的变化充分表明了各电视台对信息报道的重视。

这样，俄罗斯媒体信息传播功能的强化，使公众面临的不再是信息短缺，而是信息过剩的问题。① 俄罗斯媒体职能与角色的转变，得到了民众的认同。

第二，舆论引导功能增强

社会集团要利用传媒进行宣传，首先考虑的就是形成并传播有利于自己的舆论，并利用媒介舆论的强大威力，达到维护自己利益的目的。俄罗斯媒体主动触及社会热点问题，开始成为代表社会舆论的机构，其舆论功能得到了强化，监督范围也从政治领域扩展到社会各个层面。传媒作为独立于立法、司法、行政之外的"第四权力"的观念已经深入人心。

这种舆论功能的彰显主要表现在车臣战争与别斯兰人质事件的报道中，反映在对俄罗斯寡头进行揭露的报道中。这一时期俄罗斯媒介在主导社会舆论、协调、监督社会方面起到了一定的积极作用。

第三，俄罗斯媒体的经济功能凸显

媒体的经济功能，主要指传播各类经济信息，发布广告，干预经济，沟通社会生产的各个经济环节，推动国家经济的发展。俄罗斯媒体实行产业化经营后，大量刊登的关于经济信息的报道和评论，为政府经济改革及各企业发展提供了参考，为民众传播了新的消费观念和需求，维护了市场的稳定，促使俄罗斯经济走上良性发展的道路，经济功能日益凸显，传媒产业地位增强。

第四，文化教育功能增强

在传承文化方面，俄罗斯媒体开始把俄罗斯民族文化与世界民族文化结合起来，在促进思想解放、更新人们观念以及推动民族文化发展方面起到了积极的作用。在传播知识方面，俄罗斯媒体更加注重理论与实践的结合，传播的知识涉及社会生活的方方面面，范围广，样式多，有意识地提高人们的知识素养，使大众传媒逐渐成为俄罗斯公众获取知识的主要途径。

---

① 严功军：《变迁与反思：转型期俄罗斯大众传媒研究》，2004 年四川大学博士学位论文，第135~138 页。

第五，娱乐功能突显

为了满足受众的精神生活需要，俄罗斯媒体把娱乐功能摆放到重要位置，文学性、艺术性、消遣性、游戏性内容日益扩大。尤其是电视节目，娱乐性内容已占传播信息总量的一半以上。大众传媒娱乐功能的不断加强也是俄罗斯传媒功能转变的重要特征。

从以上五个方面不难看出，与苏联相比，俄罗斯媒体功能发生了巨大变化。以信息传播功能为主，经济功能、教育功能、娱乐功能为辅的传播模式已经实现。这将进一步促进俄罗斯传媒的健康发展，也有利于俄罗斯传媒与世界传媒接轨。①

2. 颁布《俄罗斯联邦大众传媒法》

1991 年 12 月 27 日，俄联邦人民代表大会和俄罗斯联邦最高苏维埃颁布了《俄罗斯联邦大众传媒法》。

该法律分七章，从传媒自由，大众传媒工作组织，大众信息传播，大众传媒与公民、组织的关系，记者的权利与义务，大众传媒领域的国际合作以及违犯大众传媒法的责任 7 个方面对传媒行为进行了规范，概念清楚，细则完整、翔实。②

（1）允许传媒重新注册和登记

第二章第十一条明确了传媒重新注册登记、变更创办人以及变更名称的权利，并约定重新登记的程序与注册登记相同。这条规定为大批苏联报刊的易主和私有化做了铺垫，从而拉开了俄罗斯传媒私有化的大幕。独立后的报刊开始进行内部股份制改造，每个记者都分到一定的股份，成为编辑部或传媒公司的股东。

（2）严格约束终止新闻媒体活动的权力

第二章第十六条明确规定，新闻媒体的活动只能由创办人决定终止，除非它在一年内多次从事刑事犯罪、泄露国家机密、号召夺取政权、挑起民族仇恨等活动，否则任何机构不得终止其活动。这条规定为传媒独立自主奠定了基础。

（3）明确创办人与编辑部的关系

---

① 严功军：《变迁与反思：转型期俄罗斯大众传媒研究》，2004 年四川大学博士学位论文，第 140～145 页。

② 张举玺译：《俄罗斯联邦大众传媒法》，《新闻与信息传播研究》，2006 年冬季号。

第二章第十七条规定，除非创办人和编辑部有约在先，创办人无权干涉新闻媒体的活动。这条法规把更大的自主权赋予了出版社和新闻工作者本人。

（4）提供税收优惠

第二章第十九条规定，新闻媒体编辑部自第一次出版之日起两年内免于交纳税费。这是国家鼓励创办传媒，并予以资助的另一种形式。

（5）放松对色情出版物的限制

第三章第二十八条规定，专门生产广告或色情性质产品的新闻媒体，应按俄罗斯联邦政府规定的程序，征收印数税。这条规定将俄罗斯市场上出版发行色情产品的行为完全合法化，为传媒商业化和市场化提供了条件。

（6）扩大记者权利

第五章第四十七条给予记者更加宽泛的权利。给予记者对事故和灾难，以及宣布为紧急状况的场所的采访权利，并给予记者在传播署名报道中陈述个人见解与评价的权利。

（7）放宽国际的合作尺度

第六章第五十三、五十四、五十五条约定了俄罗斯公民无障碍获取国外新闻媒体的信息和资料的权利，在俄罗斯联邦新闻和信息部的许可下，传播国外定期出版物的权利，以及已经在苏联和各加盟国家获得采访权利的外国记者实现职业活动可免于办理采访资格证明的权利。

从上述部分条例不难看出，该法对印刷媒体的管制逐渐放松。但在广电领域，情况却截然相反。该法第三章第三十一条规定，创办广播电视媒体必须具有由联邦广播电视委员会和地方广播电视委员会发放的许可证。第三十二条规定，如果不能满足许可证条件或本法规定的广播电视节目传播规定，联邦广播电视委员会和地方广播电视委员有权撤销许可证。此外，第三十二条还指出，广播电视委员会有权就撤销许可证问题随时增加补充规定。制定广播电视媒体的管理条例，一方面因为电子媒体的运行需要很高的资金投入和技术含量，必须对这个行业严加控制；另一方面也说明政府对该领域的充分重视。上面这些规定将广播电视媒体的命运牢牢掌握在国家的手中。

为了适应时代的变迁，该法分别在 1995 年 1 月 13 日、6 月 6 日、7 月 19 日、12 月 27 日，1998 年 3 月 2 日，2000 年 6 月 20 日、8 月 5 日，2001 年 8 月 4 日，2002 年 3 月 21 日、7 月 25 日，2003 年 7 月 4 日、12 月 8 日，

2004 年 6 月 29 日、8 月 22 日、11 月 2 日，2005 年 7 月 21 日，2006 年 7 月 27 日，2006 年 10 月 16 日进行了多次修订。仅在 1995 年，《俄罗斯联邦大众传媒法》就被修订了四次①，涉及主要内容为：

在关于禁止滥用传媒自由的基础上，增添了禁止利用大众传媒宣传对人潜意识和健康有不良影响的信息；在关于出版人的法律地位中，增加了出版人对联邦法律《国家权力机构在国家新闻媒体中的活动阐明程序》的遵守义务；在关于电视许可证制度的颁发条例中，将颁发单位由原来的地域广播电视委员会改成地区广播委员会；在关于义务报道中，增加了国家传媒遵照《国家权力机构在国家新闻媒体中的活动阐明程序》而进行义务报道的内容，以及国家传媒必须根据国家内务部防火部门的要求及时无条件地播报防火信息的内容。

2000 年普京上任，新政府随之两次修订了《俄罗斯联邦大众传媒法》。第一次是 2000 年 6 月，在第一章第四条基础上增加了禁止宣传获取、使用、制作毒品的信息；8 月，又在第四章第四十一条关于"信息保密"条例中增加了对未成年犯罪者隐私的保护内容。没有未成年犯罪者或其监护人的同意，媒体无权传播有关他们隐私的任何消息。

2001 年初，当"桥"媒介集团董事长古辛斯基流亡国外，俄罗斯独立电视台去向不定，美国 CNN 试图购买电视台并控股该公司时，2001 年 8 月，普京政府再次修订《俄罗斯联邦大众传媒法》，于第二章第十九条"编辑部地位"之后附加了一条新规定：外国人和外国公司不得在俄罗斯电视公司中占据 50% 以上的股份。

经过十多年的发展，如今俄罗斯传媒法律体系已初具规模。这些法律从根本上解决了俄罗斯传媒无法可依的状况。它们与俄罗斯联邦宪法以及其他法典中涉及传媒的法规一起为俄罗斯传媒的发展指明了方向，奠定了俄罗斯传媒发展的法律基础，为其以后的发展提供了法律保障。

3. 俄罗斯新闻媒体的类型

转型后，俄罗斯新闻媒体所属形式发生了很大的变化，主体多元化，经营管理也走上了市场化道路。按照媒体的资金结构来说，俄罗斯报纸基本分为三类：自负盈亏性报纸、国家计划性报纸和依靠补贴性报纸。现在能够自负盈亏的报纸主要是在莫斯科、圣彼得堡等大城市发行的报纸，地

---

① 《俄罗斯联邦大众传媒法》，1995。

方报纸对于国家补贴的依赖程度还很大。

按照媒体的归属划分，俄罗斯报纸主要有以下几类：

（1）国有报纸

由联邦政府创办的《俄罗斯报》和由总统办公厅控制的《俄罗斯消息报》，是当时仅有的两份国家所有的联邦级报刊，由国家拨款支持。另外地方政府还创办了一部分属于当地政府的报刊。这些报纸完全属于国有。

（2）政党报纸

俄罗斯当时已经有十几个较大的政党和很多的政治组织。这些不同的政党都需要属于自己的舆论工具宣传自己的政治主张。当时俄罗斯有将近1200种属于政党自己的报刊，例如《苏维埃俄罗斯报》、《俄罗斯真理报》、《公开性》、《斗争报》、《俄罗斯秩序报》等。

（3）私人报纸

俄罗斯独立初期出现私人办报的高潮，这种报纸提供商业信息，以刊登软新闻消遣娱乐为主，内容大多是丑闻、奇闻趣事等。

（4）同仁报纸

同仁是指编辑部的同仁们。同仁报纸在俄罗斯独立初期一度成为当时的一种流行方式，出现了一批编辑部同仁们所有的报刊，这些报纸主要是由原来共产党所有的报刊通过登记改变其所有者和一些新创办的报刊组成。同仁报刊经费来源于广告和编辑部同仁们的资助，例如《真理报》、《消息报》、《独立报》、《共青团真理报》、《工人论坛报》、《莫斯科真理报》等。

（5）外资创办的报纸

由于当时俄罗斯传媒走向市场化，报刊脱离国家的经济支持，急需资金运转，出现了一些外资创办的报纸。例如，荷兰独立媒介在俄罗斯创办的"Moscow Times"、"Russia Review"。[①]

同时，地方报纸异军突起。由于俄罗斯实行联邦体制，这使得各联邦主体享有更多的自主权，直接刺激了地方政府办报的积极性，地方报纸地位上升。

此外，传媒与金融资本密切结合，形成了一个个传媒帝国，改变了俄

①　张允若：《外国新闻事业史》，武汉大学出版社，2000，第217页。

罗斯传媒的格局。其中以别里佐夫斯基控制的媒体集团和古辛斯基的"桥"媒介集团最为突出。①

结　语

综上所述，俄罗斯独立初年的新闻事业与功能主要呈现出以下特点：

第一，苏联晚期，其新闻事业功能单一，政治宣传成为首要功能，信息传播功能薄弱。苏联媒体是集体的宣传员、集体的鼓动员和集体的组织者。媒体被限制为苏共和政府的喉舌，成为意识形态的工具，脱离了广大人民群众，没有能力应付社会多元化发展的需要。

第二，苏联解体后，俄罗斯媒体机制发生了巨大变化。经济结构从事业拨款转向市场化，媒介管理从垂直的行政管理到平行的经济协作和独立经营，媒体形式从"万人一刊"转变为"百刊争鸣"，新闻理念由以国家为中心转变为以受众为中心。这些转变完成了俄罗斯传媒事业的私有化、市场化、自由化，直接与世界传媒体制接轨。

第三，随着国家体制转型，俄罗斯新闻功能较苏联时期发生了天翻地覆的改变。信息传播功能成为媒体的首要功能。同时，经济功能、舆论监督功能、文化教育功能、娱乐消遣功能日益凸显。

第四，为了保障俄罗斯新闻功能的健康发展，俄罗斯加强了传媒立法。《俄罗斯联邦大众传媒法》的颁布与实施，规范了新闻业发展框架，从法律上确保新闻自由，肯定新闻事业的市场化、自由化、私有化。但是，在普京执政期间，俄加强了对业界的管制。在政府与媒介寡头的斗争中，政府完全掌控了主动权，突显普京"国家利益高于新闻自由"的治国理念。

第五，俄罗斯转型后，俄媒体的主体从单一走向多元。目前，俄罗斯传媒主要有国营、私营、同仁等类型。主体的多样化，有利于信息传播的均衡，有利于竞争意识的增强。

第六，俄罗斯媒体的性质、地位、运作方式都同苏联解体前大不相同。

（1）在政治上，除了少数政府或政党办的机关报外，多数报纸不再是政府或政党的喉舌。作为独立法人，它们一般都能自行决定在政治问题上的立场和态度。

（2）在经济上，印刷媒体完全进入市场，自主经营，自负盈亏。广告

---

① 贾乐蓉：《当代俄罗斯大众传媒研究》，中国广播电视出版社，2008，第17页。

是收入的主要来源，也有的兼办其他各种实业，如商贸、旅游、房地产等，想方设法赚钱求生存。

（3）在管理上，印刷媒体多采用股份制形式，按现代企业管理制度，由股东大会产生董事会，由董事会聘任或筛选行政负责人。

（4）在业务上，自行确定报道方针和报道内容。大多媒体都标榜"自由、客观、公正、诚实、迅速、意见多元化、忠于读者"等口号，涉及人们切身利益的经济改革、物价行情、社会治安、市场供应等问题是争相报道的重点，体育新闻、影视新闻、社会新闻、犯罪新闻，常常是吸引读者的热门货。①

二　叶利钦时代传媒寡头崛起与媒体功能

俄罗斯转型时期的新闻体制是以实现大众传媒的私有化和非国有化为目标的，并且是以高度商业化为重要特征的。到1996年底1997年初，苏联时期遗留下来的具有全俄性质的大众传媒，无论是报刊出版物还是广播电视，大部分都已通过商业化的方式实现了非国有化。

1. 媒体寡头兴起的背景

由于整个社会政治经济体制的改变，新闻媒体在相当程度上与国家和政府脱离了所属关系，除了少数国家机构的报刊和广播电视外，其他大部分报刊和广电媒体都变成了独立经营、自负盈亏的实体。报刊被抛向了市场，失去了经济来源，急需新的资金注入。②

而俄罗斯的经济状况和经营环境使这些媒体很难在短期内依靠自身形成良性循环。受货币贬值、通货膨胀和1998年的金融危机的影响，到1999年年底，俄国内生产总值比1991年独立前减少了56%，大中型工业企业产值下降了60%，农业总产值下降了50%，基本建设投资下降了75%，消费物价指数上涨了5582倍，职工的平均工资减少了52%，1/3的居民生活在贫困线以下。③

在这样的经济大环境中，媒体依靠刊登广告所获得的收入仍然入不敷出，难以维持生存。为求得生存，媒体纷纷寻找财团作为合伙人。

---

①　张允若：《俄罗斯当今新闻事业概述上》，《新疆新闻界》1996年第5期。
②　赵华胜：《变化中的俄罗斯新闻业》，《国际新闻界》1997年第5期。
③　关雪凌：《俄罗斯社会转型期的经济危机》，中国经济出版社，2002，第1页。

　　另一方面，俄罗斯政府推行的"休克疗法"使国家财富迅速集中到少数财团和金融寡头手中。他们要利用舆论，为自己捞取政治资本和经济实权，于是财团使用大量资金通过购买媒体股份，摇身一变，成为新闻媒体的股东或者控股人。个别大财团凭借自己的强大财力，迅速建立起自己的新闻集团。

　　1996年初，叶利钦总统第一任期即将结束，国内竞选斗争日趋激烈。叶利钦希望再次赢得选举，金融寡头也担心失去财富，他们都害怕共产党重新上台，这些因素将他们紧密地联系起来。他们不仅向叶利钦提供大量助选资金，而且还开动所控制的所有媒体，利用各种宣传方式重塑叶利钦本人的形象，并做出种种政策承诺，同时还丑化共产党，从而掌握了选举主动权和舆论导向，使叶利钦赢得总统连任。

　　为了回报媒体的汗马功劳，叶利钦甚至以总统令发展媒体，批准对国家财产进行新的私有化过程，扩大寡头们的势力范围。于是，政权和金融工业集团已经形成鱼与水的关系的利益共同体，媒体会因为利益替政府政策护航。① 叶利钦发展媒体的最初构想是依靠银行界提供传媒运作所需要的庞大资金，以此来挤压俄共的生存空间，但银行的投资需要高额的回报，银行无法通过正常的商业途径来获得回报，政府就放任寡头参与政治决策。如此一来，便种下了寡头干政的祸根。金融媒体寡头在叶利钦统治时期正式形成。

2. 媒体寡头崛起

　　俄罗斯媒体全面转型后，经历了资金短缺的"阵痛"期。该"阵痛"期从1992年初开始，一直持续到1994年底。从1995年起，俄罗斯媒体基本上进入了"政府、金融寡头瓜分期"，并快速形成俄政府、金融寡头与媒体互动的格局。

　　在叶利钦时代，伏尔加汽车公司总裁别里佐夫斯基、"桥"媒介集团总裁古辛斯基、国际集团公司总裁波塔宁、天然气工业公司总裁维亚希列夫、尤科斯石油公司总裁霍多尔科夫斯基、卢克石油公司总裁阿列克佩罗夫等金融工业寡头不仅拥有巨额财产，而且权势熏天。他们控制着俄经济命脉，掌控舆论导向，左右俄政治局势。

　　叶利钦遇到重大政治决策和人事安排问题都先同他们商量。寡头中

---

① 吴非、胡逢瑛：《转型中的俄罗斯传媒》，南方日报出版社，2005，第43页。

的波塔宁一度官至联邦政府第一副总理，丘拜斯是叶利钦时期的财政部长，别里佐夫斯基则先后任俄决策机构安全会议副秘书长和独联体执行秘书。①

从 20 世纪 90 年代初到 1995 年底，是金融寡头分割俄罗斯媒体市场的第一个阶段，别里佐夫斯基和古辛斯基捷足先登。

别里佐夫斯基从 1993 年开始投资《独立报》和《星火》周刊，1995 年控制了俄罗斯最大的电视台——社会电视台。叶利钦蝉联总统后，别里佐夫斯基被任命为联邦安全会议副秘书长。

媒体寡头古辛斯基则一手创办了"桥"媒介集团。古辛斯基创办媒体是一切从零开始，完全以美国的传媒经营思维模式来塑造一个属于自己集团的媒体。"桥"媒介集团在 1996 年总统大选后得到叶利钦的大力支持。

古辛斯基 1993 年高薪招纳了《独立报》一批集体辞职的报业人员，创办起综合政论性报纸《今日报》，该报短期内声名鹊起。1994 年获准经营俄国家第四频道——独立电视台。② 与此同时，创建了对俄罗斯政治影响最大的"回声"电台。1996 年，联合美国《新闻周刊》在莫斯科创办《总结》周刊。③

1995 年 10 月 1 日和 12 月 1 日叶利钦政府先后颁布了《关于完善俄罗斯境内广播电视法》、《俄罗斯联邦国家支持大众媒体与出版法》，这两部法令为政府和金融工业集团全方位涉入媒体并垄断所有权奠定了基础。1996 年 9 月 20 日叶利钦颁布总统令，同意"桥"媒介集团旗下的独立电视台可 24 小时播出自己的节目，这使得独立电视台成为继社会电视台、俄罗斯电视台两大国营电视台之后的第三大电视台。从此，古辛斯基在政治上名声大噪，被视为俄主要的政治家之一。④

与此同时，代表国营企业的国家天然气工业集团也逐渐建立属于自己的媒体帝国，到 1997 年为止掌控着俄罗斯第一大报《消息报》，以及《劳动报》、《论坛报》等。在言论上该媒体集团一般都倾向于为政府政策保驾护航。

代表企业改革派的奥涅克辛姆银行集团基本上是以媒体为铺路石，而

---

① 黄永鹏：《试析普京对金融工业寡头的规范与整顿》，《东欧中亚研究》2001 年第 4 期。

② 每天开播 3 小时。

③ 吴非、胡逢瑛：《转型中的俄罗斯传媒》，南方日报出版社，2005，第 212 页。

④ 李静：《转型期俄罗斯传媒业发展轨迹透视》，《佳木斯大学社会科学学报》2005 年第 5 期。

进入俄罗斯政府的。该集团总裁波塔宁在对下辖的《专家》周刊、《每日商报》、《先锋真理报》（与俄罗斯电信公司共同持股）、《消息报》（与卢克石油公司共同持股）、"欧洲正点音乐台"等媒体进行有效经营之后，跻身政府，而成为俄罗斯有史以来第一位副总理的银行家。[①]

综上所述，借助叶利钦蝉联总统，金融寡头与政府互为需要，在各自利益的驱动下，政府允许金融集团投资媒体，并扩大其经营范围。大部分媒体沦落为金融寡头参政议政、攫取金钱的工具。俄罗斯金融媒体集团大规模崛起。

3. 媒体集团跑马圈地

俄罗斯总统竞选活动大大刺激了对传媒市场的重新分割。媒体在总统竞选中发挥的巨大作用，使一些过去对控制媒体不太在意的金融集团深受触动。他们在总统竞选后意识到，控制媒体不仅会给他们带来可观的经济利益和社会效益，而且还可以给他们积累政治资本。

因此，从1997年开始，俄罗斯媒体大战此起彼伏，传媒竞争迫使俄罗斯大众传媒市场重新洗牌，许多新出版物问世，多家电台、电视台换了新主人。1998年的经济危机使其中的一些媒体垮台。正是在此阶段，金融寡头们挺身而出，在传媒市场跑马圈地，由此引发激烈的"媒体大战"。寡头们动用各自控制的媒体，向对手和支持对手的政府部门进行不择手段的攻击，以至于叶利钦不得不亲自出面进行调停，要求7位寡头停止媒体战争和相互"泼脏水"。关于这种现象，俄罗斯人形象地将其称为"信息领域的圈地运动"。[②]

1996～2000年这段时期，俄罗斯金融工业机构广泛参与媒体事业的运作，出现跨媒体垄断集团，这些金融寡头的商业运作已深深地影响到俄罗斯的政治改革。媒体资源垄断在少数集团的手中，形成了几大"媒体帝国"。这些"媒体帝国"主要有：

古辛斯基集团。古辛斯基是"桥"媒介集团总裁。"桥"媒介集团控股或拥有股份的媒体包括："独立电视台"集团，主要负责对国外播出的独立电视台国际频道，独立电视台（有6个卫星频道），地区电视网THT、"莫斯科回声"电台、体育电台、卫星通讯公司—波努姆—1、独立电视台设计

① 吴非、胡逢瑛：《转型中的俄罗斯传媒》，南方日报出版社，2005，第213页。
② 洪沫：《当代俄罗斯传媒的政治宣传模式评析》，《世界广播电视参考》2003年第5期。

公司、电影和录像租赁公司、独立电视台—电影频道；"七日"出版集团，它出版的刊物包括《今日报》、《七日》周刊，还有与美国《新闻周刊》合办的《总结》周刊。

别里佐夫斯基集团。别里佐夫斯基是俄罗斯最早意识到大众传媒重要性的金融巨头。其集团控制的媒体主要包括："俄罗斯公共电视台"股份公司；莫斯科独立电视公司"ТВ—6莫斯科"；"生意人"出版集团，出版报刊有《生意人日报》、《生意人—权利》周刊、《生意人—金钱》周刊、《自动驾驶仪》周刊、《家居》周刊。另外，别里佐夫斯基还是《新消息报》的创办人之一，《独立报》和《星火》周刊的赞助人之一。

卢克石油公司媒体集团。卢克石油股份公司是俄罗斯最大的、发展最顺利的石油公司。卢克石油公司在不同程度上控制或参股以下媒体：莫斯科独立电视频道"ТВ—6莫斯科"，REN—ТВ电视公司，ТВ快车—31频道，"电视新闻"通讯社，"国际音像"通讯社。此外，还控制着"消息"出版集团49.9%的股份，该集团出版有《消息报》、《财经消息报》、《星期报》、《法律》周刊。卢克石油公司还对《接班人》周刊、《俄罗斯石油》杂志、《行业》周刊有一定的影响。

天然气工业媒体集团。该集团的后台财团是天然气工业股份公司——俄罗斯最大的企业。天然气工业媒体集团下辖"天然气工业公司—媒体"股份公司，掌控的媒体主要有："独立电视台"电视公司，"普罗米修斯—阿斯特"电视网，"俄罗斯公共电视台"股份公司；《工人论坛报》，《劳动报》，《共青团真理报》，《电影舞台》杂志，《行业》周刊，《公司》周刊，"VIP"杂志。集团还资助《农村生活报》和《讲坛报》。另外，还有23种发行量较大的杂志。

阿尔法媒体集团。阿尔法集团起步于1988年成立的"阿尔法—回声"贸易公司。该集团下辖的"阿尔法—ТВ"媒体集团成立于1998年6月16日，拥有的媒体包括：电视台网①，"电视台网—8"电视公司，"圣彼得堡第6频道"公司，"尼卡—ТВ"，电视频道"音乐—ТВ"，《莫斯科新闻—时代报》。

卢日科夫媒体集团。莫斯科市长卢日科夫名义上虽然不是金融寡头，但他作为俄罗斯金融和资金流动中心地区行政长官，实际上是莫斯科金融

---

① 它联合了俄罗斯200个城市的148家地区电视公司。

财团的领袖。莫斯科财团依靠自己雄厚的经济实力和地位优势，形成了俄罗斯大众传媒领域又一个媒体帝国。该集团控制的媒体主要有："ТВ－中心"股份公司，莫斯科有线电视，"ТВ－首都"电视公司，"气象—ТВ"电视公司，"电视展览"电视公司，REN－ТВ。此外，还有《莫斯科真理报》集团，出版128种报纸和40种杂志。其中有《莫斯科共青团报》、《莫斯科晚报》、《今天》、《新报》、《人民报》、《环境》、《莫斯科郊外》、《商品和价格》。另外还有巴·古谢夫的出版社和阿·博罗维克的"绝密"出版社。①

从1995年到1998年，俄罗斯寡头们建立了庞大的金融、工业和传媒帝国。他们控制了俄罗斯经济中50%以上的国内生产总值。在叶利钦时代，俄罗斯寡头与政府领导有着共生共荣的关系，在政府赋予新闻事业经营特权的支持下，俄罗斯媒体市场集团化正式形成。

4. 媒体寡头时代的媒体功能

随着俄罗斯媒体市场被几大势力集团瓜分殆尽，俄罗斯传媒事业形成了政治媒体集团、金融媒体集团与政府媒体三足鼎立的局面，传媒市场提前进入了畸形的寡头垄断时代。

历史经验证明，投资媒体的金融工业集团通常为了以下三个目的：其一，追逐利润。这将不可避免地有色情、淫秽、庸俗和低级趣味的传播内容。其二，推销自己的产品。这必然造就大量的广告和虚假的宣传。其三，提高声望，接近或掌握权力。这使出版物的真实性和公正性大打折扣。②

俄罗斯那些投资媒体的银行家、工业资本家看重的既有媒介市场的经济效益，也有媒介的政治效益。他们试图通过媒体大笔赚钱，同时又通过控制或操纵舆论赢取政治红利。这些高度政治化和商业化的媒体成为金融资本与官僚资本联姻的桥梁，成为"政治集团舞弄政坛风物、干预政治经济生活、左右民众政治情绪的工具"③。大众传媒传达的信息内容，完全取决于某些控制着俄罗斯经济的财团的观点和意见。在这种情况下，媒体实际上丧失了作为社会与政权之间中介人的作用，失去了社会变革催化剂的作用，被俄罗斯社会视作根本不关心普通民众生活疾苦，而只倾注于权势

---

① 孙凌云：《俄罗斯转型过程中媒体的变化》，《俄罗斯研究》2002年第3期。

② 李玮：《漫谈俄罗斯的新闻查禁》，《俄罗斯文艺》2004年第3期。

③ 梅琼林、国秋华：《社会转型与俄罗斯新闻传播观念的嬗变》，《上海交通大学学报（哲学社会科学版）》2003年第1期。

阶层争斗的工具。①

　　除此之外，俄罗斯多党制使媒体受到来自不同政党势力的影响日益增多。持有不同见解或思想的政党都竭力想从意识形态上打败对手，因而千方百计地利用和控制大众传媒。各种见解在媒体进行激烈交锋，不同政党为问鼎权力的宝座展开舆论大战。媒体再次成为政治工具。

　　在这场争夺受众和广告的"信息圈地运动"中，俄罗斯媒体日渐低俗。在商店、地铁、电影院等到处出售和展示着各种充满色情内容的图片和刊物，报纸上政客们互相攻讦的"黑材料"随处可见。这不仅造成了社会动荡与不安，而且也损害了媒体的信誉，人们对媒体的指责越来越多，对报刊的信任逐年下降。一项社会调查结果表明，1995 年尚有 70% 的俄罗斯人对新闻媒体抱有信任和好感，而到 2000 年，这个比例数下降到 30%～40%。具体到报刊，今天只有 13% 的俄罗斯人认为报刊可信（对电视的信任度要高一些，约为 36%）。②

　　传媒作为"第四权力"的理想完全破灭，记者们的职业道德日渐沦丧。记者们被利用来制造丑闻、组织真真假假的民意调查，甚至打探对手情报，成为企业、银行间竞争的打手。俄罗斯已经形成一种新的新闻专业，它不是报刊新闻，也不是电视新闻，而是职业广告新闻和市场化的新闻。③ 圣彼得堡当地一所社会学研究机构在 2001 年 3 月至 5 月全国性调查了 400 个新闻记者，其中有 12% "经常" 撰写有偿新闻报道，18% "偶尔" 为之，37% 承认至少做过几次。④

　　在俄罗斯掌握传媒工具可以提高政治影响力，而政治影响力就意味着瓜分国有资源的能力；其次，掌握传媒工具可以左右大选得票率，是政治野心家们换取政治资本的最佳途径。这才是政治家和寡头们追逐投资传媒市场，控制媒体的目的所在。

结　语

　　从 1993 年到 1998 年，俄罗斯传媒市场形成了六大金融媒体寡头。这种

①　王前军：《转型期俄罗斯大众传媒的变迁》，《长春工业大学学报（社科版）》2007 年第 1 期。
②　程曼丽：《转型期俄罗斯新闻业透视》，《国际新闻界》2002 年第 1 期。
③　Руденко Б. Гибель четвертой власти. *Совершенно секретно* 1995（5）.
④　李兆丰：《转轨模式的选择与俄罗斯传媒发展》，《新闻大学》2003 年第 3 期。

现象由三种因素促成：一是被迫断奶的媒体需要大量资金注入，只有实力雄厚的寡头才能办大媒体；二是一些寡头在积累财富的过程中，逐渐认识到媒体对他们的重要性，所以他们将大笔资本投入这个"聚宝盆"；三是面临换届的政府需要寡头们掌握舆论工具，为他们连任争取民意，掌握舆论主动权。

在叶利钦时代，俄罗斯金融寡头们热衷于媒体，并不仅仅热衷于经济利益，而是为了获取更大的政治利益，每一个集团后面都站着一个对政治有明确兴趣的人，高度的政治倾向正是俄罗斯传媒事业垄断和集中的特点，使媒体成为政治集团的喉舌，使记者成为政治斗争的工具，也使社会拥有自由诚实的舆论成为空想。

服务于国家和社会的新闻媒体被控制、操纵在几个庞大的金融寡头手中，他们对整个新闻领域实行垄断，进而左右舆论导向，干涉国家对内对外的政策。这些媒体集团并非代表国家和社会公众的利益，而仅仅反映金融寡头们的一己私利。①

三　普京时代传媒控制与国家功能

面对金融媒体寡头的日益强大与媒体市场的纷争，叶利钦时感回天无力，后悔不已。叶利钦指出："别里佐夫斯基和古辛斯基投入所有资金创建强大的电视集团公司、印刷控股公司，就其实质而言，也就是试图垄断大众传播媒介。在安静的银行办公室内突然产生新的不合法的政权中心，影响政治的中心。"叶利钦认为，古辛斯基旗下的独立电视台对政府发出的指控，是一种"严重的信息病毒，传染了全社会。公众信息传播方式的威力，可能会比所有国家机器威力更大。"②

普京执政之后，面对俄罗斯大部分媒体被金融寡头和财团控制，政府对媒体的管理混乱、控制不力的现实，决心打击寡头势力和改造媒体，摆脱寡头对俄政局的影响，重新掌握政府对舆论的主导权，为国家经济建设和政治改革服务。

1. 终结传媒寡头

在普京刚刚被叶利钦圈定为"接班人"时，其知名度和影响力甚微。

---

① 门立军：《社会和经济转型时期的俄罗斯报刊传媒业（上）》，《中国出版》2002 年第 4 期。
② 胡太春：《从古辛斯基的浮沉看俄罗斯传媒政策的走向》，《国际新闻界》2002 年第 4 期。

但是，普京在接管俄罗斯指挥棒短短的几个月之后，其支持率迅速攀升。俄罗斯两家权威机构的民意调查结果显示：1999 年 8 月，赞同普京当选的人数占被调查人数的 2%，9 月是 4%，10 月为 31%，11 月是 45%，12 月 31 日高达 56%，2000 年 1 月 10 日甚至达到 62%。① 普京支持率的攀升离不开大众媒体的摇旗助威。两家全国性电视台及拥有其部分产权的别里佐夫斯基的支持，在一定程度上保证了普京和支持普京的团结联盟的成功。为了保证普京顺利当选，克里姆林宫和支持普京的一些寡头动用了自己控制的舆论工具，宣传其竞争对手的弱项，其中不乏诋毁中伤竞争对手的言论。

俄罗斯公众电视台在其黄金时间的节目中把莫斯科市长卢日科夫描绘成"一个骗子和杀人凶手"。该电视台还播放了一组情绪低落的镜头，以此来证明普京最强有力的竞争对手普里马科夫的软弱。② 此外，他们还宣传了普里马科夫的其他弱点，如年龄偏大、仍是过去行政官僚体制的"产物"、同共产党人接近，等等。为防止候选人亚夫林斯基可能会使普京在首轮选举中不能完全获胜的情况发生，俄罗斯公共电视台也把矛头对准了他。该电视台利用人们对同性恋的恐惧，把亚夫林斯基错误地说成是一个同性恋者。更有说服力的是，他们利用车臣民族分裂分子制造的一系列恐怖事件，大力宣传普京的国家利益高于个人利益的理念，宣传国家的重要性；在媒体上表现普京的年轻、果敢和富有活力。比如，在电视中播放普京亲自驾驶飞机到车臣进行视察的镜头，这给选民留下了很深的印象。③ 这样，大众媒体为普京的顺利当选扫除了障碍。

经过竞选，普京深知大众媒体的两面性。执政之后，他一方面强调新闻自由，称"新闻自由是公民社会最重要的成分之一，并且是民主国家发展的保障"。2000 年 7 月在《国情咨文》中又称，大众媒体是"第四种权力"，"没有真正的自由媒体，俄罗斯的民主就无法生存"；另一方面，普京强调说："实际上很难达到新闻自由状态。报刊常常为寡头们的利益、集团的利益服务。"④ 普京一语中的地指出："传媒应该是自由的，但只有当它有了自己的经济基础，自由才是可能的。传媒不应该仅为两三个钱袋子

---

① 新华社网站追踪报道：《叶利钦告别政坛》，新华社网站主页，1999－12。
② 〔英〕卡瑟琳·丹克斯著《转型中的俄罗斯政治与社会》，欧阳景根译，华夏出版社，2003。
③ 孙凌齐：《俄国政党政治走向及媒体作用》，《当代世界与社会主义》2000 年第 4 期。
④ 〔俄〕《普京答俄罗斯公共电视台记者问》，http：//www. nns. ru/interv2000－07－08。

服务。"

在这种理念下，自恃功高的媒体巨头并没有得到政府应有的感激和回报。对干政多年的财阀和传媒大亨早生不满的普京上台后，决心重拳出击，向寡头势力宣战，并采取措施，加强国家对媒体的管理和控制。俄国学者将普京的执政思想概括为："爱国主义是旗帜，强国意识是核心和支柱，国家主义是手段和动力，社会团结和稳定是基石。"① 这正是普京实施传媒新政的指导思想。新政府提出的"伟大的俄罗斯国家"的概念是以强化国家权力为基础的。势力过于强大的媒体寡头们成为普京推行新政、加强国家权力的绊脚石。于是，普京不仅不能褒奖助他上台的媒体寡头，反而要改变现有的政治传媒体系，恢复国家对媒体的控制权。②

考虑到寡头们在政界拥有盘根错节的人际关系，普京将终结传媒寡头的目标分做两步实现。

第一步，通过合法的经济手段和法律程序，敲山震虎，赶走危害国家舆论安全的两大媒介寡头。

俄联邦总检察院掌握的证据表明，1996 年底，古辛斯基的"桥"媒介集团在购买国家电视公司"圣彼得堡第 11 频道"70% 股份的时候只花了 20 万旧卢布（相当于 1500 美元），而该频道的实际价值高达 1000 万美元。合同签署 12 天后，该频道的负责人在荷兰的个人账户上就出现了 100 万美元。

2000 年 6 月 13 日，俄总检察院以涉嫌侵吞巨额国家财产的罪名逮捕了古辛斯基。这立刻在俄国内引起轩然大波，许多政界要人为他求情，向警方施加压力。俄罗斯股市下跌，跌幅达 3% ~ 4%。克里姆林宫还承受了来自外国的压力：一个美国高级行政主管代表团因抗议此事推迟了对俄罗斯的访问；因为古辛斯基是世界犹太人大会副主席，以色列总理巴拉克要求俄方重新考虑此事；美国总统克林顿在接受记者采访时，也要求俄政府给予古辛斯基事件公正和公平的裁决。

迫于外界强大的压力，警方在 6 月 17 日将古辛斯基释放，但禁止他离开莫斯科。俄总检察院宣布查封古辛斯基财产一事，也因"证据不足"而不了了之。③

① 张树华：《过渡时期的俄罗斯社会》，新华出版社，2001，第 322 页。
② 李玮：《转型时期的俄罗斯大众传媒》，上海外语教育出版社，2005，第 82 页。
③ 张举玺：《传媒大亨古辛斯基沉浮记》，2005 年 5 月 23 日《第一财经日报》。

此次行动对古辛斯基和其他寡头产生了巨大的震慑作用。慑于国家威力与心虚，古辛斯基执意出国避难，被边检人员"故意"放走。一得知古辛斯基逃出国境，俄总检察院马上采取了进一步行动，2000年11月13日，正式指控古辛斯基非法获取3亿美元贷款和50亿卢布借款（注：金融危机后，古辛斯基采取了欺骗的方法，由俄天然气工业公司作保，为其已经破产的企业非法获得3亿美元和50亿卢布借款），要求古辛斯基出庭作证。但作为被告的古辛斯基却未在指定时间出庭，其律师也拒绝透露他的去向，俄总检察院立即宣布在全国范围内通缉古辛斯基，并于12月4日发布了红色国际通缉令，要求各国刑警组织协助将其缉拿归案。

在俄总检察院发出通缉令后一星期，西班牙警方在西班牙南部将古辛斯基逮捕。俄罗斯要求将古辛斯基引渡回国。经过近半年的庭审，西班牙国家法院于2001年4月18日裁定，拒绝将古辛斯基引渡回国，古辛斯基获得自由。由于古辛斯基拥有俄罗斯和以色列双重护照，他获释后随即前往以色列和美国等进行游说活动，希望美国以俄罗斯扼杀新闻自由为名对其实施制裁。

针对这种情况，俄罗斯司法机关在保留2000年提出的指控和签发的国际通缉令的基础上，于2001年4月24日对古辛斯基提出新的指控，指控其洗钱，金额高达28亿卢布。随后，俄总检察院通过国际刑警组织以新的罪名对古辛斯基再次发出国际通缉令。

古辛斯基前往美国后，美国以美俄不存在引渡条约以及俄罗斯调查古辛斯基含有政治目的为由拒绝引渡古辛斯基。但是，按照国际惯例，像涉嫌从事恐怖活动、贩毒、洗钱这样的重大嫌疑犯在没有签署引渡条约的情况下也应该被引渡。

普京打击的第二个目标是媒介寡头别里佐夫斯基。

2000年10月19日，俄总检察院指控别里佐夫斯基犯有洗钱、藏匿外汇收入和怂恿金融诈骗罪行，发出传讯。俄司法部门查封了别氏的国家别墅和挂着政府牌子的汽车。已在国外的别里佐夫斯基以人身安全没有保障为由，拒绝回国接受俄总检察院的传讯。此后，别里佐夫斯基一直待在国外。

第二步，瓜分古辛斯基和别里佐夫斯基麾下的媒介集团。

独立电视台属于古辛斯基集团，是"桥"媒介集团的重要组成部分，拥有49.5%的股份，也是俄罗斯影响最大的电视台之一。该电视台46%的股份属于俄天然气工业公司下属的媒体集团，但近几年电视台一直负债经营。为了弥补巨大的亏空，古辛斯基曾经将19%的股份抵押给天然气工业公司。天然气工业公司是国家控股的企业，将巨资投向独立电视台的亏损漏洞。由于还债期限已到，古辛斯基没有偿还能力，天然气工业公司随即将"桥"媒介集团告上法庭，法庭的裁决使天然气公司成为最大的合法股东。天然气工业股份公司媒体集团认为，独立电视台亏损额已达7000万美元，负债为7000万美元，运转陷入困境，必须进行重大改组。

天然气工业公司和拥有4.5%股份的美国人约尔丹联合起来，于2001年4月3日，在古辛斯基和其他股东拒绝与会的情况下改选了董事会，选出了电视台新的领导班子。董事长由天然气媒体公司的领导人科赫担任，美国商人约尔丹和俄罗斯"消息"通讯社董事长库利斯基科夫分别担任电视台总经理和总编，分管电视台财政和新闻业务。古辛斯基和电视台总经理、俄著名节目主持人基谢廖夫均未进入董事会。这样，古辛斯基失去了对独立电视台的控制权。在董事会改选后的当天晚上，电视台全体记者留守岗位，不让天然气公司方面的人进入电视台大楼。第二天，电视台停播了除新闻之外的所有节目，以示抗议。

4月9日，俄罗斯总统普京首次表态：独立电视台之争纯粹是商业问题，与政治无关，应该由法庭来解决。4月14日，内务部警察控制电视台，强制组织执行法院的判决，独立电视台由天然气工业公司媒体集团管理。原独立电视台总经理和46名主持人、编辑等提出辞职。

被幽禁在西班牙的古辛斯基在独立电视台面临困境时，与国外公司紧急磋商，准备以2.2亿美元卖掉自己的部分股份，试图借助西方的力量保住对电视台的控制。古辛斯基与CNN总裁特纳达成了一项框架协议，由CNN购买古辛斯基所拥有的独立电视台的大部分股份，这样古辛斯基可以偿还由俄罗斯天然气工业公司提供担保的贷款，保住对独立电视台的影响。特纳致电独立电视台员工，要求他们保持克制，表示他将尽快斥资平息此次风波。

俄罗斯国内对此反应强烈。舆论认为，如果古辛斯基和特纳的交易实现，将为美国势力控制俄罗斯的传媒撕开一个巨大的裂口。对此，俄国家杜马、自由民主党、俄共等议员团所属政治家表示了强烈反对。俄共主席久加诺夫说，任何一个国家都不可能将自己的电视台出售给外国，他建议国家杜马尽快研究解决方案，阻止特纳斥巨资购得独立电视台，将美国的触角挤进俄电视领域。

俄天然气工业公司发言人表示，欢迎 CNN 参股，但前提是不能取得对电视台的控制权。普京对这一事件也表明了态度，他表示新闻自由在俄罗斯受保护，但所有权在任何地方也都应该是神圣的。

4 月 16 日，"七日"出版集团总裁比留科夫做出了关闭《今日报》的决定。虽然比留科夫解释说，关闭该出版物与独立电视台事件无关，纯粹是出于经济考虑，但这起事件并非如此简单。比留科夫持有出版集团 25% 的股份，俄天然气工业公司控制 26% 的股份，其余股份为古辛斯基所有。比留科夫与天然气工业公司联合就可以取得集团控股权。关闭《今日报》就是这两方谈判的结果。"七日"出版集团下的《总结》周刊也换了人马，原先的一些报业人员被赶走。

独立电视台事件最后以天然气工业公司取得对独立电视台的控制权而宣告结束，古辛斯基苦心经营多年的媒体帝国崩溃，除"莫斯科回声"电台及部分势单力薄的小型媒体仍在维持外，这一帝国的支柱媒体已经易主。

就在古辛斯基媒体帝国分崩离析之际，逃匿国外的别里佐夫斯基向他伸出援助之手。双方经过谈判商定，离开独立电视台的俄记者们可加盟别氏所控制的 TB－6 电视台。为了显示对原独立电视台台长基谢廖夫的器重，别氏将原来的总经理就地免职，把基谢廖夫扶上这个位置。别氏希望独立电视台的反对派立场能够在 TB－6 继续下去。

基谢廖夫带着独立电视台的人马接管 TB－6，引起了 TB－6 管理层的不满，原 TB－6 的高层人员大部分辞职，基谢廖夫主管了这一电视台。

在基谢廖夫接管电视 TB－6 频道后，这一电视频道成为抨击普京和政府的新的舆论基地，这造成了电视台与政府的对立。基谢廖夫出任总经理后，TB－6 电视台经济效益出现大幅下滑，这引起一些股东的不安。俄罗斯最大的石油公司卢克石油公司在 TB－6 中占有 15% 的股份，2001 年以来，卢克石油公司多次提出，TB－6 如果不能改变目前这种亏空的经营局面，它将要求关闭电视台。2001 年 5 月 31 日，该公司向莫斯科仲裁法院提出起诉，以电视台连年亏损为由要求关闭 TB－6 电视台。9 月 27 日，莫斯科仲裁法院要求 TB－6 电视台近期内自行关闭，但州仲裁法院撤销了这一判决，于是该案便提交俄联邦最高仲裁法院，主席做出关闭 TB－6 的终审判决。这一裁决公布后引起了强烈的反应。TB－6 表示要上诉欧洲法庭，并指责最高仲裁法院的判决具有政治色彩。最高仲裁法院发言人声明，法院没有受到来自任何方面的压力，这一裁决是 14 位法官的集体决定。

2002 年 1 月 23 日凌晨，俄新闻出版、广播电视部部长列辛根据法院要求，签署命令停止了 TB－6 电视台的播出。列辛表示，TB－6 是私人电视台，政府无意干预其内部经营，它的关闭是法院的裁决，与政府无关。当天，TB－6 电视台信号被终止。①

普京动用合法的经济手段和法律程序来终结媒体寡头，也是为了防止西方指责其干涉新闻自由，同时也暗示了普京惩治媒体的潜台词："尽管挣钱，但别弄权。"普京对其他寡头们表了态："你们过去已经窃取的东西可以归你们所有，但今后你们必须为国家工作。"② 通过规范整顿与斗争往来，普京牢牢地控制了局势，寡头干预政治、到处伸手的局面已经得到了遏制。

综上所述，普京在改造俄罗斯媒体市场时，始终贯彻务实精神，从俄罗斯的国情，从维护国家、社会利益出发，竭力保证国家对大众传媒的控制，促使传媒发展走上正轨，为社会政治稳定、整合舆论、经济发展、文化传承作出积极的贡献。

2. 建立媒体企业国家控股机制

在对国内传媒寡头进行整治的同时，普京政府还采取一系列措施，抵制国外媒体和资本对俄媒体市场的影响。

在普京打击媒体寡头的过程中，美国 CNN 试图大量收购独立电视台的股份。这曾在莫斯科引起了轩然大波。民众与政界人士都认为为了民族利益，外国媒体不能掌握本土电视台。这次风波从根本上反映了俄罗斯对外国资本参股本国媒体的看法，也使普京更坚定地认识到必须对国外资本进入本国媒体以及国外媒体在俄罗斯的传播加以控制。

为了达到这一目的，普京采取了一系列措施。2001 年 8 月 4 日增补后的《俄罗斯联邦大众传媒法》第 19 条③规定：外国法人、外资在机构中所占比例超过 50% 以上的合资法人，以及有双重国籍的俄罗斯公民，无权做电视和图像传播机构的创办人。外国公民、无国籍人士、双重国籍的俄罗斯公民、外国法人以及合资机构，如果其资本中外资比例超过 50%，则无权创办覆盖率超过俄联邦领土半数以上的（或该领地上居住有超过俄罗斯

---

① 孙凌云：《俄罗斯转型过程中媒体的变化》，《俄罗斯研究》2002 年第 3 期。
② 黄永鹏：《试析普京对金融工业寡头的规范与整顿》，《东欧中亚研究》2001 年第 4 期。
③ 张举玺译：《俄罗斯联邦大众传媒法》，《新闻与信息传播研究》，2006 年冬季号，第 64 页。

半数以上居民）的电视传播机构（法人）。这从法律上制止了外国公司大量
收购有重要影响的电视台，避免媒体被西方利用，也从根本上制止了像古
辛斯基那样拥有双重国籍的寡头对传媒的控制。

同时，政府也制定法律来限制媒体再度沦为少数既得利益集团的工具。
杜马着手制定了一项关于电视的新法律。这项法律将调整一个公司可以控
制的大众传媒的范围，还将规定一个财团可以控制多少个电视频道。①

为了惩治那些在诸如车臣战争、"库尔斯克"号核潜艇沉没等事件上与
政府唱对台戏的媒体，2002 年 10 月 4 日，普京签署总统令，宣布 1991 年 8
月 27 日叶利钦总统签署的《关于"自由"（"自由欧洲"）电台分部的总统
令》失效，从即日起取消美国"自由"电台在俄境内享有的如"允许其在
莫斯科开设常驻分部，设立记者站；俄新闻、大众传媒部以及通信和信息
部要保障该电台所必需的通信频道"等特权。②

总之，法律上规定的股权比例原则从根本上解除了媒体寡头再次产生
的隐患。俄罗斯政府成功收回了媒体控股权，成功整顿了国家一度失控的
大众传媒市场。在普京"传媒是国家服务者"理念的指引下，俄罗斯传媒
事业将成为俄罗斯复兴的保驾护航者。

3. 传媒国家功能的必要性与价值

"弘扬俄罗斯思想，加强强国意识、国家作用和社会团结"是普京的治
国方略。这种治国思想同样也体现在新闻媒体领域。普京提出了"媒体是
国家服务者"的理念和"国家传媒"理念，打击媒体寡头，大力回收媒体
控制权。

媒体寡头是 20 世纪 90 年代叶利钦时代传媒私有化的产物。在叶利
钦执政后期，媒体寡头控制了国家的主要传媒资源，并日益呈现出政治
化倾向，造成信息垄断和混乱。俄前总理普里马科夫认为，寡头主导下
的政治、经济就是"野蛮的资本主义"。普京上台后，立即整肃媒介市
场，采取措施逐步瓦解媒体垄断集团和国际资本势力，收复了对媒体市
场的控制管理权。

扶持国有媒体，树立国家传媒观念。在整肃寡头的同时，普京开始整

---

① 孙玉鹏、贾乐蓉：《俄罗斯取消对大众传媒的海关优惠》，《新闻战线》1998 年第 7 期。

② 杨敬荣：《受莫斯科优待——还说莫斯科坏话——普京取消"自由"电台特权》，2002 年
10 月 10 日《环球时报》。

顿传媒资本市场，逐步扩大国家对传媒的管理和监控，加强政府对媒体的管理和监控，加强政府对大众传媒的影响力。俄政府开始大力收复对媒体的控制权，重点扶植国有媒体，加大对其控制力度，在财政预算和人事任命上采取了中央集权管理方式，让国家主管机关在参与组织媒体活动的过程中扮演主导者的角色。这样，政府渐渐成为社会舆论的控制者。

普京提倡以"国有媒体为主，商业媒体为辅"的方针。经过多方的整顿和调整，到2002年末，俄罗斯传媒已经基本形成了以国有媒体为主、社会组织媒体和私有商业媒体为辅的三足鼎立局面。为了加强政府对地方媒体的控制，普京于2000年9月发布总统令，对叶利钦时期的政策进行了调整，将原来属于地方政府对地方广播电视的领导任命权纳入全俄国家广播电视公司总部的管理范畴内，从而收复了对地方媒体的控制权，控管地方媒体对中央政策的准确传播，以避免各自为政造成的危害。

国家收复对媒体控制权是必需的。在媒体自由化、媒体寡头纷争的时期，社会舆论分散，各个利益集团的媒体互相攻击，假新闻、有偿新闻和黑材料满天飞，这造成了一系列严重后果：社会动荡，民族分裂，人心涣散，这对改革中的俄罗斯十分不利。在这种情况下，普京的媒体理念在多种调控手段并用的同时，适当强化行政手段，实行相对集中的新闻管理，可以整合舆论，重塑政府权威，有利于维持政局稳定，有利于推行各种改革措施。①

普京收复国家对媒体的控制权说明，政府要求媒体在享受言论自由的同时，要承担起国家责任。普京的媒体理念并不像西方指责的那样不要新闻自由，普京完全认同也支持新闻自由，但反对滥用新闻自由。2000年9月，普京同戈尔巴乔夫会见时曾指出，他的立场是主张新闻自由，并主张新闻应当负责任。②

普京的新闻理念契合了媒介社会责任理论。社会责任理论是强调大众传播媒介对社会和公众应该承担一定责任和义务的理论，是对自由主义理论的一种修正。社会责任理论有一个不同于自由主义理论的大前提，这就

---

① 程曼丽：《"松"与"紧"的变奏——现行俄罗斯新闻体制的演变及其特点》，《国际新闻界》1996年第4期。

② 2000年9月28日《俄罗斯报》。

是它虽然不否定新闻自由，但是它主张媒介的自由不是绝对的。享受着政府赋予的特权地位的报刊，有义务对社会承担一定的责任。社会责任理论的提出可以防止由传媒内容的浅薄化、煽情化、刺激化而引起的社会道德和文化的堕落，也可以防止媒体滥用新闻自由对民族国家造成的危害。普京的"媒体是国家服务者"、"国家媒体"的观念无疑是媒体社会责任理论的化身。

无论在什么样的社会制度下，新闻自由都不是没有限制条件的，任何人在享有新闻自由的同时必须承担一定的责任。在这个问题上，一些致力于媒介进步与发展的俄罗斯学者和普京一样，认为媒介一味地市场化和商业化将损坏媒介应有的一些责任，认为正是一些媒体滥用新闻自由而放弃自己的责任，才造成了俄罗斯媒介的虚假新闻、有偿新闻、色情和暴力倾向。

普京上台后，一改叶利钦时期对媒体大撒把、任其自由发展的做法，开始从国家利益的角度对新闻自由做出诠释。对新闻自由的解释有四个标志性的事件。

一是普京当选之际，俄罗斯的《新闻记者》发表了该刊记者对普京的访谈。记者的问题单刀直入："您是否会对言论自由有所限制？"普京回答："我们不允许限制言论自由，自由的大众舆论工具是我们发展民主的重要保障。在目前的俄罗斯，没有新闻自由就不可能有自由的市场经济，也就没有国家的持续发展。如果压制公民的言论自由和新闻媒介的自由，我们将一事无成，对此我深信不疑！"这些正是饱受动荡之苦的俄罗斯媒体和公众期望听到的。

2000年7月8日，在俄罗斯联邦会议的年度国情咨文中，普京总统对俄罗斯大众传媒重申了新政府的原则立场。他对媒体发挥的重要社会作用，以及俄罗斯记者的职业精神给予了充分肯定。普京承认目前在传媒界存在很多问题，认为大众传媒像一面镜子反映着国家发展的进程与困惑，他调侃说这是"成长的烦恼"，"有什么样的社会现实，有什么样的政权，就会有什么样的新闻记者"。他对俄罗斯大众传媒无法成为完全独立的"第四权力"表示遗憾，认为民主国家还未确立，新闻自由需要在国家政策和财政体系中有所体现。普京说，俄罗斯法律禁止检查和干涉大众传媒的报道活动。但是对目前媒介为追求经济效益搞虚假报道，甚至与国家和政府对抗的现象，他表示担忧。他认为"只有赋予传媒真正的、不是画饼充饥的自由，只有创造更多的法律上和经济上的条件，才会带来传媒的文明竞争"。①

二是在 2001 年 1 月 13 日俄罗斯出版节，普京向全国新闻工作者发出贺信说："俄罗斯一向特别重视出版事业。出版事业在很大程度上决定社会舆论。人们相信媒体，愿意倾听它的声音。媒体工作是团结多民族的俄罗斯国家的重要因素，它将形成共同的价值观并指出前进方向。言论自由是最近十年的主要成果之一。保持这种成果不仅取决于正确的法律，还取决于新闻工作者对自己的要求，取决于新闻工作者对国家、对社会的责任感。"普京指出，建立统一的信息空间对于使俄罗斯全国上下一致是非常重要的任务。他说："传媒应该是自由的，但只有当传媒有了自己的经济基础时，自由才是可能的。"②

三是俄罗斯首次召开全国传媒行业大会。2001 年 6 月 19 日，为期两天的"俄罗斯全国传媒行业大会"在莫斯科开幕。这是苏联解体后首次召开的传媒行业的盛会，对确定俄罗斯媒体今后的发展走向具有十分重要的意义。参加会议的有来自俄罗斯政府的有关部门领导，中央及地方媒体的负责人和新闻从业人员，以及来自传媒产业和传媒周边行业的代表。

大会以"大众传媒产业的改革方向"为主要议题，重点讨论了俄罗斯传媒行业的改革方向，媒体今后发展的基本任务和建立规范的传媒市场等问题。此外，大会还就"政府与媒体的相互关系"、"建立真正意义上的传媒市场"、"媒体的独立性和自主性"、"俄语媒体在俄罗斯境外的地位"等问题展开了深入的研讨。

正是在这次大会上，普京指出，新闻媒体应摒除与新闻业务无关的商业收入。他认为"只有新闻单位自给自足，不再依靠那些与新闻业务无关的经济领域里获取竞争性优势的手段，真正的新闻自由才会到来。新闻单位如果在经济上不独立，它就无法保障宪法赋予公民获取信息的权利。"③

四是政府加强了对恐怖主义事件中新闻报道的控制。2002 年 10 月，车臣恐怖主义分子在莫斯科制造了震惊世界的"莫斯科人质危机事件"。事件初期，一些媒体发布了与俄罗斯官方不同甚至相反的新闻，增加了社会的紧张气氛和不稳定因素，给反恐工作带来诸多干扰。调查显示，近五分之

①　郎劲松：《俄罗斯大众传媒步入"普京时代"》，《当代传播》2001 年第 2 期。
②　胡太春：《从古辛斯基的沉浮看俄罗斯传媒政策的走向》，《国际新闻界》2002 年第 4 期。
③　李静：《转型期俄罗斯传媒业发展轨迹透视》，《佳木斯大学社会科学学报》2005 年第 5 期。

一的莫斯科人认为，媒体不自觉地变成了恐怖分子的传播工具。在此种情况下，俄罗斯政府迅速采取了新闻发布和管控措施，争取各方舆论的支持，最终取得了胜利。事后，俄罗斯政府便根据相关规定，对媒体进行了管理，避免因失实报道而扰乱人心和激化公众情绪。

2002 年 11 月 1 日，俄罗斯立法机关通过了《俄罗斯联邦大众传媒法》修正案，支持政府加强新闻控制，严格禁止媒体散发任何不利于反恐行动的消息。① 俄记者协会还专门为此举办了圆桌会议，会议的宗旨反复强调记者坚持报道事实真相的专业素养：第一，言论自由与新闻的快速性并不能优先于新闻的正确性，坚持事实查证与报道的真实性是俄罗斯媒体近期发展的首要原则；第二，不要因为谎言而刺激恐怖分子。

我们从上述内容中可以看到，普京的主旨非常明确，即俄罗斯政府在制定新闻政策时，是从国家利益的角度诠释新闻自由的，同时要求媒体主办者依法办事和有社会责任感。只有当媒体站在民族国家的高度，整合舆论，监测环境，承担起自身的社会功能，提高职业素养，传媒自由才是有意义的。

毫无疑问，俄罗斯在现阶段之所以要大力加强国家在宣传活动中的主导性、决定性作用是有客观原因的。首先是因为在俄罗斯首任总统叶利钦执政期间，国家一度在某种程度上陷入四分五裂状态，不少地区出现一些在当地称王称霸的地方长官或执政寡头。这就形成了普京时代民众要求强化俄罗斯联邦中央政权的呼声。而国家垂直领导的加强，当然也就成为自上而下对媒体加强控制的题中之义了。

不难看出，促使俄罗斯政治宣传模式中央集权主义特征的一些基本元素今天又开始受到重视并呈现日益强化的趋势。但是，这个模式中无疑也同时渗透着民主主义制度的因素。这是当今俄罗斯政治文化所特有的一种现象。

结　语

俄罗斯的新闻体制改革是以实现大众传媒私有化和非国有化为目标，以高度商业化为重要特征的。经过改革，俄罗斯的大众传媒虽然摆脱了国

---

① 靖鸣、侯晓辉：《俄罗斯政府在恐怖主义事件中的新闻发布》，《新闻与写作》2006 年第 4 期，第 17 页。

家的严格控制，但又陷入寡头集团的垄断之中。为整合舆论，重塑政府权威，完善传媒市场，更好发挥媒体功能，普京上台后，通过法律和经济手段，打击金融媒体寡头，回收新闻媒体控制权，占领舆论主导地位，在政府—媒体的关系中，政府占据制高点，形成了政府掌控媒体舆论的局面。

在整顿国内媒体市场的同时，普京对国外资本进入本国媒体市场，以及国外媒体在俄罗斯的传播加紧控制。通过立法，把股权比例分散原则写入传媒法。这既有利于保证本国媒体的主导地位，又有利于整合舆论，同时还可以防止媒体再度沦为寡头们的干政工具。

"媒体是国家服务者"是普京的执政理念。在大力回收媒体控制权的同时，普京政府也对新闻自由做出新阐释。不论在什么社会制度下，都没有绝对的新闻自由。自由从来都与责任、义务相关联。为了正确发挥媒体功能，促进社会进步，加快民主发展，团结多民族的俄罗斯，形成完整统一的信息空间，媒体必须承担起自身的责任，即坚持正确报道，杜绝虚假新闻，为俄罗斯的强国目标保驾护航。

纵观俄罗斯转型期媒体的改革，可以说俄罗斯媒体市场从无序走向有序，从国家化、私有化再到国家化。政府对媒体的管制也从紧走向松，又从松走到紧，政府与媒体的互动关系可以解读为：开放媒体经营市场→倡议言论自由，占领媒体市场板块→言论无限自由，沦为寡头们的干政工具→建立结合本国国情、政府主导经营管理的传播秩序→政府容许的有限度言论自由。经过转型的风雨波折，俄罗斯媒体经营管理、报道模式、职业道德等都从以领导者个人喜好为主转向了以法律为主。普京政府已经学会了用法律手段来处理与传媒相关的问题。政府管理媒体的结构再次回到之前的稳定模式，媒体再次成为国家与社会稳定的因素，媒体回归本色，国家、社会、媒体进入了良性互动期。

不同政策背景下，俄罗斯媒体机制的发展状况，再次引起学界们对诸如新闻的党性、阶级性、新闻的社会功能、新闻自由等问题的思考。这充分表明，虽然西方的新闻事业有其可取之处，但归根结底，它们都是符合国家利益，符合统治阶级意志的。① 戈尔巴乔夫追求公开性，发展多元化，忘却了新闻的党性和阶级性，放弃了苏共对媒体的领导权，最终导致了苏

---

① 严功军：《从戈尔巴乔夫到普京：俄罗斯传媒政策的变迁及反思》，《社会科学战线》2003年第 4 期。

联新闻模式的崩溃和苏联政体垮台；叶利钦赋予了媒体绝对的自由，却导致了社会思潮的失控和舆论的混乱，最终使媒体沦为寡头们的干政工具；普京虽然赞同民主、多元化和新闻自由，但他认为一个国家的大众媒体必须首先维护社会稳定，促进社会的进步和发展，因此，他实行了务实的新闻政策，强调媒体的社会功能。俄罗斯大众传媒的改革历程，给我们上演了一部新闻事业改革的"话剧"。

　　前车之覆，后车之鉴。俄罗斯传媒的变革历程极富戏剧性，可以说是俄社会政治经济演变的一个缩影，引人深思，发人深省。研究总结其变革的经验教训，对我国的新闻事业改革具有重要的借鉴和警示意义。

四　俄罗斯现代传媒的信息传播功能

1. 现代传媒的信息传播功能

　　苏联时期的新闻功能是以宣传为主。苏联解体后，俄罗斯的新闻功能发生了根本性的变化。俄罗斯媒体职能从附属政府机关的宣传机构转换成为一个信息流通和关注环境的独立阶层，新闻的基本功能从单一宣传转变成为以信息传播为主。[①]

　　俄罗斯现代传媒信息传播功能的确立，主要由下列原因促成。

　　首先，西方自由主义"传播"概念的引入。

　　20 世纪 90 年代初，随着对外开放政策的放宽，西方自由主义价值观在俄罗斯得到广泛传播。与此同时，西方自由主义新闻理念，尤其是"传播"概念被引入，强烈地冲击苏联的信息即新闻、新闻即传媒全部功能的观念，大大拓宽了传媒概念的范围，将苏联时期被政治宣传所掩盖的、重要的经济和信息功能归还给大众传媒。随着私有化和市场化在传媒领域的逐步实现，人们开始理解"信息产业"、"信息产品"的概念，理解西方"传播"过程复杂的工业属性和商业属性。[②] 这对俄罗斯大众传媒产生重大影响，促使传媒的社会角色发生根本性改变：从以往的宣传者转变为信息传播者。

　　其次，媒体自身生存发展的必然选择。

　　苏联解体后，俄罗斯传媒经营的所有权从一党垄断走向多党化、多元化和私有化以及金融工业集团的媒体寡头和国营媒体集团垄断，大众传媒

---

① 吴非、胡逢瑛：《转型中的俄罗斯传媒》，南方日报出版社，2005，第 41 页。
② 李玮：《转型时期的俄罗斯大众传媒》，上海外语教育出版社，2005，第 103～104 页。

从国有化快速转型为私有化与市场化，其结果是除国家通讯社伊塔尔—塔斯社（ИТАР - ТАСС）与中央政府机关报《俄罗斯报》（Российская газета）由中央预算补助之外，其他媒体都自负盈亏，不再享有来自政府的任何财政支持，媒体的生存受到了较大冲击。① 急剧的私有化和商业化使大量媒体被抛到市场经济的浪潮中，生存的压力迫使这些媒体开始在市场中寻求新的经济支撑点。与此同时，随着市场越来越成为左右人们经济生活的巨大力量，人们面临的竞争压力日益增大，对信息的需求也就更强烈。这样，对受众信息需求的满足便成为新闻媒介自身生存发展的必然选择。②

俄罗斯传媒的信息传播功能以提供新闻信息为第一要务，提倡新闻的时效性和客观性，只要是受众感兴趣的就是最好的，就是应该报道的，使受众的知情权得到最大限度的满足，从而扩大信息销售，获得经济效益。

2. 现代传媒的宣传特点

俄罗斯现代传媒的首要功能是信息传播，这是毋庸置疑的，但并不是说在俄罗斯不存在新闻宣传。宣传是一种社会传播活动，有相当的普遍性，是一种客观存在。"尽管'宣传'一般和社会主义国家的媒体联系紧密，但在西方媒体的实际运作中，'宣传'却也比比皆是，这不仅仅是从铺天盖地的广告中显示出来，还表现在政府推选的大规模的社会活动、政治选举以及记者和编辑的评论中。"③

转型时期的俄罗斯现代传媒在担负信息传播功能的同时，也承担着一定的宣传功能，这点从普京执政期间对媒体版图重新整顿规划的初衷就能看出来。俄罗斯国有事业急速兼并银行寡头的媒体事业，显示出总统普京仍希望媒体在市场机制下继续扮演政府喉舌，发挥引导舆论和监督政治环境的职能。④ 由此可见，普京上台以后逐步确立的政府资本独大的新垄断形势，使俄罗斯传媒逐渐成为政府的宣传机器，在多数情况下它将更多地扮演政府的喉舌，引导社会舆论，服从国家利益。可以说，俄罗斯现代传媒中宣传功能的体现与发挥是权力集团——俄罗斯政府竭力推动的结果。

除此之外，俄罗斯媒介集团及新闻工作者也是宣传链条上重要的一环。

① 吴非、胡逢瑛：《转型中的俄罗斯传媒》，南方日报出版社，2005，第35页。
② 梅琼林、国秋华：《社会转型与俄罗斯新闻传播观念的嬗变》，《上海交通大学学报》2003年第1期，第49～50页。
③ 张威：《比较新闻学：方法与考证》，南方日报出版社，2002，第313页。
④ 吴非、胡逢瑛：《转型中的俄罗斯传媒》，南方日报出版社，2005，第44页。

转型之后的俄罗斯新闻界推崇的是西方式新闻自由，许多新闻工作者一方面认为自己是中立地服务于公众，不再受制于政府宣传模式的约束，可以自由进行新闻传播活动。另一方面，尽管俄罗斯的新闻记者已不再受雇于政府，但是一旦他们被指派任务，就会习惯地戴上官方消息来源的坚固枷锁，依照官方的调子进行报道，不得不在某些问题上沦为政府的"传声筒"。①

21世纪的俄罗斯媒体正式从寡头媒体的商业化时代，进入了中央联邦级媒体的国有化时代。国家政府派媒体战胜了自由民主派媒体，成为21世纪初期俄罗斯媒体的主流。俄罗斯主要的电视媒体的新闻政策与几家大报的新闻政策严禁有损俄罗斯的国家利益，② 俄罗斯政府的对外政策与反恐政策也必须由媒体来护航。

在新闻实践中，俄罗斯传媒的宣传作用以一种更加隐性的形式来体现，讲究宣传技巧。传播者往往把自己的思想倾向和立场隐匿于事实之中，以达到主观宣传目的。

俄罗斯现代传媒的宣传功能具体表现在以下方面：

第一，总统大选中的宣传

俄罗斯传媒的宣传功能在总统大选期间发挥得淋漓尽致。早在叶利钦于1996年争夺第二届总统连任之时，俄罗斯国家电视台就在俄罗斯政坛上扮演着实质性的角色，不遗余力地把叶利钦称为俄罗斯改革之父、民主之父，极力博取民众对这位候选人的支持，最终促成叶利钦连任总统成功。

在普京竞选期间，大众传媒也发挥了重要的宣传功能。在2000年总统选举即将来到时，普京开始不断利用国家媒体替他宣传，其中用得最频繁的就是俄罗斯国家电视台。该电视台时而报道他在各地的出访，时而显示他强壮的体魄。③ 借助各类媒体的强大报道声势，普京向公众宣传自己的政治主张，其勤政亲民的形象得以深入人心，最终赢得大选。2008年的俄罗斯总统大选，梅德韦杰夫的最终当选，同样离不开大众传媒的宣传造势。

第二，车臣战争中国家利益至上的新闻宣传

---

① 刘建明：《西方的新闻宣传观念》，《新闻爱好者》1996年第11期，第12页。
② 吴非、胡逢瑛：《俄罗斯传媒体制创新》，南方日报出版社，2006，第74页。
③ 吴非、胡逢瑛：《转型中的俄罗斯传媒》，南方日报出版社，2005，第248页。

车臣战争是一场俄罗斯主权国家中央政府进行的反分裂、反恐怖的国内战争。在第一次车臣战争期间，由于俄罗斯新闻媒体与政府对立，在全国掀起反战浪潮，导致政府的军事行动因缺乏民众支持举步维艰。1998 年第二次车臣战争爆发后，俄罗斯政府吸取上次车臣战争的教训，对战争中的新闻宣传给以高度重视，与新闻界在基本立场上达成高度一致。新闻媒体确立了国家利益至上的报道原则，为俄军和政府发布政策、鼓舞士气提供坚定的宣传阵地，形成强大的宣传攻势，为赢得战争胜利营造了有利的舆论环境。战争期间，面对西方媒体的指责，俄罗斯媒体还与西方媒体就车臣战争和媒体报道的客观性进行辩论。这场辩论突出体现了俄媒体在战争问题上与政府的高度一致性和国家利益至上的报道原则。①

第三，舆论引导

社会舆论对各国政治生活、社会生活有着举足轻重的影响。作为重要的社会舆论工具，新闻媒介不仅能反映舆论，而且能够制造并影响舆论。因此，俄罗斯十分重视新闻媒介对舆论的强大影响力，政府会千方百计地利用大众传媒对舆论加以引导，使其更有利于政府的决策和行为。

随着国有工业集团加大对媒体经营权的掌控，俄罗斯政府对社会舆论的控制和引导也将进一步增强，使之更有利于包括对外政策与反恐政策在内的一切政府重大决策。

3. 现代传媒功能的发展趋势

苏联解体之后的俄罗斯传媒经历了一系列的改革与调整，新闻功能也从最初纯粹的信息传播逐渐转向可控传播。

1991 年到 1998 年，是苏联解体后俄罗斯新闻改革的第一个阶段。俄罗斯新闻媒体摆脱了国家宣传工具的地位，长期被忽视的信息传播功能得到前所未有的重视和恢复，并成为新闻传媒的主要功能。

在这一阶段，俄罗斯新闻改革选择的是完全的西方模式，媒介私有化和非国有化如火如荼地进行着，其目的在于削弱政府对媒体的控制，从而使有独立性的媒体能够与政治体制和经济体制改革形成良性互动。但结果却是媒体出人意料地落入金融寡头的控制之下。

到 90 年代下半期，绝大部分媒体被俄罗斯新出现的金融工业集团所控

---

① 文武英：《新闻宣传与国家利益——俄罗斯车臣战争新闻宣传的原则和手段》，《中国记者》2000 年第 5 期，第 36 页。

制，其中俄罗斯七大经济寡头集团几乎掌握了俄所有的电子媒体和大半部分报刊。著名寡头古辛斯基和别里佐夫斯基几乎控制了俄 70% 的媒体市场。在短短的几年里，媒体由国家垄断变成了寡头集团垄断……那些暴富的大银行家、大工业资本家们为了巩固、扩大自己的经济利益，竭力控制媒体、操纵舆论，并试图借助大众传媒来影响社会经济和政治生活，来干预政府决策。因此由寡头集团控制的传媒高度政治化，集团媒介成为金融资本与官僚资本联姻的桥梁，成为政治集团舞弄政坛风云、干预政治经济生活、左右民众政治情绪的工具。① 这一时期，俄罗斯媒体陷入寡头集团的控制和垄断之中，新闻界处于混乱状态。

直到 1998 年，政府开始调整政策，加大对媒介的控制和影响，俄罗斯新闻改革进入第二阶段。2000 年普京上任之后实行"媒体中央集权"的理念，一方面，开始策略性地打击利用或控制媒体和政府对立的寡头势力，重新规划媒体版图，形成政府资本独大的垄断局面，最终"政府夺回了传媒控制权，形成了政府控制主要媒体，影响大多数媒体的局面，无序的'新闻自由'步入了'政府可控民主'的状态。"② 另一方面，政府扩大全俄罗斯国家广播电视公司的职权，使其在发挥政府喉舌功能的同时，负责监督、管理地方电视广播公司。

经过这一系列的改革，俄罗斯政府控制了国家的主要媒体，并且利用这些主流媒体进行信息控制和舆论引导，俄罗斯传媒功能的可控性逐渐得到增强。2004 年别斯兰人质事件中，政府对新闻报道的控制就充分证明了这一点。尽管在这次事件中，政府用行政手段处理新闻报道的做法引起许多新闻媒体的强烈反应，但普京的态度和做法还是显示了政府加强对传媒控制的决心和努力。

随着政府对传媒控制力的不断加强，俄罗斯现代传媒功能的发展趋势是：由纯粹的信息传播转向可控传播。

结　语

苏联解体之后，俄罗斯新闻媒体摆脱了国家宣传工具的地位，新闻的

---

① 梅琼林、国秋华：《社会转型与俄罗斯新闻传播观念的嬗变》，《上海交通大学学报》2003
　年第 1 期，第 49 ~ 51 页。
② 刘笑盈：《中外新闻传播史》，中国传媒大学出版社，2006，第 427 页。

基本功能从单一宣传转变成信息传播为主，信息传播成为现代俄罗斯传媒的首要功能。这种转变既是俄罗斯新闻界受西方自由主义理念影响的结果，也是媒体自身生存发展的必然选择。俄罗斯传媒的信息传播功能以提供新闻信息为第一要务，以满足人们的信息需要为出发点。

当然，转型时期的俄罗斯传媒在承担信息传播功能的同时，也肩负着一定的宣传功能，这不仅是俄罗斯政府竭力推动的结果，与俄罗斯媒介集团及新闻工作者也有很大关系。宣传功能在俄罗斯总统大选期间和车臣战争期间发挥得淋漓尽致，对舆论引导发挥着一定作用。

经过一系列改革与调整，俄罗斯传媒功能从最初纯粹的信息传播逐渐转向可控传播。

第三节　中俄新闻功能比较

新闻功能也称新闻的职能、作用，即新闻传播对受众和社会产生的积极效益，发挥的合理效能。[①] 新闻功能一般表现为：沟通情况，传播信息；舆论引导，整合社会；传授知识，提供娱乐；发布广告，振兴经济。[②] 由此可见，新闻之主要功能在于信息传播和新闻宣传。信息传播和新闻宣传有着不同特征。新闻功能受到政府、政权的控制和约束。

一　中俄新闻功能的相似之处

1. 在实现新闻功能的正常发挥过程中有过深刻的教训

1957 年，中国在政治思想战线上发生了反右派斗争扩大化的严重错误，在随后的"大跃进"运动中，新闻媒体违反新闻规律，为"大跃进"进行了大量的失实报道和浮夸宣传，形成了违反新闻规律的"大跃进"新闻宣传报道，违背中国共产党的新闻传统，违反新闻真实，以宣传代替新闻报道。新闻报道大搞"浮夸风"，只讲正面宣传，压制负面报道，盲目报喜，不愿报忧，出现了严重的片面性，媒体舆论监督功能丧失殆尽。这些"大跃进"式的新闻宣传报道在客观上促进了"大跃进"的膨胀和升级。"左"倾错误的进一步发展，最终导致了"文化大革命"的爆发。"阶级斗争工具

---

① 甘惜分：《新闻学大辞典》，河南人民出版社，1993，第 10 页。
② 李良荣：《新闻学概论》，复旦大学出版社，2003，第 57 页。

论"成为这一时期中国新闻理论的基础，新闻功能被严重扭曲。"文化大革命"是阶级斗争扩大化的产物，自始至终借助了新闻媒体的力量。一些新闻媒体在林彪、江青等操纵下，成了"全面思想专政的阶级斗争工具"。在这种社会环境中，新闻的真实性彻底失去了存在的空间，新闻的真实性原则遭到了无情的践踏。

苏联解体后，俄罗斯传媒事业发生了全面转型。由于整个社会政治经济体制的改变，新闻媒体在相当程度上与国家和政府脱离了所属关系，大部分报刊和广电媒体都变成了独立经营、自负盈亏的实体。报刊被抛向了市场，失去了经济来源，急需新的资金注入。①

而俄罗斯的经济状况和经营环境使这些媒体很难在短期内依靠自身形成良性循环。在此情况下，掌握在巨额财富的金融寡头趁机挺进传媒业，从 1995 年起，俄罗斯媒体基本上进入了"政府、金融寡头瓜分期"，并快速形成俄政府、金融寡头与媒体互动的格局。随着俄罗斯媒体市场被几大势力集团瓜分殆尽，俄罗斯传媒事业形成了政治媒体集团、金融媒体集团与政府媒体三足鼎立的局面，传媒市场进入了畸形的寡头垄断时代。金融寡头不仅控制着俄经济命脉，还通过掌控舆论导向，左右俄政治局势，影响国家政治经济的正常发展。

2. 将信息传播作为新闻事业的基本功能

经过不断地拨乱反正、正本清源，中国的新闻事业最终走上了健康发展的道路。传播新闻是新闻事业的基本功能，也是整个新闻传播业的核心功能。大众媒体为广大受众提供及时充分的真实、客观、全面的新闻，可以帮助人们消除对周围世界不确定性的认识，提高人们应对各种突发事变的能力，使得人们能够更加有效地生活，社会能够更加有效地运转和有序地运行。

俄罗斯社会性质突变，其新闻事业也将自由主义理论作为自己的指导思想。俄罗斯新闻媒体长期被忽视和压制的新闻功能得到前所未有的恢复和重视，开放式的言论自由和新闻自由使新闻媒体有一种当家做主的喜悦，它们认真地履行自己的职能，即加强信息传播功能。信息传播成为俄罗斯新闻媒体的首要功能。② 俄罗斯媒体的新闻选择标准也发生了改变，方针政

---

① 赵华胜：《变化中的俄罗斯新闻业》，《国际新闻界》1997 年第 5 期，第 15 页。
② 吴泽霖：《苏联解体后俄国办刊业的发展态势》，《新闻与传播研究》2002 年第 2 期。

策介绍式的报道已经少见，具有重大新闻价值的国内国际大事的客观报道增多，媒体的报道范围涵盖了新闻、政治、经济、国外、重大计划、商业、金融、文化、体育等各个方面，报道丰富多彩，深刻、详尽，更贴近民众的日常生活。

在实现正常信息传播的同时，两国还都重视新闻事业服务社会、娱乐大众、获取利润等功能的开发和利用。

3. 政府注重通过媒体营造合适的舆论氛围

无论在新中国成立初期，还是在改革开放的新时期，中国新闻事业都是国家和人民的喉舌。报道国家重点建设的成就，向海内外受众展示国家建设的壮丽景象，大力宣传人民群众中涌现的典型人物、典型事件，激励人们热爱祖国、积极投身社会主义建设，通过引导舆论，弘扬真善美、鞭挞假恶丑，将人民群众的世界观、价值观等导向正确的方向，从而形成社会主流价值体系，保证正常的社会秩序；通过舆论引导，缓解社会冲突，建设和谐社会；通过舆论引导，解释国家的方针、政策、路线，将人民的注意力集中到国家的发展上去。

俄罗斯终结传媒寡头时代后，政府开始注重营造适合国家发展的社会舆论。俄罗斯媒体主动触及社会热点问题，成为代表社会舆论的机构，监督范围也从政治领域扩展到社会各个层面。在车臣战争、别斯兰人质事件以及对俄罗斯寡头进行揭露的报道中，舆论引导功能得到了初步彰显。这一时期俄罗斯媒介在主导社会舆论，协调、监督社会方面起到了一定的积极作用。传媒作为独立于立法、司法、行政之外的"第四权力"的观念已经深入人心。

二　中俄新闻功能的不同之处

1. 两国对新闻事业的称谓不同

新闻事业是指具有一定规模的专门采集、处理和传播新闻、引导舆论的机构在社会中发生重大作用的、大规模的、经常性的新闻活动。新闻事业是通过新闻手段反映社会生活，为经济基础服务的。

新闻传播机构及其活动在中国被称做新闻事业。新闻事业既是中国共产党和中华人民共和国政府的耳目喉舌，也是人民的耳目喉舌，[①] 直接为中

---

① 李良荣:《新闻学概论》，复旦大学出版社，2005，第113页。

国特色的社会主义经济建设服务。

新闻传播机构及其活动在俄罗斯被称做传媒事业。传媒事业既是俄罗斯资产阶级政党的舆论机构，也是资产阶级政府巩固政权的工具，直接为资本主义经济建设服务。

显然，两国对新闻传播机构及其活动的称谓不同。

2. 新闻事业的发展模式各异，导致两国新闻功能不同

中国自始至终都是以马克思主义作为新闻事业的指导思想。以《向导》诞生为标志的中国无产阶级新闻事业，在大革命时期就旗帜鲜明地宣传、传播马克思主义，坚持不懈与各种错误思想和反动宣传进行斗争。1942 年，党中央在延安开展了整风运动。这是一次在全党范围内开展的马克思主义思想教育运动，引发了党对无产阶级新闻理论的探索，促进了党对新闻工作的改革。1947 年，《晋绥日报》在检查报纸上关于土地改革的不真实报道后，为了挽救党报的威信，维护新闻的真实性原则，开展了反"客里空"运动，并进行了公开的批评和自我批评，切实践行了马克思主义的指导思想。

进入新时期，中国社会主义新闻事业的喉舌功能和理论是在学习和继承马克思主义新闻思想的基础上，在多年波澜壮阔的斗争和发展中积累形成的光荣传统与实践总结。中共十三届四中全会以后，党中央提出的"生命论"、"祸福论"与"导向论"，"十六大"以后，新一届中央领导集体高举邓小平理论和"三个代表"重要思想的伟大旗帜，在新闻宣传工作方面，形成了以贴近实际、贴近生活、贴近群众为灵魂与核心的新闻理念。这些均是对社会主义新闻事业作用与任务问题认识的进一步深化，是对马克思主义指导思想的继承和发展。我国的新闻事业是以信息传播和宣传并重的。

俄罗斯传媒事业的指导思想却是随着政治的剧变发生了质的变化。20世纪 90 年代初苏联解体，俄罗斯成为主权独立国家，开始推行资本主义制度，其传媒事业将自由主义理论作为指导思想，一方面进入快速发展与转型阶段，另一方面这种发展进入复杂、多变甚至是混乱的阶段。传媒事业由苏联时期的高度国有化突变为自由主义的发展模式，俄罗斯传媒功能也发生了巨大变化。在自由主义理论作为传媒事业指导思想的情况下，对新闻的认识也随之发生改变，信息功能、娱乐功能、经济功能得以凸显。大众传媒为了赢得受众，扩大发行量和收视率，开始研究受众对新闻信息的喜好，以便生产符合其需要的信息产品。信息接受者成为信息产品的消费者。信息传播成为俄罗斯新闻媒体的首要功能。

3. 中国的新闻宣传与俄罗斯的信息传播有本质区别

中俄两国新闻功能有其特定的决定和影响因素，这就直接决定了新闻宣传与信息传播的本质区别。

第一，传播过程不同

新闻宣传首先是一种主观行为，在信息产生以后进行，通过宣传某种思想、观点和看法来影响受众，目的在于影响和改变客观立场，以达到某种效果和目的。由此可见，中国新闻宣传的过程是从主观到客观。① 从主观宣传意图出发，借助新闻事实说话，进而促成客观行为是中国新闻宣传的全过程。比如：

> （标题）国强城兴 世界盛会——"走进世博会"展览侧记：（片段）（本报记者 刘文波 王建新）9 月 30 日的北京天安门广场，花团锦簇，游人如织，洋溢着喜迎国庆和党的十七大的欢乐祥和气氛。天安门东侧的劳动人民文化宫，黄瓦红墙、苍松翠柏中，"走进世博会——中国 2010 年上海世博会暨世博会历史回顾展览"在此举办，展览总面积约 5000 平方米，自 9 月 28 日开始，将于 10 月 7 日结束。
>
> ……
>
> 在展区的中心位置，巨幅的 LED 大屏幕上循环播放着影像，"城市的畅想——上海世博会漫游"、"梦幻的演绎——上海世博会规划"、"岁月的印痕——世博会历史漫步"等内容以富有冲击力的画面和动听的音乐吸引着游人，有人干脆坐在屏幕前的地毯上仔细观看。当"好一朵美丽的茉莉花……"这一上海世博会主题音乐旋律响起，北京的孟丽女士忍不住随着哼唱起来。她告诉记者，她对北京奥运会了解得多，但对上海将于 2010 年举办世博会知道得不多，昨天看电视知道这里办展览，今天一早就赶过来了。通过展览，她知道上海世博会规模很大，时间很长，从 2010 年 5 月 1 日到 10 月 31 日共 184 天。"上海举办世博会和北京举办奥运会一样，都是我们国家日益强盛、国际地位日益提高的体现，确实应该好好宣传，让全国人民都关注。"……

---

① 张举玺：《中俄现代传媒文体的比较研究》，河南大学出版社，2006，第 291 页。

　　一位参观者在留言簿中写下了这番话："上海世博会将向世人展示中国的新风采。作为中国人，不仅引以为荣，更应该明确自己的责任，好好珍惜，好好努力。"①

　　2010 年上海世博会，是中国首次举办的大规模综合性世界博览会，对于促进中国与世界各国的交流与合作，推动中国整个经济社会的文明进步与发展繁荣，有着重大战略意义。上海世博会的成功举办不仅是上海的责任，也是整个中国的责任，需要全国人民齐心协力来努力完成。

　　在这篇报道中，尽管没有作者个人的主观评价和判断，宣传意图却已十分明显。显然，这不是一篇普通的展览侧记。作者表面上是在客观呈现新闻事实，告知读者"走进世博会——中国 2010 年上海世博会暨世博会历史回顾展览"的有关情况。而实际上，宣传世博会，为世博会的召开创造良好的舆论环境才是这篇新闻报道的初衷。通过宣传使人们对世博会有更多的了解和关注，唤起人们的自豪感和责任感，进而激励人们积极行动起来为世博会力所能及地尽一份力量，才是作者真正想要达到的传播效果。一言以蔽之，从主观宣传意图出发，借助新闻事实说话，进而促成客观行为是中国新闻宣传的全过程。

　　信息传播的前提和基础是信息，而信息是事实的物质形式，具有客观性，始终处于第一位。信息传播活动离不开传播，传播是信息交流的方式和过程，是一种主观行为，在信息产生以后进行，始终处于第二位。由此可见，俄罗斯的信息传播是一个从客观到主观的过程，与中国的新闻宣传过程正好相反。比如：

　　Беслан хоронит погибших. На старом кладбище мест для убитых больше нет. За несколько дней, прошедших после трагедии, на окраине города, рядом с дорогой, ведущей в аэропорт, выросло огромное кладбище: десятки свежих, ещё не осевших холмиков. На всех крестах и надгробных знаках одна дата – 3 сентября 2004 года.

　　Мы идем вдоль крестов, по чавкающему осеннему полю. Вчитываемся в надписи. Гапоева Дерасса, 6 лет; Запорожец Сергей, 12

---

　　①　2007 年 10 月 1 日《人民日报》。

лет；Худалов Эльбрус，53 года；Худалов Георгий，10 лет；Курпосова Светлана，55 лет；Маргиева Эльвира，12 лет；Дзиева Дерасса，14 лет.①

（别斯兰急需安葬这些罹难者。然而，在老墓地实在是为这些死难者找不到可安葬的地方。别斯兰恐怖事件发生几天来，人们在别斯兰市郊，或者说紧挨别斯兰市区的飞机场附近，紧急开辟出一个庞大的新墓地。数百座还散发着新鲜泥腥味的小坟丘，似乎一夜之间从地里冒了出来。在所有的十字架和墓碑上都刻着同一个日期：2004 年 9 月 3 日。

踏着秋天的大地，我们谨小慎微地穿行在一排排十字架当中，悄然俯下身来，仔细阅读起墓志铭：戈波耶娃·杰拉萨，6 岁；扎波罗热茨·谢尔盖，12 岁；胡达罗夫·艾利布鲁斯，53 岁；胡达罗夫·戈奥尔基，10 岁；库尔波索娃·斯维特拉娜，55 岁；玛尔基耶娃·艾利维拉，12 岁；德日耶娃·杰拉萨，14 岁；……）

这个片段包含下列信息：

一个无奈之举：人质事件之后，别斯兰市老墓地腾不出地方来安葬这数百名罹难者，为了使亡灵入土为安，人们在郊区新开辟了一个大型墓地。

一个沉重的日子：2004 年 9 月 3 日。在这个日子，有数百名中小学生、老师和家长不幸遇难。

一个个血淋淋的墓志铭：戈波耶娃·杰拉萨，6 岁；扎波罗热茨·谢尔盖，12 岁……

这则新闻从表面看是一篇非常客观的报道，作者运用白描式写作手法将画面镜头一点点地向读者推进，数百座还散发着新鲜泥腥味的小坟丘 → 在所有的十字架和墓碑上都刻着同一个日期：2004 年 9 月 3 日 → 我们谨小慎微地穿行在一排排十字架当中 → 悄然俯下身来，仔细阅读起墓志铭 →七个遇害人的名单……

别斯兰人质事件是一个客观事实，作者并没有对事件本身发表任何主观评价，然而作者的这种细致入微的刻画却将新闻画面立体般地呈现在读者面前。这些客观细节可以激发人们产生一种强烈的主观意识，即从内心

① *Профиль.* 2004 – 09 – 13.

为这些无辜死难者表示深深的哀悼，同时也激发起对恐怖分子这种灭绝人性行为的愤恨。当愤怒与仇恨被激发时，人们从思想情感上自然会对政府的反恐政策和立场寄予更大的期待与支持。

第二，主体倾向性不同

中国新闻宣传的主体倾向性十分明显。一定阶级、政党或其他社会组织往往是新闻宣传的主体，同时新闻宣传往往是为掌控着新闻媒体的阶级、政党或其他社会组织的自身利益服务。[①]

在中国，尽管剥削阶级已经被消灭，阶级概念已逐渐淡化，但新闻宣传依然是实现主体自身利益的手段，这一本质并没有改变。中国新闻宣传是执政为民的中国共产党为全体人民谋福利的一种重要手段，必须完全符合中国政治方针的需要，遵循中国社会主义新闻原则，无条件地服从党和国家的需要。

比如：

（标题）中央财政下拨 3.32 亿元 淮河蓄滞洪区受灾群众获补偿：本报北京 12 月 2 日电（记者李丽辉）根据党中央、国务院关于"按上限标准及时将行蓄洪区运用补偿资金拨付到位，并尽快发放给受灾群众"指示精神，财政部、水利部及时安排下拨财政资金 3.32 亿元，补偿淮河流域蓄滞洪区受灾群众。

今年汛期，淮河流域发生了流域性大洪水。为了确保重要堤防和重点地区的防洪安全，安徽、河南两省相继启用了蓄滞洪区，江苏省启用了淮河入海水道分洪。水灾发生后，财政部、水利部及时下发《关于抓紧做好蓄滞洪区运用补偿工作的通知》，要求蓄滞洪区所在地县、乡政府及时登记、核查蓄滞洪区内居民损失情况，按照规定补偿标准尽快上报补偿方案。财政部、水利部对灾区损失情况及补偿方案进行了核查并提出补偿意见，报请国务院批准后对灾区群众进行了资金补偿。[②]

这是一篇典型的主观宣传式报道，借助中央财政拨款补偿淮河蓄滞洪

---

① 丁柏铨：《论新闻宣传》，《新闻知识》2006 年第 9 期，第 3 页。
② 2007 年 12 月 3 日《人民日报》。

区灾民这样一个措施，报道者想要传达给受众这样一个观念，即这次补偿是财政部、水利部根据党中央、国务院指示精神贯彻执行的，体现了党和政府对受灾人民群众的无限关怀。作者和媒体希望借此使人们更深切地感受到，党和政府关心人民和人民群众心连心。报道的主体倾向性显而易见。

俄罗斯信息传播以报道事实、传递信息为出发点和落脚点，而事实、信息是一种客观实在的物质形式，因此信息传播功能的主体倾向性不明显，其核心是信息。

我们看俄罗斯记者安·卡雷洛夫采写的《苏联解体的内幕》片段。

列宁格勒市市长索布恰克夫知道，戈尔巴乔夫已把他当做总理的人选。

"叶利钦这个恶棍！"索布恰克夫边骂边同戈尔巴乔夫握手。"戈尔巴乔夫，您好！晚上好！"

"什么事，托里亚？"戈尔巴乔夫稍微把眼睛眯缝起来，"有什么建议吗？"

"您直接行使总统的权力吧！赶快！广播电台将于明天早晨5点种之后播放"别洛韦日会晤"的新闻。现以苏联总统名义应于事前向全国发布总统令，宣布全国进入紧急状态，解散各种代表大会，各最高苏维埃提前召开大会，必须提前召集，戈尔巴乔夫！如果最高苏维埃不通过，别洛韦日的勾结只是一张废纸。最重要的是：苏联总统令必须署上昨天的日期，也可以署上发布时的日期。然后在其他的新闻中，可以告诉人们，在谁也不知道的密林深处，有12个共和国中的3位总统以醉鬼似的面孔图谋搞垮苏维埃联盟。目前，这些叛徒隐蔽的位置、他们的状况以及参加人数——正在追查之中。"①

这篇新闻采写于苏联解体前后最紧张最敏感时期，内容直指解体内幕。其实，新闻在报纸上刊发时，俄罗斯总统叶利钦和白俄罗斯总统卢卡申科还都在总统任期之内，苏联解体真相仍处于高度的保密之中。但 Совершенно секретно 周报却全然不顾这些，他们知道这些内幕是公众最想知道、最感兴趣的。对于他们来说，还有什么会比信息本身的吸引力、受

---

① Совершенно секретно. 1999 (11).

众关注的眼球更重要的呢？因此，即使新闻内容涉及政界高层和政治敏感事件，仍然照发不误。解体内幕曝光后，虽未引起多大的政治风波和社会影响，却给 *Совершенно секретно* 周报带来了更大的发行量，这正是他们所需要的。

第三，内容选择及信息容量不同

新闻宣传是建立在事实基础之上的，事实是其开展报道和评论的基础和依据。但新闻事实的选择和表现必然有一定的倾向性和局限性，围绕宣传主题，服务于宣传目的，这在某种程度上会影响某些事实信息的精确度，削弱内容选择的随意性，缩小信息容量。因此，一些新闻作品所选择的事实并非新闻的主要传播内容，寓于事实之中的观念才是真正的传播核心。

请看一则简讯。

（引题）中国语文现代化学会副会长袁钟瑞认为①：（主题）《亟待加强语文与逻辑基础教育》；本报北京 2 月 14 日电（记者李瑞英）中国语文现代化学会副会长袁钟瑞针对目前一些报刊逻辑语言应用出现的诸多错误，以及一些机关公文的语文与逻辑应用质量不高和许多网络页面、影视屏幕、广告、商品包装、公共场所等用语用字不规范、乱造新词语等现象，在接受本报记者采访时指出，在我国基础教育中，语文教学被边缘化，母语教学不如外语教学受重视，这一问题应当引起我们的高度重视。

他说，汉语言文字是中华民族的优秀文化，但在大学里，大学生拿不到英语等级证书就拿不到学位证书，可对学生的汉语水平却没有任何要求。现在，我国青少年一代的语文素质，包括汉字书写能力、口语能力和写作能力等，普遍不理想。因此，亟待加强人们的语文和逻辑基础教育。

汉语言文字是中华民族的优秀文化，但是当前加强语文与逻辑基础教育的形势严峻而迫切。为了引起人们的广泛关注，记者专门采访了中国语文现代化学会副会长袁钟瑞。在报道中，袁副会长针对当前中国基础教育中语文教学被边缘化以及母语教学不如外语教学受重视这一问题，发表了

---

① 李瑞英：《亟待加强语文与逻辑基础教育》，2007 年 2 月 15 日《光明日报》。

一些看法和建议。显而易见，作品更多地是想向读者传达一种爱护自己民族优秀文化的观念，倡导并呼吁人们共同努力，以促进全民汉语言文字素质的提高。出于宣传需要，整个报道仅仅局限于被采访者的个人意见和观点，信息容量不大。

俄罗斯信息传播以信息为主要传播内容，以受众信息需要为出发点，重在服务。因此，俄罗斯新闻作品所包含的信息容量较大，内容选择空间不受任何限制。

再看一则俄罗斯简讯。

（标题）俄罗斯今年外资增长 25%：（本刊讯）据国家统计局透露，今年上半年，外商在俄罗斯的投资比 2001 年同期增长了 25%，为 84 亿美元。

外资增长的主要原因是所谓的"其他投资"。今年前半年达到了 63 亿美元。（如果与去年同期相比，这类投资增长了 60%。）"其他投资"包括：商业贷款、政府担保贷款和无息贷款。

如果只考虑直接投资（资金和资产）和间接投资（股份），事情就显得不那么乐观。

前半年外商向俄罗斯直接投资的总金额为 19 亿美元，比去年同期少了四分之一。外商间接投资与去年相比，下降了 17%。

ЮНИКОН 信息咨询公司宏观经济研究中心的分析家们认为，外商的主要投资领域分别为能源燃料工业（8.21 亿美元），食品加工业（6.42 亿美元）和有色金属工业（5.01 亿美元）。2002 年上半年，外资主要来源是德国、塞浦路斯、美国、英国、法国和荷兰。

与此同时，俄罗斯向外国投资（为 101 亿美元）和往年一样，超出外商在俄罗斯的投资，上半年超出外商投资 16.5%。在选择向外投资时，格外看中美国（55.6 亿美元）和塞浦路斯（21.4 亿美元）。如果综合衡量一下外商在俄罗斯投资的总资本，以及俄罗斯向国外投资总资本的比重，可以看出一个鲜明的特点，即俄罗斯看中的是国际短线投资。然而，外资却看中和选择俄罗斯的长线投资。

近 5 年来外资在俄罗斯的投资情况如下：1998 年外资投资金额为 78 亿美元，1999 年外资投资金额为 96 亿美元，2000 年外资投资金额为 109 亿美元，2001 年外资投资金额为 142 亿美元，2002 年上半年外资投资金额为 84 亿美元。①

　　在这则简讯中，记者首先透露了俄罗斯 2002 年外资增长的具体数字：25%。但记者的视角并未停留于此，而是以这一数字为切入点进一步展开，挖掘数字背后更深层次的信息：外资增长的原因、外资主要投资领域、外资主要来源国、外资投俄与俄资外投的相关信息比较、近 5 年外资投资情况等。透过这些翔实的信息，读者能够更全面地理解和把握外资在俄罗斯投资的相关情况和趋势。

　　综上所述，中国新闻宣传与俄罗斯的信息传播在传播过程、主体倾向性、内容选择及信息容量等方面存在较大差异。

　　4. 中俄新闻宣传的特点不同

　　中俄两国的现代传媒都承担着一定的宣传任务，但因两国政治、经济和文化环境不同，新闻宣传功能的发挥也有着各自不同的特点。

　　第一，新闻媒体的主体自觉性不同

　　中国新闻事业是党和国家的新闻事业，所有权归国家，由国家统一管理和调控，服从党的领导。新闻宣传是中国新闻事业的一贯传统和主要任务。尽管改革开放后的新闻功能不再以单一宣传为主要特点，但新闻宣传的主导地位并未改变。因此，作为新闻宣传的主体，中国新闻媒体的自觉性更强。

　　对于俄罗斯媒体而言，信息传播才是其自觉的第一选择。私有化、商业化浪潮下新闻媒体实现自主自治，因此对于大多数失去政府经济补贴的媒体来说，只有提供大量信息满足受众信息需求，才能为媒体带来经济利益，为媒体生存发展提供经济支撑。在这样的情况下，俄罗斯现代传媒中宣传功能的体现与发挥并非媒体本意，由于受制于国家新闻政策或者特定集团利益，在一定时期和特殊条件下也进行新闻宣传，但并非完全出于媒介集团本身追求经济利益的主动选择，而是一种被动服从。

　　因此，作为宣传主体，中国新闻媒体的自觉性更强，俄罗斯媒体则处于被动宣传地位。

　　第二，舆论引导区别较大

　　"正面宣传为主"是中国新闻宣传的原则和显著特征，通过对主流价值

---

① *Профиль.* 2002（30）.

观和社会主旋律的宣传，指导人民群众的思想和行动，发挥新闻的舆论导向功能。典型报道和热点引导也是中国新闻宣传的有效手段。对人们普遍关注的热点问题集中报道，并加以积极引导，是新闻媒介引导舆论的一种常用报道方法。

虽然社会舆论在俄罗斯政治、经济和社会生活中同样有着举足轻重的作用，俄罗斯政府也千方百计地利用新闻媒体加强对舆论的控制和引导，但相对而言，中国媒体发挥舆论引导功能明确，特点显著，而俄罗斯媒体舆论引导特点不明显。

第三，政策宣传有所差异

中国新闻媒体肩负着政策宣传的重要任务。宣传党和国家的方针政策，保持政令畅通、上情下达是新闻宣传功能的主要方面。在宣传政策的过程中，新闻媒体还对政策进行解释和说明，从而获得人民群众的理解和支持。更重要的是，中国政府在重大政策出台之后，往往要集中大量媒体资源在全社会进行广泛的政策动员，号召人民群众积极贯彻执行，这已成为中国的特色和政治的传统。

对于俄罗斯政府而言，政策宣传也十分必要。在政策制定之后，政府通常会利用新闻媒体在全社会进行广泛宣传，将政策告知公众，并作出解释和说明，以取得公众的理解与信任，保证政策的顺利实施。但是，由于受经济基础和社会环境的影响，俄罗斯新闻宣传功能有一定局限性，在进行政策动员方面显得力不从心。

总之，在政策宣传方面，中国不仅表现为政策告知，更侧重政策指导与动员，俄罗斯则主要表现为政策发布与告知。

5. 中俄现代传媒功能的发展趋势不同

从中俄两国现代传媒发展趋势来看，两者之间存在较大差异。

中国传媒功能的调整与变化是改革开放以来，在市场经济体制的直接影响和推动下进行的，与经济形势的变化关系更密切，市场的作用发挥得比较明显。计划经济体制下，中国新闻机构是国家的宣传机构，充当"传声筒"的角色，政治宣传功能占绝对主导地位。而在市场经济体制下，传媒进入市场，成为独立的经营实体，经济功能日益凸显。随着社会信息需求的不断增强，信息传播成为人们对新闻媒体的第一需要，传媒功能不再是单一宣传，而是逐渐向以宣传为主，集信息传播、娱乐教育、舆论监督等为一身转变。中国新闻功能呈现出更为多元化的特点，开放性、包容性更强。

比较而言，苏联解体后，俄罗斯的政治、经济制度的变迁导致传媒角色发生根本性的变化，传媒不再是国家的宣传机构，在私有化、商业化浪潮下政治功能弱化，信息传播成为传媒的主要功能，从 1998 年至今，政府对传媒的控制力不断增强。随着普京政府对传媒一系列控制手段的实施与加强，传媒功能渐渐从解体后纯粹的信息传播走向可控传播。显然，其中政府的力量起了很大的作用。

由此可见，中国传媒功能的发展趋势呈现由收到放的特征，开放性不断增强；俄罗斯传媒功能则表现为由放到收的功能趋势，开放性有所减弱。

结　语

中俄两国的新闻事业在经历了一定的拨乱反正、正本清源后，都将信息传播作为新闻事业的基本功能，同时注重舆论引导、服务社会等功能的发挥。由于中俄两国新闻事业的指导思想相异，一个以马克思主义为指导思想，一个以自由主义理论为指导思想，这就直接导致两国新闻功能不同。

中国是将信息传播与新闻宣传同时作为新闻的基本功能，二者齐头并进、有机结合，成为中国社会主义新闻事业的基本特色。在舆论引导方面，中国从始至终将新闻事业作为党和政府的喉舌，同时它也是人民的喉舌。

俄罗斯将信息传播功能作为新闻事业的首要功能，只要受众存在需求，大众媒体就可以传播相应的信息，正面报道与负面消息、通俗新闻与低俗消息充斥着大众媒介。由于俄罗斯政治体制的原因，在国家实施舆论引导的同时，其他政治团体都可以利用相应的媒介营造适宜自己利益的舆论氛围。

上述差异直接影响并决定着两国的新闻实践活动，成为两国新闻在报道内容、写作方法和传播效果等方面不同的理论依据。

第二章
中俄新闻自由与社会控制比较

　　新闻自由是人类争取各种自由斗争的延续和发展，是人类社会民主权利的具体表现之一，是人类文明不断发展的成果。英国著名的政治思想家约翰·米尔顿在 1646 年出版的《论出版自由》中提出一个观点，即言论出版自由"是一切自由中最重要的自由"，并且这种自由"是一切伟大智慧的乳母"。这一思想的提出，在西方各国立即引起轩然大波。米尔顿的这一思想被视为资产阶级自由主义新闻理论的萌芽和发展基础。列宁针对新闻自由曾经说过："'出版自由'这个口号，从中世纪末到 19 世纪，在全世界成了伟大的口号。为什么呢？因为它反映了资产阶级的进步性，即反映了资产阶级对僧侣、国王、封建主和地主的斗争。"① 现代社会，新闻自由被世界各国提到了前所未有的高度。新闻自由和司法独立被认为是现代化国家的两大基本标志。

　　具体说，新闻自由指公民依法享有的一种民主权利，是言论自由、出版自由在新闻活动中的具体体现，包括采访自由、传递自由、报道自由、知闻自由、发表意见的自由和批评自由等。新闻自由是具体的而不是抽象的，是相对的而不是绝对的。一定程度的新闻自由是新闻机构从事新闻传播的基本前提，新闻自由度的大小是影响新闻事业发展程度的重要因素

① 《列宁全集》第 32 卷，人民出版社，1990，第 492 页。

之一。①

　　研究中俄新闻自由与社会控制问题，目的在于探讨新闻自由在不同体制在不同国度中的体现形态，观察新闻法典、新闻法规对新闻自由的影响程度，解答社会主义新闻自由好还是资本主义新闻自由好等相关问题。为此，下面将分别论述中国新闻自由与控制、俄罗斯新闻自由与控制，并在此基础上比较研究两国的新闻自由、新闻控制方法与新闻法制化发展趋势。

第一节　中国新闻自由与控制

一　中国的新闻自由

1. 中国特色的新闻自由

　　新闻自由的名称尽管各不相同，但含义却大致相同，主要包括：不受批准自由出版报刊，即不必向政府申请营业执照或交付保证金，在政治上、经济上不受限制，人人拥有出版权；不受任何形式的事先审查，可以发布任何新闻和发表任何意见（当然，事后的追惩在任何国家都存在，即不容许报刊自由地损害国家、社会、个人）；不受限制地自由接近新闻源。简要说，新闻自由就是公民拥有的出版权、采访权、发布权。②

　　中国共产党自诞生之日起，就非常重视对各项自由权利的保护。早在1922 年，党的第二次全国代表大会上通过的《第二次全国代表大会宣言》就明确指出：“工人和农民，无论男女，在各级议会有无限制的选举权，言论、出版、集会、结社、罢工绝对自由。”这是中国共产党第一次明确提出要保护公民的言论和出版自由等与新闻自由有关的权利。1931 年《中华苏维埃共和国宪法大纲》第十条明确规定，中华苏维埃政权以保证工、农、劳苦民众有言论、出版、集会、结社的自由为目的；并以此为目的，运用群众政权的力量，取得印刷机关（报馆印刷所等）及一切必要的设备，以保障工农群众获取这些自由的物质基础。抗日战争期间，《陕甘宁边区施政纲领》也规定：“保护一切抗日人民的人权、政权、财权及言论、出版、集会、结社、信仰、居住、迁徙的自由权。”

---

①　邱沛篁：《新闻传播手册》，四川大学出版社，2004，第 134 页。
②　李良荣：《新闻学概论》，复旦大学出版社，2006，第 165 页。

　　毛泽东在 1945 年所作的《论联合政府》中，明确要求"取消一切镇压人民的言论、出版、集会、结社、思想、信仰和身体等项自由的反动法令，使人民获得充分的自由权利。"1946 年，在延安召开的陕甘宁边区的第二届参议会通过了《陕甘宁边区宪法原则》，也非常重视对包括言论及出版自由在内的各种权利的保护。

　　新中国成立后，宪法一直把言论自由作为一项公民最基本的权利。1949 年颁布的《中国人民政治协商会议共同纲领》规定："中华人民共和国人民有思想、言论、出版、集会、结社、通讯、人身、居住迁徙、宗教信仰及示威游行的自由权"，"保护报道真实新闻的自由。禁止利用新闻以进行诽谤，破坏国家人民的利益和煽动世界战争，并注重出版有益于人民的通俗书报"。这是迄今为止唯一一项明确规定保护新闻自由的法律条款。1954 年颁布的第一部《中华人民共和国宪法》，也对保护言论自由、出版自由予以明文规定。

　　1982 年《中华人民共和国宪法》第三十五条是中国目前新闻自由的重要法律依据。《宪法》规定，新闻自由是中国公民的一项基本权利，它包括以下基本含义：

　　第一，新闻自由是公民思想自由的一种表现形式。思想自由被认为是人的最基本的一项权利，而人的思想又需要通过言论、出版、集会、结社、游行、示威等途径来表达。新闻媒体成了公民表达思想的一个重要载体，故保障公民的新闻自由，也就是保障公民的思想自由。

　　第二，新闻自由是公民获得正确观念的前提。人是理性的，人能够凭借理性在真实与虚假、真理与谬误的各种观念之间做出判断与选择。新闻自由就是提供一个"观念的自由市场"，受众在这个"市场"中进行选择，从而获得正确的观念。

　　第三，新闻自由是公民了解政府并监督政府的主要途径。在中国，人民是国家的主人，政府应向人民提供事实和信息，公民有了解国家与社会一切事实的权利和自由。通过不受政府干预而自由发行的新闻媒体，公民就可以准确全面地了解国家事务，从而有效地监督政府的行动。这些条款已被中国学者公认为是中国新闻法制建设的指导原则和各项新闻活动的最高法律依据。

　　由此看来，新闻自由的实质就是社会公众的一种民主权利，是社会公众的知情权和认证权的实现程度问题。新闻自由实质上就是通过传播和接受新闻而实现的一种民主权利，它是政治自由的重要组成部分。

中国新闻媒介除少数由各民主党派所办的报纸外，绝大多数是由中国共产党领导的。中国的新闻事业是党和政府的耳目喉舌，也是人民的耳目喉舌。这一基本特性决定了中国新闻事业最高宗旨是在中国共产党的基本路线指导下，始终把社会效益放在第一位，全心全意服务于人民群众，促进现代化建设；自觉接受中国共产党的领导，无条件宣传党的方针政策、国家的法律法令，以满足群众的需要。因此，中国的新闻自由是在宪法规定的范围内，严格坚持党性原则的基础上的、有一定阶级性的、以服务人民大众为目的的自由采访、自由报道、自由批评。[①]

综合而言，中国新闻自由主要包含以下四个方面的内容：

（1）采访自由

采访自由就是指新闻记者对具有新闻价值的事件以访问的方式采集事实、制作报道，并交付媒体编辑、发表的自由。采访自由并不是记者的单一权利，它可以不受外界的非法的干预和限制，但需要采访对象予以支持和配合。

（2）传递与报道自由

传递与报道自由就是指新闻媒体和新闻工作者将新近发生的、具有新闻价值的事件及时、准确地传播给受众的自由。众多的新闻中，有正面积极反映社会阳光面的，也有反映社会不良现象的。故传递与报道自由不仅包含报道正面新闻的自由，也包含批评社会的自由。回避社会问题不应是马克思主义者面对问题的态度，也不利于解决问题；另外，它也是对公民知情权的剥夺。作为一个社会公民，有权知道国家的重大活动、了解国家事务，有权知道社会上所发生且又为他们所感兴趣的东西，从而更好地推进社会舆论监督。

（3）出版发行自由

《中华人民共和国宪法》对出版自由是有明确规定的，但是出版自由作为一种权利是具有相对性的。中国新闻出版单位作为中国共产党领导的社会主义事业的一个组成部分，必须坚持党性原则，正确引导舆论，为人民服务、为社会主义服务。中国在规定公民享有出版自由的同时，并没有完全开放私人经营出版社、报刊、电台。

---

① 李良荣：《新闻学概论》，复旦大学出版社，2006，第175页。

（4）批评自由或发表意见自由

发表意见自由一方面指，新闻媒体和新闻记者可以根据自己掌握的新闻信息，通过社论、编者按、述评等不同的形式表达记者或编辑部对某些社会现象的意见，从而实现引导舆论的目的。新闻记者接触的信息多，目光比较敏锐，比较容易发现某些社会问题，因而其报道能预见社会上可能发生的问题、对问题的解决给出意见。除此之外，新闻工作者的批评自由还可涉及国家重大政治问题。另一方面发表意见自由还指中国全体公民通过新闻媒体发表意见的自由。公民的知情权得到尊重，他们了解有关的事实的真相后，可以通过新闻媒体自由地表达自己的意愿和态度。

2. 新闻必须承担社会责任

新闻自由的社会责任，是指新闻在报道的时候应采取对社会高度负责的态度，在满足受众最大的认知欲的同时，以一种正确的价值观引导社会舆论，确保社会的健康发展。自由与责任是始终相伴相随的事物，追求自由就意味着承担责任。自由的新闻精神因而就是勇于担当社会责任的精神，为实现民主社会、自由社会，充分利用新闻手段的精神。①

新闻活动是一项社会活动，新闻媒介及新闻工作者参与其中后，在潜移默化的过程中，对受众的道德评判和价值标准等产生影响，从而对社会产生一种特殊的影响力和作用。因此，新闻自由既是新闻工作者的一项权利，同时也应履行相应的义务，承担应有的社会责任。

《中华人民共和国宪法》第二十二条规定："国家发展为人民服务、为社会主义服务的文学艺术事业、新闻广播电视事业、出版发行事业、图书馆博物馆文化馆和其他文化事业，开展群众性的文化活动。"故为人民服务、为社会主义服务是中国新闻工作者的权利，也是其义务。

"党和人民的喉舌"这一特性，同样决定了中国新闻事业的特殊作用和任务。从 1922 年《向导》创刊到现在的 80 多年时间里，中国新闻事业的作用和任务有些是一贯的，如向人民传播马克思主义；宣传中国共产党的路线、方针、政策；促进社会稳定，凝聚人心，鼓舞士气，等等。有些作用和任务是随着党的总方针、总任务的改变而有所变动或有所侧重的，如1978 年党的十一届三中全会确定了党的工作重点转移到四个现代化建设上来，党的新闻事业就随之将实现四个现代化作为自己的总目标和总任务。

---

① 黄旦：《传者图像：新闻专业主义的建构与消解》，复旦大学出版社，2005，第 126 页。

中国共产党第十七次全国代表大会，是在中国改革发展关键阶段召开的一次十分重要的大会。坚持中国特色社会主义，深入贯彻落实科学发展观，积极构建社会主义和谐社会，是当前乃至今后中国经济社会发展的战略方针和中心任务，新闻工作必须为实现这一目标提供舆论支持和信息服务。

1994年1月24日，江泽民代表党中央在全国宣传工作会议上提出：以科学的理论武装人，以正确的舆论引导人，以高尚的精神塑造人，以优秀的作品鼓舞人。这是中国新闻事业在当前乃至今后相当长的时期内所面临的基本任务。具体来说有以下几项内容：①

第一，向人民群众宣传马克思主义、毛泽东思想、邓小平理论、"三个代表"重要思想、科学发展观。

第二，宣传党的路线、方针政策，宣传国家的法律、法令，保证政令畅通，并以此来指导人民的思想、工作。

第三，监督党和国家的各级工作人员，帮助他们纠正官僚主义、特殊化，揭露种种腐败行为，促进党的各级组织和国家政权机关的建设。

第四，成为党和人民群众联系的桥梁。一方面，把党和政府的工作情况通过新闻媒介传达给人民；另一方面，把人民的意见、要求、愿望通过新闻媒介反映给党和政府，从而密切党、政府和人民群众的联系。

第五，提供各方面的信息，使干部、群众及时了解国内外的政治、经济、文化情况，为他们在政治决策、经济决策中提供依据，最终促进党的各项事业的发展。

第六，传播知识，做好服务工作，满足各阶层人民对科技、文化、卫生、体育等方面的需求。

第七，做好对外报道和国际宣传。使世界各国人民能及时了解中国的各项方针政策，增进国际的交流与合作，创造有利于中国特色社会主义建设的国际环境。

此外，新闻还必须承担维护社会正常秩序和社会利益均衡的社会责任。

3. 新闻自由是相对的

新闻传播一方面享有自由的权利，同时也必须承担社会责任，由此看来，新闻自由是相对的，而不是绝对的。新闻自由的相对性不仅表现在法律方面，也表现在道德方面。

---

① 李良荣：《新闻学概论》，复旦大学出版社，2006，第132页。

在法律方面,虽然第三十五条规定:"中华人民共和国公民有言论、出版、集会、结社、游行、示威的自由。"但是,其他法律条文也对新闻自由做了严格限制,如《宪法》第五十一条也规定:"中华人民共和国公民在行使自由和权利的时候,不得损害国家的、社会的、集体的利益和其他公民的合法的自由和权利。"第三十八条规定:"中华人民共和国公民的人格尊严不受侵犯。禁止用任何方法对公民进行侮辱、诽谤和诬告陷害。"《中华人民共和国民法通则》第一百零一条规定:"公民、法人享有名誉权,公民的人格尊严受到法律保护,禁止用侮辱、诽谤等方式损害公民、法人的名誉。"这些都表明新闻自由是相对的,新闻自由的界限应当是权利的内在制约方式,即新闻自由的行使不得损害国家的、社会的、集体的利益和其他公民的合法的自由和权利。新闻自由不得做泄露国家秘密、他人隐私,宣传淫秽、色情,诽谤、侮辱他人,煽动他人,挑动种族、民族、宗教仇视,煽动分裂国家等法律禁止的事。法律对新闻自由的限制是积极的,是为了人们获得更多、更有效的自由。

新闻自由应建立在符合新闻道德的基础之上。1991年,中华新闻工作者协会第四届第一次会议讨论通过了中国第一个正式成文的《中国新闻工作者职业道德准则》[①],要求新闻从业人员"发扬党和人民的新闻事业的优良传统,坚持新闻为社会主义服务、为人民服务的基本方针,抵制资产阶级腐朽思想的影响,反对违背社会主义道德的行业不正之风,加强职业道德修养"。其主要内容有:全心全意为人民服务;坚持正确的舆论;遵守宪法、法律和纪律;维护新闻的真实性;保持廉洁奉公的作风;发扬团结协作的精神。

1994年,针对社会上出现的"有偿新闻",中宣部发出了《关于坚持不懈地抓好新闻队伍职业道德建设的通知》,强调各地党委宣传部门和新闻单位要坚持不懈地抓好新闻队伍职业道德建设,提高新闻从业人员的道德素质,强调行业自律,自觉接受社会的监督,使新闻媒体能够真正坚持新闻价值标准和社会价值标准来进行新闻活动。同时,针对新闻活动中的滥用舆论监督权利、新闻报道内容上低级趣味、新闻侵权等违反职业道德的行为,党和政府都通过多种方式进行正面引导,并从制度上予以限制。1999年,中国23家上网新闻媒体首次通过了《中国新闻界网络媒体公约》,以

---

① 1997年1月第二次修改。

此对网络新闻的传播进行规范。

近年来，突发性事件成了国内外关注的热点，也成为新闻报道的难点。新闻聚焦热点，热点产生难点，这符合新闻报道的规定，问题在于怎样把握和引导。2003 年 8 月，中央办公厅、国务院办公厅颁发了《关于进一步改进和加强国内突发事件新闻报道工作的通知》[①]。该通知一方面强调了实效性。高度重视新闻实效，必须打破常规，及时报道，争取先入为主的效果，确保突发事件信息渠道畅通，对延误报道者追究责任。另一方面，明确了分工和责任，包括中央各宣传部门的职责，主管部门的职责（如公安部、交通部），有关地方的责任、新闻单位的责任等。该通知以及中宣部关于《改进和加强国内突发事件新闻报道工作的实施办法》[②]，对突发性事件的报道自由做了明确限制。

正如李长春同志所说："改进和加强突发事件的报道，关键是要开通大道，堵住小道，正确引导舆论，做到有利于党和政府开展工作，有利于组织社会力量共同行动，有利于人民群众自我保护，有利于社会稳定。"[③]

结　语

综上所述，新闻自由的实质就是它是社会公众的一种民主权利，是社会公众的知情权和认证权的实现程度问题。新闻自由实质上就是通过传播和接受新闻而实现的一种民主权利，它是政治自由的重要组成部分。

中国共产党自诞生之日起，就非常重视对各项自由权利的保护，并把新闻自由的内容写入《中华人民共和国宪法》。中国的新闻自由是在宪法规定的范围内，严格坚持党性原则的基础上的、有一定阶级性的、以服务人民大众为目的的自由采访、自由报道、自由批评，形成了一整套具有中国特色的新闻自由原则与实践。

新闻自由既是新闻工作者的一项权利，同时也是应履行的义务。因此，中国在肯定新闻自由的同时，又强调新闻工作必须承担应有的社会责任。所以，新闻自由是相对的，而不是绝对的。新闻自由的相对性不仅表现在法律方面，也表现在道德方面。

---

① 中办发〔2003〕22 号。
② 中宣发〔2003〕29 号。
③ 李长春：《"三项学习教育"活动新闻媒体负责人培训班材料汇编》，学习出版社，2004。

二　中国的法规控制

1. 新闻法规是实现新闻控制的主要手段

新闻法规，有狭义与广义之分。狭义的新闻法规，是指针对新闻事业的专门的立法，如《新闻法》、《广播电视法》等。现在，中国还没有专门针对新闻传播活动的立法。广义的新闻法规，是关于新闻事业的一切法律、法规、规章、制度的总称。在中国，已经初步形成了融宪法、主要法律、基本法律、行政法规、规章、地方性法规、特别行政区法规、国际公约为一体的新闻法规体系。

（1）中国新闻法规由以下法律、法规组成

第一，《宪法》：关于新闻出版广播电视事业为人民服务、为社会主义服务的规定（第二十二条）；关于公民的言论、出版自由（第三十五条）；关于对国家机关工作人员的批评权和建议权等（第四十一条）；关于公民进行科学研究、文艺创作和其他文化活动的自由等（第四十七条）。

第二，《刑法》、《民法》等主要法律及其相关的司法解释

《刑法》用于对新闻传播活动的约束和对新闻传播活动犯罪的制裁，在现行刑法中有二十多种罪名与新闻传播活动有关，如破坏广播设施、公用电信设施罪（第一百二十四条），内幕信息交易罪（第一百八十条），侵犯著作权罪（第二百十七条），侮辱罪和诽谤罪（第二百四十六条），传播淫秽物品罪（第三百六十四条），泄露国家秘密罪（第三百九十八条）等。

《民法》用于调整新闻传播活动中公民作为受众、被报道对象、作者等不同身份时与新闻媒介之间发生的关系，主要是被采访对象人身权利保护的问题，包括保护被采访对象的姓名权、肖像权、名誉权、荣誉权等。

相关的司法解释有《最高人民法院关于审理名誉权案件若干问题的解答》（1993 年）和《最高人民法院关于审理名誉权案件若干问题的解释》（1997 年）等。

第三，其他法律

关于重要信息发布的《统计法》、《防震减灾法》、《证券法》、《气象法》等。这些法律规定，涉及中国重要的政务信息①、灾害性信息（汛情、

---

① 执政党和国家领导机关的重大决策、重要会议和时间、重要文件以及有关领导人的重要公务活动。

疫情、震情、核事故）、证券信息、气象信息（台风、寒潮、大风、暴雨雪、冰雹等灾害性天气预报）、地图等，必须使用国家权威机构发布的信息，记者和媒体不得随意发布。

关于保护国家安全、保守国家机密的《保守国家秘密法》、《军事设施保护法》、《国家安全法》、《档案法》等。这些法律对国家秘密等进行了严格的界定，并将国家秘密划分为绝密级、机密级、秘密级三个层次，规定了严格的解密程序，这些都是新闻工作者必须掌握的常识。

关于新闻传播活动中的知识产权的《著作权法》。2002 年经过修订的《著作权法》将著作权中的财产权扩展为复制权、发行权、出租权、展览权、表演权、放映权、广播权、信息网络传播权、摄制权、改编权、汇编权以及应当由作者享有的其他权利，从而能够更加严格地保护作者应有的权利。

关于新闻传播活动中的广告活动的《广告法》等。它是规范中国广告活动的基本法律，它规定了广告法的立法宗旨、基本原则、调整对象、行为规范、法律责任，是广告业其他法规、规章的立法依据。

关于以行政处罚制裁尚不构成犯罪的传播非法内容的行为的《治安管理处罚条例》等。

关于互联网安全方面的《关于维护互联网安全的决定》等。

第四，行政法规

管理各类传播媒介的专门行政法规如《音像制品管理条例》、《电影管理条例》、《出版管理条例》、《广播电视管理条例》、《电信条例》、《计算机信息系统安全条例》、《计算机信息网络国际联网管理暂行规定》、《互联网信息服务管理办法》等。

对新闻传播活动中的某一具体事项进行单项管理的行政法规：在新闻出版方面有《关于严禁淫秽物品的规定》、《关于严厉打击非法出版物的通知》、《外国记者和外国常驻新闻机构管理条例》等；在广播电视方面有《广播电视设施保护条例》、《卫星地面接收外国卫星传送电视节目管理办法》、《有线电视管理暂行办法》、《卫星电视广播地面设施管理规定》等。

第五，地方性法规

有关规范报刊出版活动的如《云南省出版条例》、《上海市图书报刊市场管理条例》、《安徽省图书报刊市场管理条例》等。

有关规范广播电视活动的《山西省广播电视管理条例》、《新疆维吾尔自治区广播电视管理条例》、《贵州省广播电视管理条例》等。

有关地方新闻管理方面的《河北省新闻工作管理条例》等。

第六，行政规章——部门规章和地方政府规章

关于印刷媒介管理的《期刊管理暂行规定》、《报纸管理暂行规定》等。

关于广电媒介管理的《广播电台电视设立审批管理办法》等。

关于互联网的管理的《互联网电子公告管理规定》、《互联网站从事登载新闻业务管理暂行办法》等。

关于禁止淫秽色情内容的《关于认定淫秽和色情出版物的暂行规定》、《关于鉴定淫秽录像带、淫秽图片有关问题的通知》等。

关于贯彻保密法的规定的《新闻出版保密规定》等。

第七，特别行政区的法律、法规：香港的《诽谤条例》、《版权条例》等。

第八，国际公约：《世界版权公约》、《伯尔尼保护文学艺术作品公约》、《经济、社会、文化权利国际公约》、《公民权利和政治权利国际公约》等。①

综上所述，中国的新闻法规条文主要分布于《宪法》、《刑法》、《民法》、《统计法》、《证券法》、《气象法》、《保守国家秘密法》、《军事设施保护法》、《国家安全法》、《档案法》、《著作权法》、《广告法》、《治安管理处罚法》、《关于维护互联网安全的决定》、《音像制品管理条例》、《电影管理条例》、《出版管理条例》、《广播电视管理条例》、《电信条例》、《计算机信息系统安全条例》、《计算机信息网络国际联网管理暂行规定》、《互联网信息服务管理办法》、《关于严禁淫秽物品的规定》、《关于严厉打击非法出版物的通知》、《外国记者和外国常驻新闻机构管理条例》、《广播电视设施保护条例》、《卫星地面接收外国卫星传送电视节目管理办法》、《有线电视管理暂行办法》、《卫星电视广播地面设施管理规定》、《期刊管理暂行规定》、《报纸管理暂行规定》、《广播电台电视设立审批管理办法》、《互联网电子公告管理规定》、《互联网站从事登载新闻业务管理暂行办法》、《关于认定淫秽和色情出版物的暂行规定》、《关于鉴定淫秽录像带、淫秽图片有关问题的通知》、《新闻出版保密规定》、各种地方性法规、特别行政区法规和国际公约等百余部法律法规之中，呈现出体系庞杂、分散，无法形成合力，难

---

① 黄瑚、钟瑛：《新闻法规与职业道德教程》，复旦大学出版社，2003。

以统一实施的特点。

上述各项新闻法规共同构成了中国新闻法的法理基础，随着中国社会主义法制建设进程的加快，急需制定和颁布独立的新闻法，以解决现代新闻传播活动中的许多棘手问题，规范新闻工作者在新闻传播中的各种行为。

（2）新闻法规对新闻传播活动的控制

新闻控制是指国家、政党和社会团体通过物质资产、政策法规等手段对新闻传播行为进行的强制性管理和约束。新闻控制的实质是按新闻资产所有者的意志对传播行为加以规范，以防止对新闻自由和媒介权利的滥用。新闻控制的目标是给予新闻传播一定的自由度，使传播行为与社会规范保持一致，不违背施控者的利益和主张。新闻控制的目标是新闻自由与行为规范的统一。

通常情况下，对新闻媒介的社会控制主要有四种途径：第一种是法律（或法规）控制，即国家通过法律手段对新闻传播施加的控制。第二种是行政控制，即行政部门以各种规定、税收对新闻媒介施加的控制。第三种是资本（或经济）控制，即新闻资产所有者对传播媒介施加的控制手段，用经济掌握新闻传媒的生存权、发展权和经营权。第四种是媒体的自律，即新闻工作者职业道德准则，它借助舆论的力量促使新闻工作者自我约束、自觉遵守。[①]

世界上大多数国家对本国新闻媒介的管理采取法律形式，中国也不例外。为防止媒体滥用新闻自由危害国家和公众，中国的新闻法规对新闻传播活动做了一定的限制，主要体现在：

第一，新闻传播与国家安全法

国家安全关系到国家的存亡、民族的兴衰，是整个国家和民族根本利益所在。中国立法机关制定了若干与维护国家安全有关的法律，新闻媒介不得以任何形式危害国家安全，新闻媒体和新闻记者都必须严格遵守这些法律法规。《中华人民共和国宪法》第五十二条规定："中华人民共和国公民有维护统一和全国民族团结的义务。"第五十四条规定："中华人民共和国公民有维护祖国的安全、荣誉和利益的义务，不得有危害国家安全、荣誉和利益的行为。"

《中华人民共和国宪法》和《中华人民共和国刑法》严禁新闻媒介公开传播下列文字和图像：

---

① 李良荣：《新闻学概论》，复旦大学出版社，2006，第 172 页。

禁止公开传播一切诽谤和煽动推翻社会主义制度的文字和图像（《宪法》第一章第一条）；禁止公开传播一切破坏民族团结、煽动民族分裂的文字和图像（《宪法》第一章第四条）；禁止公开传播歧视信仰宗教的公民和不信仰宗教的公民的文字和图像（《宪法》第二章第三十六条）；凡煽动民族仇恨、民族歧视以及在出版物中刊载歧视、侮辱少数民族的文字和图像，都是犯罪行为（《刑法》第二百四十九条、二百五十条）；禁止泄露国家的政治、经济、军事机密（《刑法》第一百一十一条）。

除此之外，中国法律法规还对国家秘密做出了明确的界定，禁止泄露国家秘密是新闻媒体和新闻记者的义务。

《中华人民共和国保守国家秘密法》第二十条规定："报刊、书籍、地图、图文资料、声像制品的传播和发行以及广播节目、电视节目、电影的制作和播放应当遵守有关保密规定，不得泄露国家秘密。"《中华人民共和国刑法》针对严重的泄密行为设定了三种罪名：泄露国家秘密罪（第三百九十八条）；向境外提供国家秘密、情报罪（第一百一十条）；非法获取或非法持有国家秘密罪（第二百八十二条）。1990年《军事设施保护法》，则对军事设施和军事禁区的保密做了明确的规定，禁止军事禁区管理单位以外的人员、车辆、船舶进入禁区，禁止未经军区以上的军事机关批准对禁区进行摄影、摄像、录音、勘察、测量、描绘和记述。

依据《新闻出版保密规定》，中国在新闻工作方面实现以下保密制度：①新闻出版保密审查制度（自审与送审相结合的制度）。②通过内部途径（如"内参"）反映涉及国家秘密的信息制度。③采访涉及国家秘密的事项由国家机关批准制度。对被采访单位或个人申明属于国家秘密的事项，新闻单位不得公开报道。对涉及国家秘密但确需报道的信息，新闻媒体应向主管单位建议解密或采取删节、改编、隐去等保密措施，并经有关主管部门审定、批准。④新闻发布制度。

这些法规从根本上保证了国家安全，切实有效地维护国家和民族利益，促进民族实现团结互助，保障国家长期稳定统一。

第二，新闻传播与社会秩序

新闻传播活动具有控制和稳定社会秩序的功能。新闻媒介一旦向社会传播了不良信息，将会产生极大的负面影响。中国法律法规对淫秽、色情、邪教、迷信、凶杀、暴力、赌博、恐怖等内容严加控制。

严禁传播淫秽、色情内容。1997年新《刑法》设定了几个与之相关的罪名:"制作、复制、出版、贩卖、传播淫秽物品牟利罪"(第三百六十三条一款);"为他人提供书号出版淫秽书刊罪"(第三百六十三条),"传播淫秽物品罪"(第三百六十四条)。1992年《未成年人保护法》规定严禁向未成年人出售、出租或以其他方式传播淫秽、暴力、凶杀、恐怖等制品。2000年国务院颁布的关于管理音像制品、电影、出版物、广播电视以及互联网等行政法规中,同样有禁止色情内容的规定,对新闻传播活动具有约束力。对以上违禁出版物和传播内容,除予以取缔禁止外,对责任人还要制裁(包括刑事处罚和行政处罚)。

严禁宣扬邪教。1997年《刑法》第三百条规定了组织、利用会道门、邪教组织、迷信破坏法律实施罪。1999年和2001年最高人民法院和最高人民检察院两次发布司法解释,对宣扬邪教的行为增加了刑事制裁,加大了打击力度。

禁止宣扬迷信、渲染暴力、赌博、恐怖等。1989年,中共中央办公厅、国务院办公厅《关于整顿清理书刊和音像市场严厉打击犯罪活动的通知》,规定了应予取缔的出版物,包括宣扬封建迷信、暴力的内容。1997年颁布的《出版管理条例》和《广播电视管理条例》,也把宣扬迷信、渲染暴力列为禁载、禁播的内容。1999年颁行的《预防未成年人犯罪法》第三十条规定:"以未成年人为对象的出版物,不得含有诱发未成年人犯罪的内容,不得含有渲染暴力、色情、赌博、恐怖活动等危害未成年人身心健康的内容。"第三十二条规定:"广播、电影、电视、戏剧等节目,不得有渲染暴力、色情、赌博、恐怖活动等危害未成年人身心健康的内容。"

中国法律还对维护民族平等和团结作出了规定。1955年,全国人大常委会《关于处理违法的图书杂志的决定》中,就把"煽动对民族和各族的歧视和压迫,破坏国内民族团结"列为禁载内容。《期刊管理暂行规定》、《报纸管理暂行规定》的禁载规定中都有"煽动民族歧视或仇视、破坏民族团结"等内容。《出版管理条例》的禁载规定中也有"煽动民族分裂、侵害少数民族风俗习惯,破坏民族团结"的内容。《国际人权公约》禁止鼓动民族、各族的歧视、仇恨。中国加入了《消除一切形式各族歧视国际公约》并承诺承担禁止宣扬民族歧视和压迫的国际义务。

这些法规的实施,有助于维护社会安定团结,树立科学发展观,营造和谐健康发展的社会风气,实现中华民族振兴蓝图。

第三,新闻传播与公民权利

新闻传播与公民的人格权关系十分密切。公民人格权包括生命权、身体权、自由权、身份权、姓名权、名誉权、隐私权、肖像权、贞操权等权利。其中，公民名誉权和隐私权由于其权利性质的特殊性，往往成为公民与新闻媒体发生法律关系的事由。

统计结果显示，在这些权利中涉及媒体最多的要数新闻侵害名誉权和新闻侵害公民隐私权。

新闻侵害名誉权是指用发表新闻的手段使公民或法人的名誉受到伤害的行为。公民或法人的社会活动是新闻报道的主要内容，而名誉权与之密切相连，所以新闻媒体和新闻记者稍有不慎就有可能构成对公民或法人名誉权的侵害。中国在保护公民、法人的名誉权问题上已经形成了较为完备的法律规范。

新闻侵害公民隐私权，是指新闻作品中公开他人隐私而使他人隐私权受到侵害的行为。涉及公民个人隐私的信息，越是客观、真实、全面，对公民隐私权的侵害就越严重。隐私权的一个显著特点就是隐私的主体希望隐私"不为人知"，而新闻报道的一个显著特点就是让新闻信息"广为人知"，这样就构成了新闻报道要求和隐私权要求的严重冲突，冲突的结果，如果新闻媒体将事实加以报道，必然使公民的隐私权受到严重的侵害。

目前，中国在隐私权保护问题上已经基本上形成了一个完备的法制体系。这是中国社会进步的一个主要标志。

第四，新闻传播与行政法规管理

在中国，国家依法对新闻事业进行行政管理。对新闻事业实施管理的国家机关主要有新闻出版总署、广播电视管理局、国务院新闻办公室、外交部新闻司、新华通讯社、中国新闻社等。这些机构和单位，分别具有对部分新闻活动的行政管理职能。

对报刊的行政管理，主要是对报刊的创办和登记实行审批制，即向政府提出申请，经批准登记，取得许可证，方可创办，未经许可，不得擅自进行出版活动。

创办报刊的审批机关是新闻出版总署。中国对报刊的创办有一项独特的制度，即报刊必须有主办单位和主管单位，由主办单位提出申请是创办报刊的必经程序；而报刊的主管单位必须达到一定行政等级，主管单位不仅领导主办单位，检查、督促、指导主办单位对报刊的领导和管理工作，扶持、协助主办单位为报刊提供或筹集资金，而且可以直接实施对报刊的领导。报刊的停办或变更，要由主管单位决定，并向行政管理部门报告。报刊的主管、主办单位不允许随意变更，否则是违规行为，要受到行政处罚。

此外，实行新闻审读制度。报刊传播以后，由党委和政府组织专家和资深报刊工作者，根据党的要求和行政管理规章对之进行阅读评议，对违规者依法进行处罚，对守法且在新闻宣传上表现出色者进行表彰。

广播电视的行政管理，主要包括广播电台、电视台的设立和布局，广播电视节目制作、传播管理，广播电视传输覆盖网管理，广播电视设施保护，卫星广播电视的管理等方面的内容。

对互联网新闻传播的行政管理，归口为国务院新闻办公室。截至2002年，中国制定、发布的网络法规共有数十部，数量之多，在其他国家也不多见，但多是行政法规，主要涉及计算机系统安全、信息安全、网络新闻传播、域名注册、电子商务、网吧开办等多方面的规定。

对于涉外新闻传播活动，中国法律法规也作了规定，建立了比较严格的行政管理制度。依据《外国记者和外国常驻新闻机构管理条例》的有关规定，对外国记者和外国常驻新闻机构实行申请批准注册制。派遣常驻记者或者设立常驻新闻机构，应向外交部新闻司提出申请。外国短期采访记者、记者团体到中国采访，应向中国驻外使领馆或中国有关部门提出申请，经批准后，到中国使领馆或外交部授权的签证机关办理签证。外国记者采访中国领导人，应当通过新闻司提出申请，并经同意；采访中国的政府部门或其他单位，应通过有关外事部门申请，并经同意。到开放地区采访，应事先征得省级政府外事办公室同意；到非开放地区采访，应向新闻司申请，经批准并到公安机关办理旅行证件。

总之，庞大的新闻法规体系是中国实现对新闻控制的主要手段，对新闻传播活动实行系统化法治管理，可以有效防止媒体滥用新闻自由危害国家舆论安全，维护国家统一，保持社会和谐稳定，营造友爱互助、积极向上的社会风尚，推进中华民族的复兴步伐。

2. 新闻法规调和社会矛盾的功能

"新闻媒介是全体公民窥视社会和自然环境的共同管道和从事公共事务讨论的公共论坛，在现代国家的公共领域中具有头等重要的地位。"[①] 德国

---

① 哈贝马斯：《公共领域的结构转型》，学林出版社，1999，第56页。

学者哈贝马斯所说的公共领域指的是介于市民社会和国家之间的一个中间地带，它是一个没有权力却关注并介入公共生活的领域。新闻媒介可以使这个领域中有关一般利益问题的批判性公共讨论得到体制化的保障，形成公共意见，以监督公共权力并影响公共政策。

社会公共领域是个有机的整体，各个组成部分是相互关联的。当社会呈现出一种平衡状态时，社会秩序得以维持；但这种平衡被打破时，各个部分之间就会出现冲突。最为常见的，是社会各个社会利益集团的冲突。为了维持社会系统的现行模式，就需要某种中介机构将各个部分联系起来，协调它们之间的利益关系。

大众传媒作为整合社会公共领域的最佳工具之一，它所整合、协调的关系主要指传媒与政党、政府以及传媒与社团、公民的利益关系。一方面，政府通过新闻媒介传播主流价值观念，制造有利于自身的舆论，协调各个利益集团之间的关系；另一方面，公民可以在新闻法规的框架下，间接地参与国家事务与政府决策。新闻媒介在国家、政府和公民之间架起了一座桥梁，使各种利益集团之间的矛盾得以调和解决。

新闻法规调和社会矛盾的功能主要体现在：

（1）新闻法规对国家政权、政府行为的监督和制约

在一个社会中，国家权力是最重要、最大的公共权力，它成为舆论监督和新闻法规制约的最主要对象。这种制约主要表现在对国家和政府决策过程、决策施行结果和相关决策执行人物的监督三个方面。

对国家和政府决策过程的监督制约。政府决策主要是为适应国家社会的长期和近期发展目标所制定的具体政策和措施。对国家和政府决策过程的监督，既要观测其是否符合既定的法律程序和规范，还要看决策目的朝向是否在于维护公众的共同利益。特别是在某些涉及面广、与人民利益密切相关的重大决策上，其制约作用就更加明显。

对决策执行过程和执行结果的监督。决策执行过程如果遵从了国家既定的法律和制度，实践结果也确实维护或促进了社会公益，证明是正确的决策，社会舆论给予及时的肯定和促进。反之，则会发出警告和呼声，引起决策部门和执行部门的重视，同时施以强大的社会压力，促使其及时修订、完善或中止相应政策，纠正决策失误，弥补错误决策造成的损失等。

对决策和执行主体的监督。对国家政权、政府行为的监督和制约，不仅指向决策内容和执行过程，也同样指向决策主体——决策者和决策执行

者，即对国家公务人员行为的限制和约束。促使其在合法范围内、在维护公共利益前提下制定和执行政策，正当、规范地行使权力和职责。

（2）新闻法规对公众行为的鼓舞和约束

鼓舞公众合乎社会公德的行为，约束、制止损害公德行为的发生，是新闻舆论控制作用的又一方面的表现。社会公德是全体社会成员共同认同的道德规范，自然是新闻舆论所极力维护的对象。任何符合公德的行为都会受到舆论的赞扬，促使更多的社会成员效仿。相反，一些损害公众利益、违背社会公德的消极行为，会马上受到舆论的谴责。处于公众心理压力之下，多数情况下人们会服从舆论意见，修正自身行为。

鼓舞公众成员符合职业道德的行为，约束和制止公众成员违背职业道德的行为。公众作为社会一员，从事一定的社会职业，服务于其他的社会成员，这使得其职业和职业行为具备了和公共利益的相关性，也自然纳入舆论监督和制约范围。对于自觉遵守职业道德的行为，新闻舆论予以支持，否则就会予以否定或批判，从而使社会职业道德规范得以逐步确立和延续。

从整体上而言，新闻法规处理好上述二者的关系，就是处理好党性和人民性的关系。在中国，政府是人民的政府，忠实地为人民谋取利益。政府对人民的生活状况调查研究，制定方针政策，解决人民生活中存在的困难和问题。人民支持政府治理社会，发展经济和文化，丰富自己的生活。因而党性和人民性是统一的。但是，政府在施政过程中，为了绝大多数人的利益，有时会牺牲一小部分人的利益；为了长远利益，会牺牲眼前的既得利益。这就会在一定程度上引起公众对政府的不理解甚至反对。新闻法规的作为就是寻找两者之间的共同点，通过舆论引导，实现服务政府和传达民意的双重作用，最终达到矛盾化解、社会和谐的理想境界。

目前，中国正处在社会转型和经济转型的关键时期。由于城乡经济发展不平衡，收入分配存在很大差距，部分群众的利益要求难以得到完全满足，加上利益主体的多元并存，导致矛盾冲突日益增多。这些矛盾的存在，会诱发社会心理失衡、情绪偏激的现象，会造成大量"不和谐"因素滋生，直接影响社会安定和经济发展。在新闻法规的调和下，新闻媒体对培育积极健康的国民心态，消除社会心理失衡，化解各种人民内部矛盾具有重要作用。其具体手段如下：

第一，实施倾向性传播。倾向性传播是大众媒体在尊重客观事实的前提下，对信息进行重新组合或解释，把自己的观点和立场通过对事实的阐释性、评论性的文字表露出来，通过权威人士、权威组织和媒体直接出面的方式，就某些负面新闻信息阐明自己的意见、看法，引导大众接受正确的思想观念。对那些影响全局，危害党、危害国家和人民根本利益的重大反面典型与重大案件，媒体要旗帜鲜明地给予公开揭露和抨击。媒体做好倾向性传播的前提是要掌握确切的事实，要认真研究有关法律和政策规定，把批评揭露和传达党的方针政策结合起来，让受众看到党和政府对待各类反面典型的鲜明态度。

第二，巧妙策划传播议题。媒体对公众舆论的引导是大众传媒的重要功能。媒体的舆论导向作用常常是通过精心而巧妙的策划传播议题来实现的。媒体通过对某个问题或事件的突出报道，聚焦关键问题，使之成为公众关注和议论的问题。新闻舆论导向正确与否，很大程度上取决于媒体的传播议题是否正确。

第三，精心选择报道内容。社会主义新闻事业的根本性质决定了新闻工作者所从事的各项活动都是建立在对党、对国家和人民负责的基础之上的。媒体作为社会舆论的核心，应该增强自身的社会责任意识，明确自己"把关人"的角色，在传播信息、报道新闻时，要对受众的接受心理进行深入分析，并及时预测传播效果是否与传播意图发生背离。

为此，媒体应该从三个方面去积极努力。一是要掌握好传播的情绪情感，要学会有效地控制自己和受众的情绪情感。二是要把握好情绪情感在时空上的平衡，提高新闻传播效果。三是要准确把握媒体与受众之间情绪情感触发的敏感区，强化新闻传播效果。

第四，做好"三贴近"新闻。"三贴近"即新闻报道要贴近生活、贴近群众、贴近实际。"三贴近"要求在新闻传播中不仅要增强新闻的可读性，更要设身处地从受众的角度采编信息，最大限度地拉近与受众之间的距离。实践证明，"三贴近"是新世纪新阶段加强和改进宣传思想工作的重要突破口，对中国新闻传播工作提出了更高的要求。要提高新闻报道的贴近性，还要求新闻媒体讲究宣传策略，提高引导艺术。

在社会主义市场经济条件下，走在最前列的新闻工作者要转变旧观念，即由传统封闭式的"传者本位"变成开放式的"受众本位"，由训导式传播变成诱导式传播，由灌输式传播变为启发式传播，使政策宣传贴近群众意愿，使形势宣传贴近群众情绪，使典型宣传贴近群众情感，让热点引导贴近群众生活，从而与受众建立平等的沟通关系。①

由此看来，新闻法规具有调和社会矛盾的功能。这种功能集中体现在对国家政权、政府行为的监督和制约，对公众行为的激励和约束。新闻法规在监督、制约、激励和约束的过程中，使新闻媒介在国家、政府和公民三者之间高效发挥桥梁作用，实现服务政府和传达民意双重作用。通过平等沟通与舆论引导，最终实现化解各种人民内部矛盾的目标，积极推进和谐社会建设进程。

3. 法规控制是当代构建和谐社会的重要手段

2004 年 2 月，胡锦涛总书记在党的十六届四中全会报千和十届全国人大二次会议政府工作报告会中，明确提出了建设民主法治、公平正义、诚信友爱、充满活力、安定有序、人与自然和谐相处的社会主义和谐社会。在这里，将民主法治置于和谐社会基本特征的首位，是对民主法治价值与功能的科学认识，对于我们深入理解和谐社会的含义，正确处理法治与和谐社会的关系，促进和谐社会建设，具有重要的意义。

法治是社会和谐的基本保障。相对人治而言，法治是现代文明的产物，是国家形态由传统走向现代的标志。一个不实行法治的国家不可能是现代化国家。国家主要以法律手段来治理国政和进行社会管理，社会生活的基本方面和社会关系纳入法制的轨道，国家权力的行使和社会成员的活动处于严格依法办事的状态，社会调控和管理才能摆脱随意性和特权，经济、政治、文化和谐发展与社会全面进步才有基本的保障，整个社会才能成为一个和谐的社会。

具体到新闻传播领域，新闻传媒在当代构建社会主义和谐社会具有重要作用，而新闻法规对新闻传播活动的控制，则是实现社会和谐的重要手段。

（1）新闻法规是平衡利益的调节器

在经济社会转型期，伴随着经济体制改革的深化，社会经济成分、组织形式、就业方式、利益关系和分配方式日益多样化，社会利益结构也随之分化重组，新的社会阶层逐步形成，人与人之间的利益矛盾日渐突出。相对于经济体制改革的深入展开，社会管理体制改革显得滞后，应对多样的社会利益诉求的机制缺位，因利益分配不均衡而产生的社会矛盾就会凸

---

① 张举玺：《试析和谐舆论环境对化解人民内部矛盾的作用》，《学习论坛》2007 年第 4 期。

显。对于转型期存在的利益冲突，新闻法规的一个重要功能就是平衡利益关系。新闻媒介通过新闻传播活动，既确认、界定、分配各种利益，又对冲突的利益关系进行协调，使在竞争中处于劣势的社会群体之权利得到确认和保护，以消解强者与弱者之间的利益冲突。

（2）新闻法规是维护公民权利的重要保障

尊重、保障和发展人的权利，是建设社会主义法治国家的基本目标之一。人的权利得到尊重、保障和发展，意味着权利的社会配置方式的改善，意味着社会正义的增进，也意味着社会和谐的增强。从社会意义上讲，权利代表着一种社会关系。从表面上看，人们对权利的获得和行使，会使社会关系紧张并产生冲突。但实际上，现代权利制度会将其保持在适当范围内，并通过权利义务关系的调整使其得以缓释。权利发展本身，恰恰是社会和谐得以增进的标志。就政治秩序的和谐而言，赋予公民政治参与权具有安全阀的作用。有序的政治参与对公民具有表达要求和愿望、宣泄情绪的功能，公民可以通过正常、合法和多样的渠道表达愿望，维护自身利益。否则，公民的愿望得不到表达，问题得不到解决，情绪就会积累，矛盾就会激化，社会就难以和谐。

新闻法规为公民权利的行使提供了有效的法律保障和支持。1982 年颁布的《中华人民共和国宪法》明确规定："中华人民共和国公民有言论、出版、集会、结社、游行、示威的自由。"同时，新闻法规还对公民人格权（包括生命权、身体权、自由权、身份权、姓名权、名誉权、隐私权、肖像权、贞操权等权利）进行明确保护。新闻法规对公民的权利的保障，促进了现实社会人与人之间的和谐共处。

（3）新闻法规是促进社会稳定的重要基础

和谐社会是秩序良好的社会，保持良好的秩序有赖于人们对法律的信仰和遵循。在社会生活中，法律以文明的手段来解决纠纷，维护正常的社会生活秩序，同时维护和保障着社会基本安全（包括人身安全、财产安全、公共安全和国家安全等）。

为了维护社会的稳定和安全，在新闻传播领域中，新闻法规对新闻传播活动有很多的限制，如对传播淫秽、色情、邪教、迷信、凶杀、暴力、赌博、恐怖等内容严加控制；对传播淫秽、色情的出版物和传播内容，除予以取缔禁止外，对责任人还要制裁（包括刑事处罚和行政处罚）；对宣扬邪教的行为加大打击力度，进行刑事制裁；对宣扬迷信、渲染暴力、赌博、恐怖等出版物，可依法予以取缔；将"煽动对民族和各族的歧视和压迫，破坏国内民族团结"列为禁载内容，以维护民族平等和团结。

当前，中国正发生着深刻的历史变革，在主流意识形态不断发展的同时，社会生活多样、多元、多变的特征日益凸显，各种思想观念相互交织、相互影响、相互激荡，只有用统一的指导思想和共同的理想信念来凝聚人心，强基固本，才能为社会和谐提供根本的思想保证。

新闻媒介应该在新闻法规许可的范围内，加强对腐败的监督。新闻媒介作为政府和群众之间沟通的桥梁与纽带，在化解社会矛盾、维护社会稳定方面有着独特的作用；要为改革、发展、稳定的大局，积极主动发挥桥梁作用；要针对社会现实，解疑释惑，积极引导社会热点，及时化解社会矛盾，实现政府与群众之间的良性互动，为保持健康良好的社会环境服务，发挥好"减压阀"和"缓冲器"的作用。

另一方面，媒介在构建和谐社会的进程中，要充分发挥"议程设置"的作用，时刻关心社会动向，摸清群众的思想脉搏，了解民意舆情，敢于触及群众关心的热点、难点问题，做出有深度和说服力的解答；要传播积极、健康、美好的新闻人物和新闻事实，以事明理，凝聚人心；要及时、如实、充分地反映人民心声，坚持为团结稳定鼓劲、正面宣传为主，唱响时代主旋律，弘扬符合时代发展的主流价值取向，为中国社会主义和谐社会的建设发挥应有的作用。

结　语

综上所述，新闻控制是指国家、政党和社会团体通过物质资产、政策法规等手段对新闻传播行为进行的强制性管理和约束。为防止媒体滥用新闻自由危害国家和公众，中国的新闻法规对新闻传播活动做了一定的限制。中国已经初步形成了融宪法、主要法律、基本法律、行政法规、规章、地方性法规、特别行政区法规、国际公约为一体的新闻法规体系。

新闻法规具有调和社会矛盾的功能，它所整合、协调的关系主要指传媒与政党、政府以及传媒与社团、公民的相互利益关系。一方面，它对国家政权、政府行为进行监督和制约，另一方面，它对公众行为进行鼓舞和约束。

新闻传媒对当代构建社会主义和谐社会具有重要作用。新闻法规对新闻传播活动的控制，是实现社会和谐的重要手段。

三 新闻法是中国新闻控制的必然趋势

1. 新闻法制化是中国社会民主的要求

人民民主是社会主义的生命。发展社会主义民主政治是中国共产党始终不渝的奋斗目标。建设高度的社会主义民主，关键在于创立、坚持和发展适合本国国情的民主制度、民主形式。人民当家做主是社会主义民主政治建设的本质要求。依法治国是党领导人民治理国家的基本方略，是实现人民当家做主的法制保证。

在大众传播领域，新闻法制指的是掌握国家政权的社会集团按照自己的利益和意志，通过政权机关建立起来的、用以调节在新闻传播活动中各种关系的法律制度，即调整新闻媒体与政府、自然人、法人、新闻从业人员等的各种关系的制度。[①] 新闻法制化就是从国家立法、执法、守法、法律监督以及公民享有权利等层次对大众传播进行管理，将大众传播纳入法制秩序，在义务和权利两方面进行平衡。[②] 大众传播（新闻）的法制化管理是现代化的重要标志，也是从人治社会向法治社会过渡的重要里程碑，是中国社会民主化的要求。

随着中国社会经济的快速发展和"依法治国"理念的深入人心，中国规范新闻传播活动的法律法规也取得了长足进步，但这些散见于各种法律法规条文中的规定，还不够完整，也不利于操作。中国市场经济不断发展，新闻传播媒体也日益壮大，互联网、手机报等新的传播媒介不断涌现，新闻传播面临的问题越来越多，如新闻纠纷、新闻侵权、索赔官司接连发生，受众对新闻媒体的权威地位产生怀疑等。这一切都暴露了中国新闻传播法制化过程所面临的问题。

第一，新闻法规的失衡。一部完备的法律体系应该对产生法律关系的各个方面进行均衡规范。在所有法律条文中，权利和义务应该是对等的。就新闻法律体系而言，至少应该包括对新闻事业权利义务的规定、对新闻工作者权利和义务的规定、对广大受众权利和义务的规定。但就中国目前的新闻法规而言，对新闻传播媒体的限制权具体、细致，而对新闻工作者

---

① 黄瑚、钟瑛：《新闻法规与职业道德教程》，复旦大学出版社，2003。
② 李良荣：《新闻学概论》，复旦大学出版社，2006，第338页。

的保障权则显得粗放。记者采访大案要案受威胁，说真话、搞批评报道受恐吓，甚至受到打击报复的事情也时有发生。另外，从优化立法体系来看，在保护公民的权利和自由的同时，也应对此进行必要的限制。由于形成约束的规范模糊不清，新闻从业者常常会感到困惑，这也是立法不健全的重要体现。

第二，处理新闻纠纷无法可依。"新闻侵权"是近年来频繁出现的名词，它是指由于媒体报道的不适度、不合法而造成对报道或评论对象正当权益的侵害。出现这种情况的一个重要原因，是由于目前新闻立法尚不健全，处理新闻纠纷很难找到一个明确的法律依据，所以在新闻官司的判决上，很难做到不偏不倚，客观公正。预防和减少新闻侵权的发生，一方面新闻记者要加强新闻职业道德修养，增强社会责任感，进行自律，另一方面则要加强新闻立法，用法律的规范来约束新闻从业行为。

第三，新闻监督缺乏法制保障。新闻监督虽然不具备司法监督的强制力和约束力，但由于其舆论影响的公开性、广泛性，它在人们心目中又具有相当的权威。新闻传播事业作为社会文化生活的重要组成部分，新闻工作者有责任也有义务行使新闻舆论监督的权利。但是在现实生活中，记者新闻监督的权利往往得不到保障，记者采访批评报道时常常遭到拒绝、阻挠甚至人身攻击，所采稿件往往因为某些权利关系的阻止而不能与受众见面，白白浪费了劳动和心血；有些稿件见报后还会遭到打击报复，生命安全受到严重威胁。因此，必须尽快制定一部系统全面的新闻法来明确新闻工作者的权利义务。①

民主是一种整合利益的政治机制，任何群体的利益代表，都只有通过特定的政治整合机制得到实现。满足少数人的利益、为少数人利益服务的机制，是专制的政治机制；满足大多数人利益、为大多数人利益服务的机制，是民主的政治机制。人民只有掌握了社会管理的权力，才能真正有效地实现、维护、发展自身的利益。所以，人民民主是整合最广大人民利益的机制。新闻法制化的实现就意味着新闻法律关系的主体——新闻媒介、新闻记者、政府、公民、法人都必须依法行事，从而保障民主的实现。新闻媒介和新闻记者在新闻法规的规范下，最大限度地向公众传递信息；政府在限制媒体滥用自由权利的同时，也通过媒体广泛发布信息，接受媒体

---

① 赵中颉：《法制新闻与新闻法制》，法律出版社，2004，第330~331页。

的舆论监督，打造阳光政府；公民在通过媒介接收新闻的同时，也可以向媒体提供新闻线索，并且通过媒体表达自己的心声，向政府反映意见和建议。

2. 新闻法——呼之欲出的民主化法典

新中国成立之后，中国的新闻立法经历了比较曲折的发展过程，新闻法制建设的总体趋势日益受到国家的重视，逐步发展和完善。新中国成立前后，1949 年第一届中国人民政治协商会议通过了具有临时宪法性质的《中国人民政治协商共同纲领》，1954 年第一届全国人民代表大会通过了《中华人民共和国宪法》。这两部宪法文件关于言论、出版自由及新闻活动的规定，为建国初期新闻事业和新闻法制建设的发展提供了指导原则和立法依据。据此新中国成立后短短的几年内相继颁布了多项新闻法律法规。但从总体上看，当时还没有形成整体的新闻法制观念，新闻立法还比较散。

"文化大革命"结束后，党和国家及时总结经验教训，重新认识到法律在国家各项工作中的重要作用。同时，自 1978 年党的十一届三中全会以来，中国的政治、经济形势发生了重大变化，中国的新闻事业进入了快速发展时期。新闻实践的发展推动了中国法制化的进程，并初步形成了新闻法律体系框架。

新时期中国新闻法制的发展以 1982 年《中华人民共和国宪法》为发端。1982 年的《中华人民共和国宪法》是对 1954 年宪法的继承和发展，也是对十一届三中全会以来拨乱反正和民主建设成果的确认和巩固。该宪法的一个显著特点是强调民主与法制，保障公民的基本权利和自由。该法有以下多项条款与新闻事业有关：国家发展为人民服务、为社会主义服务的新闻广播电视事业和出版发行事业（第二十二条）；中国公民有言论、出版等自由（第三十五条）；公民对国家机关和国家工作人员有提出批评和建议权利（第四十一条）。这些条款虽没明确提出"新闻自由"的字样，但已被中国学者公认为是中国新闻法制建设的指导原则和各项新闻活动的最高法律依据。此后，以 1982 年宪法为指南，中国的新闻法制建设步入稳定发展时期。

但中国的新闻法从提出至今 20 余年，却仍未能出台。

1980 年 9 月，全国人大五届三次会议在北京召开，上海人大代表赵超构在小组会议上第一次提出制定中华人民共和国新闻法的口头建议，受到不少与会人员的赞同。同年 10 月 29 日，首都新闻学会在北京专门举行新闻法研讨会。

1981 年新年前夕，全国人大常委会法制委员会副主任委员张友渔在回答记者问中也表示："我看需要立个新闻法。"

1983 年 6 月，第六届全国人民代表大会第一次会议召开，黑龙江省代表王化成、王士贞，湖北省代表纪卓如同时提出了《在条件成熟时制定中华人民共和国新闻法》的书面建议。

1984 年中共中央宣传部新闻局向中央提出《关于着手制定新闻法的请示报告》。1 月 16 日，中共中央书记处书记胡乔木、17 日全国人大常委会委员长彭真分别做了"同意"的批示。1 月 18 日，全国人大科教文卫委员会与中国社会科学院新闻研究所联合创建的"中国社会科学院新闻研究所新闻法研究室（起草小组）"宣告成立，着手新闻法的起草工作。1984 年、1985 年间新闻起草小组、新闻法研究室的工作人员在北京、上海、成都、广州、深圳等地多次召开新闻界及有关人士参加的座谈会，对新闻法的指导思想和若干重要问题做了较为深入的讨论。

1987 年 1 月，中华人民共和国新闻出版总署成立。1987 年 10 月，新闻出版总署拿出《中华人民共和国新闻出版法》（送审稿）呈交国务院审查。1987 年 10 月，中共十三大召开，在政治报告中指出："必须抓紧制定新闻出版、结社、集会游行等法律，建立人民申诉制度，使宪法规定的公民权利和自由得到保障，同时依法制止滥用权利和自由的行为。"受十三大精神鼓舞，《新闻法》起草工作实质性展开。

1988 年 5 月到 10 月，新闻出版总署新闻法起草小组、中国社科院新闻法研究室、上海新闻法起草小组分别拟定出了三个《新闻法》文稿草案。后由于各种原因，新闻法的制定步伐暂时停滞下来。

20 世纪 90 年代以来，制定《新闻法》等专门的新闻传播法律仍被列在国家的立法规划之内。八届人大期间（1992 年至 1997 年）的立法规划中就有《新闻法》和《出版法》，这个立法规划曾于 1994 年得到中共中央的批准。1998 年 11 月 23 日，时任全国人大常委会委员长的李鹏，在人民大会堂接受德国《商报》驻北京记者思立志采访时说："我们将按照法定程序制定一部符合中国国情的《新闻法》。"

1999 年初，新闻主管部门、立法部门几乎一致肯定地说：中国要走依法治国的道路，制定《新闻法》是不可少的，但目前此法出台的条件尚不成熟。1999 年九届人大的立法规划中，没有《新闻法》。

2003 年，十届人大的立法规划中，仍没有《新闻法》。

尽管作为中国新闻活动基本法的《新闻法》由于种种原因尚未出台，但中国其他领域的新闻法制建设并没有停止，中国改革开放后制定的许多法律与新闻活动密切相关，以行政法规和部门规章层面的新闻立法也非常活跃，各地还结合本地区实际组织起草了不少地方性新闻法规。[①] 这些法律法规为规范新中国新闻传播活动和新闻事业的顺利发展提供了法制保障。

3. 由法规转向法典控制，中国社会将在法律框架内充分享受新闻自由

近些年来，中国的民主与法制建设进程逐渐加快，许多社会公共领域都相继走上了法制化轨道。所以加强新闻法制化不仅是新闻传播事业的需要，也是社会主义民主与法制建设的迫切需要。新闻与法制同为社会的监督工具，新闻对法制起着宣传和督导作用，法制则对新闻传播活动起着规范制约作用。任何一个民主的社会，必定是一个法制社会，而在民主与法制健全的社会从事新闻传播活动则必须接受法制的约束和保障。西方称新闻记者为"无冕之王"，似乎赋予了新闻记者至高无上的特权。但牵涉媒体和记者的新闻官司的频繁出现，则毫不留情地证明任何社会活动都需要有一个"度"去衡量。新闻媒体有权监督社会，也有义务接受法制的约束。衡量新闻传播活动的这个"度"，就是新闻法制。新闻法制完善，新闻传播活动才可能收放自如。因此，尽快建立完善的新闻传播法制，对新闻传播活动是十分必要的。

经过几十年的曲折发展，中国的新闻法制已基本形成了包括宪法、法律、行政法规、部门规章和地方性法规等各层次的新闻立法在内的新闻法律体系框架。但目前中国新闻法制建设也存在一些显而易见的问题：

首先，尽管中国已经形成了新闻法律体系的框架，但还远远谈不上完备。一方面，大量的新闻立法亟待出台，另一方面，现行的许多新闻法规也有待完善。其次，由于基本法的缺失，行政法规和部门规章在中国新闻法律体系中占据了主导地位。这些行政法规和部门规章法律位阶低、调整范围小、法律效力弱，对许多新闻活动无法进行有效的法律规范，公民和新闻单位的合法权益难以得到切实的保障。第三，中国现行的新闻法具有明显的"义务本位"特点，对新闻活动主体限制过多而保护不足。大多数新闻法律法规属于管理法，即强调新闻行政主管部门对各类新闻及新闻活

---

①　黄瑚、钟瑛：《新闻法规与职业道德教程》，复旦大学出版社，2003，第 68~72 页。

动主体的行政管理，规定新闻活动主体"不得"如何、"应当"如何，而确认和维护新闻活动主体各种合法权益的授权性规范则屈指可数。①

解决这些问题的关键，是尽快建立一部完善的新闻法。建立新闻法不仅是建立一种秩序和规则，同时它也表明成熟社会的人权得到有效保护。受众的知晓权、新闻从业者的舆论监督权、新闻自由等都是新闻法赋予社会的理想权利，发展新闻事业就是发展、捍卫这些权利。

制定新闻法，应当注意的两个突出问题是：

第一，既要保障新闻自由，也要完善对新闻事业的管理

新闻法对新闻自由的保障首先体现在对新闻记者相关权利的保障上。中国新闻记者仅仅享有宪法和法律所赋予一个普通公民的基本权利是不够的，新闻法应规定和保障新闻记者履行他们职务所必需的权利，应该把采访权、报道权等这些权利从法律上加以明确，避免不必要的新闻纠纷。其次，还体现在对新闻媒体相关权益的保障上。中国的新闻媒体都是依法成立的事业单位，它们享有法人组织的相应权利，但是对于和新闻自由密切相关的新闻媒体的舆论监督权等，法律上却没有明确。因此，一旦发生新闻纠纷乃至新闻诉讼，新闻媒体常常会处在十分尴尬的地位，这就需要新闻法给予明确的规定。

新闻法不仅要强调对新闻自由的保护，同时还要完善对新闻事业的管理，维护新闻工作者的正常秩序。中国当前的新闻活动情况是，既有无理阻挠，限制新闻采访、报道，压制批评等侵犯新闻自由，妨碍正常新闻活动的现象；又有借口新闻自由，利用新闻损害他人合法自由、权利，损害国家、集体、社会利益的现象。另外，报业结构、新闻业务发展速度、新闻业内部关系、新闻行业作风等等方面，也有不少问题需要解决。

制定新闻法，维护新闻自由，完善对新闻事业的管理，既是中国宪法的规定，也符合中国新闻活动的实际。

第二，新闻法要规定中国公民、新闻界、党和政府在新闻活动中的权利和义务。

中国以往的大众传播，只规定新闻机构、新闻工作者的权利和义务，而不提公民在新闻活动中的权利和义务。大众传播媒介是大众的指导者、

---

① 黄瑚、钟瑛：《新闻法规与职业道德教程》，复旦大学出版社，2003，第72页。

教育者，承担重要的社会职责和义务，而受众则简单地成为受教育者、被指导者，不承担义务也不享有权利。在未来的新闻法中，媒体要承担重任，公民也享有权利，实行义务和权利并重。媒介应该享有法律保障的舆论监督权利；大众应该享有法律保障的政策、信息的知晓权，隐私权，更正权，接近、使用媒体权等。

另外，新闻法还要规定党、政府在新闻活动中的权利和义务，有机协调公民、新闻机构、新闻工作者，党、政府这三者在新闻活动中的关系。未来的新闻法，就应该是这样一部保障民主的法典。①

值得期待的是，1997 年 4 月，新闻出版总署公布了《新闻出版业 2000 年及 2010 年发展规划》，指出"要积极推进新闻出版的法制建设，要加快立法工作，加强依法管理，加大执法监督的力度"。根据《规划》，到 2010 年，中国的新闻出版法制建设将建立以《出版法》、《新闻法》和《著作权法》为主体及与其配套的新闻法规体系。届时，中国的新闻法制建设水平将迈上一个新的台阶，中国社会将在法律框架内充分享受新闻自由。

结　语

目前，中国已经形成了新闻法律体系的框架，这个框架体系分布于宪法、主要法律、基本法律、行政法规、规章、地方性法规等上百部法律法规当中，在维护国家安全、社会稳定、公民权利，调和各种社会矛盾，构建和谐舆论环境，推进和谐社会建设等方面，发挥着重要作用。

随着中国社会经济快速发展，新型媒介的不断涌现，新闻传播面临的问题越来越多，现行的新闻法规体系在处理新时期的新闻纠纷、新闻侵权等问题时找不到明确的法律依据。同时，媒介在行使舆论监督时，权利往往得不到法律保障。研究发现，要想从根本上解决这些问题，关键是要尽快建立一部完善的新闻法。

需要强调的是，制定新闻法的根本目的是为了捍卫国家安全，维护社会稳定，建立新闻传播规则，行使舆论监督，充分享受新闻自由，顺应新闻事业在新时期的发展需要。

鉴于此，新闻法既要保障新闻自由，也要完善对新闻事业的管理，明确中国公民、新闻界、党和政府在新闻活动中的权利和义务。未来颁布的

---

① 林枫：《马克思主义新闻观》，新华出版社，2005，第 326~328 页。

新闻法，应该是一部保障民主的法典。我们期待着，中国的新闻法制建设水平迈上新台阶，中国社会将在法律框架内充分享受新闻自由。

第二节　俄罗斯新闻自由与控制

一　俄罗斯的新闻自由

1. 俄罗斯新闻自由的由来

俄罗斯新闻自由起源于苏联末期的《苏联出版与其他大众传媒法》，该法典规定，舆论从此不再接受检查。苏联政府于 1990 年 6 月颁布该法典的初衷本是为了规范新闻舆论界的无序状态，使其更好地为国家服务。但是，适得其反，该法的颁布反而纵容了反对派媒体的大肆泛滥，不但没有改变新闻界的无序状态，反而使其混乱局面有增无减。那些颠倒黑白的新闻舆论，使人民丧失了是非观念和美丑观念，丧失了社会主义信念，也丧失了民族自尊心。苏联的新闻媒体再也不是党和人民的喉舌，而俨然成了苏共过去历史的"审判者"。戈尔巴乔夫在传媒领域内推行公开性、民主化、多元化（戈尔巴乔夫倡导"公开性"的目的，见第一章第二节"苏联新闻事业概述"），最终彻底瓦解了苏联新闻模式。①

1991 年 12 月 25 日苏联解体后，叶利钦领导的俄罗斯开始了以自由主义为导向的制度变革，建立了以总统制为核心的国家权力体制，倡导西方式的民主、自由。在经济上推行"休克疗法"，实行市场化、私有化、贸易自由和对外开放。外交上，采取亲西方（特别是美国）的政策。

这一切都极大地影响着俄罗斯的传媒事业。急剧的社会变革颠覆了共产主义理论，西方自由主义的新闻理论成为指导俄罗斯媒介发展的主要理论。

在自由主义理论原则的指引下，《俄罗斯联邦大众传媒法》于 1991 年 12 月 27 日出台，取消了报刊出版审批制，代之以出版登记许可证制度。俄罗斯通过立法进一步赋予大众传媒充分的政治自由。同时，激进的市场经济改革又赋予大众传媒充分的经济自由，从而使其大众传媒业从传播理念到经

---

① 严功军：《从戈尔巴乔夫到普京：俄罗斯传媒政策的变迁及反思》，《社会科学战线》2003年第 4 期。

营机制，从传播理论到实践都发生了"蜕变"。一套以西方民主、自由思想和新闻理论为指导，以私有化、市场化为运行机制的"新型大众传媒体制"得以建立。

这种没有限制的"绝对新闻自由"和激进的市场化、私有化政策，尽管初期使俄罗斯传媒数量大大增加，新闻报道更丰富、更显客观，但其繁荣却是表面的和极为短暂的。[①] 因为到了 90 年代中后期，寡头资本的注入改变了出版机构的性质，出版什么不出版什么由寡头们用金钱来决定，这也就是所谓的"金钱审查"。取代苏联时期政治查禁的，其实并非真正的"言论自由"，而是来自不同社会群体的利益审查。难怪总统叶利钦说："大众传媒的拥有者（寡头）有时就是最坏的查禁者，现在是他们在决定该说什么、该出版什么。"

事实证明，苏联解体后，私有化和商业化并没有带来真正的传媒独立和言论自由，在所谓"市场自由竞争"的幌子下，取代国家的是各种利益群体对传媒的控制。传媒不断易主造成舆论分化，影响民众的价值取向和社会稳定，带来寡头势力高涨等不良后果。[②]

自由主义的一个理论核心就是自由经济，反对政府干涉企业的生产和经营，认为企业只有在市场中自由竞争才能生存和发展。传媒作为一种特殊的商业机构，不仅应通过市场竞争获得生存和发展，更重要的是通过市场获得经济的独立，维持财政上的自给自足，使其不受特殊利益的压迫，从而享有真正的自由。纵观俄罗斯大众传媒在转型初期十年内的发展状况，我们不难发现经过私有化的改革，大众传媒虽然摆脱了国家的垄断控制，但是却又从不同程度上陷入各种特殊利益集团之手，尤其是陷入新兴的金融寡头集团的经济控制之中。俄罗斯虽然打破了苏共的集权统治，引进了西方的民主政权形式，但是并没有从根本上消除苏联长期存在并遗留下来的官僚体制和作风。三权分立体制的名存实亡和多党制的不成熟以及寡头干政，使高喊民主与自由的大众传媒不可避免地陷入严重的新闻自由危机。[③]

2000 年普京执政以后，开始了国家有关制度的改革和治理。其国家治

---

① 严功军：《从戈尔巴乔夫到普京：俄罗斯传媒政策的变迁及反思》，《社会科学战线》2003 年第 4 期。

② 李玮：《俄罗斯传媒的现状与发展趋势》，http://www.zlmedia.net/200611/454.htm2006 – 11 – 15。

③ 国秋华：《俄罗斯大众传媒自由化的理想与现实》，《新闻传播》2003 年第 1 期。

理的重要策略之一，便是整顿大众传媒秩序，夺回媒体控制权，重塑大众传媒的社会功能。① 普京在改造俄罗斯大众传媒时，始终贯彻"务实"精神，从俄罗斯的国情，从维护国家、社会利益出发，竭力保证国家对大众传媒的控制，促使传媒发展走上正轨，为社会政治稳定、经济发展、文化传承作出积极贡献。

综上所述，俄罗斯新闻自由的由来，开始于《苏联出版与其他大众传媒法》，形成于俄罗斯以自由主义为导向的社会制度变革中，吸收融合了西方自由主义的新闻理论。

但是，俄罗斯式的"新闻自由"不是真正意义上的新闻自由，更不是西方推崇的新闻自由，而是被各种利益集团操纵、只有少数人享有的新闻自由。俄罗斯新闻自由由全面放开，到逐步有节奏恢复控制的过程，就是很好的说明。由此可见，新闻自由受到特定的、具体的社会环境的制约和控制。

2. 新闻自由在俄罗斯承担的社会责任

第一，俄罗斯新闻自由首要的任务就是报道新闻、传播信息，满足社会公众知情权。

新闻自由意味着新闻媒体有责任向广大受众提供多方位的认识世界的信息，使广大人民及时了解国内外的政治、经济、文化情况，为他们在政治决策、经济决策中提供依据，最终促进社会各项事业的发展。

俄罗斯现代新闻媒介已经将受众淹没在海量的信息之中，以至于以前对公众严格保密的军事领域现在也在一定程度上对记者开放。2008 年 9 月 21 日俄罗斯海军总司令助理伊戈尔·德加洛海军上校向俄新社记者表示："根据联邦国防部和海军司令部决定，俄罗斯记者组将随同北方舰队舰艇进行长时间远航。"他说："记者是经过专门训练和医疗体检后选拔出来的。向记者提供难得的机会，以便让他们报道以'彼得大帝'号核动力导弹巡洋舰为首的北方舰队战斗舰艇编队远航情况。"②

第二，俄罗斯新闻自由要求媒体报道新闻、传播信息必须在真实性的前提下进行。

---

① 严功军：《从戈尔巴乔夫到普京：俄罗斯传媒政策的变迁及反思》，《社会科学战线》2003年第 4 期。

② 俄新网：《俄罗斯记者将随同本国海军舰艇进行远航》，http://rusnews.cn/eguoxinwen/20080922.html。

虚假信息的出现，就意味着新闻自由的滥用和变质。同时，虚假的信息也是没有生命力的，只有真实的信息才具有强大的生命力。2008年南奥塞梯冲突出现后，9月1日俄新网报道说，俄联邦通讯与大众传媒部部长伊戈尔·谢戈列夫在接见莫斯科国立大学新闻系学生时表示，俄罗斯媒体客观地报道了格鲁吉亚－南奥塞梯冲突，但未能抵挡得住西方媒体铺天盖地的报道。谢戈列夫说：“西方周密地策划一整套方案，规模相当大。显然，很难抵挡得住这种报道。”谢戈列夫补充说：“我认为，有过困难，但不是因为我们势均力敌，而是我们媒体报道得质量高，力求使国内外都知道，这是在向平民开火。我们的报道是没有采用断章取义地编造虚假信息的做法，而是提供了客观的信息。”他说，参与这次信息行动的有一些西方公关媒体，它们传播的信息正是制作报道的原始材料。①

第三，引导舆论、维护国家利益是俄罗斯新闻自由所承担的重要责任之一。

舆论是一种普遍的社会现象，是公众的意见。社会舆论代表和反映社会上的愿望和意见。要使得社会舆论和政府的施政方略保持一致，就必须依靠媒体的积极引导。2000年到2002年，国营事业的资本陆续进入民营媒体，普京大体完成了整顿媒体，使之重新国家化的进程。普京宁愿用政府预算与国营资本填补民营媒体事业所遗留下来的大笔资金缺口，也不愿意看见寡头的存在。由此可见普京在处理媒体政治宣传功能与企业传播自由之间结构性矛盾的理念。

普京所建构的媒体体系就是发展以“国有公共服务制”为主要特色的模式，“国有公共服务制”基本上是介于前苏联的媒体“喉舌理论”与“广播电视公共服务制”的折中状态，俄式的“国有公共服务制”的基本特色就在于媒体基本上为国家或国有大企业所有，媒体宣传以维护国家和政府利益为主。②

近年来，俄罗斯媒介十分注重引导国际舆论，维护国家利益。比如：

2006年叛逃英国的俄罗斯间谍利特维年科突然中毒病危的消息引起了西方超乎寻常的关注。尽管利特维年科中毒的原因尚未查明，俄政府也公

---

① 俄新网：《俄通讯与大众传媒部：俄媒体客观报道格南冲突》，http://rusnews.cn/eguoxin-wen/20080901.html。

② 王永亮：《西方国家的新闻自由与法规调控》，《当代传播》2007年第2期。

开表示此事与俄无关，但西方舆论却一致将矛头指向了俄罗斯政府，将这次中毒事件同俄罗斯对外情报机构联系在一起。有些报道甚至认为是俄总统普京直接下达了对利特维年科的暗杀令，英国《每日电讯报》就配上了普京手持手枪的照片。

针对这种情况，11 月 20 日，克里姆林宫发言人德米特里·比斯科夫表示，俄罗斯对外情报局绝对不可能参与这样毫无意义的事件。21 日，俄罗斯《消息报》刊登了《英国政府保护下的前联邦安全局特工利特维年科》一文，该文只是引用了英国媒体对利特维年科现状的报道以及英国媒体对此事件的猜测。俄新社的一篇文章则报道了铊元素的毒性，以及铊元素发现的过程和半个世纪以来的铊中毒案例。俄罗斯各媒体在报道中都附加了俄对外情报局的声明立场，只是没有对此进行评论。①

如果说俄罗斯媒介在报道该事件上只作说明，没做引导，那么在报道"南奥塞梯事件"上则十分注重引导力度。

2008 年 8 月 8 日凌晨，格鲁吉亚军队进入南奥塞梯控制区，并对南奥塞梯首府茨欣瓦利市进行炮击，使冲突地区局势骤然恶化。当天，俄第 58 集团军部分部队开进南奥塞梯，增援驻扎在冲突地区的俄维和部队。俄罗斯网络媒体《观点》、今日俄罗斯电视台（Russia Today）和俄罗斯第一频道等主流媒体的记者们发现，近日来西方媒体在报道南奥塞梯冲突局势时，歪曲事实、制造假新闻。

据《观点》报道，一位来自西班牙的读者发来邮件。他在邮件中指出，在优酷网站（YouTube）的一段视频里，格鲁吉亚士兵正在向茨欣瓦利居民区射击，此后这段视频在西班牙一家最大的电视频道 RTVE 的新闻节目中播出。但在播放这段视频录像时，画面后的解说词却说，这是俄罗斯士兵在向茨欣瓦利的居民区射击。

《观点》的记者在同西方电视台新闻发言人的交谈中得知，电视台播放优酷视频录像的第一个条件就是要检验视频的真实性。但是，西班牙电视台的主播们至少没有弄清录像中"主角"们所说的是哪种语言。《观点》的记者说，当然可以把这些士兵的话语从格鲁吉亚语翻译过来，但是那里面基本是粗鲁的脏话。如果说这是俄罗斯士兵，那么他们在这时候不使用母

① 纪双城、张浩等：《西方舆论矛头指向俄罗斯政府借"毒杀案"攻击普京》，2006 年 11 月 22 日《环球时报》。

语，而是把它翻译成格鲁吉亚语以后再喊出来，似乎没有什么必要。俄新社曾组织了一个公开的圆桌研讨会，讨论南奥塞梯战争中西方媒体的报道失实问题。① 俄新社向所有西方主流媒体发出了邀请函，但没有一家媒体到会。

从上述两个案例中，不难感受到俄罗斯媒介在享受新闻自由的同时，注重引导国际舆论、捍卫国家利益的特征。

第四，新闻自由还要为不同阶层人士提供表达自己意见的通道和机会。

苏联解体后，在新闻出版自由方面，俄罗斯发生了巨大变化。为实现多党竞争，法律保证不同政治派别、各政党组织发表和宣传自己的纲领、观点的权利，不同政治立场的人在法律允许的范围内均可出版自己的著作、传播自己的观点和主张。② 不同派别的政治家即使是对当局持尖锐批评立场的政治家、反对派领袖也可以较为自由地出版发行自己的著作。各种派别、观点的政治书籍的出版所受限制明显减少。

2006 年 6 月 4～7 日第 59 届世界报业大会暨第 13 届世界编辑论坛在莫斯科举行。俄罗斯总统普京在本次大会上说，俄罗斯的媒体自由并没有受到威胁。当时 3 名来自极左翼政党 "国家布尔什维克党" 的成员突然从座位上站起，高呼 "俄罗斯不要普京"、"停止新闻检查" 等口号。俄新社报道说，3 名抗议者仅仅根据《行政处罚条例》受到很轻的处罚，而没有被逮捕。在会场上，普京总统当时对抗议活动也表现得相当平静，并且意有所指地说，媒体不仅要获得言论自由，而且 "更要履行社会责任"。③ 俄罗斯三大国营电视台当天报道了世界报业大会的会场新闻，但只字未提示威事件。也就是说，俄罗斯新闻自由同样赋予了那三名抗议者表达自己不同意见的权利。

可以说，俄罗斯新闻自由在报道新闻、传播信息、追求新闻真实性、引导舆论、维护国家利益、为不同阶层提供表达意见平台等方面为俄罗斯社会转型和建设，作出了不可磨灭的贡献，这些社会责任的承担也是对民主权利的维护和保障。

---

① 黄轶男：《俄罗斯记者评西方媒体如何歪曲捏造事实》，http：//rusnews. cn/xinwentoushi/20080909. html。

② 王永亮：《西方国家的新闻自由与法规调控》，《当代传播》2007 年第 2 期。

③ 裴正义：《报纸：创新的新纪元——第 59 届世界报业大会暨第 13 届世界编辑论坛侧记》，《新闻记者》2006 年第 7 期。

3. 施行绝对化新闻自由政策

1991 年 12 月 27 日，俄罗斯颁布了《俄罗斯联邦大众传媒法》，从法律上确立和保障新闻自由；国家对报刊、广播电视的垄断被打破了，媒体由计划走向市场，由意识形态部门转变为具有独立性质的商业机构。《俄罗斯联邦大众传媒法》第一章总则中第 1 条规定新闻媒体自由——除应遵守《俄罗斯联邦大众传媒法》的规定外，不受限制；第 3 条规定禁止新闻审查；第 4 条规定不许滥用新闻自由。《俄罗斯联邦大众传媒法》从根本上保障了言论自由、取消新闻检查和保证公民参与，并把这些自由和权利具体化。

值得注意的是，这部法律没有明确规定"不允许垄断任何一种大众传媒"。这就为以后媒体寡头的形成和兴起提供了潜在的生长土壤。

俄新社副社长安德烈·伊利亚申科认为，如果想保障真正的新闻自由，首先应该保障媒体的经济独立，此外，真正的新闻自由评判标准应该是读者，如果读者有获得新闻来源的充分保障，那么可以说新闻自由是有保障的。[①] 莫斯科大学新闻系主任扎苏尔斯基教授认为，在俄罗斯有言论自由，它是被 1993 年宪法所保障的，在这部宪法中还禁止新闻检查。[②]

《俄罗斯联邦大众传媒法》第一条规定："在俄联邦境内收集、获取、制作和传播信息，大众传媒机构及其拥有者、使用者和支配者，大众传媒技术装备、原材料生产、营销、保管和使用，大众传媒产品的生产和传播不受法律限制。俄联邦宪法对大众传媒专门做出的规定范围除外。"这条内容从该法典最初制定时就有，直到 2007 年最新修订版本都是如此。

在这种绝对自由的空间下，以古辛斯基和别里佐夫斯基为首的寡头集团开始大肆涉入俄罗斯传媒业，不仅控制着俄罗斯的大部分媒体，而且还对当时的俄罗斯政坛构成极大的影响力，那些媒体寡头的意愿就是俄罗斯媒体的意愿，政府常常处于一种相对被动的局面。最为典型的就是 2002 年媒体对莫斯科人质事件的直播报道。

2002 年 10 月莫斯科人质事件发生后，俄罗斯许多电台和电视台对此进行了现场直播。其中最具代表性的是 HTB 独立电视台。从俄军包围剧院，

---

① 《伊利亚申科谈俄罗斯的新闻自由》，http：//www. moscow – tours. com/info _ detail1. html 2007 – 07 – 26.

② 贾乐蓉著：《访莫斯科大学新闻系主任扎苏尔斯基教授》，http：//media. people. com. cn. html2006 – 05 – 11.

到武装分子射杀俄罗斯警察，HTB 一点画面都没有漏掉，甚至在特种部队准备冲进剧院解救人质的时候，HTB 的摄像机也没有停，并且将画面直接播放。俄罗斯一名官员直言不讳地说："这种做法的后果，会使恐怖分子提前觉察，从而导致更多人质的死亡。"

可以说，《俄罗斯联邦大众传媒法》所赋予的绝对自由，导致了俄媒体"播放权"的绝对化。俄罗斯金融寡头涉入政治和媒体领域以后，他们控制了俄罗斯几乎所有的大众媒体，从报纸、杂志等平面媒体到广播、电视为代表的电子媒体。传媒寡头们以经济利益为最终驱动力，只要能带给他们可观利润的节目或媒体，他们就会毫不犹豫地去播放或支持。他们控制下的媒介唯寡头们的意志为号令，垄断新闻信息，控制受众"知情权"，在此基础上产生了俄罗斯式的新闻自由绝对化。

俄罗斯新闻自由的绝对化还是俄罗斯各寡头集团涉足政治领域的手段之一。俄罗斯寡头们利用直接或间接控制的传媒机构，不仅随心所欲地表达意见，赢得利益，还通过媒体左右政府人员的更替。

1999 年 8 月 9 日，俄罗斯总统叶利钦宣布解散成立不足 3 个月的斯捷帕申政府，并任命普京为政府第一副总理和政府代总理。这是继普里马科夫政府 5 月被解散后，俄政府第二次发生更迭事件。政府总理人员频繁更迭就是背后的寡头集团在影响俄罗斯政坛的具体表现。

进入 21 世纪之后，俄罗斯人民逐渐认识到，新闻自由不能是没有约束的自由，而是有节制的、有限制的自由。俄罗斯联邦政府吸取独立初期的教训，随后多次对《俄罗斯联邦大众传媒法》进行修订，除了规定"大众传媒产品的生产和传播不受法律限制"之外，严格规定"严禁滥用大众传媒"。"严禁使用大众传媒从事违法犯罪行径，泄露国家或者其他特别保护的机密，传播含有号召从事恐怖活动的、为恐怖主义辩解的、其他极端主义者的资料，以及宣传海淫作品、暴虐和粗俗宗教仪式"。"严禁在大众传媒、互联网上传播麻醉剂、精神药品、半成品的生产、加工、使用技巧和方法，以及获取地点。严禁宣传使用某些麻醉剂、精神药品、类似制品、半成品，以及联邦法禁止宣传的其他信息"等。① 俄罗斯从法律制度上进一步加强了对传媒的引导和规范。

应该说，对新闻自由在一定程度上的规范，是为了更充分地保护新闻自由。同时，这也是对其新闻自由绝对化的一种矫正和修复。

结　语

新闻自由在俄罗斯戏剧性的经历，给人们留下了无尽的反思。用自由主义指导新闻改革，初衷是为了规范传媒领域的秩序，赋予大众传媒更充分的自由，使其更好地为国家和社会服务。但是这样的目的在俄罗斯遭到了无情的打击。一心想成为第四权力的大众传媒不仅没有履行起监督国家权力机关的职责，反而被各种势力集团玩弄于股掌之间。各传媒寡头或集团凭借自己控制的媒体，大肆谋取经济利益和政治资本，使俄罗斯新闻改革的理想框架严重扭曲变形。

俄罗斯人民在新闻实践过程中逐步认识到，纯粹西方化的新闻自由并不适合自己的国情，他们开始反思沉痛教训，探索改革的成功经验。自2000年开始，俄罗斯政府展开了对大众传媒秩序的整顿，立志夺回媒介控制权，重塑俄传媒形象与功能。

俄罗斯新闻实践的短暂历程告诉我们，绝对化的新闻自由是没有出路的，无论是对于国家还是对于人民来说，都是百害而无一利的。俄罗斯新闻改革结果表明，媒介在充分享受新闻自由的同时，必须接受特定社会环境的制约和控制，新闻自由与社会责任是无法分离的。

二　俄罗斯的大众传媒法

1. 大众传媒法是俄罗斯新闻控制的主要手段

既然大众传媒和社会生活、国家政治等有着极为密切的关系，那么就需要国家对大众传媒进行必要的新闻控制，以利于社会的稳定。综观俄罗斯各阶段的实际情况，新闻控制主要有以下手段：行政手段、信息手段、经济手段和法律手段。

行政手段是指俄罗斯行政机构以强制性的命令、指示、规定等形式调节信息传播活动，以达到预期目的的一种控制手段。在俄罗斯，政府对新闻媒体一般不作干预，但是如果其言论超出了一定限度，政府就会对它们施加压力。比如，在1993年10月总统与议会的冲突事件中，颇受读者青睐的《独立报》发表了对政府不利的言论，叶利钦就责成有关部门进行检查，大段删除了该报准备付印的文章，致使报纸开了"天窗"。

信息手段是指俄罗斯政府以其占有权威信息源的优势，通过操纵新闻发布、控制消息来源而形成对媒体控制的一种方法。但是，这种手段在俄罗斯可谓控制不力。所以《俄罗斯联邦大众传媒法》对此还进行了专门的规范。比如，第二十五条规定："凡是阻碍公民、公民团体、官员、企业、机关、组织、国家机关合法从事大众传媒产品传播的行为都是不允许的。"第三十五条规定："编辑部在规定的期限内有责任免费刊登下列信息：对该大众传媒刊登内容作出要求的法律文书；该大众传媒注册机关发布的关于规范编辑部活动内容的通知；大众传媒编辑部、创办者（合伙人）是国家机关的，有责任按照国家机关的要求刊登官方的通知、编辑部章程、条约变更信息、其他材料和俄联邦政府颁布的各种法令、公告；国营大众传媒有责任刊登国家政府联邦机构和俄联邦各实体政府机构，根据俄联邦宪法《关于政权机关在国营大众传媒中活动规则的说明》①精神而制定的各种公告和材料；国营大众传媒编辑部有责任迅速、无偿地按照俄联邦内务部国家消防总局的要求，刊登发布消防安全方面的消防知识和信息。"②

经济手段是指俄罗斯政府通过参股、控股等形式，通过税收、拨款和制定相关的产业政策等方法，对信息传播活动实行间接控制的一种手段。在俄罗斯，普京迫使媒体寡头从传媒领域退位后，政府通过参股、控股的方式一跃成为国内媒体的最大"股东"，控制了70%的电视媒体，20%全俄性质的报刊以及80%的地区报刊。

法律手段是指俄罗斯通过立法形式，对信息传播活动进行规范管理，《俄罗斯联邦大众传媒法》是俄罗斯适用于大众传媒的专门性法典。

1991年12月27日，俄罗斯联邦人民代表大会和俄罗斯联邦最高苏维埃颁布了《俄罗斯联邦大众传媒法》。这部传媒法在坚持"自由化、私有化和市场化"道路，彻底消除审查、解除垄断和实现自治的同时，表现出更加自由和开放的主导思想。③尽管该法典有太多疏漏，并因俄罗斯执法部门的无力，一再遭到寡头们破坏，但毕竟使传媒行业"有法可依"。

该法典是俄罗斯新闻控制的主要手段。法典第五条明确规定："俄联邦大众传媒法由本法典、已颁布的其他与传媒相关的法律条款，以及俄联邦

---

① 1995年1月13日颁布的俄联邦宪法 No.6 号法令第3部分。

② 1995年12月27日颁布的俄联邦宪法 No.6 号法令第4部分。

③ 史天经：《普京"可控民主"与俄国新闻媒体》[J]，《青年记者》2006年第19期。

行政法所规定的与本法典内容相关的条款三个部分组成。联邦已签署的国际协定，凡是涉及大众传媒组织和活动的条款，均以本法典为依据。本法典适用于国际协定的有关章程。"

该法典对大众传媒的申办者作出明确规定："大众传媒的创办者可以是年满 18 周岁的个人、公民团体、企业、机关、组织和国家机关。"此外，还做了以下具体规定：

第一，媒体的创办程序有两种：一种是发行量在千份以上的媒体必须申请国家注册，只有在注册获准后方能实施新闻传播活动；一种是发行量低于千份的媒体不经国家注册就能实施新闻传播活动。

第二，大众传媒产品的传播只有在得到主编的许可之后，才可以传播。

第三，规定了大众传媒的权利以及违背义务所应承担的责任。

随着俄罗斯社会政治、经济形势的变化，自《俄罗斯联邦大众传媒法》颁布以来，俄罗斯对该法典进行了多次修订。这种修订既是对媒介格局变动的适应，也是对其中某些无序、极端状态的调控。1995 年经修订后颁布的版本，仅变动了一些具体条款。1998 年，对 1995 年版本总共做了 16 处修订，总的来说是着力于概念的严谨和细化，同时强调联邦政府对媒介的监督管理作用。1999 年，俄罗斯联邦议会两院开始审议《俄罗斯联邦大众传媒法的修改补充法草案》，对其全盘西化新闻出版制度所作的部分调整，符合俄罗斯经济政治转型时期的国情。2000 年的修订案中，充分体现了强化国家政权，恢复政府权威的特色，在兼顾言论自由的同时，修订者对言论自由的某些方面进行了限制性的规定。2002 年以来，有过两次重要的修订。第一次是针对外国资本进入俄罗斯媒体市场而修订的。第二次是车臣反政府武装劫持人质事件发生后的紧急修订。2007 年在"严禁滥用大众传媒"、"缴纳国税"、"大众传媒违背俄联邦选举与公民投票法将被暂时禁止活动"、"对广播电台电视台和电视广播组织的限制"、"机密信息"、"外国信息传播"、"免除责任"以及"记者的责任与权利"等条款方面进行了修订或补充，进一步规范了大众传媒的活动，进一步加强了国家对新闻控制的力度。

2. 民主文明的标志法典

民主制度是文明的产物，法律制度是文明社会公平公正的制度保证。法律面前人人平等，以法治国是目前世界文明中最为公平公正的社会制度。随着法制理念的积淀和民主观的成熟，人们会自觉地按法定的轨迹解决问题。在稳定的政治中进一步促进文明的发展，产生良性循环。民主从来就不是脱离经济发展、法制健全而独立作用于国家建设的。经济的发展带动国民素质的提高，经济的发展与国民素质的提高推动法制的进程，经济的发展、国民素质的提高与法制的健全保障了民主制度的高效合理运作，从而规范经济秩序，监督司法公平公正，维护公民利益，使全民受益。

受戈尔巴乔夫提出的建设社会主义法治国构想的影响，俄罗斯在上世纪 80 年代中期进一步认识到法在一个国家占有最高地位，国家应受宪法、法律的约束。从价值层面上看，社会主义以法治国观念追求法在所有社会关系领域具有首要地位，应努力达成个人和国家的平等，公民应对国家机关的活动进行监督，最为主要的是保障个人权力和利益不受任何侵犯。

俄罗斯施行政治多元化和多党制；三权相互独立；承认意识形态的多样性，任何意识形态不得被认为国家的或必须遵循的意识形态；社会团体在法律面前一律平等，但禁止用暴力手段来改变宪法制度的原则、破坏俄罗斯联邦的完整、危害国家安全；煽动民族、宗教纠纷等。俄罗斯是共和制、联邦制、民主与法治国家，主权属于人民，其政策致力于创造保障人的正当生活和自由发展的条件。新闻自由不仅是自由主义理论的核心，而且被看做一种民主政治的象征。

俄罗斯从联邦建立之初便制定并通过《俄罗斯联邦大众传媒法》，以确立和保护新闻自由，同时决定通过迅猛的"民主革命"彻底摧毁旧的国家结构和法律基础，消除国家对权力、经济和意识形态的控制，建立政府、议会和司法三权分立的政治体制和多党议会制。大众传媒应该成为独立于三权之外的第四权力，"作为监督政府的一个哨兵，以保卫个人的权利"。①

苏联解体后，叶利钦照搬西方模式，试图在俄罗斯建立起以"三权分立"为核心的"民主政治"，但没有成功，反而导致社会动荡不安。普京接任总统后，出于对俄传统文化与基本国情的认知，决心建设具有俄罗斯特色的民主政治。为此，普京相继推出了一系列重大举措，使国内局势日趋稳定，经济快速增长。特别是第二任期开始后，普京建设"俄式民主"的努力进一步加大。所以普京入主克里姆林宫后，就致力于实行"主权民

---

① 　国秋华：《俄罗斯大众传媒自由化的理想与现实》，《新闻传播》2003 年第 1 期。

主"。"主权民主"作为普京时期政治体制的特征，其含义有广义和狭义之分。狭义上的"主权民主"是在尊重民主制度一般原则和标准的条件下，根据本国历史、地缘政治、国情和法律，由本国自主确定的民主；广义上的"主权民主"是一个综合性的治国理念，它不仅是一个政治概念，而且包括经济、军事、文化、法律等内容，涵盖了普京治国战略的所有方面。①

建立强有力的国家、完善法律、反对腐败是"主权民主"的必要条件。腐败是俄罗斯发展道路上的最大障碍，必须采取切实措施消除腐败，才能实现民主。普京上台后就开始着手改变叶利钦时期寡头当道的特殊现象，为主权民主的实行开辟道路。普京就任俄罗斯总统后的第三天，俄罗斯国家税务警察以偷税漏税为名，对古辛斯基所拥有的俄最大媒体垄断集团之一的"桥"媒介总部的四个机构进行了搜查，并逮捕了总裁古辛斯基。这是普京整顿媒体寡头计划的开始，具有投石问路的味道。

随后，普京又对别里佐夫斯基、霍多尔科夫斯基等媒体、金融寡头进行了调查审理。目前，古辛斯基和别里佐夫斯基流亡到了国外，霍多尔科夫斯基则走进了牢狱。同时，普京还不断修订《俄罗斯联邦大众传媒法》，进一步规范俄罗斯媒体秩序，从法律上控制媒体寡头的不法行为，保障新闻自由和言论自由，这有利于各种思想的自由交锋和辩论，有利于探索真理，有利于对官员们行使权力的过程进行有效监督，也有利于遏制贪污腐败等不法行为，为主权民主的实行奠定了一个传媒领域的制度保障。

2005年4月25日，普京在致联邦会议的第六次国情咨文中表示，2005年应实行新的政策，其中一项主要任务是在俄罗斯建设并巩固民主社会。他说："俄罗斯是一个依靠人民本身意愿为自己争得民主的国家，它自己走上了这条路，并遵守一切公认的民主准则，它将会考虑到历史的、地缘政治的和其他的特点，自己判断能以何种方式确保自由民主原则的实现。俄罗斯作为一个主权国家，有能力也必定会独立自主地为自己确定在这条道路上前进的期限和条件。"② 这是普京关于"主权民主"的公开宣言，意味着俄罗斯开始转向"主权民主"。俄罗斯政治发展也日益成熟，并朝着文明、和平与合法的方向发展，为国家长治久安奠定了基础。

① 刘晓艳、宣金山：《普京时期俄罗斯政治体制"主权民主"含义阐释》，《内蒙古民族大学学报》2008年第1期。
② 刘晓艳、宣金山：《普京时期俄罗斯政治体制"主权民主"含义阐释》，《内蒙古民族大学学报》2008年第1期。

　　《俄罗斯联邦大众传媒法》的颁布和修订，是对民主、文明与自由的不断维护和保障。在国内打击了媒体寡头的霸道行为。2000 年，国家增持公共电视台股份（达 51%），结束了别里佐夫斯基对该台的控制；国家控股的天然气工业公司也利用债权控制了原属"桥"媒介控股公司的独立电视台。2001 年，卢克石油公司对属于别里佐夫斯基的另一家电视台 TB－6 提出经济诉讼，迫使后者倒闭。目前，国家用直接或间接控股方式控制了俄罗斯三家最大的电视台、70% 的广播电视和 80% 的报纸。

结　语

　　《俄罗斯联邦大众传媒法》的颁布与实施，标志着俄罗斯大众传媒的新闻传播活动开始了有法可依的行程，同时也成为俄罗斯新闻控制的主要手段。

　　法律是文明民主的制度保证，能够极大地促进国家和社会的发展进程。但俄罗斯在转型初期一味追求西方模式而忽略了自己的国情，使得《俄罗斯联邦大众传媒法》没有充分发挥出应有的作用。大众传媒一度沦入经济寡头之手，成为他们谋取政治利益、干涉国家内政的工具，严重影响了俄罗斯经济社会的正常秩序，为社会民主进程增添了无形障碍。

　　面对寡头扰乱经济秩序、干涉国家政治的局面，普京上台后重新整治了俄罗斯大众传媒秩序，建立起具有俄罗斯特色的民主政治。普京首先从传媒领域入手，修订传媒法，整顿传媒业，探索出一条适合俄罗斯国情的传媒发展道路。

　　俄罗斯传媒业发展历程表明，大众传媒法是社会民主的重要体现，但充分发挥其作用的前提是，必须与国情相适应。

三　根据国家需要随时修订大众传媒法是俄罗斯新闻控制的发展趋势

1. 俄政府修订传媒法，旨在传媒国家化

　　鉴于媒体寡头与政府高层的政治恶斗，叶利钦曾下决心要整顿传媒秩序，希望借此举措能早日结束政治动荡，真正落实他当初的改革理想。

　　1997 年 8 月 25 日叶利钦颁布《全俄国营电视广播公司的问题》总统令，目的在于让国家主管机关参与组织媒体活动，并担当起广电传媒事业的主导者角色。

1998 年 5 月 8 日叶利钦签署总统令——《关于完善国营电子媒体的工作》，正式将所有中央及地方国营广播电视公司、俄罗斯新闻信息社和奥斯坦基诺电视技术中心，纳入全俄罗斯国家电视广播公司，实行统一调度管理。国营俄罗斯社会电视台与当时最大的私营独立电视台都使用奥斯坦基诺电视技术中心的资源，媒体寡头们立刻感受到全俄广电公司的技术牵制。

俄罗斯政府为了继续强化在信息领域中控制媒体活动的实力，1998 年 7 月 27 日通过了《关于形成国营电子媒体生产、技术一体化》的行政决议。该决议是对 1997 年 8 月 25 日《全俄国营电视广播公司的问题》总统令和 1998 年 5 月 8 日《关于完善国营电子媒体的工作》总统令的延续，进一步确定了全俄罗斯国家电视广播公司作为国营媒体集团控股传媒事业的最高领导地位。[①]

但是，像波塔宁以银行家与媒体人身份第一个进入政府担任副总理职务，这种钱与权的结合在俄罗斯政治转轨期间越陷越深，媒体也不避讳探讨深究。这种现象累积了民怨，而普京却非常坚决地认定，上述措施是国家宏观调控而非政治干预。[②]

普京当选总统之前，俄罗斯 70% 的传媒掌控在媒体寡头别里佐夫斯基和古辛斯基的手中。普京一上任就提出了新的治国主张，其中心是弘扬俄罗斯思想，包括强国意识、国家作用和社会团结。这样，处处想伸手参政的媒体寡头就成了普京推行新政的绊脚石。于是，普京非但没有犒赏将他推上总统宝座的传媒寡头，反而要打破媒体寡头的控制，恢复国家的控制权。[③]

普京上台后着力做的第一件事，就是收复失去的舆论阵地，实现俄罗斯媒体的"国家化"，重新树立中央政府的权威。普京让媒体国家化的方式就是利用国营天然气工业集团的庞大资本兼并媒体企业，利用司法程序对媒体公司进行财务查账来打击媒体寡头，让寡头陷入遭受官司诉讼的痛苦中，然后再以经营不善为由撤销电视台的播出证照，最后政府再以维护记者生存的姿态，收编知名的专业记者与团队继续为政府经营的电视公司服务。

---

① 吴非、胡逢瑛：《转型中的俄罗斯传媒》，南方日报出版社，2005，第 187～188 页。
② 吴非、胡逢瑛：《俄罗斯传媒体制创新》，南方日报出版社，2006，第 175 页。
③ 赵萍：《社会转型条件下的俄罗斯大众传媒》，http：//nataliepaper. blog. hexun. com2006 - 06 - 11。

在媒体"国家化"方面，普京加强了中央媒体对周围地区的辐射作用。自苏联解体以来，俄罗斯地区媒体的发展基本上处于失控状态，由于媒体高投入的特性，中央级的财团很少光顾地方媒体，这使得地方媒体已成为各州州长们的喉舌，每当人们拿到地方的报纸时，首先看到的会是地方首长的讲话。2005 年，在国家杜马通过的预算当中，向地方广播电视局的拨款已经升至 9000 万美元，几乎是 2000 年的两倍，这样做也是为了恢复中央对地方媒体的直接管理。①

事实证明，普京政府在大众传媒业施行的新规则，显现国家对传媒（特别是电视）不再放任自由的特色。经过 2000 ~ 2002 年强力整治，别里佐夫斯基和古辛斯基两传媒帝国称霸俄罗斯的局面土崩瓦解，波塔宁媒体帝国与莫斯科市政府媒体集团的势力遭受分解，逐步形成了当今的格局。

目前，俄罗斯主流传媒分别掌控在俄联邦政府、俄天然气工业公司、俄进出口银行、Система 传媒联合集团、彼得堡强力部门、莫斯科市政府、俄罗斯信息部等。② 俄罗斯的广播电视媒体的管理形式开始转型为"国有公共服务体制"。这种管理形式的优点是，在媒体经营仍然离不开金融机构投资的情况下，既可以减少金融寡头干预政策制定的机会，又不至于让政府为媒体的亏损担负过重的责任。

事实上，普京所建立的"国有公共服务体制"基本上是政府与寡头妥协的产物，"国有公共服务体制"建立的前提是经济寡头不参与媒体的运作，而政府会帮助寡头寻找市场或在国会中通过有利于寡头的法律。③

2. 不断颁布新法规，加强国家控制是消除国家舆论安全隐患的重要手段

俄罗斯政府在信息管理方面的工作主要体现在组织方面和立法方面。

（1）组织方面

俄罗斯联邦总统和政府设立了 20 多个调整信息化领域各种关系的机构，如由总统直接领导的俄罗斯联邦信息化政策委员会、国家技术委员会、国家科学技术委员会、国家法律管理局和政府直属的俄罗斯科学技术信息资源开发公司、俄罗斯联邦信息中心、经济行情公司等。

① 吴非、胡逢瑛：《转型中的俄罗斯传媒》［M］，广州，南方日报出版社，2005，第 228 页。
② 李玮：《俄罗斯传媒的现状与发展趋势》，http：//www. zlmedia. net/zlmedia. htm2006 - 11 - 15。
③ 赵萍：《社会转型条件下的俄罗斯大众传媒》，http：//nataliepaper. blog. hexun. com2006 - 06 - 11。

（2）立法方面

制定和发布了许多与信息有关的决议和法规，同时修订了现行法律，加入了与信息化网络有关的内容，作为追惩网上违法犯罪行为的依据。主要有以下几个方面内容：

第一，较为全面的是 1995 年 1 月颁布的《俄罗斯联邦信息法》，该法调整所有电子信息的生成、存储、处理与访问活动，特别是赋予通过地址签名认证的电子信息文件的法律效力。

第二，保护知识产权。这方面有 1992 年 9 月《关于电子计算机和数据库程序保护法》、1993 年 7 月《关于著作权和相关权利法》、俄罗斯联邦《海关法典》第十条、第二十条的相关规定。

第三，打击计算机犯罪。如 1997 年 1 月起施行的《俄罗斯联邦刑法典》中的第二十八章专门涉及"计算机信息领域的犯罪"。

此外，作为俄罗斯向信息社会过渡的法律依据还有：《大众信息手段法》、《信息、信息化和保护法》、《通信法》、《俄罗斯联邦档案和档案资料法》、《图书事业法》、《俄罗斯联邦统计法》、《文件必要份数法》、《国家支持俄罗斯联邦大众信息手段和图书出版事业法》、《向国家大众信息手段通报国家政权机关活动法》、《国家支持地区报刊法》、《邮政事业法》、《机要通信法》、《参加国际信息交流法》、《专利法》、《国家机密法》、《微型集成电路拓扑法律保护法》、《广告法》、《俄罗斯联邦民法典》、《俄罗斯刑法典》中的相关条款、《政府通信和信息联邦机构法》等。

近期制定和修改的还有：《信息权法》、《保障联邦通信稳定和安全运转法》、《利用电缆系统、有线系统和其他多频道系统的广播电视法》、《保障俄罗斯参加国际电子通信机构法》、《电子数字签字法》、《个人信息法》、《商业秘密法》、《国家政权机关的信息保障法》、《保障俄罗斯联邦和俄罗斯联邦主体信息相互作用法》、《"选举"国家自动化信息系统法》等。①

俄罗斯在不断修订《俄罗斯联邦大众传媒法》的同时，在立法方面频繁制定和颁布新法规，其目的在于适应日新月异的媒介变动格局，对某些无序和极端状态及时予以调控，以加强国家舆论安全。

总体来说，上述新法规是对《俄罗斯联邦大众传媒法》的补充与完善，

---

① 魏永征、张咏华、林琳：《西方传媒的法制、管理和自律》，中国人民大学出版社，2003，第 299～300 页。

与民主主义初衷相符合的观点基本没有变，只是在某些程度上更加细化、更加具体了一些。这些修订和补充进一步要求大众传媒必须和政府站在同一个立场上，这为国家的舆论安全增添了一道屏障。

结　语

寡头们将触角伸入传媒领域后，过多地利用了《俄罗斯联邦大众传媒法》的盲区，大力操办和垄断俄罗斯传媒业。他们操纵舆论工具对政权机构施加影响，期望在政治家背后操纵国家，以赚取更多的经济利益。在干政的同时，寡头们还不时发出一些批评政府的言论，如对车臣战争、莫斯科人质事件等的报道。寡头间的利益之争，一度使俄罗斯不景气的经济进一步衰败，社会制度遭受到一定程度的破坏。

在普京新政之下，古辛斯基和别里佐夫斯基掌控的两大媒体帝国分崩离析，出于整合国内舆论、对大众传媒实行国家调控的需要，俄政府对传媒集团进行了改组，形成以国家传媒为主、其他传媒为辅的格局，使得主流媒体基本上处于国家控制之下。在传媒制度上，俄政府对《俄罗斯联邦大众传媒法》不断进行修订的同时，还随时制定新的法规，与大众传媒法相互补充与完善，使实施过程中出现的漏洞得到了及时弥补。

俄罗斯传媒寡头的兴衰表明，大众传媒必须站在国家立场上，与政府同呼吸共命运，承担社会责任，才能享受到新闻自由，才能有发展前途。一旦偏离国家立场，沦落为个别集团谋取私利的工具，则只能被社会遗弃。

第三节　中俄新闻自由与控制比较

一　两国的新闻自由空间不同

1. 新闻自由赋予人民的权利不同

新闻自由是人类社会不断发展的成果，是现代文明进步的标志，是社会民主权利的具体表现之一。享受新闻自由的权利属于广大人民所有。这种民主权利在中国和俄罗斯的归属不同。

中国的新闻自由是随着中国共产党的诞生和新中国的建立逐渐发展和完善的。新闻自由作为民主权利的一项重要内容，是在中国共产党领导下，为人民群众、社会发展服务的，是对公民权利的进一步保护。《中华人民共和国宪法》赋予人民新闻自由权利主要体现在采访自由、传递与报道自由、出版发行自由、批评自由或发表意见自由等方面。党和政府通过新闻媒介把自己的工作情况传达给人民，另一方面，人民群众也把自己的意见、要求、愿望通过新闻媒介反映给党和政府。新闻自由使媒体能够提供各方面的信息，为干部、群众及时了解国内外的政治、经济、文化情况，进而为干部、群众做出相应的决策提供依据，最终促进社会事业的全面发展。中国的新闻自由是在宪法规定的范围内，严格坚持党性原则的基础上的、有一定阶级性的、以服务人民大众为目的的自由采访、自由报道、自由批评。①

俄罗斯的新闻自由是随着苏联解体、俄罗斯独立登上历史舞台的。俄罗斯的新闻自由是自由主义在新闻领域的进一步发展，这样的新闻自由不是普通民众所能享有的，而是金融寡头们随心所欲发表言论的特权象征，并非真正意义上的新闻自由。20 世纪 90 年代中后期，寡头资本的注入改变了俄罗斯出版机构的性质，出版什么不出版什么由寡头们用金钱来决定，被称之为"金钱审查"。俄罗斯这个时期的新闻自由对于广大普通民众而言是没有意义的。俄罗斯在新闻领域实行的私有化和商业化并没有带来真正的传媒独立和言论自由，反而成为各种利益群体尤其是寡头集团谋取非法利益的工具。像古辛斯基和别里佐夫斯基这样的金融寡头，他们可以利用控制的媒体左右政治选举、影响政策的制定等。可以说，他们的新闻自由是俄罗斯新闻自由严重扭曲后的集中反映。普京执政后，采取了一系列措施，夺回媒介控制权，调整传媒秩序，使媒介为社会稳定、经济发展、文化传承摇旗助威。

另外，《俄罗斯联邦大众传媒法》第三十七条规定："用来刊登色情报道、图片和资料，整体上系统地经营色情材料的定期出版物或节目，被看做是专门经营色情的大众传媒。广播电视用明码信号播放色情录音录像节目的时间被严格控制在当地时间 23 时至凌晨 4 时，被当地政府禁止播发的地区除外。专门经营色情报道和资料的大众传媒产品必须有严密的包装，并在当地政府指定的场所才能零售。"② 这表明在俄罗斯除一些做出特殊规定的地方外从事色情内容的传播是合法的。在中国，国家明令禁止以淫秽、色情等为主要内容的节目或印刷出版物的传播。这是两种性质根本不同的规定。

---

① 李良荣：《新闻学概论》，复旦大学出版社，2006，第 175 页。
② 张举玺译：《俄罗斯联邦大众传媒法》，《新闻与信息传播研究》，2006 年冬季号。

2. 新闻自由所承担的义务不同

由于新闻受众极具广泛性，新闻活动具有较大影响力。它可以在潜移默化的过程中影响受众的道德评判和价值标准，可以对社会事务产生特殊的影响。所以新闻自由必须承担相应的义务和责任。

中国的新闻事业是由国家控制的，新闻媒介是国家的舆论宣传机关。1994年1月24日江泽民在全国宣传工作会议上提出宣传工作要以科学的理论武装人，以正确的舆论引导人，以高尚的精神塑造人，以优秀的作品鼓舞人。2002年10月，中央电视台首次启动"感动中国2002年年度人物"评选活动，至今已经举办六届，成功地推出了一系列典型人物，任长霞、谢延信、牛玉儒等人物形象与可贵精神成为社会追求的楷模和榜样。随后，一批影视戏剧作品相继问世，如《任长霞》、《谢延信》等。应该说感动中国人物评选很好地践行了江泽民在宣传会议上的讲话精神。新闻媒体不仅是党和人民的耳目喉舌，还是重要的舆论监督工具。1998年10月7日，国务院总理朱镕基在视察中央电视台时，与台领导和《焦点访谈》节目的编辑、记者进行了座谈，他赠予《焦点访谈》编辑、记者们四句话："舆论监督，群众喉舌，政府镜鉴，改革尖兵。"这四句话不仅仅针对《焦点访谈》，更是对中国新闻媒体的客观评价。2001年7月17日广西南丹发生特大矿难，当地政府千方百计掩盖事件真相，《人民日报》记者对事件进行了深入调查，向社会揭露了官商勾结的黑暗内幕。这成为中国当代传媒成功的舆论监督范例。2003年轰动全国的"孙志刚事件"，经过记者不断调查与报道，最终使政府宣告废止了《城市流浪乞讨人员收容遣送办法》。

新闻自由的义务还表现在法律方面和道德方面。比如，《中华人民共和国宪法》规定：中华人民共和国公民在行使自由和权利的时候，不得损害国家的、社会的、集体的利益和其他公民的合法的自由和权利；中华人民共和国公民的人格尊严不受侵犯。禁止用任何方法对公民进行侮辱、诽谤和诬告陷害。《中华人民共和国民法通则》指出：公民、法人享有名誉权，公民的人格尊严受到法律保护，禁止用侮辱、诽谤等方式损害公民、法人的名誉。《中国新闻工作者职业道德准则》要求新闻从业人员"发扬党和人民的新闻事业的优良传统，坚持新闻为社会主义服务、为人民服务的基本方针，抵制资产阶级腐朽思想的影响，反对违背社会主义道德的行业不正之风，加强职业道德修养"。

俄罗斯的新闻自由是"自由主义"旗帜下的产儿，在义务规定上显得比较模糊。进入普京时代，俄罗斯政府对媒介格局进行了较大调整，突出了国家在社会舆论上的导向作用。但是，俄罗斯政府并没有明确规定舆论引导是新闻媒体的义务，只是在《俄罗斯联邦大众传媒法》"责任信息"中规定了编辑部在规定的期限内有责任免费刊登国家机关的要求、官方通知、俄联邦政府颁布的各种法令、公告和消防知识等。① 由此可以看出，这些免费刊登的内容要么是官方通知，要么是公告，要么是法令。俄罗斯政府并没有赋予大众传媒舆论宣传义务。

综上所述，在社会主义中国，新闻自由在赋予媒介权利的同时，要求媒介必须承担相应的责任和义务。所以说，中国的新闻自由是相对的自由。俄罗斯大众传媒法赋予媒介的新闻自由则不需要承担相应的义务，俄罗斯的新闻自由是绝对的自由。当然，自普京执政开始，这种绝对自由的局面有所转变，即大众传媒需要承担一定的国家义务。

二 两国的新闻控制方法不同

新闻控制是国家、政党和社会团体通过物质资产、政策法规等手段对新闻传播行为进行的强制性管理和约束。其实质就是按新闻资产所有者的意志对传播行为加以规范，用以防止对新闻自由和媒介权利的滥用。新闻控制的目标是给予新闻传播一定的自由度，使传播行为与社会规范保持一致，不违背施控者的利益和主张。

1. 中国的新闻控制以政府和政党调控为主

中国对新闻控制的手段既有法律的，又有行政的，由于中国的大众传媒都属于国家所有，又没有专门的新闻法，所以政党或政府通过的决定、条例、意见、讲话等，成为中国新闻传媒运作和发展的主要依据和指导方针。

中国至今没有专门的新闻法，有关新闻传播的条文主要散见于宪法、刑法、民法等基本法律中。但中国监督新闻传播的相关法规和规章却不少，如1997年9月1日起施行的《广播电视管理条例》、2005年12月1日起施行的《报纸出版管理规定》和《期刊出版管理规定》、2008年4月15日起施行的《电子出版物出版管理规定》、2008年5月1日开始实施的《中华人民共和国政府信息公开条例》和《图书出版管理规定》等。这些规定和条例都是由政府行政主管机关制定的。

---

① 张举玺译：《俄罗斯联邦大众传媒法》，《新闻与信息传播研究》，2006年冬季号。

在新闻出版方面有《关于严禁淫秽物品的规定》、《关于严厉打击非法出版物的通知》等，在广播电视方面有《广播电视设施保护条例》、《卫星地面接收外国卫星传送电视节目管理办法》、《有线电视管理暂行办法》、《卫星电视广播地面设施管理规定》等。对于涉外新闻传播活动，中国建立了比较严格的行政管理制度，制定了《外国记者和外国常驻新闻机构管理条例》，据此外国记者和外国常驻新闻机构实行申请批准注册制。

对新闻事业实施管理的国家机关主要有新闻出版总署、广播电视管理局、国务院新闻办公室、外交部新闻司、新华通讯社、中国新闻社等。这些机构和单位，分别具有对部分新闻活动的行政管理职能。

中国政府机构改革一直是民众关注的话题。为了保障公民、法人和其他组织依法获取政府信息，提高政府工作的透明度，促进依法行政，充分发挥政府信息对人民群众生产、生活和经济社会活动的服务作用，国家制定了《中华人民共和国政府信息公开条例》，其中规定"行政机关应当及时、准确地公开政府信息"，"行政机关发布政府信息依照国家有关规定需要批准的，未经批准不得发布"，"行政机关公开政府信息，不得危及国家安全、公共安全、经济安全和社会稳定"。这就为各级政府正确执行信息公开提供了参考标准。

另外，还有一系列行政法规对重大新闻发布，新闻发布会和记者招待会，重大灾情、震情、疫情的发布，领导人活动、纪念活动、涉外活动报道、突发事件报道、司法报道、新闻舆论监督等方面做出了具体的规定和调控。①

2. 俄罗斯的新闻控制以法律调控为主

俄罗斯新闻控制的手段有行政手段、信息手段、经济手段和法律手段。其中，法律控制是主要调控手段。1991 年 12 月 27 日颁布的《俄罗斯联邦大众传媒法》是按照新的俄罗斯联邦宪法制定生成的，它在俄罗斯现行所有传媒法律法规中具有奠基地位。该法典明确规定：俄联邦大众传媒法由本法典、已颁布的其他与传媒相关的法律条款，以及俄联邦行政法所规定的与本法典内容相关的条款三个部分组成。联邦已签署的国际协定，凡是涉及大众传媒组织和活动的条款，均以本法典为依据。本法典适用于国际协定的有关章程。②

---

① 童兵：《中西新闻比较论纲》，新华出版社，1999，第 166～171 页。
② 张举玺译：《俄罗斯联邦大众传媒法》，《新闻与信息传播研究》，2006 年冬季号。

　　出于适应私有化经济和国家安全考虑，《俄罗斯联邦大众传媒法》自颁布之日起，先后进行了多次修订。比如，为了加强反恐，专门增加了"严禁使用大众传媒泄露国家或者其他护法机密，传播带有号召从事恐怖活动的、为恐怖主义辩解的、其他极端主义者的资料；严禁在大众传媒上传播反恐行动内幕，关于反恐手段、技术方案和执行过程的报道"等内容。再比如，为了防止境外势力收购俄罗斯传媒的主控权，或者在俄罗斯境内建立独资媒介，俄传媒法增补了"在俄建立传媒机构时外资不能超过50%；具有双重国籍的俄联邦公民，无权在俄罗斯创办广播电视台；外国公民、无国籍人士、具有双重国籍的俄联邦公民、外国法人、与外资合作的俄罗斯法人无权在俄罗斯创办电视广播机构和固定覆盖区域达到俄联邦行政实体一半以上的转播设施"① 等内容。

　　另外，《俄罗斯联邦大众传媒法》还对广播电台、电视台、电视广播组织的限制、机密信息、外国信息传播、免除责任以及记者的责任与权利等方面进行了修订或补充，进一步规范了大众传媒的活动，进一步加强了国家对新闻控制的法律力度。

　　可以说，俄罗斯并没有将大众传媒法看成是不能触碰的圣典，而是根据国家需要，随时对其规定的相关条文进行增补与删减。其存在的根本目的是保障新闻自由，维护国家利益，满足国家需要。

　　综上所述，新闻控制的目标是给予新闻传播一定的自由度，使传播行为与社会规范保持一致，不违背施控者的利益和主张。中国和俄罗斯由于国情不同，赖以控制新闻的主要手段也不尽相同。中国新闻控制主要通过政党和政府调控，具体表现为各种条例、规章等，而有关新闻调控的法律条文主要传达的是新闻工作的基本方针和原则。俄罗斯的新闻控制主要通过实施《俄罗斯联邦大众传媒法》来实现。该法典在俄罗斯体制转型过程中进行了多次修订，对新闻控制的力度不断加强，法理日趋完善。

三　两国的新闻法制化发展趋势不同

1. 中国新闻法制化的发展趋势是颁布新闻法

　　随着改革开放的深入进行，中国市场经济不断发展，新闻传播媒体日

---

① 张举玺：《关于〈俄罗斯联邦大众传媒法〉07版内容修订的标注》，《新闻与信息传播研究》2007年第4期。

益壮大，互联网、手机报等新的传播媒介如雨后春笋，新闻传播面临的问题越来越多，新闻纠纷、新闻侵权等接连发生。这一切暴露出中国新闻传播所涉及的法制化问题日益严重。问题的核心是中国目前缺少一部专门的新闻法。中国目前执行的新闻法规条款散见于其他法律之中，无法发挥稳定强大的法律威力。同时，有关新闻传播领域的规章、条例等因为其法律位阶低，在贯彻执行中无法进行有效的法律规范，导致公民和新闻机构的合法权益难以得到切实保障。

中国新闻事业的快速发展急需新闻法出台。尤其是在当今依法治国的方略指引下，在构建和谐社会的整体氛围下，新闻法的制定更显迫切。值得一提的是，中国的新闻法虽然没有出台，但一直处于不断的酝酿之中。涉及新闻法制的建设并没有停止，中国改革开放后制定的许多法律与新闻活动密切相关，以行政法规和部门规章层面的新闻立法也非常活跃，各地还结合本地区实际情况组织起草了不少地方性新闻法规。这些法律法规为规范新中国新闻传播活动和新闻事业的顺利发展提供了法制保障，也为新闻法的制定奠定了基础。

1980年9月，全国人大五届三次会议在北京召开期间，上海市人大代表赵超构先生在小组会议上第一次提出制定中华人民共和国新闻法的口头建议。此后有多位国家领导人和人大代表都表示或建议制定新闻法。1997年4月，新闻出版总署公布了《新闻出版业2000年及2010年发展规划》，其中指出要"要积极推进新闻出版的法制建设，要加快立法工作，加强依法管理，加大执法监督的力度"。

不管这个规划届时能否实现，也不论新闻法何时予以出台，我们都有理由相信，中国的新闻法制建设水平将迈上一个新的台阶，中国社会将在法律框架内充分享受新闻自由。

新闻事业的健康发展需要法制保障。我们期待着，新闻法能够为中国新闻事业的快速健康发展提供稳定的保障。

2. 俄罗斯新闻法制化的发展趋势是根据国家需要随时修订大众传媒法

俄罗斯新闻控制的主要手段是实施《俄罗斯联邦大众传媒法》，所以该法在俄罗斯传媒事业发展中具有至高的权威性。俄罗斯在新闻实践中不断地根据实际情况对该法予以修订，力求保障对新闻事业最全面的调控。如莫斯科人质事件后该法在"严禁滥用大众传媒"中补充了在反恐活动中媒体和记者应该遵守的事项。但是，法律的稳定性和权威性使得《俄罗斯联邦大众传媒法》的修订显得跟不上新闻事业的发展，所以在新闻控制上也表现出了一定的滞后性。

俄罗斯当局在不断修订《俄罗斯联邦大众传媒法》的同时，还推出了一系列的具有极大灵活性的新闻法规，主要有总统令、行政决议、《俄罗斯联邦信息法》、《关于电子计算机和数据库程序保护法》等。

1991年12月27颁布的《俄罗斯联邦大众传媒法》虽然给予俄大众传媒以充分的新闻自由，但是俄罗斯大众传媒很快就被一些金融寡头所掌控，他们利用传媒工具对外亲西方，对内以"民主"名义控制舆论，甚至在很大程度上左右政局，影响法律制定，干涉政府内政。

叶利钦看到了寡头涉政的负面效果，为了落实自己的改革理想，他先后颁布《全俄国营电视广播公司的问题》和《关于完善国营电子媒体的工作》总统令，并极力通过《关于形成国营电子媒体生产、技术一体化》的行政决议。这些总统令和行政决议的颁布，确立了俄罗斯国家电视广播公司作为国营媒体集团控股传媒事业的最高领导地位。

普京执政后开始收复政府失去的舆论阵地，真正实现俄罗斯媒体的"国家化"。俄罗斯在新闻法规方面还制定和颁布了许多与信息有关的决议和法规，同时修订了现行法律，加入了与信息化网络有关的内容。这些法规的颁布施行既是对《俄罗斯联邦大众传媒法》的补充，又是对其条款的进一步细化，对于维护俄罗斯传媒秩序有着不可估量的作用。

综上所述，因为中国和俄罗斯现行的新闻控制手段不同，才出现了两国新闻法制化发展趋势的不同。中国以政府和政党调控为主，主要体现在一系列的新闻规章、条例的颁布实施，这些内容不具有法律的权威性，所以导致新闻实践中层出不穷的新闻侵权和践踏新闻自由的现象发生。在现有新闻法规的基础上颁布新闻法成为中国新闻法制化的发展趋势。

俄罗斯新闻控制的主要手段是《俄罗斯联邦大众传媒法》，由于法律的修订需要一定程序，传媒法在控制新闻发展上存在着一定的法律盲区。为了弥补这一法律盲区，俄罗斯政府不断颁布灵活多样的新闻法规来辅助传媒法共同完成对新闻的控制。由此看出，俄罗斯新闻法制化发展趋势是传媒法＋系列新闻法规模式。

第三章
中俄传媒集团化比较

从传媒集团化程度可以观察到某个国家传媒业的发展状况。研究中俄传媒集团化，目的在于探讨两国传媒市场的发展历程，观察传媒集团化发展规律，解答社会主义体制还是资本主义体制更有利于传媒市场发展的相关问题。

为此，本章将分别论述中国传媒集团化现状与发展趋势、俄罗斯传媒集团化现状与发展趋势，并在此基础上比较研究两国传媒市场的集团化成因、现状和发展趋势。

第一节　中国传媒集团化现状与发展趋势

一　中国报业集团化发展现状

1. 中国报业集团化的成因和背景

报业集团是生产力发展至一定阶段出现的至少由两家以上报纸组成的出版及经营的联合实体，它具有相对雄厚的出版实力和经营规模，是为适应社会发展和报业竞争需求而出现的。

20 世纪 90 年代中期，中国新闻业也开始迈向集团化。1996 年 1 月，经中共中央宣传部同意，国家新闻出版总署批准广州日报社进行报业集团试点，广州日报报业集团正式挂牌。① 从此，报业集团化浪潮席卷中国。

现代报业集团的产生和发展，既是报业产业发展的必然趋势，也是社会发展的要求。一方面，报业产业进入自由发展的"大众化报纸"阶段以后，报业成为高盈利产业。为了追求最大的利润，经济实力雄厚的财团通过兼并报业，实行产业扩张。另一方面，在自由竞争中膨胀起来的报业产业，为了追求最大的读者群，获取高额盈利，经营的报纸种类繁多。但是，这些产业化生产的报纸往往千篇一律，缺乏个性，无法适应多样化的社会与公众的需求。因此，调整报业产业格局，促进报业产业更新与发展，从某种意义上说已成为一种社会需要。

中国的报业集团化的形成主要有以下三个动因：

第一，市场利益的驱动

在媒介集团化开始之前，传媒产业发生了明显的变化，经历了"小投入，大产出"和"大投入，大产出；不投入，不产出"甚至"大投入也未必大产出"的过程。这种变化激发了传媒业谋求更多市场利益和更大市场发展空间的强烈渴望，并开始了集团化的思考与实践。

20 世纪 70 年代末到 90 年代初，是传媒"小投入，大产出"的阶段。1978 年《人民日报》等首都 8 家报纸向财政部要求实行"事业单位，企业化管理"的联名报告，原本是为了解决报社国家财政拨款不足的困难，但是报告批准所带来的影响远远超过了最初的预想。大部分报社不仅能实现收支平衡，还能上缴税收，补充国家财力。一些报社逐步放开手脚，开始多元化经营的尝试。1988 年颁布的《关于报社、期刊社、出版社开展有偿服务和经营活动的暂行办法》还规定报社不得从事与本身无关的纯商业经营，而 1992 年出台的《中国报协对有关报纸行业产业政策和体制的五项意见》就取消了"与报业有关"的范围限制。

同时，随着国家经济快速发展，广告交易市场需求激增，1992～1993 年，我国广告经营总额连续两年以超过 90% 的速度迅速增长。其中，媒介的广告营业收入增幅比率与此大致相同。中国媒介从来没有过像 20 世纪 90 年代初期那样尝到广告经营的甜头。这一时期，全国兴起了"办报热"、"办公司热"，就是因为人们普遍感觉虽然传媒大致上是效仿国有企业的改

---

① 吴信训、金冠军：《中国传媒经济研究概观》，人民网 2005 年 7 月 26 日。

革，却比国有企业发展得更快，一旦在经营上有所作为，往往很快就能获取经济效益，其投入产出比如此之高，令媒介暴利说在国内骤然兴起。

到了20世纪90年代中后期，情况发生了变化，传媒进入"大投入，大产出；不投入，不产出"甚至"大投入也未必大产出"阶段。首先，报业体系膨胀。不仅单个报纸由薄变厚，报纸的出版频率也加快，不少周报改为日报，日报又分出早晚报。更明显的变化是报纸数量猛增。截至1996年底，全国公开发行的报纸共有2231种，与1978年的186份报纸相比，增长了11.99倍。报业体系膨胀原本是为了抢占更大市场份额，结果却因为报业竞争加剧，致使平均利润下降，"暴利"神话被残酷的事实改写。报业的多元化经营也出现了挫折，因为缺少精明能干的经营与管理人才，不少报社的经营开始亏损，南方日报社在20世纪90年代就曾因大量投资于毫不熟悉的产业而亏损1.4亿多元。

市场利益结构的改变促使报社不得不冷静思考报业经营究竟路在何方的问题。发展经济学认为，数量扩张可以实现短期的增长，但是要实现持续的发展，必须依靠质量的提升。前期报纸数量和投资项目的增加，带来了报业一时的兴旺，也使大量资金用于重复建设和低起点建设之中，削弱了媒体资源的质量，反而使自身陷入了发展困境。唯有优化资源配置，才能在市场竞争中以质量求发展。集团化就是一条以质取胜的道路，通过组建集团，能迅速积累资产、降低成本，发挥资源的最大价值。对报业经营者来说，这无疑是极大的诱惑。尤其在第一家报业集团发展初见成效后，其他报社组建集团的信心倍增。此外，由于中国特殊的国情，组建报业集团可以获得相关政策优惠，报社组建集团的动力自然也就更大了。

总之，当报业实现产业化运作后，就成为具有逐利性的市场主体，其市场行为必定受到市场利益驱动，对集团化的选择也不例外。

第二，国内传媒的白热化竞争

有市场就会有竞争。当政府把传媒推向市场时，传媒间的竞争也随之开始。新兴媒体的发展冲击着传统报业。麦克卢汉曾这样评价新旧媒体的较量："新媒体并不是旧媒体的增加，它也不会让旧媒体得到安宁。它永远不会停止对旧媒体的压迫，直到它为旧媒体找到新的形态和地位。"电视之于报纸的关系就是如此。1981年，中国内地只有144家电视台，现在已增至1300多家，人口覆盖率将近90%。仅从1983～1994年报纸和电视媒体的广告经营额来看，报纸广告经营额占广告经营总额的比重由1983年的

31.3%下降到 1994 年的 25.2%，而电视广告经营额占广告经营全额的比重则从 1983 年的 6.9%升至 1994 年的 22.3%。从 1995 年开始，电视广告经营额就开始超过报纸的广告经营额。① 另一新媒体——互联网，虽然暂时还没能表现出市场威胁，但是以互联网在国外的良好发展势头就能预见，它也会成为报纸的又一大强劲对手。

报业更激烈的竞争来自于内部。首先，党报的"老大"地位受到其他类型报纸的挑战。改革开放之前，报纸只有党报一种类型，集万千宠爱于一身。到 20 世纪 90 年代，市场上出现了机关报、行业报、专业报、生活服务报、社会团体报、企业报、晚报、文摘报、军队报 9 大类报纸。非党报凭借轻松猎奇的新闻报道、专业的信息资源和流行的大众文化广受读者青睐，其发行量和广告收入都超过了党报。党报一方面因为公费订阅的逐渐取消，另一方面因为其特殊的社会职能不能进行完全的市场化运作，发行和广告收入均下降，昔日的风光不再，党报需要新的发展模式。

其次，地方性报纸之间的同质竞争升温。内容接近的报纸为了争夺读者和广告客户开展明争暗斗，最具代表性的是日报、晚报和都市报之间的"三国争霸"。脱胎于日报的晚报不仅忙于"母子竞争"，还忙于与都市报的"兄弟之争"。都市报沿袭的是晚报的风格，却大有后来居上的架势。同质报纸的竞争发展到一定阶段，若缺少相应完善的法规制约，必然走向恶性竞争，价格战就是表现之一。

比如，2001 年昆明报业就发生了"惨烈"的价格大战。该年 6 月 7 日，《都市时报》宣布自己的日发行量突破 10 万份大关。次日，《春城晚报》针锋相对地宣称日发行量超过 30 万份。两报的举动促使《生活新报》大幅度降价，低至每份 0.1 元。其他报纸也纷纷跟进，也降价到每份 0.1 元。一时间，读者只要花 5 角钱就能买到 5 份报纸。不仅零售价在降，广告价格也在降。有的报纸整版广告开价 10 万元，实收只有 2000 元，给广告代理的回扣也高达 55%。价格大战中，谁也没能成为赢家，反倒使整个报业市场元气大伤。可见，报纸之间只竞争不合作的"比拼"已不合时宜，市场呼唤"大竞争"时代的到来。

为了应对其他传媒业的竞争与报业内部的比拼，报社必须首先实现两大转变。

---

① 杨步国、张金海等：《整合：集团化背景下的报业广告经营》，武汉大学出版社，2005。

　　第一转变，即改变传统的受众覆盖方式。电视之所以成为受欢迎的广告媒体，除了因为它能声画并茂地传播广告信息外，还在于它能在短时间内接触到跨层次、跨地域的受众，可以满足广告主的多种投放需求。单一报纸受发行成本及自身定位的限制，只能覆盖到有限的受众群，因而流失了很大一部分广告客户。所以，在不过多增加发行成本和稳定原有市场定位的前提下，突破受众覆盖能力弱的瓶颈，就成为报社要解决的第一个问题。

　　第二个转变，即改变"各自作战"的内讧局面，实现经济效益和社会效益的统一。报纸与报纸之间并非只有利益冲突的一面，如果能做到优势互补、互通有无，不同报社也能实现共同的发展。以往"内部血拼"所带来的后果也说明旧的竞争思路行不通了，现在应该以联合求发展。联合对非党报来说无疑是获取更大利润的方式；对党报而言，意义则远不止于此。党报经济实力壮大的意义更在于能扩大其舆论影响力，真正做到经济效益和社会效益的统一。

　　以党报为核心组建报业集团正符合以上两大转变要求。组建后的报业集团通过整合各报受众资源，提高了满足广告客户需求的能力，尽可能减少了客户资源的流失。报业集团既解决了党报的经济难题，在双重效益的平衡中提升了党报形象，同时又保证其他报纸的市场行为不偏离正确的舆论导向。可见，报业选择集团化的道路既是必需的，也是有效的。

　　第三，WTO与国外传媒的高压。

　　中国加入WTO，尽管我国政府并未承诺如何开放传媒业领域，关贸总协定还允许少数成员国在2005年之前仍可以保留与最惠国待遇不符的暂时性措施，但是，我国媒体将接受国外传媒的严峻挑战已毋庸置疑。

　　国外主要传媒集团强大的规模和资本实力是我国任何一家媒体所难以匹敌的。这里以广州日报报业集团为例，与国外传媒集团的规模作一比较。

　　该集团经过近年来的长足发展，已具备了较大的规模，拥有14家子报子刊和大洋网，其中《足球报》、《新现代画报》、《南风窗》是全国知名报刊，集团下属7家子公司，经营范围涉及房地产、报刊发行、印刷、连锁店、电子商务、图书业、酒店业、广告业，还拥有广州出版社。而美国甘乃特报业集团，旗下有《今日美国》等95家日报、35家星期日报、7家电视台、11家广播公司以及甘乃特新闻社、《美国周末》杂志和北美最大的户外广告公司；纽约时报报业集团除了《纽约时报》外，还有《波士顿环球报》和 21 家地区性报纸、8 家网络电视台、2 家广播台和 3 家高尔夫杂志。① 在这些外国传媒 "大巫" 面前，我国传媒显得势单力薄。

众所周知，国外传媒集团的资本力量非常雄厚，有时中国报业集团一年的广告收入还抵不上一家外国传媒集团一次投资的花费。2001 年，中国内地广告营业额超过一亿元人民币的报业集团达到 50 家以上，形势可谓喜人，但就在同年年初，美国媒体巨头 AOL - 时代华纳为了进入有线电视网的广电领域，竟一次性投资一亿美元。美国 MTV 电视频道在美国并不算是一个优势频道，它只是一个音乐频道，主要受众群体是年轻人，它一年的广告经营额在美国本土就达 50 亿美元，而中国中央电视台拥有大量资源优势和体制优势，全国省市电视台无偿地替它转播，其广告经营额依然不到 50 亿人民币。纽约时报报业公司这一家报纸 1998 年的广告经营额就有 60 亿美元，相当于中国 1998 年全国报纸广告经营额（496 亿元人民币）。②

经过上述直观的数据比较，我们已经可以感受到国外传媒的资本压力，中国报业还远未到沾沾自喜的时候。如果报社继续单打独斗，各自为战，互为对手，报业不仅无法盈利，恐怕连生存都要成问题。

入世对报业另一重大影响是改变 "游戏规则"，中国报业的市场行为将更多地按照企业运作方式来进行。西方传媒集团又叫传媒企业集团。顾名思义，媒介企业集团是企业集团发展理念与发展模式和传媒产业相结合的产物。传媒企业集团是追求经济利益的、实行具有契约保障的分工协作与管理协调的经济组织，还采用与企业高级形态——企业集团同样的方式扩大规模，如合作、参股、兼并和收购。媒介企业集团除了具有强劲的资本力量和丰富的高科技含量的媒介产品外，还拥有现代化的管理制度，即以现代企业制度为主要内容构成的组织制度。无论从组织形式、发展模式还是组织制度来看，西方传媒集团都是成熟的企业集团。中国传媒要与西方传媒竞争的话，势必要强化以往在事业管理体制下较弱的企业角色，引进企业经营与运作方式。

组建报业集团就是对报纸企业角色的全新铸造。从经济性质上说，报业集团本身就是企业，具有营利性、企业性和产业性。目前，我国已组建的报业集团，一般都是具有党委机关报全部原有功能，同时又扩大了规模

---

① 杨步国、张金海等：《整合：集团化背景下的报业广告经营》，武汉大学出版社，2005。
② 杨步国、张金海等：《整合：集团化背景下的报业广告经营》，武汉大学出版社，2005。

与实力的大型国有企业。

另外，报业集团通过建立现代企业制度，也从真正意义上充实了报社的企业角色。报业集团建立现代企业制度后，实行有限责任制，即投资者以出资额或所持有的股份为限，对债务承担有限责任。同时，报业集团对股东入股的有形投资与无形财产均享有充分的控股权。

这样，国外媒体进入中国市场后，报业集团既可以扩大规模、壮大实力，又能保证社会效益，成为有中国特色的传媒企业集团。

报业集团建立现代企业制度后，领导制度将实现制度化、规范化，形成责、权、利相互制衡的合理结构，保证组织内部责权分明、各尽其职。现代企业制度还讲究科学的收入分配，以物质利益鼓励员工创新，这样就可以防止人才向外国传媒企业流动。组建报业集团弥补了过去报社在资金、制度和人才方面的不足，为其开展企业经营提供了更多的条件，成为取得与西方传媒集团平等对话权的必要条件。

2. 中国报业集团化现状

广州日报改革成果产生了示范效应，激发了国内各大报社争相申办报业集团的热情。1998 年 5 月，新闻出版总署先后批准了北京光明日报社和经济日报社，广州羊城晚报社和南方日报社各自组建报业集团；同年 7 月，批准了上海新民晚报社与文汇报社合并成立文汇新民联合报业集团。1999年 12 月，批准深圳特区报社、辽宁日报社、沈阳日报社、四川日报社、浙江日报社、哈尔滨日报社和大众日报社成立报业集团。

1999 年到 2002 年，中国报业集团化的高峰发展不仅表现在集团数量上，还表现在集团质量上。3 年内，河南日报报业集团、沈阳日报报业集团、大众报业集团、解放日报报业集团、重庆日报报业集团、成都日报报业集团等共计 40 多家报业集团组建。

早在 1994 年报业集团筹建初期，学者桑茵就谈到，报业集团之间的重复交叉问题，跨省区报业集团的管理问题，报业集团之间的竞争和兼并问题是报业集团建设中面临的难题，解决办法是通过市场竞争优胜劣汰。①

（1）报业集团发展面临的困境——内因

从中国报业集团化发展的现状来看，内部管理机制和内部经营机制已成为约束其发展的两大瓶颈。

---

① 刘海贵：《中国报业发展战略》，上海人民出版社，2006。

第一，内部管理机制问题——决策科学性与内部管理制度欠缺之间的矛盾

由于中国报业集团内部大多未建立起以资产为纽带的产权关系，传统体制下由行政权力维系的权威性随着改革的深入而日渐削弱，导致决策权缺乏相应的权力基础。在这种情况下，集团管理机构与其说是一个决策者，不如说更像一个信息收集、传达者。

由于许多报业集团还处于不成熟的发展阶段，因此在处理集团内部集权与分权的关系方面，存在过度集权与过度分权两种极端。

所谓过度集权，就是在强大的行政力量推动下，以报业集团的名义，把许多应属于成员单位的权力都集中到集团总部，有的甚至统一经营、统一工资发放标准，扼杀报业集团内部的差异性，颇有点"大锅饭"的味道。这种现象的产生并非偶然，与集团的形成有很大的关系。集团组建本身是行政力量推动的产物，组建之后内部的集权又不是出于经营决策效率的考虑，而是出于行政"需要"，甚至是条块之间争权夺利的考虑。

所谓过度分权，这种报业集团大多是当初为了凑足申报成立集团所要求的子报刊和经济实体的数量，临时拼凑而成，尽管有报业集团之名，但实际上集团内各报刊、经济实体之间关系松散，各自为政，集团总部实际上只担当了信息收集与传递的角色。

第二，内部经营机制问题——产业扩张与规模经济的矛盾

人们通常认为，报业集团实现规模经济的重要途径就是产业扩张和资产重组，就是多办子报、搞多元经营，就是打造报业的"航空母舰"。这其实是对规模经济的误解，把规模经济等同于经济规模了。按照规模经济的本义，并非经济规模越大越好，生产规模的扩大应力求实现适度规模，即生产要素的增加，或者说生产规模的扩大正好使收益达到最大。

多办子报并不意味着"多子多福"。在同一类媒介中，性质相同或相近的媒介如果在相同或部分重叠的区域内运作，其产品必然存在着可替代性，很容易导致信息的重复。同时，集团自身的生产能力也是有限的，增加一个子报就意味着成本的相应提高，却并不一定能获得相应的边际效应。因此，如果不周密考虑集团内部与外部的产品结构，随意创办或收编性质雷同的子报，不仅加重了集团的经济负担，而且可能会因为信息的重复而失去了原有的市场份额，给集团带来巨大的经济损失。

多元经营也可能会引起报业经营的本末倒置。"以报为主，多元经营"

几乎成了报业集团的公认发展模式，多数报业集团纷纷办起了房地产、物业管理、贸易、商业、饮食娱乐甚至一些与报业毫无关联的实业机构。诚然，多元经营能使集团以多种产品占领更多的市场份额，获得更大的发展空间。但是，如果报业集团在其他产业上过度扩张，花费过多的人力、物力和财力，则可能本末倒置、得不偿失。

（2）当前中国报业集团化发展面临的外部环境问题

第一，资本要素短缺——资本运作与融资渠道狭窄的矛盾

报业是一个资金密集型产业，报业集团的长久发展更是需要巨额资金的支撑。这是因为：报业作为一个当代"高技术、重装备、大投入"的信息产业，其发展需要大量资金的支持，而在国家的投入和自身积累都有限的情况下，报业发展对资本市场的需求也会越来越大；报业集团要对自身和从外界吸纳的子报子刊进行重新定位和整合，必然需要资金投入；报业集团从事多种经营，也需要投入前期资金。[①]

目前，中国报业集团的政治功能决定了它仍是上层建筑的一部分，从事报业要获得特许。一方面报社承担着国有资产保值增值的功能；另一方面，报业的产业扩张和资本运作需要大量融资，势必引起投资主体的复杂化，投资主体的复杂化可能引起产品内容的复杂化，进而影响到报业的喉舌功能，造成意识形态工具和文化传播功能的部分丧失和消解。基于这种顾虑，国家主管部门对于业外资本进入报业一直有着严格的控制。1999年国家有关部门对《中国经营报》和《精品购物指南》产权的界定，再次明确了报业使用业外资金不能作为投资的原则。

然而，时至今日，报业已进入"大投入大产出，不投入不产出"的发展阶段，中国报业从来没有像现在这样迫切需要资本的支持。中国报业从依赖财政拨款到自主经营，自负盈亏，靠在广告和发行市场上的自我积累求得发展，这只能实现算术级的增长；而一旦进入资本市场，借用社会力量就有可能实现几何级的增长。资本市场也对报业寄予了强烈的兴趣和期待，因为对许多上市公司来说，报业是一种回报丰厚的产业。目前，报业本身还不具备上市的可能，只能采取迂回战，"借壳上市"，即报业对原有的上市公司实行资产重组。"借壳上市"和"间接控股"的方式仍然折射出报业融资的不自由，国家对业外资本进入传媒仍然有着禁止性规范。

---

① 刘海贵：《中国报业发展战略》，上海人民出版社，2006。

第二，拓展空间受阻问题——领域扩张与政策局限的矛盾

1998 年 11 月 16 日，经济日报报业集团与北京有线电视台合作推出"视点纵横"栏目，预示着报业的跨媒体经营拉开了序幕。但是，这种尝试很快就宣告结束。同时跨地区经营的界限也开始被打破。但是，报业集团跨地区、跨行业经营的壁垒并没有消除，使得报业集团在扩张性经营中难以发挥自己的优势，直接影响着报业经济的长远发展。

在中国，报纸的特殊属性及管理体制，形成了以行政区划为特征的报纸市场屏障。全国性报纸受市场壁垒的影响相对较小，但因尚未找到本地化和培育相对独立的区域性经营的成功规模，在地方上也不具备竞争的优势。城市报纸、区域性报纸到异地扩张通常会遇到极大的困难，虽然报纸的发行不受地方的限制，但在所有权的转移（兼并、联合）方面却障碍重重，要在异地创办新报纸更是不可能。正如广州一家报社社长所说，"我们宁愿在深圳创办一张新报纸。问题是我们不可能在深圳创办'深圳某报'，所以不得不采取深圳地方版的形式。"① 这直接体现了由计划经济向市场经济急速转轨期间，报社自身的企业化经营与宏观管理体制间的矛盾。

打破行业的界限，实现报业的跨行业经营，实质上是允许多种资本进入报业、实行股份制经营的问题。近年来，随着经济体制改革的深入，公有制实现形式的多种途径成为改革探索的一个热点，以明确产权关系为目标的现代企业制度的改革，已成为报社经营体制改革的又一新课题。

一些经济条件较好，发展较快的报社要求实行现代企业制度的呼声很高。从全面建立社会主义市场经济体制和不拘一格探索公有制的实现形式看，让部分有条件的报社实现现代企业制度、实行股份制经营，让市场在报业资源配置中起主导作用，是中国报业现今发展的强烈呼声。

3. 报业集团化市场发展空间

（1）报业将进一步走向集聚、融合

报业集团作为一种特殊的企业集团，在实现其社会效益与经济效益整体发展战略目标时，必须遵循新闻发展规律，又必须遵循市场经济规律。美国著名管理学家杰格什·谢斯和拉金德拉·西索迪亚在研究了全球产业格局发展规律后，总结出市场进化的"三法则"理论。该理论认为：任何一个行业从导入期到成熟期，都是由众多中小公司走向行业集中的过程，

① 何振红：《中国报业集团化发展瓶颈分析》，《青年记者》2005 年第 7 期。

也是行业兼并、重组最动荡的时期之一，并且最后有三家通才型企业在竞争中胜出，主宰着这一领域的发展。同时会有一批小型的专家型企业与之共生，形成互补。其中的一大批中性规模的公司都会被推进市场的壕沟，而市场壕沟被人们视为"破产法庭的审判室"。① 将该理论用之于中国媒介产业，我们认为在未来产业发展与竞争进程中，随着中国市场经济体制、政策的不断完善，媒介企业规模的发展和并购的广泛运用，中国规模巨大的媒介行业里肯定只会由少数几个大的胜出公司所主导，媒介产业中的生产、分配等环节将集中到少数几个大企业手中。这就意味着行业里大量的公司不是合并就是倒闭，或者只能在专业领域以专业定位，用专业来获得生存与发展的空间。②

目前，中国报业集团基本上是以主要党报为核心组建起来的，以行政整合和市场资源整合方式形成的一些行政区域性的报业集团，除了两家中央级报业集团外，38 个报业集团基本上归属于当地行政区域。这一格局的形成既有中国新闻体制方面的原因，也与报纸自身的特点有关。美国学者罗伯特·皮卡认为："报纸生来就是地方性产品，它通过传送于特定地理区域有关的新闻的广告而与之打成一片。"③ 地方性报业一般形成于中心城市，同时也是中国当前以省市为中心的经济格局在报业经济中的反映。

但是，在 2003 年的报刊整顿中，多数报业集团的扩张主要是外延式的结构性扩张，这种结构性扩张带来了资源配置方面的深层难题，要合理解决这一难题，通过跨区域扩张来调整战略布局是一个主要途径。

随着都市化进程的加快，区域经济的形成，传媒的地缘关系开始转向经济区域。报业之间、报业与其他媒介、其他经济实体之间将会通过资本的力量进行新一轮的跨行政区域、跨媒体的资源整合，通过并购、重组、合作等多种市场扩张方式构建更高层次、更大规模的报业或者跨区域媒介产业集团之间的竞争，推动我国报业与媒介产业的超常规、跨越式发展。④

（2）实现规模化发展仍是报业的总体战略

第一，中国报业仍处在成长期上升通道

① 〔美〕杰格什·谢斯、拉金德拉·西索迪亚：《三法则》，机械工业出版社，2004，第 89 页。
② 刘海贵：《中国报业发展战略》，上海人民出版社，2006。
③ 王荣：《区域化发展战略》，《新闻知识》2001 年第 1 期。
④ 刘海贵：《中国报业发展战略》，上海人民出版社，2006。

　　一个产业的发展总是经历导入期、成长期、成熟期、衰退期四个生命发展阶段。这个规律也必然是报业的发展规律。由于中国特殊政治、经济环境的影响，中国媒介产业在很长时期处于无"业"状态，从而影响和延缓了中国媒介发展的过程。

　　进入 90 年代后期，报业集团的建立加速了报业资源的整合与集聚，报业发展进入更高层次和更快的发展轨道，这一时期市场的典型特征是大量市场资本的涌入，购并、重组、联合异常活跃，差异化产品出现，带动了产业发展整体升级。报业差异化产品与服务的出现，是报业市场在更高层次竞争中市场细分与营销战略实施的结果，也是报业市场进一步走向成熟的标志。高度的细分市场服务，又使在报业影响下积聚起来的受众"大众"在另一个新的层面上分化，形成"小众"。①

　　进入 21 世纪，中国已经加入 WTO，市场全球化、经济一体化必然带来经济的全面融合，资本对于市场与利润空间的追逐，使具有较高回报的报业及其他媒介产业成为国内大型资本及跨国资本追逐的经济高地，从而带来新一轮资本意义上的报业及其他媒介产业的购并、重组与融合，形成多媒体、跨媒体、跨地域的媒体经营格局。

　　这种格局将会使竞争渗透到报业及媒介产业的各个层面、各个环节，使媒介经营模式由单一的"链式"经营走向"多链"或"群式"的"结构性"经营。传媒产业链的这种"结构性"经营，"虽然也包含一个单一传媒上中下游各环节本身的价值链条的配合组合效率、规模效益成本等方面的建设，但主要指的还是传媒集团化过程中实现跨地区、跨媒体、跨行业扩张时，优化配置与整合各媒介资源的结构化经营"。②

　　第二，中国报业市场潜力仍然巨大，市场能量有待进一步提升

　　面对电子媒介、网络媒介的冲击，尽管全球"最近报纸产业整体印刷数量正在出现下滑"，但是中国报业的发展仍然是基础稳固，充满生机。到 2003 年，中国已成为世界最大的日报消费国，中国报业广告营业额的绝对数居世界第五名。2002 年，在全世界报业广告营业额连续 5 年处于低迷徘徊的情形下，唯有中国内地报业广告营业额保持增长的态势。③ 尽管在报业

---

①　刘海贵：《中国报业发展战略》，上海人民出版社，2006。

②　喻国明：《中国传媒业：洗牌模式与规则再造/媒介经济与传媒集团化发展》，中国人民大学出版社，2003，第 56 页。

③　〔美〕罗伯特·G. 皮卡德等：《美国报纸产业》，中国人民大学出版社，2004，第 1~2 页。

的推动下，中国报业取得了快速发展，但是由于中国人口基数大，基础薄弱，相对于发达国家发展水平，中国报业仍有很大的差距。报业发展战略的选择也取决于市场的发展潜力。

中国报业整体发展同世界发达国家存在差异，相对于中国这个 13 亿人口大国，世界上最大的发展中国家，世界上近 20 年来经济保持高速增长的少数国家之一，这个巨大差距就是巨大的增长潜力。它有世界上最大的报纸潜在的读者群，有较大的市场空间等待开发。随着中国社会文化水平的提高，经济的快速发展也必然成为报业规模化发展的外在需求引力与内在驱动力，推动报纸市场的快速发展。①

中国报业集团的发展空间都是大的，发展前景是好的。但是，我们也应正视发展中存在的问题，在深化改革中将其逐一解决，坚持用科学发展观指导报业集团发展的一切工作，那么，中国报业集团的舰船就一定会做大做强，在滚滚向前的时代潮流中乘风破浪。

结　语

自 1996 年广州日报报业集团经国家新闻出版总署正式批准成立以后，新的报业集团不断涌现，截至 2004 年，中国已经有了 40 多家报业集团。中国报业化动因集中体现于三个方面：一是受市场利益的驱动，二是激烈竞争的需要，三是应对国外传媒的高压。

报业集团的出现是中国报业新闻体制的一次大变革、大转型，是中国报人及主管机构在报业加快产业化、市场化和"入世"大背景的触发下，以世界发达国家报业发展为参照，对于现代报业集约化经营、规模化经营规律的认识和探索；中国报业通过集团化实现由事业单位非经营性国有资产向经营性资产的转换，成为报业新型市场主体，并且以集团成立为契机，大大促进了全国范围内报业资源整合。

但是，报业集团快速发展到今天，正面临着一系列困境。这些困境归纳起来主要是内部管理机制和经营机制问题，资本短缺、拓展空间问题。市场壁垒和本地化是当今中国报业跨区域扩张过程中最无法避免和最突出的问题。

作为中国新闻传播领域的一个重大变化，报业集团化的出现，使中国

① 刘海贵：《中国报业发展战略》，上海人民出版社，2006。

报纸的经济规模扩张到了前所未有的程度，对我国报业的改革和发展起到了巨大的推动作用。综观报业集团发展现状，我们认为，中国报业仍然处于成长期，市场潜力巨大。中国报业集团化将进一步走向融合，做大做强，朝着规模化经营发展。

现今，中国报业集团正在进行结构调整、资源整合，以资产和业务为纽带实现集约化经营，报业集团经济的增长方式正在从规模数量型向集约质量型转变。

二　中国广电报业集团化发展现状

1. 中国广电报业集团化成因

今天的中国广播电视事业，已无可选择地与世界传播业的发展紧密联系在一起。我们的发展道路和方式，必须适应国际传播的大趋势。媒介集团化是国际传播界的大趋势之一。为了增强竞争和抗风险能力，发挥综合效益，西方国家的报纸、杂志和广播电视业大多采用集团化经营运作方式，如美国的各大电视网、加拿大电视网公司（CTV）和日本五大商业广播电视公司（TBS、Fuji TV、NTV、ANB、和 TV Tokyo）等，都是集团化运作，旗下分别有几十座甚至几百座直属电视台或附属电视台。

改革开放以来，中国媒体产业已经取得了不容置疑的巨大成就。从数量上看，中国媒体阵容十分庞大。比如，中国有 3000 多家电视台。经过整治，中国的媒体总数仍然十分巨大，弊端也十分突出。

（1）资源配置亟待优化

虽然近年来，中国广播电视事业蓬勃发展，收益年年攀升，但是，广播电视行业资源利用并不充分，资源配置还不合理，甚至还存在着严重浪费现象。比如到 1998 年底，全国已有地市级以上的广播电台 298 座，电视台 347 座。这些台的建立一定程度上加快了广播电视节目的覆盖，丰富了节目内容，但是也带来了资源严重浪费的问题。

各省电视台都有卫星频道，虽扩大了电视节目的有效覆盖，但并没有从整体上增强中国民族电视的竞争能力，并且电视台的节目雷同、模仿之风严重。从节目的生产过程来看，在各个频道各自为政的管理体制下，人力、财力、设备资源的闲置浪费现象也很常见。

（2）应对国际传媒激烈竞争的需求

中国进入 WTO 之后，国内媒体面临巨大的压力。全球电视 100 强之首的时代华纳公司年收入 270 多亿美元，而央视 2001 年的广告收入只有 56 亿元人民币，在全球排名仅第 51 位，二者的经济实力显然不在一个档次。加入 WTO 后，国际传媒巨子们对中国内地市场早已垂涎三尺。美国媒体巨头时代华纳集团董事长列文直言不讳地表示：相信终将有一天会来到中国市场，而为了这一天的到来，为了让更多的中国人看到他们的媒体，计划让他们的记者与管理人员走遍中国。欧洲媒体巨头贝塔斯曼集团，先期投入 4000 万人民币，以后还将每年投入 5000 万元，为期 8 年，目标锁定中国市场，未来拟与中国的地方电视台合作。国际媒体巨头新闻集团总裁默多克说："我们准备在中国扎根。"①

对占据内地媒体市场虎视眈眈的不仅有外国的媒体巨头，面对国内媒介市场这块巨大的蛋糕，香港媒体也想分一杯羹。2006 年据《羊城新闻周刊》报道，在港媒体正在同内地有关媒体主管部门磋商，在保证遵守中国新闻报道的有关规定的前提下，准备近期进军内地电视市场，其中包括 CNN 中文财经频道、香港阳光卫视历史探索频道、凤凰卫视财经频道和香港无线的 TVB8 星河频道等。

从发展的趋势可以看出，中国加入 WTO 后，有条件地逐步开放内地电视市场是迟早的事。西方媒体进来，一方面希望攫取更多的经济利益，另一方面还能引导舆论，宣传西方意识形态。这就意味着，加入 WTO 后，面临国外媒体的巨资冲击，国内媒体面临着一场残酷的竞争。面对这种局势，国内媒体只有积极适应入世环境，用较短的时间壮大实力，增强活力，提高竞争力，采取资本重组运行方式，用跨越式、超常规的发展，实行跨媒体、跨行业、跨地区甚至跨体制跨国别的经营，以此来与国际媒体巨头抗衡。

（3）信息时代产业革命的要求

伴随着高新技术的发展，信息产业革命正在迅猛展开。信息产业革命以数字压缩技术和卫星通讯技术为主要标志，将极大地改变人类的工作方式、生活方式，特别是信息传播方式。信息产业革命对广播影视行业的影响首先表现在卫星覆盖上，其次表现在网络技术的应用上。卫星覆盖的扩大，网络的形成，加剧了广播、电视、报纸等媒体之间的竞争。

要想生存和发展，就要增加广告经营、节目经营的收益，就要制作和

① 李振国：《"广电集团"的未来之路》，2001 年 8 月《大市场·广告导报》。

购买高质量的节目，就要引进先进的技术设备。这就需要进行资产重组，积聚财力，增强竞争力，这也就推动了广播、电视、报纸等媒体之间或其他行业之间的横向兼并。国外大型媒体之间的兼并，目的就是为了增强实力，以保证节目生产的高度集中和节目覆盖的更加广泛，开拓和扩大国内外市场。在国内，这种新的形势，也要求广播电视行业尽快上规模、上水平，走集团化发展之路，形成大型广电报业集团，以适应新的挑战和竞争。

（4）对大众文化消费的应答

人们文化消费需求的急剧增长，为广播影视产业的发展提供了广阔的市场，带来了新的机遇。值得一提的是，各报业媒体和刊物媒体，正在不断采取新的经营策略，扩大自己的社会影响，努力满足社会文化消费需求，同时获得社会效益和经济效益。全国近 3000 种报纸和 9000 种刊物，其受众队伍正在日益壮大。报纸、刊物挑战电视的态势已日渐明显。广播影视行业要通过不断满足社会文化消费需求的增长来扩大市场份额，就必须组建产业集团，以不断扩大自己的生产能力和竞争能力。

面对这种局面，2000 年 11 月 17 日，广电总局下发了《关于广播电影电视集团化发展试行工作的原则意见》，确定电子媒体在以宣传为中心的前提下"可兼营其他相关产业，逐步发展成为多媒体、多渠道、多品种、多层次、多功能的综合性传媒集团"。在政策的促进下，广播电视资源的重组和结构调整拉开了帷幕。①

2000 年 12 月 27 日我国第一家省级广播电视现代媒体集团——湖南广播影视集团成立，成为我国广播影视"体制创新"、实行集团化运作的重要标志。

2001 年 12 月 6 日，中国最大的传媒集团——中国广播影视集团正式挂牌成立。它整合了中央电视台、中央人民广播电台、中国国际广播电台、中国电影集团公司、中国广播电视传输网络有限责任公司和中国广播电视互联网站等中央级广播电视、电影及广电网络公司的资源和力量，将形成拥有广播、电视、电影、传输网络、互联网站、报刊出版、影视艺术、科技开发、广告经营、物业管理的综合性传媒集团，其固定资产超过 200 亿元人民币，年收入也将超过百亿，可以说是名副其实的中国传媒航母。

---

① 喻国明：《我国传媒行业发展的四个阶段》，人民网 2005 - 05 - 13. http：//www. wowa. cn/ T_view_inf. asp？vieid = 1313.

中国广播影视集团挂牌成立之初，就确立了多媒体发展的目标。中宣部副部长、广电总局局长徐光春就表示：我们不仅要办好已有的广播电影电视业，还要发展自己的报刊业。2002 年上半年，中国广电总局就有意整合中国广播影视集团所属的 35 家书报刊和音像出版单位，组建中广报刊音像出版集团。① 近年此套方案已经成形，被纳入该集团的媒体多达 35 家，包括报纸 7 家、杂志 17 家、出版社 2 家、音像出版制作单位 9 家，其中除了老牌的广播电视报外，不乏《世界新闻报》和《新电影》这样的新生代读物。

上海文广新闻传媒集团是 2002 年底 2003 年初开始在财经频道、时尚频道和上海卫视（后改为东方卫视）分别试点组建传媒公司的。经过几个月的筹备，2003 年 6～8 月，上海时尚文化传媒公司（以下简称时尚文化公司）、上海东方卫视传媒有限公司（以下简称东方卫视公司）、第一财经传媒有限公司（以下简称第一财经公司）相继成立。这期间，上海卫视做好了向东方卫视转变的准备，基本定位是"立足上海，依托长三角，服务全国，辐射海外"，努力把东方卫视办成"中国都市旗帜、国际传媒标准、社会制作窗口、全国城市平台"。在节目上做到"新闻见长、影视支撑、娱乐补充、体育特色"，在制播机制方面将以开放的姿态，选择多种节目经营与合作策略。同时吸纳各地人才，叫响了"诚邀天下有志才俊，共襄东方传媒盛举"的口号。②

当年 10 月 23 日，全新的东方卫视一开播就引起业内外人士的关注。经广电总局批准，整合后的上视财经频道和东广财经频道用《第一财经》品牌播出，2004 年创办《第一财经日报》。这样就形成广播、电视、报纸三种媒体组合在一起的强势媒体，每天向西方主流媒体传递亚洲金融资讯。

2. 中国广电报业集团化现状

广电报业集团化的发展在中国没有现成的条例可以借鉴，在组建集团的过程中，还存在着很多障碍，影响着集团化的进程。

（1）观念滞后

观念上的误区束缚了集团化改革的手脚。首要误区是喉舌功能，即把

---

① 朱学东：《集团化苦旅——中国报业集团十年祭》，2006 - 02 - 02. http：//blog. sina. com. cn/blog_48477. html。

② 徐胜：《打造跨区域强势媒体——访东方卫视总编辑陈梁》，《中国记者》2004 年第 1 期。

一切传播行为都框定为喉舌性质，认为媒介的主要功能是传递党和政府的声音，宣传党的政策，电视业和其他传媒一样被定位于特殊的意识形态部门。重任在肩的电视传媒自觉不自觉地为自己的职业行为打上深深的"代言人"的印记，致使节目说教腔重、思路单一僵化、受众观念淡漠，并且无论从节目编排、内容设置、风格定位等方面都显露出较重的"喉舌"色彩。同时，由于电视具有文字、声音、图像多种传播手段，传播影响力显著的特点，政府主管部门对电视传播的控制历来都十分严格，"电视婴儿"的比喻反映出中国电视处处受管制、受包办的现实，从某种意义上讲，过多的束缚并不利于电视集团化的发展。

另一个误区是重社会效益、轻经济效益的思想观念。在中国电视走过的 40 多年历史中，很长一段时间过着政府拨款、实报实销的"衣食无忧"的日子，这自然让业界形成了不重视经营管理的习惯。仅从人员配备来看，作为重头戏的节目制作、播出部门，其人员的数量、学历、待遇都优于搞经营管理的员工。国内一位学者关于"中国电视业发展的主要缺陷"的调查显示，71.42％的人认为"经营管理人才缺乏"是其中最主要的因素。①

（2）体制陈旧

媒介普遍反映（64.5％）目前的媒介体制适应不了未来信息时代发展形势的需要。一方面，政事不分、以政代事的管理体制削弱了广播电视参与经济和社会生活的主动性、积极性与内在动力。政府官办色彩依然存在，使得媒介在经营方面有所依赖；另一方面，媒介体制不健全，导致经营环境混乱，相关配套的法律法规不能紧跟形势变化，媒介经营在大的外部经营环境方面和小的内部经营机制方面均没有很好的保障；现行的运行体制"条""块"分割，以"条"为主，抑制了广播电视系统与整体功能的开发；新闻宣传机关与事业管理机关的双重职能，难以适应社会主义市场经济条件下媒体自我革新的要求；自设藩篱、封闭运行的狭隘的地方保护机制，给通过市场方式开发共享社会资源设置障碍。

（3）人才奇缺

工业时代和信息时代的商业规则有很大区别：工业时代的利润是由生产要素和机器制造的，信息时代的利润是由人来创造的。在这瞬息万变的

---

① 徐晴：《我国广电媒体集团化现状及发展趋势研究》，《湘潭师范学院学报（社会科学版）》2006 年第 3 期。

时代，一项技术、一个产品打天下的历史将不再重现，不断创新才是企业生存和制胜的法宝，所以具有创新的头脑和开拓精神的人才是最宝贵、最抢手的资源。但由于长期以来，重节目、轻经营的传统思想，新闻实践和高等院校注重培养的采、编、播专业电视人居多，而经营管理人才极少，造成了现实中，由于宏观决策人才、高级管理人才与营销策划人才的严重缺乏，中国电视在产业化、集团化进程中陷入被动。①

（4）资金缺亏

长期以来，中国媒介处于计划经济体制下和国家保护的垄断经营地位，可以将国家赋予的政策优势转换为经营优势。而在现今的市场经济体制下，媒介脱离国家财政拨款的资金保障来源，进入市场自主经营、自负盈亏，资金缺口就成了媒介生存和发展的大问题。调查表明，超过82%的媒介对资金紧缺深表担忧。更何况，电视是个高投入、高消耗、高技术的行业，中小投资者往往心有余而力不足，国内的大投资商毕竟占少数，中国的投资政策对境外资本又有着严格的限制，国外资本不能直接进入中国的传播媒介。长期以来，我们搞的都是粗放经营，而不是集约经营，没能用好资金、用活资金也是造成资金短缺的一个间接因素。

面对这种普遍境况，上海文广影视集团积极探索发展道路，逐步形成"专业化分工、品牌化塑造、产业化拓展、公司化运作"的"四化"目标，通过战略转型和业务发展，力争实现从为播出而制作转为为市场而制作；从一个地方性的广播电视机构转变成一个面向全球华语世界的内容提供商和发行商。②

上海文广影视集团发展模式如下：

第一，成立电视新闻中心

上海文广影视集团的上视新闻综合频道、东视新闻娱乐频道和东方卫视三个频道在做新闻，总共有23个新闻栏目。目前实际情况是，同一事件大家都去做，重复率比较高。

数据显示，对一个星期的新闻节目进行比较，发现重复采访率超过30%。东方卫视更多采用国内、国际新闻，在上视和东视播出的新闻中，新

---

① 徐晴：《我国广电媒体集团化现状及发展趋势研究》，《湘潭师范学院学报（社会科学版）》2006年第3期。

② 姜宗仁：《上海文广的探索之路》，《当代电视》2006年第3期。

闻的重复率更高，超过58%。这就造成了资源的极大浪费。

认识到这种情况，上海文广影视集团决定对电视新闻资源整合，把上视新闻综合频道、东视新闻娱乐频道（娱乐新闻部除外）、东方卫视新闻中心全体人员整合在一起，组建一个电视新闻中心。整合后，新闻中心在播出总量、经济效益、节目品质、宣传效果方面都有所提高，在人力消耗、设备消耗、费用消耗和协调成本方面也有所下降。

第二，注重节目内容

新组建的电视新闻中心对三个频道定位明确。把东方卫视打造成全国性新闻频道，同时凸显上海特色。新闻综合频道继续保持稳重、严肃、权威的风格，保持新闻宣传主阵地的特色；新闻娱乐频道的节目继续保持市民化的风格，加强新闻舆论监督的力度。

第三，资源整合见成效

电视新闻中心成立后，高度重视、全面把握正确的舆论导向，贴近实际、贴近生活、贴近群众，创新内容、创新形式、创新手段，切实提高引导社会舆论的能力；认真贯彻中央和市委的精神，按照落实、聚焦、突破的基调，在增进共识、增强信心、凝聚力量上下功夫；把广大群众的力量和智慧凝聚到实现"十一五"任务上来，围绕"十一五"建设总目标，围绕增强城市国际竞争这条主线，宣传实践上海城市精神。①

第四，打造优秀团队

上海文广影视集团整合新闻资源组建的电视新闻中心领导，高度重视团队的思想政治工作，坚持马克思主义新闻观教育，树立政治意识、大局意识、责任意识；树立电视新闻中心整体"一盘棋"的思想，在狠抓队伍建设中促进媒体品牌建设，把事业的发展同人的成长紧密联系起来，努力打造上海电视新闻业的团队和团队精神。现在上海文广影视集团正在积极地探索，打造中国传媒业的"航空母舰"。

这里之所以以上海文广影视集团为例介绍其发展模式，原因在于该传媒集团在中国广电报业集团化发展过程中，筹建时间短，克服困难多，见效速度快，被称之为广电报业集团化的典范。

---

① 姜宗仁：《上海文广的探索之路》，《当代电视》2006年第3期。

3. 广电报业集团化市场发展空间

中国广电报业在集团化发展过程中基本上都经历过类似于上海文广影视集团的三次重大变革——即影视合流、文广合流和跨行业组建传媒集团，从单一的广播电视业到广播电影电视业，再到包括报刊、网络、文化娱乐、体育等在内的多种产业共同开发。广电报业集团资产的雄厚和业绩的攀升，无不得益于以广电为主业，融合其他产业共同发展的历史实践。

在对广电报业集团的组成机构进行深入分析后，我们发现，这类集团一般是广电作为主业，兼营报刊、印刷出版、网站等多种媒体的综合性传媒集团。但是，其他产业开发还存在不足，还有巨大的发展空间。

（1）产业结构有待改善

资料显示，广电报业集团一般以广告为主的电视收入占集团总收入的70%左右。这种比例远远高于世界大型媒介集团的电视收入（例如美国在线—时代华纳的电视收入占其收入的20%，新闻集团的电视收入占其总收入的25.6%）。这从媒介集团的产业结构和资本结构来说，并不合理。一个现代企业集团，如果一个单项经营的收入占整个集团收入的一半以上，整个集团的抗风险能力就比较差，有时一个微小的失误或变动，就会引起整个集团的动荡。

从另一个角度观察，由于受社会经济状况和频道资源的限制，电视广告经营到达一定程度后，会出现相对饱和的趋势。因此，对于一个现代大型媒介传播集团来说，广告占总收入比例过高的结构是不合理的。

为了分散市场风险，扩大营利范围和提高营利的可能性，世界大型媒介集团都同时兼营广播电视以外的媒介产品，如印刷媒介或音像制品，开发整合同一媒介产品的上下游市场。中国的广电报业集团也应该借鉴它们经验，促进自己的发展。①

（2）整合开发信息资源

在广电报业集团中，广电内容是集团的主业和开发重点，也是集团参与市场竞争的优势所在，但集团仍有相当多的报刊、出版以及网络业的信息资源等尚未得到很好的整合开发。反观西方著名的传媒集团，美国在

---

① 周葆华、刘芊芊：《多业并举：中国广电集团发展的策略和空间》，《中国广播电视学刊》2003年第7期。

线—时代华纳《时代》、《财富》等杂志，新闻集团的《泰晤士报》等，其知名度和业绩都不在其电视主业之下。在新闻集团的信息资源收入分配比例中，电影娱乐占 26%，报纸占 24%，杂志占 14%，出版占 12%。

因此，在当今媒介大发展和迅速变化的时代，在媒介的激烈竞争中，中国有关的广电报业集团要成为真正的"航空母舰"，要取得与世界强手对话的地位，就必须充分开发和利用除广播、电视以外的其他信息资源，使媒介集团变成一个真正的"新闻传媒集团"。

（3）内容产业要形成产业链

内容产业是传媒集团的核心产业，围绕内容产业进行的相关商品开发，不仅可以形成新的产品群落，还可以为集团寻找新的价值增长点。

一般来说，围绕内容向相关产业的延伸可以包括如下环节：

图书——将电视（电影）节目转换成图书发行已成为多元化的重要策略。图书的持续性长、传阅率高，相当发行量的图书不仅可以提升电视电影机构和节目的知名度、文化品位和人气，还可以创造相当可观的利润。以电影《哈里·波特》为例，伴随影片在全世界的热映，《哈里·波特》小说系列已被翻译成 47 种语言，在近 200 个国家发行 11600 余万册。

音像制品——可以充分利用电视节目的原创音乐发出各种形式的音乐产品。电视剧《笑傲江湖》在央视播出后，其原声专集出版仅 10 天，就已发出 10 万盒带和近 5000 张 CD。还有适合教育节目、电视剧、电视电影、纪录片、音乐电视片、重大直播节目录像带、VCD 等。

大型奖项、节日经营——这种颁奖和节日，明星云集，不仅吸引业界人士和受众的眼光，还会吸引政府的重视和支持。举办这样的颁奖典礼，电视节目交易会，其门票、转播费、纪念品、赞助费、广告费都意味着收入来源的增加。

商品授权——有生命力的影视文化延伸到消费品领域就是所谓的商品授权，集中体现在服装、玩具和化妆品等的开发上面，特别是动画片的产业化道路在国际上已经屡屡成功。

旅游——电视行业介入旅游行业，是以电视的精神诉求售卖旅游的有形和无形消费品。旅游之于电视相关产业的开发，可以有影视基地、主题公园、旅游饭店和旅游纪念几种产品。

上述资源涉及广播电视、报刊、音像出版、网络、文艺院团、演出场所、体育俱乐部等各个相关产业。也就是说，上述产业链如果得到培育和拓展，上下游形成合力，很多资源都将得到充分利用。当然，有些广电报业集团在产业链的开发上，有不少成功之举，产生了广泛的影响。问题是某些娱乐场所及体育俱乐部存在着规模分散、单兵作战的弊端，有的还是扶持性管理，因而产业经营的含金量低。

（4）集团应充分利用自身带有的公益性实业性质

中国的广电报业集团组成单位中，有相当一批带有社会公益性的实业，如文艺演出团队、美术设计、教育、科研、图书和展览机构。在这些实体中，一般自身收入有限，甚至入不敷出，对之常带有行政扶持的色彩。应该对这些产业进行资源整合，变负担为经营资源。

从各个角度的分析可以看出，广电报业集团除了广电主业之外，还有很多其他产业存在着相当大的发展空间。因此，实现多业共同发展，多业并举是必要的。

我们强调多业并举，并不是要削弱广电主业的地位。相反，广电主业应该得到进一步强化。因为，广电内容在很大程度上始终是广电报业集团的主体，集团之间的竞争主要是广电之间的竞争。而且，其他产业的开发和整合也常常要围绕广电主业来进行，传媒文化娱乐体育的产业链也是以广电内容为基点和本源。因此，广电集团应该强调坚持以广播电视为主业，把做大做强、做精内容产业作为增强广电报业集团核心竞争力的战略方向。在此基础上，大力拓展其他产业，实施好跨行业经营，并可与跨地区经营相结合，将自己不断发展壮大。

结　语

中国的广电媒体产业在改革开放中已经取得不容置疑的巨大成就。为了应对产业市场激烈竞争，缓解 WTO 原则给中国传媒产业带来的外部压力，湖南广播影视集团、中国广播影视集团、上海文广影视集团等一批广电报业集团悄然兴起。究其兴起原因，主要是为了进一步优化资源配置，应对国际传媒激烈竞争，适应信息时代挑战，满足大众文化消费。

广电报业集团化改革，和社会主义改革事业一样，是没有现成的经验可以照抄照搬的。目前面临的主要问题是观念滞后，体制陈旧，人才奇缺，资金缺乏。针对这些问题，上海文广影视集团立足于本土的社会现状、经济形式、受众的生活方式、观念习惯，不断探索适合自己的发展方式，他们进行了"专业化分工、品牌化塑造、产业化拓展、公司化运作"等，成功地从一个地方性的广播电视机构转变成一个面向全球华语世界的内容提供商和发行商，为中国的广电报业集团发展，摸索出一些有益的经验。

虽然，中国的广电报业集团化已经发展到一个新的台阶，但是，我们分析认为，市场发展空间依然巨大。比如，进一步改善产业结构，整合开发信息资源，建构良性产业链，实施多业并举等。这些措施都有益于将广电报业集团产业做大做强。

三 中国传媒集团化发展趋势

中国人民大学喻国明教授将传媒集团化的发展按照其整合资源的程度划分为三个阶段：一是系列化模式，主要是同一传媒层次上实现的平面联合；二是一体化模式，即在不同传媒层次上实现的跨媒体的立体联合；三是多元化模式，即传媒集团超出媒介行业自身，在更大的（即跨行业的）范围内来寻找和链接有助于自己"做大"、"做强"的资源，并结合成"命运"共同体。从世界传媒集团发展的趋势来看，这是一个由单一媒体内的组合向跨媒体、跨行业联合的发展过程。同国外的传媒集团相比，中国传媒业正在向强强合并"做大"的趋势发展。

随着湖南广播影视集团、中国广播影视集团、上海文广影视集团等以广播、电影、电视、传输网络、网站和报刊为主业，兼营其他相关产业的大型广播影视集团的建立与成功运营，仍不断有新闻集团或传媒集团正在组建或酝酿之中的消息传来。

种种迹象表明，跨媒体，这种把电台、电视台、报纸等传统媒介与网络等新兴媒体整合、共生、互动与协调的新"玩法"，似乎成为传媒界的"宠儿"。而且相当一部分的传媒专家或业内资深人士已经预测，跨媒体将是今后中国传媒的发展趋势。

1. 强强合并促使报业集团化加剧

随着中国媒介产业化的不断推进和深入，中国报业一方面要面对加入WTO后国外的"巨无霸"传媒的严峻挑战；另一方面，渴求在竞争激烈的传媒市场中取得优势地位和主动权，"做大"，成了中国报业提高自身综合竞争力的第一目标。规模扩张，并在规模扩张的基础上实现集团化发展，是中国报业"做大"的选择。

对外，面向西方媒体的挑战，必须做大做强。强强联合，抵御西方媒体的入侵。这不仅仅是经济的问题，而且是政治和意识形态的问题。作为中国的媒体，必须要发出自己的声音。这关系到党和政府的舆论阵地能不能巩固、发展、壮大的根本问题。

对内，对于大多数报业集团来说，经济支柱就是一两张报纸，一旦报刊市场出现动荡，就有可能陷入困境。只有报业集团强强联合，才能消除当前报业集团面临的传媒分布在各地区、各领域，各自为政的分散、弱小的发展格局，报业集团应该在现有的区域性传统主营业务基础上，进一步确立跨地区发展、初步建立集团层面的新型市场主体，组建国有资产授权经营的、具备资本运作能力的集团公司，确立以资产和业务为纽带的治理结构，形成国内传媒业的战略投资者。中国报业集团的发展方向，不是沿袭计划经济的思路走地域化的道路，而是培育大型的市场主体作为战略投资者，通过上市融资、兼并、重组、收购等形式控制整个新闻出版业，实现跨地区、跨媒体、跨国经营。①

能否以开放的胸怀融入集团化的大潮，在纵向、横向联合中赢得发展先机，做大做强自己，对于大集团、小集团都是一个考验。在报业集团未来的发展中，可能会上演更多的"强强联合"。《文汇报》与《新民晚报》共同组建文新集团，深圳特区报报业集团与深圳商报报业集团合并，南方日报报业集团与光明日报报业集团于2003年联合创办《新京报》，广州日报报业集团于2004年联手上海文广影视集团、北京青年报社，集广播、电视、报纸三大传统传媒的力量在上海推出《第一财经日报》，都是这种联合的表现。最近，深圳报业集团又与广州日报报业集团结成了战略合作伙伴关系，这些做法开启了中国报业集团跨地区并跨媒体经营之先河。在未来，报业集团"强强联合"可能会出现更多的形式、更多的范例，并最终产生能够与国际传媒巨头对话与竞争的媒体巨人，成为报业市场的主导力量和文化传媒领域的战略投资者。

报业走向产业化、集团化的道路是中国社会生产力发展的要求，是深化经济体制改革的必然，是信息社会发展的一种规律，是报业自身发展的基本趋势。②

随着向市场经济体制的转轨和新闻媒介产业性质的确定，竞争便成了

---

① 邓涛：《论新闻传媒的集团化整合》，《新闻知识》2008年第5期。

② 喻国明：《中国传媒业：洗牌、模式与规则再造——论媒介经济与传媒集团化发展》，中国人民大学出版社，2003，第27页。

当前中国新闻事业改革与发展的主旋律。从"自由竞争"走向"垄断竞争"是市场作用的必然结果，市场竞争发展的一条主线就是资本增值主导下的市场资源的不断集中化趋势，竞争催生合作。随着报业市场竞争的不断加剧，以集团化的建构为主流形式的报业之间的合作、联合已成为中国报业产业未来生存和发展的基本模式。同时由于中国传媒业既然走上了产业化发展的道路，规模化竞争和发展的趋势就是其必然的内在逻辑。集团化趋向在某种程度上可以说是这种经济规律的印证，也是现代化进程汇总具有历史意义的进步。① 因此，传媒集团将成为决定未来中国传媒市场格局的主导力量。

2. 广电报业集团化加剧传媒市场重新整合

伴随全球经济一体化浪潮，世界传媒呈现出跨媒体、跨行业、跨国界垄断的趋势，西方发达国家的传媒凭借强大的经济实力、丰富的经营经验和高新科技的大量投入，对全球进行渗透，"挤压"本土文化的生存空间。全球电视 100 强之首的时代华纳公司年收入 270 多亿美元，而央视 2001 年的广告收入只有 56 亿元人民币，排名全球第 51 名，经济实力显然不在一个档次。加入 WTO 后，国际传媒巨子们对中国内地市场更是垂涎三尺。2001年 5 月 12 日，传媒帝国新闻集团、路透集团、迪斯尼、维亚康姆、道琼斯等纷纷出现在北京国际电视周。2001 年 9 月 10 日，AOL – 时代华纳、默多克新闻集团与中国政府达成双边协议，在广东省内提供有线电视服务。这是继华娱卫视后，新的跨国传媒在广东落地。这意味着中国与国外传媒展开了一场看不见硝烟的、以争夺市场份额为主的"战争"。

20 世纪 90 年代以来，中国传媒尤其是广电传媒一直保持了较高的增长率，"八五"期间广告收入年平均增长率大于 40%，"九五"期间超过25%。据权威机构预测，未来 5 年，中国媒体的经营额还将以 20% 的速度增长，投资收益高于同期其他行业。②

在中国，传媒业已经成为仅次于信息业、制造业、旅游业的第四大产业，大力发展广播影视产业是加强文化建设、发展文化产业的客观要求，随着传媒市场竞争的不断加剧，以集团化的建构为主流形式的传媒之间的

---

① 刘海贵：《中国报业发展战略》，上海人民出版社，2006。
② 刘卫国、李亚利：《广电集团化：要走内涵式扩大再生产之路》，《传媒观察》2004 年第 3期。

合作、联合将成为中国媒介产业未来生存发展的基本模式。

随着报业集团化的发展，广播电视报业集团化成为必然。这是社会主义市场经济条件下自身发展的需要。市场经济讲求公平竞争，讲求速度、规模和效益，这必然要求我们对广播电视报纸现有资源进行集团化重组，着力进行宏观管理机制创新、微观结构创新、市场组织体系创新、技术创新和投融资体制创新，从分散经营向集约化发展过渡，从重点突破向整体推进过渡。

目前中国的经济发展已经从短缺时代走向相对过剩时代。入世使中国广播影视生存环境发生巨大变化，原来条块分割、自成系统和相对自我封闭的旧模式将被打破，广播影视和其他相关行业的规模、实力差距将日益突显。不进则退，广播影视的危机感日渐明显，原有的广播影视管理体制和内部运行机制中的深层次矛盾急需解决。[1]

我们认为，湖南广播影视集团的成立，标志着中国广播影视在体制创新、进行集团化运作方面迈出了重要一步。作为新闻改革的手段模式，传媒集团化所引发的制度变迁实质是一次利益格局的变迁过程。上海文广影视集团经营的广电影视、报刊、网络、体育、文化娱乐、实业公司、上市公司、资料库等在内的组成结构与美国在线—时代华纳、新闻集团等国际一流传媒集团最为相近。

新闻媒介一旦作为产业走向市场，就必须遵循市场规律，按市场方式运作、经营。而产业进入市场，首要的就是扩大市场份额。要扩大市场份额，其中一个最重要手段就是扩大经营规模，降低生产成本，增加竞争实力，求得规模效益。也就是说，市场体制下，新闻媒体和其他企业一样也会存在扩大经营规模的自发倾向。扩大规模的方式，或是通过内部积累或是通过外部扩张即兼并、联合方式，新闻集团化的产生，正是后一种方式的反映。它意味着新闻媒介一方面在逐步突破原有计划经济体制下行政垄断造成的重重壁垒，一方面又在改变市场经济过渡期分散、无序的相对自由竞争状态，以联合、兼并等方式向更为成熟的、规范的、现代意义上的垄断竞争方面发展。它不但会改变旧有的媒介结构和竞争格局，还将进而引起媒介从传播内容、传播观念到管理模式、制度规范等一系列的变革。

---

① 　徐光春：《WTO 与广播影视业改革》，《新闻战线》2002 年第 7 期，第 4~8 页。

集团化的竞争也将逐步取代自由竞争成为中国新闻媒介竞争的主流。①

与较早成立的报业集团比较，广电集团不但规模更大，资产值更高，而且还跨媒体和跨行业。

目前，已成立的广电集团虽然已经具备了一定的实力和规模，具有一定的竞争优势，但与西方大型传媒集团相比，还有很大的差距。在各种竞争日益激烈的形势下，集团迫切需要采取新的措施，加快做大做强的步伐。

从数量的增长到质量的提高再到体制的创新，以集团化建设为重点的新一轮广播影视业改革是一次更深层次的全方位改革。这里所说的增强广电集团的内涵，实质就是对集团的各种资源进行整合，提升竞争力，实现效益最大化，而广电改革的着眼点在于增强宏观控制力和微观组织活力。②

旧的传媒经营方式已经不适合广电报团的发展。广电报业集团的出现，必然导致传媒市场的重新组合。从内部管理机制改革来看，广电报团成立后，原来的电台、电视台、网络中心等单位之间的外部关系变成了集团内部的关系。要降低管理成本，必须加快建立完善的内部管理制度和高效的管理体制机制，转变经营方式，加强市场运作，健全激励机制，形成有效的资本积累、资源配置和规模经营机制，建立科学、规范、灵活、高效的运行机制，增强广播影视自我发展的活力与能力。建立完善的内部管理制度和高效的管理体制机制，提高生产率。

从提高核心竞争力来看，广电报团是以广播电视报纸为主业、兼营相关产业的综合性集团。在集团化改革和发展中，必须始终突出主业，发展主业，这是立足点和根基所在。从中外成功的企业集团和传媒集团的发展来看，都是在充分利用自己的特点和优势，依赖发展主业而强大起来的，这一点在集团发展的初期尤为重要。理顺集团内部的产业群，既要明确广播、电视、报纸运行者之间的合理分工，发挥各自的专业优势，又要全面推动，突出重点，发挥集团资源共享的优势，打造主打产业和产品，形成集团的核心竞争力。充分发挥电视作为优势产业的龙头作用。从总体上看，电视的优势和潜力还远没有得到最充分的发挥，要通过集团化的运作，进一步强化电视优势产业的作用，对业务结构、资源结构和资本结构进行调

---

① 《广电集团化：为做强而做大》，"中国新闻传播学评论"，http://www.zjol.com.cn/05cjr/system/2004/01/29.002345119.shtml。

② 陆小华：《整合传媒》，中信出版社，2002，第4页。

整，最大限度地利用和开发其优势和潜力。

从吸引受众的角度来看，受众时代的到来，使得产品质量的提高成为赢得市场的先决条件。内容产业是广电业的特有优势，必须把发展内容产业、扩大节目制作生产与经营作为集团发展核心的战略。节目和内容是广播电视的立业之本。广电报业的改革发展、做大做强，根本还要靠节目和内容包括新闻宣传吸引受众，抢占市场。改变目前广播电视单纯依赖广告的经营方式和营利模式，大力开拓节目市场，提高集团节目制作生产能力，增加节目经营的收入，使集团成为重要的节目生产商、供应商。[1] 为此，必须进一步深化现有节目生产制作体制改革，组建独立运作的节目制作公司，拓展节目市场。

总而言之，广电报业集团化本身没有现成的、普遍适用的模式和经验可以借鉴，随着形势的发展和集团化改革的深入推进，还会出现很多新的现象、新的问题。这些都需要我们按照与时俱进的要求，立足实践，不断开拓创新。

3. 传媒集团化促使跨媒介集团在中国形成

从印刷术诞生以来，大众传播沿着报纸、杂志、广播、电视的脉络，发展到今天，随着数字化时代的到来，信息传播的手段与存储方式，都在以数字化的形式完成，因此传媒汇流就成为发展的趋势。所谓跨媒体，实质是以数字技术为基础，以 IT、通讯技术为纽带，以不同介质为载体的媒体新形态。媒体发展有两种形式，一是媒体公司之间的交融与并购，力图在传媒业中以规模出效益。二是不同媒体之间的交融与互动，这主要指在不同媒体之间，传播内容的相互借用，以促进共同发展。

中国跨媒体出现的最根本原因可以归纳为两个字：生存。在国内传统媒介发展到今天，表面上似乎仍一派欣欣向荣的景象，但是实际上在很多地方，媒体的经营早已是险象环生，这包括报纸、电台和电视台。如果不及时对传统媒体的经营方略做出战略性的调整，有人预言，国企的今天就是媒体的明天。

生存和发展是实行跨媒体的原动力。近年来，中国加快了新闻改革步伐，通过组建各类集团的形式，力求逐步建立起适应市场经济规律的管理

---

① 《广电集团化：为做强而做大》，"中国新闻传播学评论"，http：//www.zjol.com.cn/05cjr/system/2004/01/29.002345119shtml。

体制、组织体制和运行机制。产业化是各集团成立之后的必走之路。

互联网的出现，逼迫大陆的传媒必须更新观念，以数字时代的思维来重新考虑自身的生存和发展，来重新给自己定位，从而催生跨媒体经营。从另一方面来看，以互联网为代表的数字时代新生事物，也需要从传统媒体那里得到支持与合作的形式。例如许多新闻网站就与传统媒体签订了合作协议，从传统媒体那里得到消息的转发权或采访权。可想而知，跨媒体集团的发展空间和市场领地之大。资源共享，风险共担，立足的基础已比别人厚实了许多。因此，正是由于所谓的"道相同，相与为谋"，使得各媒体跨越了界限紧紧地捆绑融合在一起，成为利益共同体。此外，由于媒体的发展与是否能最大限度地满足受众的需求息息相关，受众是媒体生存的社会基础，因此，满足近年来受众日益多元化的信息需求也使得跨媒体应运而生。①

从 2003 年开始，一些真正意义上的跨地域、跨媒介的大型综合传媒集团如雨后春笋，纷纷诞生。② 上海文广影视集团、牡丹江新闻传媒集团、成都传媒集团等打破行业壁垒的跨媒体传媒集团纷纷组建。

竞争，是当前中国传媒业的主旋律。集团化已经成为传媒竞争的一大特点，以突出规模效益为目标的媒介集团的组建与发展呈蓬勃之势。到2002 年底，共有 38 家报业集团，20 多家广播影视集团，15 家出版发行集团组建完成。这种集团化的趋势体现了市场经济条件下，垄断竞争的发展趋势。在传媒业，垄断竞争也将逐步取代自由竞争成为中国传媒业竞争的主流。

市场经济是竞争经济，竞争就必然产生垄断。中国新闻传媒集团化趋向意味着新闻媒介一方面在逐步突破原有计划经济体制下行政垄断造成的重重壁垒，一方面又在改变市场经济过渡期分散、无序的相对自由竞争状态，以联合、兼并等方式向更为成熟的、规范的、现代意义上的垄断竞争方面发展。它不但会改变旧有的媒介结构和竞争格局，还将进而引起媒介从传播内容、传播观念到管理模式、制度规范等一系列的变革，从而深刻地影响中国新闻媒介未来的发展。

① 覃露莹：《跨媒体：传媒游戏新方略/集团化——城市电视新闻的对策》，北京广播学院出版社，2002，第 87 页。
② 牛雯雯：《垄断竞争——我国传媒集团化的趋势》，《新闻知识》2005 年第 1 期。

　　一旦新闻媒介作为产业走向市场，就要遵循市场规律，按企业方式运作、经营。成熟的媒介市场必然是一个垄断竞争市场。集团形式包括单一传媒集团（如报业集团、广播集团、电视集团），横向交叉的综合传媒集团（包括报纸、杂志、广播电视、通讯社等多种新闻传媒在内），纵向联合式传媒集团（如报刊公司和广告公司、印刷公司等相关产业的联合），混合交叉式传媒集团（多种传媒业和相关产业以及其他许多非相关产业的联合），组合方式呈现多样化。而从发展过程看，最初以单一传媒集团居多，中期则以横向交叉和纵向联合式集团为主，近期则以混合交叉式为发展趋向。媒体的高集中、大规模和多样化集团式经营代表了当今世界媒介发展潮流。

　　诚然，中国新闻媒介不同于西方纯商业性的媒体性质，但其产业性质的确定，使媒介产业化发展方向已不可逆转，走向市场参与竞争亦不可避免。西方新闻集团的集约化经营经验无疑是颇具借鉴价值的，但中国应从实际国情出发，发展新闻集团，促进媒体集团化垄断竞争。

　　市场经济的根本目的在于追求高效率，而要实现高效率就必须有竞争，竞争层次越高、强度越大，效率相应也越高。市场竞争由分散走向集中，也是企业追求和实现效率的自然结果。垄断是形式，竞争是前提，效率才是目的，核心在于以集中垄断式的集团形式展开竞争，关键是使垄断与竞争并存，在市场上保持和实现效率竞争，对于刚刚起步走向市场竞争的中国新闻业来说，就是要使用必要和适当的行政手段，形成适度的媒体规模，优化媒介市场结构，以高水准、大规模的新闻集团为市场主体，确立有效竞争机制，提高竞争的层次和强度，发展并健全现代中国媒介竞争机制。

结　语

　　为了能与国际上的传媒"巨无霸"抗衡，习惯于"单兵作战"的中国传媒界在政府自上而下的积极推动下，加快了打造跨媒体、跨行业、跨地区的综合性传媒集团的步伐。

　　从长远发展的角度看，传媒业界实行"集团化"有利于资源整合、实现优化配置，有利于统一合理地做出全局性的战略方针，也有利于增强媒体抗风险能力和拓展市场，是媒体在经济上发展壮大的重要途径。媒体合并是媒体公司发展壮大的必由之路。虽然，我国的传媒产业仍处于集团化发展的初级阶段，但是媒介融合所引发的产业融合浪潮将使我国的传媒集团置身于一个崭新的环境中。这意味着在享受新一轮发展机遇所带来的喜人变化的同时，传统的媒介集团也面临新的问题和挑战。

第二节　俄罗斯传媒集团化现状与发展趋势

一　俄罗斯报业集团化发展现状

1. 俄罗斯报业集团化成因

俄罗斯媒体集团化在 1992 年初见端倪，此后一发而不可收，至 1997 年的短短 5 年就迅速形成了以古辛斯基、别里佐夫斯基、维亚希列夫和波塔宁等寡头为核心的媒介帝国。这种迅雷不及掩耳之势的集团化潮流很快冲击了俄罗斯的报业以及整个传媒领域，而这种"膨胀式"的崛起之后道路究竟去向何方，尚需回过头来重新观照新闻媒体集团化的最初动力、发展状态和影响因子。这里主要论述俄罗斯报业集团化的起源和历程。

俄罗斯传媒的发展与苏联有着不可分割的联系，报业也是如此。苏联的政治、经济体制以及传媒体制对于俄罗斯的影响十分明显。伴随着 1991 年苏联解体，曾经意识形态浓厚的"块头大、灵活度小"的报业体系迅速瓦解。国家一手包办的报业体系在俄罗斯不再适用，新的变革开始推行。

在这种新闻媒体发展变革的过程中，俄罗斯报业经历了三个波动时期：1992 年到 1995 年的发展阵痛时期、1995 年到 2000 年的集团化成熟时期、2000 年至今的普京时代。

（1）发展阵痛时期

纵观俄罗斯报业的动荡，与其特殊的国情联系紧密，主要影响因素为宏观政治环境的变革、新闻的定位、新传媒法的颁布和资本的迅速集中等。

第一，宏观政治环境大变革

1991 年 12 月 25 日，苏共中央总书记戈尔巴乔夫为苏联画上了句号，同时叶利钦为俄罗斯圈定了新的起点。后者继承了前者的遗产，也面临着新的考验：没有活力的企业、外债等。于是，著名的俄罗斯"休克疗法"开始进行。休克疗法是一个医学用语，原指采取激烈或者反常规的措施，让病人受到剧烈震荡而处于"休克"状态，以期有所疗效，治好病症。这种用语在 20 世纪 80 年代中期被美国经济学家杰弗里·萨克斯（Jeffrey Sachs）引入经济领域。萨克斯通过大刀阔斧的改革，使得玻利维亚经济经过短期剧烈震荡后起死回生。人们把萨克斯提出的这套稳定经济、治理通货膨胀的经济纲领和政策称为经济领域的"休克疗法"。

在这种社会背景下，俄罗斯媒介卷入了私有化的狂潮中。

就报业而言，苏联时期的党报、机关报等可以享受中央财政拨款和优惠条件，而苏联解体以后，报刊被推向了私有化道路，不再享有拨款，必须自负盈亏。在 20 世纪 90 年代，全俄有 2000 多种报刊，真正属于国营性质的不到 2% 或 3%，只有俄罗斯联邦政府办的《俄罗斯报》、《俄罗斯消息报》、《俄罗斯联邦》（杂志），俄议会拨款的机关报《议会报》等。80% 报业实行股份制，成立开放型或封闭型股份公司。同时，俄罗斯大众传媒法允许众多的私人媒体以多元资本持股形态而存在，书刊检查机构被取消，刊物能够自由出版发行，但缺乏健全的法律和严密的监督的保障，其结果往往造成新闻传媒和政权机构的投机行为。新闻伦理成为冲击报业诚信的重要来源，而报刊的读者开始大量流失，报纸发行量也纷纷下滑。[①]

第二，新闻的定位

早在苏联时期，由于报刊体制的集团特征，报业的利润通过党组织、团组织、各级工会等汇入国家财政部门，具有渠道的单一性和垄断性特征。因此，报业发展的经济基础和基本设施并没有得到重视。这样，报业一旦进入市场化阶段，矛盾就表现出来了。新闻纸张的劣质和垄断、印刷厂设备的落后、广告的不景气等问题，都是制约报业发展的因素。

例如，党报、机关报等由国营转向民营的报纸，自筹资金困难，可谓惨淡经营；其他报刊在市场经济中也朝不保夕。经济问题成为俄罗斯报业改革的最大障碍。在这种情况下，国内外资本拥有者——金融寡头们便乘虚而入。

各种报纸为了生存开始寻找出路，尤其是地方性的小报，往往通过通俗化的内容来吸引受众，于是频频出现新闻品位低劣、风格媚俗、违背新闻职业道德等现象，新闻呈现混乱和无序的状态。

第三，《俄罗斯联邦大众传媒法》的颁布

1991 年 12 月，俄罗斯颁布《俄罗斯联邦大众传媒法》。这部新法律没有明确提出"不允许垄断任何一种大众传媒"，并且取消了报刊出版审批

---

① 张丹：《变化中的俄罗斯传媒》，《新闻与传播研究》2004 年第 3 期。

制，代之以出版登记许可证制度。私有化、市场化将大众传媒推向了集团化的进程。

1993 年 12 月，俄罗斯联邦会议修改《俄罗斯联邦大众传媒法》，拓展了新闻媒介的商业化道路。当时，在报业方面，只有政府的《俄罗斯报》、《俄罗斯消息报》，杜马的《议会报》等少数报纸归国家出资，其余报纸都开始进行私有化和市场化生存的尝试，导致它们纷纷依附于财团或权势。

于是，"影子新闻"应运而生。所谓"影子新闻"，就是指一些新闻从业人员被商业传媒公司集团所收买，从事隐性广告，按照其口径和要求采写报道和访问记等业务，即利用传媒的传播信息为自己的商业利益服务，使新闻传媒活动的标准和品格大大降低。

第四，资本的集中加速了集团化的形成

金融资本的集中使得俄罗斯出现了一批垄断集团。这些集团向媒介渗透，为媒介集团化的道路提供了资金保障。

1993 年 12 月 5 日，叶利钦颁布俄罗斯历史上第一个鼓励创建金融工业集团的第 2096 号总统令，同时出台了《关于金融工业集团及其建立程序》的临时条例。

这个条例为俄罗斯建立金融工业集团提供了温床。在 20 世纪 90 年代，俄罗斯成就了一夜暴富的七大金融寡头，号称俄罗斯"金融七寡头"。

传媒体制改革和金融寡头成熟为传媒的命运画上了"神奇"的一笔。

众所周知，传媒法对于"取消新闻检查、有权成立私人新闻媒体，新闻工作者群体享有独立性"等规定的初衷是保障新闻自由，但不幸的是，时逢经济私有化浪潮，不懂"市场"的媒介不知道何去何从。

《莫斯科新闻报》总编辑叶戈尔·雅科夫列夫回忆当时的情况时说："（他们）提出了市场问题，而我们根本不知道什么是市场。在对抗国家的新闻检查方面，我们当中有人做得较为成功，有人则不那么成功，但我们全都依靠国家拨款生活。实际上，大家都没做好准备。"①

于是，俄罗斯报纸、广播、电视等媒体难以抵抗拥有"市场经验的"国内外金融工业集团。俄罗斯国内各大主流报纸主要被这些金融工业和世界媒介集团逐渐控制。报纸和广播、电视等媒体被这些财团融合为媒介

① 《俄罗斯大众传媒正在掌握市场法则》 RUSNEWS. CN/xinwentoushi/20070601/41791155. html。

帝国。

同时，报业中以报纸—杂志和母子报等形式出现的报业集团成为报纸多元化发展的一种方式。经过垄断资本的渗透以及报业自身谋取多元化道路，报业集团逐渐形成了几大格局，一时之间呈现集团鼎立的局面。

（2）集团化成熟时期

1995 年到 2000 年之间，俄罗斯报业集团化已经逐渐成熟。其主要存在类型包括以下三种。

第一种，俄罗斯的大报被大型利益集团纳入媒介帝国

俄罗斯主要媒体帝国旗下的报业情况

寡　头	集　团	旗下报业
古辛斯基	桥媒介股份公司	《今日报》、《总结》杂志、《七日》周刊
别里佐夫斯基	罗戈瓦斯汽车集团	《星火》、《新消息报》、《独立报》、《生意人报》、《权利》、《家庭》杂志
维亚希列夫	天然气工业集团	《论坛报》、《劳动报》
卢日科夫	莫斯科市政府媒介集团	《莫斯科真理报》、《钟声报》
波塔宁	波罗夫专业媒介集团	《共青团真理报》、《消息报》、《天线报》、《快讯报》、《专家周刊》、《帕莱姆通讯社》

注：本表参考了《俄罗斯传媒体制创新》① 等资料整理而成。

苏联解体后，各大党政、机关大报也开始走市场化道路，往往被金融寡头看中，被纳入寡头们的媒介帝国里面。苏联中央机关报《真理报》和希腊公司（Steelite Holdings Ltd）合作，组建了"真理报国际有限公司"。报社持有 45% 股份，希腊公司却拥有 55% 的股份。很快，两者因矛盾而将报纸分成两家。真理报社有限公司出版发行的称为《真理报》，它由国内财团支持；由真理报国际股份公司出版发行的报纸称为《真理报 - 5》，它由外国的资本支持。原最高苏维埃机关报《消息报》被俄罗斯最大石油公司——卢克公司买下了 41% 的股份，卢克成为《消息报》的最大股东。

除金融寡头外，以政府为背景的利益集团也重视舆论的作用，圈定自己的媒介范围。以卢日科夫为代表的莫斯科市政府媒介集团，《莫斯科晚报》、《钟声报》、《莫斯科共青团报》等基本上扮演着卢日科夫的代言人角

① 吴非、胡逢瑛：《俄罗斯传媒体制创新》，南方日报出版社，2006，第138页。

色，尤其是在 1998 年俄罗斯经济危机中，卢日科夫利用媒介积极地树立自身的形象。

第二种，以报纸和杂志等纸质媒介为主的报业集团

这些报业集团背后大多有财团支撑，但是媒体业务主要放在报业方面，包括报纸和杂志，而广播电视等则较少。比如，雅科夫列夫商业出版集团旗下的有《生意人报》、《权利》、《金钱》、《家庭》杂志等，莫斯科政府资助的有《莫斯科先锋报》、《尖峰时刻》、《生意人》、《莫斯科先锋－林荫大道》杂志等，罗沙克银行集团下的《莫斯科新闻周报》、《莫斯科周刊》、《时代》等。另外，以波塔宁为首的俄罗斯最大的私人财团奥涅克西姆财团先后掌控《文学报》、《专家》等杂志，并于 1997 年获得《共青团真理报》20% 的股份，同年创办了《俄罗斯电讯报》。[1]

第三种，母子报构成的报业集团，这也是报纸采用联合经营的方式求得市场化生存的表现形式。比如，《二手商品报》有 108 个子报，专业媒体出版社有 90 个子报等。[2] 这些母子报盛行的原因之一是俄罗斯的报纸刊号基本上是免费的。这样，以母报奠定信誉和名誉、以子报拓宽市场和空间的做法有利于母子报的生存和发展。其中，子报大部分都是免费的，也是构成俄罗斯免费报纸的重要力量。

上述报业集团化历程，具有典型的时代特征。而这种特征也伴随着叶利钦时代的结束而有所变化。尤其是步入普京时代之后，大众传媒开始打上普京的时代烙印。

（3）普京时代

普京时代，媒体的"自由"权利开始被大规模收回，整体上呈现出国有企业控股媒介帝国的特征。收回金融寡头手中的媒体权利、重塑大众传媒的国有公共服务体系的功能，这成为普京的"治国之道"。所谓"国有公共服务体系"就是指媒体产业经营基本上由联邦政府所有或控股，其主要目的在于保留媒体维护国家形象与安全的政治宣传功能，同时媒体产业还要兼有经济效益，这明显与叶利钦时代制定的媒体法所主张的传播自由基本方向相违背。报业在普京时代，被纳入了普京的整个治国管理体系中，

---

① 董晓阳：《俄罗斯金融工业集团角逐传媒界》，《东欧中亚研究》1998 年第 4 期。
② 吴非、胡逢瑛：《俄罗斯传媒体制创新》，广州，南方日报出版社，2006，第 63 页。

整个传媒发展处处体现着普京思维。①

　　作为报业经济的主要来源，金融寡头借助媒体干涉政治的行为早已令普京大为恼火。普京杀鸡儆猴，先后对古辛斯基、别里佐夫斯基等媒介寡头进行控制。这些媒介帝国旗下的自由报纸也被收归国有。

　　普京曾经指责叶利钦时期的"当权者把胡作非为当成民主，把洗劫千百人的血汗和一小撮人的暴富当成市场和市场关系，放纵瓜分和盗窃本属于全体人民的巨大的资源财富"；"政治投机者控制了联邦会议和政府的关键席位。高官们为了迎合寡头而不惜损害俄罗斯的社会和国家利益，把国家财产挥霍殆尽。腐败是他们进行政治和经济竞争的手段。这些人年复一年制订的预算既不平衡，也不负责任，导致我们负债累累，经济崩溃，人民生活水平一落千丈"；"他们是人民的敌人，是西方的走狗"；"90年代的改革是失败的、无情的、残酷的，造成整个国家充斥着腐败和盗窃"。如此激烈的批评已经透露出普京对于金融寡头们的强硬态度。这是普京在2000年8月12日"库尔斯克"号核潜艇沉没事件上，针对金融寡头们干政所发出的不满信号，并迅速燃起了整顿寡头们的热情。

　　2000年8月12日，俄罗斯著名的核潜艇"库尔斯克"号沉入巴伦支海海底。而就在此时，普京恰好从莫斯科启程前往黑海度假。普京对此事的态度相当暧昧。5天之后，普京才赶回莫斯科，并作出相关解释："我第一个反应当然是立即飞往潜艇出事地点"；"但是我忍住了，我想自己这样做是对的。因为，一个不懂行的高级官员出现在出事现场，不但对营救行动没有帮助，还可能起反作用。所有人都应该安守本分"；"我与根纳季·利亚钦上校（'库尔斯克'号舰长）以前就认识。所以，当我知道营救机会渺茫时，我非常难过"；"我们正在全力以赴营救船员"。

　　受控于反对派的各大报纸抓住时机，肆无忌惮地猛烈批判普京的5天"消失"行为：

　　《共青团真理报》责问："这么多天，总统为什么一直保持沉默？""普京在对此事发表声明时，好像在说一件非常平常的突发事件。不知是他对核潜艇沉入巴伦支海底的严重性有所怀疑，还是他对此事的认识根本就不正确"；"如果艇上的人真的都死了，普京该不该对事态的估计不足和拖延负有责任？结论显而易见。"

---

　　①　吴非、胡逢瑛：《俄罗斯媒体资本运作与政府角色》，《新闻记者》2004年第11期。

《消息报》头版以大标题醒目地写道:"俄罗斯国民对国家的依赖已随着'库尔斯克'号一起沉入海底。"该报说,这起灾难再次证明,俄罗斯没有能力处理危机,并指责官员把面子放在人命之上。

境外媒体也"添油加醋"地表示不满:英国《每日电讯报》和《金融时报》对俄罗斯迟迟没有向外国求救特别不满,认为普京这么做可能是出于政治私利。《每日电讯报》还认为:"普京无疑认为,只要他保持低调,就能不对这起灾难负责。"该报认为:"隐瞒意外的严重性以及无谓的尊严,延迟了当局向外国寻求援助,这可能付出血的代价,两者反映出俄的最大弱点。"

国内媒体的"理直气壮"和境外媒体的"煽风点火",使得国内人民对于政府的援救行为和危机处理能力也开始产生不满情绪。

这次灾难中部分媒体表现出来的态度,让普京的处境"雪上加霜"。对此,普京并没有过多地和媒体"纠缠",但是人们可以清楚地看到普京即将实施的下一步计划。他说:"站在最前面声称保护遇难者利益的人群里,就有那些在这几年间搞乱我们的社会、破坏我们军队的人。"当借助旗下媒体猛烈抨击普京的别里佐夫斯基要为遇难者的家属捐钱时,普京说:"对这种慈善行为我们赞成,最好卖掉地中海岸边的别墅。但接下来的问题是:他们是从哪里搞到这么多钱的?"

俄罗斯一位经济学家在谈到俄罗斯寡头们曾说过:"总之,一小撮暴发户神话般地富起来,而国家却变穷了,人民赤贫化。我国的暴发户没有创造任何实际的资产,他们只是盗窃苏维埃人用劳动创造的财富。可以大胆地说,在俄罗斯千年历史上任何一次外国的入侵,包括法西斯的入侵,给她在经济上带来的损失都没有像丘拜斯们、别里佐夫斯基们、波塔宁们及其同类五年来的胡作非为造成的那么大。"[①] 根据俄官方统计,1992 年到 1997 年俄罗斯外流资本超过 623 亿美元,而实际的外流资本至少要比这个数字多一倍。与此同时,国内经济困难,政府财政拮据,往往受制于这些金融寡头。

在这种情况下,普京开始大力整顿寡头干政局面。古辛斯基、别里佐夫斯基等相继落败。

普京在打击传媒寡头的同时,也以"文"的手法牢牢抓住大众传媒的

---

① 1997 年 12 月 20 日《苏维埃俄罗斯报》。

脉搏。这主要是指普京大力提倡新闻理念和新闻精神。普京倡导的新闻自由是"可控民主"下的自由。所谓"可控民主"，其实质就是政治上相对集权，即把主要权力集中在国家手中，实行集权前提下的民主。从民主的本义讲，"可控民主"无疑是一种倒退。民主要求的是权力制衡，而不承认超越民主之上的不受制约的"超级权力"。但是，从俄罗斯社会发展的角度讲，如果说相对集权是必要的，那么"可控民主"就是符合其国情的。一方面，俄罗斯已不可能没有形式上的民主；另一方面，俄罗斯又不能重蹈政治混乱、为政治斗争牺牲经济发展的覆辙。因此，建立"可控民主"是一种最佳选择。①

与其说"可控民主"是一种策略，不如说它是一种精神。这种管理传媒的精神是俄罗斯在经历了传媒集权和传媒自由之后的一种习惯性选择，也是普京时代提倡的价值观的体现。

就俄罗斯整个传媒业的宏观环境而言，2000 年是个分水岭。2000 年之前，俄罗斯媒介处于阶段性的自由状态。这种自由是报业集团化的多样性的表现，也是多方利益的博弈结果。2000 年之后，俄罗斯传媒开始进入普京时代。

综上所述，俄罗斯报业集团化的历程呈现出下列特点。

一是政策和法律提供了集团化发展的氛围。俄罗斯传媒政策的总体走向呈现三大特征：第一，由中央集中管理到民主化、公开性、多元化；第二，全面市场化、私有化；第三，以国家、社会利益为重，重塑大众媒体的社会功能。②

二是金融寡头的成熟提供了资金条件。俄罗斯私有化运动放开了市场，不少投机者一夜暴富，完成了最初的原始积累，然后昂首阔步地进军媒介。同时，在 20 世纪 90 年代的世界范围内，也是媒介集团化浪潮风靡一时的时期。世界各国媒介纷纷以兼并、购买等形式来进行媒介产业化的规模化发展。

三是国内外资金不失时机地注入报业媒介。其中，就报业而言主要是国内资金，因为国外资金投资俄罗斯报业的门槛比较高，主要集中在俄罗

---

① 史天经：《普京"可控民主"与俄国新闻媒体》，《青年记者》2006 年第 19 期。
② 严功军：《从戈尔巴乔夫到普京：俄罗斯传媒政策的变迁及反思》，《社会科学战线》2003年第 4 期。

斯出版领域。

四是多方利益的博弈。政府、经济利益集团、媒体等三方是传媒集团化过程中的主要力量。如果说政府的改革为经济利益集团提供了"增肥"的条件，那么经济利益集团"增肥"之后试图影响或者利用政治资源就成为必行之举，而传媒作为信息和舆论渠道无疑是关键桥梁。这样的利益三方开始了争夺、合作以及各种形式的交往。

2. 俄罗斯报业集团化现状

俄罗斯报业集团化现状与普京 8 年多的媒体改革是分不开的。在普京领导下，俄罗斯报业开始了新的发展阶段。普京以总统身份已经执政 8 年，并于 2008 年 5 月 8 日继续以总理身份活跃在俄罗斯政坛。

普京时代的媒体发展是普京整个国家战略思想的一部分，因此媒体必须为国家利益服务。经过普京整顿后的报业集团，其现状呈现出下列特征：

（1）媒体逐渐成为国家集团控制的工具

普京致力于媒介公共服务体系的建立，执行以"国有媒体为主，商业媒体为辅"的媒介方针。

一方面，报业多为国家和政府财团以资金的形式控制。目前，俄罗斯报业资金来源多为政府、行业协会和亲政府的利益集团。比如，工业联络资本集团控股《劳动报》；天然气工业集团在 2005 年开始主宰《消息报》；彼得堡控股公司电视传播公司控制《星火报》；《莫斯科新闻》和《独立报》在 2005 年也易主。

另一方面，政府对报业提供多方面的补助。例如，对于出版业，2001年向地方媒体提供了近 15 亿美元的资金支持。对于来自 82 个地区的 493 种印刷媒体，政府按预算每年定期向其中一种媒体提供 17 万卢布的资金，改造报社设备。①

（2）新寡头浮出水面，控制报业集团

从普京的政治生涯来看，2004 年是一个分水岭。因为在 2004 年末，俄罗斯政府在著名的经济案件——尤科斯案中取得胜利，原寡头霍多尔科夫斯基被宣判 9 年监禁。这意味着政府在旧寡头和政府的较量最后获得胜利。

而在被称为俄罗斯"新贵"的新寡头中，不少人在叶利钦时代暴富，只是被旧寡头遮挡了光芒，并且采取不显山露水的策略，如今逐渐为人熟

---

① 吴非、胡逢瑛：《俄罗斯媒体资本运作与政府角色》，《新闻记者》2004 年第 11 期。

知。其中包括俄罗斯铝业公司总裁奥列格·杰里帕斯卡（叶利钦的孙女婿）、阿尔法集团公司总裁弗里德曼、秋明石油公司董事长韦克谢里伯格、诺里尔斯克公司的行政总裁普罗霍洛夫等。

俄罗斯《财经》杂志 2008 年 2 月 18 日公布了最新的俄罗斯富豪排行榜：2007 年，俄罗斯"身价"超过 10 亿美元的富豪人数从 61 个激增到 101 名，所有这些人的财富总额超过 7000 亿美元，其中前十位富豪的财富总额超过 2000 亿美元。就"身价"10 亿美元的富豪人数而言，俄罗斯已经是仅次于美国，位列全球第二。①

据观察，这些新寡头主要由普京总统的亲信和幕僚组成，大部分人来自安全情报机构，他们控制了俄罗斯最大也是最赚钱的国营大企业，控制着俄罗斯的经济命脉。

这些寡头成为普京时代的"新贵"，在普京整治古辛斯基和别里佐夫斯基期间，他们纷纷慷慨解囊，把两大媒介寡头旗下的媒介机构购入手中。新寡头们对克里姆林宫的政治和经济决策没有任何微言，成为规规矩矩的生意人，他们的媒体也甘愿为普京所驱使。

（3）报业兼并风潮依然不断

近几年，俄罗斯出版公司集团化较为频繁。2004 年，HFS 和俄罗斯国际传媒购买俄罗斯 Gameland 的 20% 的股份。2004 年，德国 HBV 国际出版集团收购俄罗斯拉格斯媒体，收购价格 1000 万～1200 万美元。罗季莫夫出版社相继收购了《公司》、《女农民》等杂志。2005 年，芬兰 Sanoma Magazines 控股公司以 1.85 亿美元将俄罗斯独立媒体出版社（Independent Media）收归旗下。②

2006 年 6 月，前苏共中央总书记戈尔巴乔夫也决定涉足传媒业。他和俄罗斯议员列别杰夫（一名富商）合伙收购了俄罗斯刊物《新报》49% 的股份。戈尔巴乔夫认为：媒体需要向读者提供多元化观点和可靠的报道内容，报道必须反映俄罗斯的民意；他们作为股东，将与编辑部合作，不会把报纸用于满足企业的需要。《新报》是一份双周刊，以调查新闻和车臣问题报道闻名；其在莫斯科发行量为 17.15 万份，在俄罗斯其他地区为 51.3 万份。③

---

① 《俄国富豪"很富很听话"》，http：//www.chinadaily.com.cn2008 - 03 - 06。
② 王卉莲：　《2005 年俄罗斯大众传媒与图书出版市场概览》，http：//www.sina.com.cn 2006 - 05 - 25。
③ 《戈尔巴乔夫要办一份独立的报纸》，http：//news.sohu.com2006 - 06 - 09.

　　另外，2006 年乌兹别克石油大亨阿·乌斯曼诺夫以 3.3 亿美元收购了"生意人报"出版社（ИД "Коммерсант"），它拥有独立的《生意人报》等著名报刊。同年，俄罗斯另外两大出版社——报纸（Газеты GZT. ru）和公司机密（ИД "Секрет фирмы"）表示，愿意用 6000 万美元转让自己的股票，而它们的潜在买家则是罗季奥诺夫出版社（ИД Родионов）。论据与事实出版社（ИД "Аргументы и факты"）也传出消息愿以 5 亿美元抛售自己的股票，其买家可能是南非的 Naspers 公司。论据与事实出版社旗下有两大报纸——《论据与事实》、《劳动报》和一家"新闻媒体"印刷集团以及发行公司等诸多实体，2006 年资产可达 3.3 亿美元。①

　　（4）危机处理成为衡量报业及媒体的敏感杠杆

　　普京十分强调，报业和广播、电视等媒体的运作都必须以国家利益为核心。比如，别斯兰人质事件所带来的媒介变动，成为媒介在危机事件中应该持有的态度的导向。2004 年 9 月 1 日至 3 日，一伙不明身份的武装恐怖分子进攻并占领了北奥塞梯市第一中学，将参加开学典礼的约 1200 名师生和家长扣作人质。恐怖分子在进攻时与警察发生交火，造成大量人员伤亡。事后，官方公布的遇难人数为 338 人，但《消息报》认为死亡人数应该在 400~600 左右，并认为死亡人数不可能完全是恐怖分子造成的，特种部队应当负有部分责任。

　　这篇报道公布于众之后，《消息报》主编沙里克夫很快辞职。据俄政府消息人士向莫斯科回声电台透露，在沙里克夫宣布辞职前，俄总统新闻事务主管博罗金曾亲自给《消息报》所在的俄罗斯报业集团老总打过电话。

　　俄罗斯《新报》的著名女记者安娜·波利特科夫斯卡娅（Anna Politkovskaya）曾经对 2002 年莫斯科戏剧院人质事件和别斯兰事件进行深入调查，并多次公开批判普京体制的"罪行"。②

---

① 王攀：《俄罗斯：电视转播有危机，报纸在兼并》，http：//home. donews. com2006 - 09 - 12。
② 莫斯科剧院人质事件发生于 2002 年莫斯科当地时间 10 月 23 日晚 9 时左右，几十名车臣武装分子闯入莫斯科东南区轴承厂文化宫剧院，将 700 多名观众、100 多名演职人员扣为人质，要求俄罗斯在一周内撤军车臣，否则将引爆莫斯科轴承厂文化宫大楼。以普京为首的俄罗斯政府对此事件自始至终采取了坚决的不妥协立场，在多次经社会各界人士及政府代表与车臣绑匪交涉谈判后，50 多名外籍人士与妇女小孩被释放，对峙近 60 小时后，10 月 26 日早晨，事件以俄罗斯特种部队使用麻醉气体强行攻入解救人质为结局落幕，绝大部分人质获救，然亦有约 130 人死亡。俄罗斯主流媒体和国内外舆论等对于普京的危机处理能力表示满意。

2006 年 9 月，波利特科夫斯卡娅被神秘枪杀在自家门口，此案引起一片哗然，至今没有圆满解释。到底谁是凶手，有待验证，有人说是她触怒了别里佐夫斯基。不过，不管怎样，媒体记者的弱势可见一斑。

危机事件的处理和媒体对待危机事件的态度，是考验政府和媒体双方是否能够有效平衡利益和达成共识的敏感途径。媒体和政府的思维是否在国家利益的高度上保持一致，决定着媒体的前途。

3. 俄罗斯报业集团化市场发展空间

俄罗斯报业集团化市场发展空间呈现出如下特点。

（1）俄罗斯报业集团化发展从属于整个国家媒介发展计划

俄罗斯政府将继续维护媒体国有公共服务体系。"它体现在俄罗斯政府建构的一个完整架构的法制规范之下，由联邦中央扮演主导角色，强化行政政权的执行力、参与媒体营运、控制技术和整合有限的频道资源，以及亲总统的政府派政党投入结合通信产业经营有线电视频道等方面的举措"。[1]

与此同时，民营媒体基本上没有太大的生存空间，普京限制新闻纸、印刷厂、发射塔、频道等。"普京政府对于广播电视所需的发射塔与频波等资源以及印刷媒体所需的新闻纸和印刷厂等资源都有严格的政策限制，因此民营媒体基本上已经在先天上失去了发展的前提条件"。[2] 在国有公共服务体制下，民营媒体受制于政策的阻碍，因为国家具有使用媒介资源的优先权。

（2）报业市场化不够成熟，但是基本稳定发展

俄罗斯媒介集团化不等于市场化，因为这种集团化过多地成为政治牺牲品，而非市场化达到一定阶段的产物。因此，俄罗斯报业市场化并不成熟。但是因为在俄罗斯传媒处于政治的掌控之中，因此，传媒暂时也会稳定发展，不会有太大的动荡。

报业市场整体来看不容乐观。由于大众传媒市场竞争加剧，报纸、图书等种类数量增多，发行量下降。我们可以参考 2006 年的一则数据：《共青团真理报》发行量最大也只有 75 万~80 万份，《俄罗斯报》为 30 万~40 万份，《消息报》22 万~27 万份，《生意人报》11 万~12 万份。[3]

另外，报纸等纸质媒体和电子类媒体处于劣势。数字显示，2005 年俄

① 吴非、胡逢瑛：《俄罗斯媒体国有公共服务体制中的国家性与政党性》，《现代传播》2005 年第 4 期。
② 胡逢瑛、吴非：《国家安全压倒新闻自由》，大公网 2006 - 01 - 16。
③ 杨运芳：《俄罗斯报业现状一瞥》，《军事记者》2006 年第 11 期。

罗斯连续出版物销售额超过 21.8 亿美元。2005 年俄罗斯连续出版物市场
（发行＋广告）规模 35.7 亿美元，投资额超过 12 亿美元。[①] 2005 年俄罗斯
传媒市场广告额增长了 28%，达到 50.1 亿美元。俄罗斯通讯协会的统计表
明，电视广告在广告市场上所占份额最大。印刷类大众传媒广告收入增幅
最小，增长幅度较 2004 年下降 12 个百分点。其中，图书出版和报纸、期刊
等出版物处于增长状态。

对于报纸的广告，俄罗斯政府具有较为严格的规定，也是影响广告创
收的一个因素。比如，2006 年 7 月，俄罗斯政府出台关于广告的规定：报
刊的广告版面不允许超过报纸总体版面的 40%，并在版面上明确标出广告
字样，禁止任何形式的软广告。

（3）报业集团化过程中，内容娱乐化成为部分报纸的生存之道

2005 年 5 月 24 日，俄罗斯《共青团真理报》创办 80 周年纪念日之
际，普京前往道贺。他回答记者提问时明确表态："尽管有人对报纸提
出批评，指责其已经沦落为'黄色刊物'，但是我并不这样认为。"他
认为：《共青团真理报》掌握平衡的能力很强，有很多严肃的内容，也
有轻松的有趣味性话题，非常吸引读者，虽然"有点黄"，但没有变成
"黄色小报"。[②]

（4）地市级报业发展可以进一步拓展空间

数字显示，2005 年，在俄罗斯注册的报纸有 26177 种，其中大约一半
经常出版。2005 年报纸总发行量为 83.12 亿份。全国性报纸 400 种，发行
量为 29 亿份，占报纸总发行量的 34.8%。地区性报纸、地方性报纸分别占
总发行量的 32.3% 和 32.9%。俄罗斯疆域宽广，地市级报纸在发行、风格
等方面都可以具有地方特色。而中央级国有媒体的发行范围有限，因此地
市级报纸具有广阔的发展空间。[③]

（5）在报业集团化过程中，俄罗斯报业面临新媒体的挑战，同时受众
的消费习惯开始偏向现代的阅读方式

2005 年受俄罗斯联邦出版与大众传播局委托，针对阅读问题进行了一
项社会调查。结果显示，当今俄罗斯超过一半（52%）的成年居民不买书，

---

① 《2005 年俄罗斯大众传媒与图书出版市场概览》，http：//news. xinhuanet. com 2006 – 06 – 14.
② 《普京喜欢报纸"有点黄"》，www. ycwb. com2005 – 05 – 26.
③ 《2005 年俄罗斯大众传媒与图书出版市场概览》，http：//news. xinhuanet. com 2006 – 06 – 14.

超过三分之一（37%）的人根本不读书。近两年来积极读者的比重已由26%减少到23%。近5年来在俄罗斯进行的第二次权威调查表明，学龄儿童的阅读技巧并不令人满意。在阅读技巧和对所读材料的理解方面，2000年在对32个国家的调查中，15周岁的俄罗斯中学生位列27；2004年在参加调查的40个国家中排在第33位。

因此，报业跟上现代化的步伐是关键点。2006年6月4日在莫斯科举办的第59届世界报业大会①上，讨论的主题包括：报刊在数字化时代的生存和创新；言论自由和传媒自由等。

普京在这次世界报业大会上表明了对于报纸数字化的态度。他说："你们所处的媒体环境已经发生了很大变化。你们要与电视、网络等媒体进行竞争"；"报纸在过去发生过危机，但并没有失去创新能力，在不断创造新的营利模式。报纸也有自己的传统优势，与其他媒体比较，除了及时提供新闻信息，还比较容易进行深入讨论和评论。人们的日常生活离不开报纸，它拥有成千上万读者。"对于报业的前景他也坚定不移，他说："读报犹如宗教仪式，是不会轻易改变的。"②

（6）报业大发展需要加强国际报业交往，包括合资办报、设立记者站等

俄罗斯《金融时报》和美国《华尔街》杂志联合创办的俄罗斯《新闻报》，就是国际报业合作的例证。另外，俄罗斯报业和中国媒体的合作已经步入了一个新的阶段。2007年3月14日，由俄联邦政府创办的《俄罗斯报》在北京举行开设记者站仪式。该报副社长涅果依恰在仪式上致词时表示，《俄罗斯报》驻华记者站将向俄罗斯读者全面报道中国在经济、社会等方面取得的成绩，努力增进两国人民之间的了解和友谊。③

结　语

俄罗斯媒体集团化开始于1992年，在社会体制转型过程中，俄罗斯新

---

① 世界报业协会 World Association of Newspapers 代表五大洲1.8万个出版机构，目标是促进新闻自由和媒体经济生存能力；第59届世界报业大会和第13届世界编辑论坛由世界报业协会主办，俄罗斯承办。

② 《第59届世界报业大会和第13届世界编辑论坛文集》。

③ 孙力、杜迎新：《俄罗斯报》在北京开设记者站，http：//news.xinhuanet.com 2007－03－15。

闻媒介先后经历了发展阵痛期、集团化成熟期和普京时代。

随着俄罗斯宏观政治环境大变革，俄罗斯媒介卷入了私有化的狂潮中。一些媒体出现媚俗、品位低劣新闻，一再违背新闻职业道德，呈现出一片混乱和无序状态。金融寡头们纷纷涌入媒介市场，集团化快速形成。媒介集团呈现出三种类型，即各种大报被大型利益集团瓜分一空，纳入传媒集团；报纸和杂志等纸质媒介组成了报业集团；母报和子报组成报业集团。

进入普京时代后，媒介逐步成为国家集团控制的工具。老媒介寡头刚被赶走，新媒介寡头接踵而来，报业兼并风潮四起。但是，由于俄罗斯报业集团化发展被纳入国家媒介发展计划，显现报业市场化不够成熟，娱乐化内容成为部分报纸的生存之道。

综观俄罗斯报业集团化的发展历程，国家色彩始终伴随着整个过程。无论是金融寡头时代还是普京时代，政治与媒介的密切关系从未疏远，只是表现形式的因时而异。因此，我们认为，俄罗斯的报业集团化过程就是报业国家化过程，也是报业资源被国家开发和重新分配的过程。这彰显了整个传媒集团化的特色。

二 俄罗斯广电报业集团化发展现状

1. 俄罗斯广电报业集团化成因

和报业相似，广电报业的集团化有着类似的政治、经济和媒介环境。在此不再赘述。广电报业也有其自身的特殊性，可以从以下几个方面分析其成因。

（1）宏观环境：如前文在报业集团化的背景中所述的那样，俄罗斯传媒面临着私有化浪潮的冲击，广电媒体也不例外。在这样的市场化浪潮中，俄罗斯政府在广播电视方面仅控制着 3 个广播电台，即俄罗斯台、俄罗斯一台及灯塔台。俄罗斯台的收听率为 23.7%，俄罗斯一台为 2.3%，灯塔台不到 1 个百分点。① 其余的广电媒体，都被推入了所谓的"市场化"中，让它们自己寻找生存和发展之道。

（2）国外资本对俄罗斯广电报业集团化起到促进作用。一些西方传媒集团瞄准俄罗斯传媒在俄罗斯社会转型初期的"迷茫"和"无助"，通过购

---

① 吴非、胡逢瑛：《俄国媒体运营体制转型的轨迹》，《当代中国研究》2004 年第 2 期。

买股份，建立分部、记者站（如美国的自由欧洲电台）等形式进入俄罗斯传媒领域。

（3）广电报业的一体化和集团化与俄罗斯国内金融寡头的多元化传媒发展战略以及政治情结紧密相关。能够融合广电和报业为一体的，是"财大气粗"的金融寡头们，因为广电报业集团的成立意味着强大的经济基础和发展能力，金融寡头无疑能够提供这种后盾。

首先表现为各大财团对于主流报纸和电视台的争夺。国家机关报纸在广电报业集团化过程中起着重要作用，因为国家报纸的地位和影响力，这些报纸首先成为私有化背景下各大财团争夺的对象。

苏联最高苏维埃主席团机关报《消息报》于 1991 年 8 月 21 日宣布为独立报纸，1992 年完成私有化，成立开放型股份公司。1997 年，卢克石油公司收购了《消息报》，拥有 49% 的股份，是当时《消息报》最大的股东。卢克石油公司做董事长，报纸原主编依然保持原职。然而，1997 年 4 月 1 日，《消息报》转载法国《世界报》一则消息，称当政总理切尔诺梅尔金拥有 50 亿美元的私人资产。这引起总理切尔诺梅尔金的极度恼火。卢克石油公司要求《消息报》撤换主编。《消息报》立即反击，"反卢克运动"开始，并且寻找新的投资者。此刻，联合进出口银行插手进来，抢先集中收购了《消息报》51% 的股份，并且联合已经控股的《共青团真理报》与卢克石油公司展开激烈竞争。在这场争夺战中，《消息报》主编不得不辞职，因为《消息报》已经被这两大财团瓜分。《劳动报》、《汽笛报》、《工人论坛报》以及公共电视台、电视第五频道和伊塔尔—塔斯通讯社等也都有被激烈争夺的相似命运。

在主流媒体被争夺的过程中，各大财团加速了广电报业的集团化进程。他们迫切希望能够从媒介获取更多的注意力和影响力。正如俄罗斯天然气工业总公司的新闻传媒关系部经理斯米尔诺夫所说："最为重要的事情是使整个传媒系统为我们的中心思想服务；我们是在为政府利益而活动，而政府需要我们。"①

其次是不同财团的"圈地"式媒介扩展。不同财团的广电报业集团化道路基本相似。以古辛斯基为首的"桥"银行财团，经历了如下的广电报业集团化过程：先是创建独立电视台（HTB）（1993 年，77% 股份）→主

---

① 张丹：《变化中的俄罗斯传媒》，《新闻与传播研究》2004 年第 3 期。

办《今日报》并出版发行（自由派报纸）→买下了莫斯科回声电台→与美国《新闻周刊》合办《总结》周刊。另外，属于古辛斯基势力范围的还有《莫斯科共青团员报》、《莫斯科真理报》、《莫斯科晚报》、《自鸣钟》等。[①]可见古辛斯基的媒介帝国是从电视开始，逐渐涉足到报刊、广播、杂志等诸多媒体行业，并且以独立的媒体公司的形式来保障它的专业化运作。

别里佐夫斯基也是首先控股了俄罗斯公共电视台，然后再挺进报业市场，并控制着包括《生意人日报》、《生意人－权利》杂志、《生意人－金钱》杂志等一大批报刊。别里佐夫斯基的广电报业集团可以和古辛斯基的广电报业集团相媲美。两者都是媒介帝国的代表人物。

另外，还有维亚希列夫领导、前总理切尔诺梅尔金作后台的国有媒体天然气工业媒体控股公司，旗下包括独立电视台、"俄罗斯公共电视台"股份公司（控股3%）和部分地方电视台的股份；还包括《工人论坛报》、《劳动报》、《共青团真理报》、《消息报》等报刊，《电影舞台》、《行业》、《公司》等杂志，以及完全控股的普罗米修斯－阿斯特电视网。

这些寡头们把广电和报业媒体融为一体，服务于他们的政治和经济梦想。

（4）广电报业集团在服务于俄罗斯政治的过程中得到了壮大，尤其是在1996年俄罗斯总统选举期间。1996年是俄罗斯总统换届大选之年。1996年3月，叶利钦秘密召见了7个金融寡头，他们分别是联合银行总裁别里佐夫斯基、桥银行总裁古辛斯基、国际商业银行总裁维诺格拉多夫、首都储蓄银行总裁斯摩棱斯基、阿尔法银行总裁弗里德曼、梅纳捷普银行总裁霍多尔科夫斯基、俄罗斯信贷商业银行总裁马尔金等号称"七人集团"的寡头们。叶利钦和寡头们达成了一项协议：银行家提供财政支持，确保叶利钦连任；叶利钦则承诺维护寡头的经济利益。

在维护叶利钦连任的过程中，寡头们的媒介集团开始发挥舆论的强大威力。古辛斯基控制的独立电视台、别里佐夫斯基掌握的公共电视台以及旗下的报刊、杂志等都开始并肩作战。在首轮投票中，俄共主席久加诺夫获得32%的选票，仅比叶利钦落后3个百分点。情势危急的情况下，媒介寡头们加紧联手策划，使叶利钦在民意测验中也后来居上，最终战胜了竞选对手——久加诺夫。叶利钦成功蝉联总统宝座后，政府对于寡头的利益

---

① 张丹：《俄罗斯媒体：静悄悄的革命》，《传媒》2002年第3期。

承诺也开始实施。比如，对于古辛斯基媒介的回报是，政府允许独立电视台增加播出时间；独立电视台又增设五个频道。别里佐夫斯基曾说："俄罗斯商人们对叶利钦总统取得胜利，起了决定性的作用，这对谁来说都不是秘密。这是一场为我们的切身利益而进行的战斗。"俄罗斯前副总理叶戈·盖达尔曾经说："在最厉害的时候，俄罗斯政府被 7～10 个商人左右，他们甚至可以随心所欲地撤换总理。"①

可见，政治和商业之间的利益交换使得媒介充当了桥梁和武器的重要角色，在成功扮演了这种角色之后，媒介也得到了发展和壮大，只不过这种发展和壮大是以财团为背景的个别式的垄断性畸形发展。如果政府不再乐意并且有能力不再做这种"生意"，那么媒介的命运将会再次改写。

选举往往是媒体的"盛宴"，广播、电视、报纸、网络等都发挥着应有尽有的功能，信息资源的共享、立场的统一、花样的翻新等使得媒介帝国内部各种媒介形式都要围绕财团的利益中心运作，也加快了集团化的步伐。

（5）俄罗斯政府成立了相应的管理机构，也有助于广电报业集团的规范化发展。比如，成立于 1995 年 8 月的俄罗斯国营电视台和非国营电视台联盟。该电视台和协会主要任务是维护各电视公司的权益，在国家权力机构中代表各成员组织的利益，反对垄断，促进俄罗斯电视业立法工作和一些现实问题的解决。参加协会的有俄罗斯公共电视公司、独立电视台、六频道电视台和其他地区性电视公司等。

综上所述，受国外资本的刺激，在国内金融寡头的多元化发展战略的影响下，俄罗斯广电报业集团化逐步形成，并在服务于俄罗斯政治的过程中得到壮大。

2. 俄罗斯广电报业集团化现状

广电报业集团化到了普京执政的时代，开始了新的发展状态，传媒格局产生了较大的变化，这与国家政治的走向密切相关。可以说，俄罗斯媒介广电报业集团化现状也是普京时代传媒现状的缩影，具体表现在：

（1）进入普京时代，媒介帝国成为新闻国有化政策的首要整治对象

面对新总统的新思维，旧寡头们当中硬要与政府"叫板"的人，势必成为普京首先整顿的对象。曾经的广电报业集团化格局，如今已经分崩离析，取而代之的是普京时代的媒介集团。古辛斯基在普京 1999 年底竞选总

---

① 《第一财经日报》2005 年 5 月 24 日。

统时就是反对派，他支持卢日科夫。但是普京上台后，卢日科夫已经和普京改善关系，古辛斯基却依旧处处对立，并且利用手中的媒体对普京改革国家权力机构的措施大肆攻击，指责他加紧"复辟专制制度"、"压制言论自由"，并跑到西方国家游说西方媒体对俄采取的各项内政外交政策施压，使总统普京颇为难堪。别里佐夫斯基也利用手中的传媒工具，在车臣、联邦政府体制、经济发展等问题上抨击普京。尤其是在对待车臣问题上，别里佐夫斯基立场尖锐，竟然向车臣反政府武装暗中提供经济支持。普京曾经说过："我们打击恐怖分子必须坚持到底，即使他们逃到厕所里，我们也要把他们溺死在马桶里！"可见，这对于一向在车臣问题尤其是恐怖活动问题上从不妥协的普京来说，别里佐夫斯基的做法完全不能接受。

从 2000 年 6 月开始，普京政府先后向古辛斯基、别里佐夫斯基两大媒介寡头开刀，把他们控制下的媒介机构进行了改组，强行接管了古辛斯基的"独立电视台"，查封了《今日报》和《总结》杂志，关闭了别里佐夫斯基手下的 TB — 6 电视台，彻底打垮了他们掌控下的两个媒介帝国。2003年，另一大金融寡头——俄罗斯尤科斯公司前总裁米哈伊尔·霍多尔科夫斯基以"入狱 9 年"的命运表明和普京的较量暂时失败。

经过古辛斯基、别里佐夫斯基和霍多尔科夫斯基等事件之后，金融寡头们不再飞扬跋扈，这标志着旧有传媒帝国的终结。幸存的寡头们也开始懂得与政府合作，政府和传媒之间的联盟开始逐渐形成。

（2）媒介集团的国家化和专业化齐头并进

旧财团被淘汰出局以后，新财团开始执掌媒介江山，尤其是普京对国有企业执掌媒介的青睐加快了这一进程。但是，国有企业并不涉足媒介的管理和经营，普京沿袭的是专业媒体人士管理媒体的传统，而政府掌控的是资金。

古辛斯基"桥"媒介集团的"独立电视台"与该集团旗下的"桥"电影制片公司等主干产业被俄罗斯国营企业天然气工业集团兼并之后，后者没有大量派驻本公司的员工进入电视台，而是委托重任给俄罗斯国家电视台的业务骨干和从独立电视台离队的记者与主持人。比如，独立电视台的第一副总经理弗拉基米尔·库里斯基科夫曾经是独立电视台"今日焦点"的著名主持人，2003 年，库里斯基科夫升任独立电视台总经理。不久，曾担任过圣彼得堡市对外联络委员会管理局局长的塔玛拉·加夫里洛娃（普京的大学同学），被任命为独立电视台第一副总经理，同时兼任"天然气工业传媒"集团发展与对外经济联系局局长，肩负着控制独立电视台立场导向的使命。

另外，卢克石油集团兼并了别里佐夫斯基的"TB—6电视台"，并且填补了别里佐夫斯基在政府社会共同控股的"社会电视台"所遗留下来的股份空缺，于2003年改称其为"第一电视台"，实行国有股份制。

这样的双向方针，一方面给媒体自身的发展留下了足够的空间，另一方面也不会为国家带来经营媒体的沉重负担。

（3）普京建立了一系列广播电视机构和公司，并且大力支持，来增强国家的传媒实力，以期为国家服务

在媒介机构方面，俄罗斯成立了联邦出版广播电视大众传播部，加强对广播电视许可证制度。

在国营媒介公司方面，俄罗斯在国内组建唯一的国有传媒企业"俄罗斯电视与广播网"，取代过去的全俄罗斯广播电视公司，控制了全俄有线电视广播以及所有转播技术手段，成为无线电视转播领域的龙头企业。同时，创建了独资的国家企业"俄罗斯广播电视网"，加强各地区电视传媒的国家集中管理。

俄罗斯政府也投入大量资金来支持为政府服务的广电集团。比如，2001年，俄罗斯政府特别编列了19.37亿卢布的预算，[1] 这笔资金主要用于电视台增加现场节目播出的时间、拓展有线电视同轴电缆的长度、加强有线广播同步传输的功能以及推动网络及卫星电视的普及化。这笔资金补助对象包括：社会电视台、俄罗斯国家电视台、独立电视台、全俄罗斯国家广播电视公司等。[2]

另外，普京依靠传媒进行国际传播的计划也一步一步实现。自2001年开始，俄罗斯制订了包装政府形象、对外正面宣传俄罗斯计划，消除西方社会对俄罗斯的偏见和误解，树立正面形象。2002年，俄罗斯电视台的"环球"俄语节目开播，主要面向在欧洲、美国和澳大利亚的俄罗斯公民和侨民。2003年，俄新社高层换人，向西方报道有利于俄罗斯的消息成为俄新社的主要任务之一。2005年3月，俄总统办公厅做出组建"今日俄罗斯"的英语频道的决定，这个新闻卫星频道针对欧盟、亚洲和美国在内的国外

---

① 2001年1美元≈26～27卢布。

② 吴非、胡逢瑛：《俄罗斯媒体资本运作与政府角色》，《新闻记者》2004年第11期。

观众，介绍俄罗斯的现代社会生活以及俄在国际事务中的各种立场，加强克里姆林宫内外政策的对外宣传，使得俄在国外特别是西方树立良好形象。2005年4月，俄成立对外地区和文化合作局，隶属于俄联邦总统办公厅，主要为发展与独联体国家的文化合作，巩固和扩大俄罗斯人文影响力，并帮助亲俄罗斯的势力参加竞选。

普京多次"教育"传媒界应该具有"爱国姿态"、应该发挥"爱国热忱"。比如，2003年8月，普京会见俄企业界人士，要求他们通过媒体来改善俄罗斯形象；2004年6月，普京在俄驻外使节见面会上特别指出媒体外交与国家传统外交的重要性。

通过上述一系列活动，普京政府已经建立起来了一个以国家为核心的传媒集团。旧媒介帝国已经瓦解，新媒介帝国已经坚不可摧。只要普京时代的传媒精神存在，以国家利益为传媒发展方向就不会改变。

（4）俄罗斯政府有限制地对待国外资本渗透本国媒介

普京上台不久，俄罗斯政府就于2000年9月颁布了《俄罗斯联邦信息安全学说》，该文件警告说：外国势力正使用"信息武器"反对俄罗斯，并因此呼吁政府对媒体进行严密控制，以防止外国媒体组织企图把俄罗斯排挤出新闻市场。

2001年4月，当古辛斯基的独立电视台面临危境的时候，美国CNN企图收购独立电视台的股份，引起俄罗斯的警觉。同年7月，俄罗斯国家杜马就以343票对37票的绝对优势通过了关于《禁止外国人或有双重国籍的俄罗斯人在国家电台拥有控股权》的立法，该法案禁止外国人在国家电台拥有控股权；还规定，凡播送区域超过俄一半领土或播送信号抵达俄半数人口以上的电视台，外国自然人或法人一律不能拥有控股权。8月，俄罗斯国家杜马通过的《俄罗斯联邦大众传媒法》修正案规定：在俄建立传媒机构时外资不能超过50%，以阻止外国公司大量收购有重要影响的电视台，避免其被西方所利用。2002年10月4日，普京签署总统令，取消了美国"自由"电台在俄境内享有的特权。

通过这一系列法案的颁布，足见普京政府对国外资本渗透本国传媒业的态度。

（5）国内外广电报业等媒介的有效合作并没有被杜绝，俄罗斯政府并不反对国际媒体的合作

比如，虽然古辛斯基曾被普京拿来整治，但是"桥"媒介集团和美国

《新闻周刊》合资的结晶——《总结》杂志因新闻观点独到而在业内一直享有盛誉至今。另外，2003 年下半年，俄罗斯世界电视频道也开始进入美国首都华盛顿及其周围地区，通过美国 MHz 电视网免费频道每天播出 1 ~ 6 小时的俄语节目。其内容包括新闻时事、访谈节目、体育和教育节目以及儿童节目、纪录片和故事片等。播出对象主要是在美国的俄罗斯人和俄裔美国人。

　　总之，俄罗斯广电报业集团化进入普京时代后呈现出与以往截然不同新状态。被旧媒介寡头垄断的媒介市场得到整治，由无序竞争变为可控发展。一方面，媒介集团在突出国家化的同时，注重专业化发展，建立起一系列广播电视公司和管理机构，增强了国家的传媒实力，以期更好地为国家服务。另一方面，谨慎对待国外资本的渗透，并根据需要，有选择地加强与国外广电报业等媒介的合作。

**　3. 俄罗斯广电报业集团化市场发展空间**

（1）俄罗斯依赖财政拨款支撑国有媒体已经出现部分危机

2006 年 9 月 6 日，俄罗斯文化和大众传播部部长亚历山大·索科洛夫对媒体表示：负责俄罗斯全国信号保障的国家电视广播网正处在破产的边缘，很有可能引发一场全俄罗斯的电视转播危机。另外，他还表示，早在2005 年夏天他就在议会表达了对"失去卫星"的忧虑。他说，俄罗斯 50%的在轨卫星都进入了报废阶段，而俄罗斯全国，包括西伯利亚和远东的电视信号都是依靠卫星传输的。俄罗斯电视广播局局长安德列·帕乌托夫作出解释说，破产的原因是国家财政拨款不足，俄罗斯财政部拖欠电视广播局的债务现在高达 20 亿卢布。①

（2）新寡头直接建立媒介集团的模式将会得到扩展

　　一方面，俄罗斯旧广电报业集团已经被瓜分殆尽，而且国有企业掌握着媒介的经济命脉，因此服务于国家利益的主流媒体的发展趋势和国家发展必须保持一致。尤其是从 2008 年 5 月 8 日起，"梅普组合"掌控俄罗斯的政局表明，媒介依然保留普京时代的发展方针，不会有太大的变动。

　　在这种情况下，伴随着俄罗斯新寡头的发展，新寡头对于既定的传媒"圈地"不会有兴趣，而把精力投放到投资新媒介（包括新创办的媒介和代

---

　　① 王攀：《俄罗斯：电视转播有危机．报纸在兼并》，http：//home. donews. com 2006 - 09 - 12。

表媒介技术革命的网络、手机、移动电视等新媒体）方面，将会是一条不错的出路。

另外，对于"不干预政治"的新寡头们，俄罗斯政府也不过多地干涉他们的媒介计划。一些寡头凭借雄厚资本一并打造涉足报刊、电视、网络等多种媒介的集团。2008 年 4 月 23 日，俄罗斯富翁普罗霍罗夫出席"势利"（Snob）网发布会时表示，普罗霍罗夫和其他几名商业搭档计划斥资 15 亿美元打造一本杂志、一个网站和一家电视台，都命名为 Snob，专门炫耀富豪生活。Snob 杂志和网站将会以时尚、经济和旅游为主题。电视台是收费频道，其节目已经录制完成，迎合富豪高品位，并且只在晚上播放。普罗霍罗夫将是这个新"媒介王国"的最大股东。在《福布斯》2008 年 4 月公布的俄罗斯富豪榜，拥有 226 亿美元的普罗霍洛夫排名第 5 位。①

对于普罗霍罗夫来说，Snob 是其媒体帝国计划的一部分，也是其进军媒介的第一个动作。他曾经在博客中表示：希望俄罗斯不仅是能源大国，还能在传媒领域引领世界。

（3）俄罗斯广告市场呈现较好的增长势头，俄罗斯政府对于广告质量的要求也更为严格

据法国阳狮集团下的 Leo Burnett 公司运营经理弗拉基米尔·诺沃谢利斯基透露，2004 年莫斯科的路牌广告数量甚至已经超过了整个英国，俄罗斯国内使用广告宣传的产品品牌数量达到了 6.1 万家，而这个数字在 10 年前还几乎为零。②

根据俄罗斯通讯委员会提供的统计数据，2005 年前半年，俄罗斯电视广告费用攀升了 33%，达到 9.7 亿美元。俄罗斯电信产业协会在 2005 年也曾经作出预测说，到 2008 年俄罗斯的广告市场将增长至 64 亿美元的规模，比 2004 年的数字增加 60%。电视广告市场是广告市场中发展最为迅速的一个领域。到 2008 年电视广告份额将增长至 49.2%。同时，电台广告、平面媒体广告和户外广告的增速将略有下降。不过，诺沃谢利斯基认为广告开支的增长和媒介的广告事件和空间的减少相关，同时也要求广告质量能够跟得上价格的增长。

俄罗斯媒体专家科洛米耶茨则认为，俄广告价格整体水平仍然偏低是

---

① 《俄富豪打造炫富传媒》，2008 年 4 月 25 日《北京晚报》。
② 《俄罗斯成为发展速度最快的广告市场》，http：//www.sina.com.cn 2005 - 05 - 24。

俄广告业飞速发展的重要原因之一。他说："俄广告价格仍然很便宜，这是有关各方利益平衡的结果。如果媒体再大幅度提高广告报价，那么，电视广告就会被宝洁、联合利华、雀巢等国际大公司包揽，俄罗斯本土企业的广告就会被排挤出局。"

俄罗斯天联广告公司总经理叶利谢耶夫娜认为，以下三个因素将刺激俄广告业继续发展：一是广告客户对电视广告和户外广告的需求越来越大，这使得莫斯科和其他地区的电视黄金时段和户外最佳广告位置变得更加紧俏；二是中小客户的广告需求量也在逐渐增加；三是卢布持续坚挺，卢布对美元的比价相对稳定。①

电视、报纸杂志和户外广告三分天下，在用于俄主流媒体的广告支出中，电视、报纸杂志和户外广告占据了近94%的份额，形成了俄广告市场三足鼎立的格局。

由于看好俄罗斯广告市场，国际上的新闻集团也多想插足。俄新社曾经发表文章说："广告客户对俄罗斯独一无二的兴趣表明，俄罗斯的投资吸引力正在增加。"在俄罗斯注册的广告公司中，俄罗斯本土公司占62%，其余的都是"外来户"。俄新社曾经发表题为《俄罗斯已成为世界头号广告市场》的文章，并且指出"俄罗斯已成为世界上最繁荣、发展速度最快的广告王国，就广告业的商业吸引力而言，俄罗斯甚至超过了中国和印度"②。

在俄罗斯广告市场增长的情况下，俄罗斯政府对于广告质量和广告传播进行管制。2006年7月，俄罗斯政府出台关于广告的规定，2007年1月1日开始限制电视广告。比如，儿童节目不允许插播广告，不允许儿童参加非儿童内容的广告的拍摄，不允许滥用品牌做广告，不允许白酒做广告，不允许提高广告价格等，促使广告向报刊或者其他领域转移。

（4）新媒体成为俄罗斯媒体发展的新领地

俄联邦出版与大众传播局的统计数据显示，2005年电视市场规模为23.3亿美元，广播市场规模为3亿美元，互联网市场规模为0.6亿美元，免费报刊市场规模3.3亿美元，报刊广告收入13.9亿美元，订阅收入5.7亿美元，零售收入12.8亿美元，图书市场规模为15.3亿美元。③

---

① 张欣：《俄广告业发展特别快》，http：//www.people.com.cn 2005 – 06 – 06。
② 张欣：《俄广告业发展特别快》，http：//www.people.com.cn 2005 – 06 – 06。
③ 《2005年俄罗斯大众传媒与图书出版市场概览》，http：//news.xinhuanet.com 2006 – 06 – 14。

由此可见，近几年俄罗斯的广播、电视、报刊等大众媒体还占据着传媒市场的重要地位，而互联网等新媒体尚处于发展之中。不过，互联网、数字电视等新兴媒介传播制式已经引起俄罗斯政府的重视。其中，俄罗斯互联网广告增长迅速。2004 年，俄罗斯互联网广告的经营额为 3000 万美元，而 2003 年只有 1800 万美元，增幅高达 67%。另外，根据"社会舆论基金会"调查，2006 年春俄罗斯互联网用户超过 2400 万，超过了法国、西班牙，也几乎超过了意大利。据"国际视频"预测，到 2010 年互联网广告市场将增长 3.8 倍，超过 5 亿美元，占广告市场的 4.9%。①

俄罗斯通信和信息化部副部长帕夫洛夫于 2003 年 5 月 14 日表示：俄罗斯所有广播和电视都将在 2015 年前由目前的模拟模式转换成数字模式。帕夫洛夫在当天开幕的"俄罗斯数字广播和电视发展前景及问题"会议上说，实现数字化将是俄广播电视领域的一场真正革命，不亚于电视图像由黑白制式转换成彩色制式。采用数字模式将使广播电视的频道容量提高 10 倍，同时通过减少信号发送装置的功率降低费用，并提高图像和音频效果。帕夫洛夫指出，俄罗斯目前就有能力在全俄进行数字信号传输，但是为了接收数字信号，需要有新一代的数字电视或者能够将数字信号转换成传统模拟信号的相关附件。②

由此看来，俄罗斯广电报业集团化市场的发展空间主要在于开拓新领域，发展新媒体。旧有市场面临设备老化，利益蛋糕已经被国有集团瓜分完毕，现有媒介格局在短时之内很难再有新的变化。在广告市场利好局面的刺激下，媒介新寡头们将把投资目光转向网络、手机媒介、移动电视等新领域，以新技术新视野开拓新的发展空间。

结　语

俄罗斯广电报业集团化的过程，是报纸、广播、电视、网络等多种媒介综合发展的过程，也是国家传媒网形成的过程。与报业集团化之路相比，电子媒体的集团化对技术的依赖更为明显。

广电报业集团在俄罗斯媒介市场形成过程中，受国外资本和国内金融

---

① 《俄罗斯互联网广告极具发展前景》，2006 年 9 月 7 日《新疆经济报》。
② 《俄罗斯拟于 2015 年前完全实现广播电视数字化》，http://www.xinhuanet.com 2003 - 05 - 15。

寡头操控的资本影响较大。经过极端无序竞争，俄罗斯广电报业集团化得到快速发展。后在政府干预下媒介市场进行了重新洗牌，各种媒介集团进入平静发展时期。

此阶段俄罗斯广电报业集团最典型的特征是国家特色。俄罗斯政府对媒介市场加强了管理力度，以国家利益为媒介的发展方向，增加传媒力度，以此来应对国外资本的渗透。在广告利益的驱动下，俄罗斯广电报业集团出现了前所未有的发展前途，更新设备，开发新型媒体，成为新寡头投资的热点。

21世纪是技术革新日新月异的时代，俄罗斯传媒要与世界传媒保持同步的发展，需要有敏锐的嗅觉、迅捷的反应能力以及灵活的运作模式。因此，在坚守国家传媒体系的俄罗斯，政府能否对世界传媒趋势作出及时的反应，将对其国内传媒集团产生截然不同的影响。

三　俄罗斯传媒集团化发展趋势

有学者指出，俄罗斯前10年所取得的民主成果实际上是很有限的，实际情况不过是：俄罗斯建立的是大权独揽的"总统集权制"，议会权力相对很小，无法形成真正的权力制衡；司法权从属于执行权力；舆论工具被权力和金钱所操纵；党派利益、集团利益至上严重干扰了决策的民主化和科学化；国家的政治进程和经济活动实际控制在一小撮人手中。[①]

普京执政至今的8年来，俄罗斯传媒进入了较为常规的发展时期。普京有着"富国强民"的梦想，传媒无疑是他实现梦想的重要武器。基于此，我们可以推测俄罗斯传媒集团化的发展趋势。

1. 俄罗斯传媒集团化和俄罗斯强国梦想的共同发展

从2001年至今，俄罗斯媒体一直被赋予"强国"的重任。俄罗斯环球节目的开播、俄新社瞄准西方的报道和"今日俄罗斯"频道创建，以及2008年俄中经贸合作中心与俄"红色勇士"电视公司合作组建的俄罗斯"中国"电视频道的开播——该频道是用俄语面向俄罗斯、独联体及波罗的海各国播报有关中国及中俄关系新闻。这种孜孜不倦的传媒动作，不仅仅是因为俄罗斯政府对于传媒的兴趣，而且是因为对传媒本身所寄托的沉重的希望。

---

① 张养志：《普京道路与俄罗斯传媒发展》，《北京印刷学院学报》2007年第2期。

2008 年 5 月 7 日，俄罗斯新总统梅德韦杰夫接任普京；5 月 8 日，梅德韦杰夫任命普京为新总理。俄罗斯进入梅德韦杰夫和普京联袂执政的阶段。对于"梅普组合"的判断，俄罗斯大部分媒体持较为统一的意见，即认为"普京时代"并没有结束，而是以另一种形式在继续。普京虽然从总统变为总理，但他同时还出任议会多数派统一俄罗斯党主席，集党政大权于一身，其手中实权不逊于现任总统，这种政权结构无疑有利于保持普京方针的延续性。新总统梅德韦杰夫曾多次承诺：尽管最高领导易位，但现行政治体制和方针政策不变。

这一切意味着，"普京时代"的俄罗斯传媒发展将继续体现普京风格。

2. 俄罗斯传媒集团化促使国营媒介寡头高度垄断

苏联解体后，苏联的一些"贵族"摇身一变，成了俄罗斯的"新显贵"。据俄《消息报》报道，到 1996 年，苏联官员出身的人员，在总统周围占 75%，政党领袖中占 57.1%，地方精英中占 82.3%，政府中占 74.3%，经济领域精英中占 61%。苏联的解体为古辛斯基、别里佐夫斯基等大亨们提供了"呼风唤雨"的机会，也使得他们的传媒帝国如鱼得水，然而普京的到来打破了他们的美梦。

普京认为："在我国，金融寡头的概念是指有影响的商界人士，他们站在影子中、站在社会的背后影响着政治决定的做出。这批人不应当存在。"他强调："我们并不是想揪住一个具体的人不放，我们的目标只有一个，那就是恢复俄罗斯的秩序、让人民合法地生活、同腐败分子作斗争。这些腐败行为也在威胁着西方投资者在俄罗斯的利益。我们与腐败的斗争才刚刚开始。"① 正如别里佐夫斯基所慨叹的那样："今天，我站在一个十字路口"，"即使我面临更多的个人机会，我也不一定认识的到，因为类似过去那样的事件不会再发生一次了"，因为新的俄罗斯出现了。

新的俄罗斯摧毁了旧寡头的媒介帝国，却又成就了另外一批新寡头的媒介梦想。以普京为代表的政府力挺国营资本控制大众传媒，新的俄罗斯却又造就了新的传媒垄断。这些传媒集团大部分是围绕在普京身边的国营媒介集团。

综上所述，俄罗斯传媒集团化促使国营媒介寡头高度垄断，主要表现在：一是寡头不断更新换代，却难以销声匿迹；二是财团和传媒集团关系

---

① 戴尔：《俄罗斯铁腕治寡头》，2003 年 11 月 17 日《解放军报》。

密切，如出一辙；三是传媒集团国家化，以总统为首的国家政府是其最高的"主人"。这样一来，传媒集团化的过程实质上就是传媒权力越来越集中的过程。

3. 俄罗斯广电报业集团化加剧传媒市场重新整合

（1）俄罗斯传媒市场依然处于变动中，但是在国家传媒方针不变的情况下，传媒发展动向会一直以围绕国家利益为中心

2004 年 3 月 4 日，全俄国家广播电视公司（ВГТРК）的全国企业改组为 100% 国家持股的开放式股份公司。有学者认为，这也许会成为未来国家电视台私有化的开端。这种股份制的实行，一方面将电视台的市场化向前推进了一步，另一方面国家依然控制着其动向，依然是国家舆论的工具。

（2）新媒体的加盟使得媒介集团在传媒市场有了新的动向

俄罗斯政府电视广播发展委员会于 2007 年 11 月 7 日，确定了 2008 年至 2015 年俄罗斯电视广播发展构想草案，该草案规定俄罗斯将向数字电视过渡。①

除了国内的数字化动向之外，俄罗斯媒介集团迈进世界信息领域的步伐也开始加大。俄罗斯移动通信服务业务的爆炸式增长令世人瞩目：2000 年，俄罗斯的移动通信用户数量仅有 135 万，到今天这个数字接近 1.7 亿。②

其中，Sistema 集团进军印度的计划令人赞叹。Sistema 集团拥有俄罗斯最大的移动通信运营商 MTS 公司。2007 年，Sistema 集团耗资 1140 万美元收购了印度本地移动运营商 ShyamTelelink 公司 10% 的股份，目前已经将其股份提升到了 51%，其目标是进一步将持股比例提高到 74%。2008 年 1 月，Shyam 集团又获得了在印度另外 21 个地区服务的牌照，从而成为印度 9 家全国性移动运营商之一。目前，Sistema 已经耗资 6.2 亿美元购买印度全国移动业务运营执照，并计划在今后投资 50 亿~70 亿美元在印度构建全国性的移动通信基础设施，而这也是俄罗斯在海外市场最大的一笔投资。Sistema 集团副总裁安东·阿布果夫表示，集团的目标是获得印度电信市场 8%~10% 的份额。③ 另一家俄罗斯通信运营商 Vimpelcom 集团则青睐越南

---

① 《俄罗斯出台发展草案，花 7 年时间向数字电视过渡》，http：//tech. tom. com2007 – 11 – 08。

② 《俄罗斯移动用户数接近 1.7 亿》，http：//www. chinaunicom. cn2008 – 06 – 30。

③ 《俄罗斯电信公司寻求亚洲增长》，DVBCN 数字电视中文网 2008 – 05 – 09。

市场，并于 2007 年 9 月和越南政府合资成立了移动运营商 GTel Mobile，这家合资公司已在 2008 年 1 月获得牌照，成为越南第七家移动通信运营商，同时也是第一家外资占多数的运营商。

通信领域作为新媒体的重要组成部分，俄罗斯通信运营商的海外扩展也推动着俄罗斯媒介市场的发展。

（3）加强地方性是媒体巩固当地读者的重要手段

俄罗斯疆域宽广，为地方性传媒发展提供了先天优势，地方传媒追求地方特色的精神也为地方媒体提供了发展力量。2005 年《共青团真理报》的日报每天发行 87 万份，周报发行 312 万份，为俄罗斯发行量最大的报纸；该报最大的特色是由总部和 90 个分支机构构成。总部只负责编发全国性新闻，分支机构负责采访、编发地方新闻。① 同时，如果报纸上有一款新式连衣裙广告，那么各地方版刊登时一律起用当地出生的模特，使人感到更亲切。这也表明广电报业集团朝向细分化发展。

（4）广告是衡量俄罗斯传媒市场发展程度的重要指标，也是传媒市场变动的重要因素

与发达市场经济国家相比，俄罗斯的广告收入占国民生产总值的百分比和人均广告额都是较低的。2004 年，俄罗斯广告收入仅占国民生产总值的 0.9%。与之对比，美国广告收入占其国民生产总值的 2.1% ~ 2.4%。此外，俄罗斯人均广告支出为 18 美元，仅占法国人均广告支出的 1/6，而美国人均广告支出为 1000 美元。②

与此同时，俄罗斯广告价格的增长突飞猛进。俄新网莫斯科 2007 年 8 月 29 日的一则消息声称，2007 年秋季俄罗斯电视广告收入将减少，原因是自 9 月起"俄罗斯"电视台白天将播放两小时儿童节目。俄罗斯"国际电视"集团预测，此举能导致频道广告数量减少八成。俄罗斯《生意人报》认为，当年"俄罗斯"电视台将少收 1400 万美元，同时 2008 年电视广告涨价将超过早先所承诺的 50% ~ 55%。③ 俄新网 9 月 11 日的消息提供了由"Video International"集团公布的广告价格上涨预测，2008 年俄罗斯电视广告将涨价 60%，一些大型广告商的价格可能上涨 70%。广告价格的增长是

① 祝寿臣：《世界新闻媒体六大发展趋势》，《新闻记者》2007 年第 3 期。
② 贾乐蓉、宁文茹：《俄罗斯媒介经济模式》，《国际新闻界》2006 年第 8 期。
③ 《今年秋季俄罗斯电视广告收入将减少》，俄罗斯新闻网 2007 – 08 – 29。

俄罗斯"媒体通货膨胀"的重要标志，也是俄罗斯媒介市场发展的问题之一。

另外，俄罗斯人对于广告的态度也影响到广告的发展。莫斯科市广告、信息及装潢委员会主席，首届世界广告论坛组委会副主席弗拉基米尔·马卡罗夫表明：俄罗斯广告市场每年的增长超过 30%。但是大部分俄罗斯人消极看待广告，原因包括广告含有不良内容和错误，另外广告创作水平和技术水平也有待提高。[①]

评价某国的媒介市场，可以参照以下几个指标：①领域内各种不同类型资本的构成比例。②市场的开放程度。③国家宏观调控的程度和范围。④传媒是否营利及经济独立程度。如果领域内国有资本比例过高，则无法避免国家的控制和行政命令的强化；市场开放程度不够，就会造成垄断，不利于市场竞争；国家宏观调控过度，则意味着传媒生产、经营以及价格决定机制的不自由；而如果传媒不能营利，则说明市场化的不成功，没能达到最根本的目的。[②] 如果参照这样的指标，那么俄罗斯传媒市场化还有待于更多的努力。

综上所述，媒介资源的进一步整合、新媒体的发展、地方媒体的特色建设以及媒介广告业务的拓展，将成为当代俄罗斯传媒集团的努力方向。

结　语

俄罗斯传媒集团化的历程，带有典型的国家和政治色彩。因此，如果说俄罗斯传媒集团化是传媒资源的重组和优化过程，不如说是政治更迭和权利再分配的过程。

这种方式是把双刃剑：一方面带来了俄罗斯传媒和国家政治的强力黏合，保证了一定程度上的稳定；另一方面也带来了传媒资源的集中和垄断，这并非真正意义上的传媒集团化之路。因此，俄罗斯在传媒国家化过程中，既要能够充分享受其好处，也要能够解决其矛盾，并随时准备为此付出代价。

从更为广阔的眼光来看，俄罗斯传媒集团化也是世界传媒集团化的一个组成部分，它最终要被纳入全球媒体资源的整合中去。无论俄罗斯传媒

① 《俄罗斯广告市场每年增长 30% 以上》，俄罗斯新闻网，2007 - 9 - 10。
② 李玮：《俄罗斯传媒的现状与发展趋势》，http://www.zlmedia.net 2006 - 11 - 15。

如何国家化，都不能割断与世界的联系。因此，能否适应世界媒介资源流动的趋势，把握新媒体发展的潮流，也成为未来俄罗斯传媒集团所要面对的最大考验。

第三节　中俄传媒集团化发展现状与趋势比较

一　中俄传媒集团化成因比较

1. 中俄传媒集团化经历着相似历程和不同的政体背景

中俄两国的传媒集团化历程都是始于 20 世纪 90 年代。中国从 1996 年到 2002 年为报业集团化的飞速发展时期；2000 年开始，报业广电集团化扩展了媒介的发展样式和内容，走向更为广阔的发展领域。经历了 21 世纪初期的快速发展和挫折，中国传媒集团化在不断摸索着自己的特色道路。

1998 年，中国《光明日报》报业集团、《经济日报》报业集团、《羊城晚报》报业集团、《南方日报》报业集团、文汇新民联合报业集团等纷纷成立。稍后，《深圳特区报》报业集团、《辽宁日报》报业集团、《沈阳日报》报业集团、《四川日报》报业集团、《浙江日报》报业集团、《哈尔滨日报》报业集团和《大众日报》报业集团等纷纷成立。1999 年到 2002 年，《河南日报》报业集团、大众报业集团等共计 40 多家报业集团组建。报业集团化浪潮席卷中国。

2000 年，湖南广播影视集团成立。之后，中国广播影视集团、上海文广影视集团等兼容报刊、广播、电视、电影等多种媒体样式的传媒集团纷纷成立。从报业集团，到广播电视报业集团，再到传媒集团化的发展，中国媒介迎来了全面的融合。

俄罗斯传媒集团化经历了三个时期，即 1992～1995 年的阵痛时期、1995～2000 年的集团化成熟时期、2000 年至今的普京—梅德韦杰夫时代。从政体的变化到市场经济的快速行进，俄罗斯传媒集团面对的是生存的无奈，从而为其他资本的融入提供了契机。

中国和俄罗斯的传媒集团化发展都具有阶段性的特征。同时，双方都受到政治和政策的影响。但是，中国与俄罗斯相比，没有太大的起伏，发展较为平稳。

俄罗斯受到政体变动的影响较为明显，中国政局发展平稳。中国组建报业集团之前，已经经过了十几年的"酝酿"，即从 1978 年改革开放开始，到 1995 年的这段时间，中国传媒尤其是报业一直积蓄着集团化的力量。直到 1996 年，中国第一家报业集团——《广州日报》报业集团成立。可以说，中国的传媒集团化是在国家发展市场经济的大背景中进行的，是"有计划、有步骤"地进行的，这跟俄罗斯传媒集团化的"被动"与"突然"有着本质区别。

2. 中俄传媒集团化历程与政体发展密不可分

戈尔巴乔夫从 1985 年开始进行新一轮新闻改革。"公开性"、"民主性"、"多元性"等一批现代词语成为苏联后期的呼声，新闻界开始突破"禁区"。伴随着 1991 年苏联解体，俄罗斯传媒突然被推入市场化浪潮中，谋求生存与自由发展成为主旋律。进入普京时代，俄罗斯媒体的"自由"权利被逐步收回，呈现出国有企业控股媒介的显著特征。

中国经济市场化是"以点带面"的发展，因此传媒集团化也是"以点带面"地推进。在媒介集团化开始之前，中国的传媒产业发生了明显的变化，即经历了"小投入，大产出"和"大投入，大产出；不投入，不产出"，甚至"大投入也未必大产出"的过程。这种变化激发了传媒业谋求更多市场利益和更大市场发展空间的强烈渴望，并开始了集团化的思考与实践。第一家报业集团发展初见成效后，其他报社组建集团的信心倍增。当第一家报业集团、第一家广电报业集团和第一家传媒集团组建并且成功以后，中国的媒体终于找到了发展前进的方向。于是一时间，报业集团、广电报业集团和传媒集团如雨后春笋般蓬勃发展起来了。

3. 中俄传媒集团化发展历程相似，但细节不同

一是政策和法律提供了集团化发展的法律保证。

1994 年 5 月 18 日新闻出版署发出通知，颁布了组建报业集团的规定；1994 年 6 月新闻出版署举办了全国首次报业集团问题研讨会；1994 年 9 月《金华日报》将报社的整个经营单位分离，组成股份制企业——金华市新闻发展总公司；1994 年，上海东方明珠股份有限公司在上海证券交易所上市成为我国第一家上市的传媒行业股份有限公司；1994 年，新民晚报社兼并了原来由上海市体委主办的《体育导报》和《围棋》，将其更名为《新民体育》和《新民围棋》。

1996 年 1 月 15 日，经由中共中央宣传部同意，国家新闻出版署正式批准《广州日报》作为报业集团试点单位，组建我国第一家报业集团。关于建设报业集团的相关讨论终于得到为实践验证的机会，也意味着关于报业集团的研究和探索得到官方的许可。① 从此，报业集团化浪潮席卷中国。

俄罗斯则在宣布独立后的第三天就颁布了《俄罗斯联邦大众传媒法》，为其传媒向市场化发展和传媒集团化提供了法律条件。

二是市场环境为集团化提供了发展前提。

随着经济发展和都市化进程的加快，受众生活水平和节奏加快，对信息的消费出现多样化。同时，信息传播内容和样式受到挑战，报刊、广播、电视等作为信息消费的重要渠道，整合资源，创新内容，服务受众等成为传媒生存的必要法则。虽然中俄媒介市场发展道路各具国情，但是媒介市场化则是媒介发展的必然道路。这为两国的传媒集团化提供了前提条件。

三是政府在集团化历程中发挥着推动作用。

中国的计划经济体制向市场经济体制转变的过程，也让传媒集团化历程带有类似的色彩。政府在其中扮演着重要的角色。2000 年，广电总局下发了《关于广播电影电视集团化发展试行工作的原则意见》，确定电子媒体在以宣传为中心的前提下"可兼营其他相关产业，逐步发展成为多媒体、多渠道、多品种、多层次、多功能的综合性传媒集团"。在政策的促进下，广播电视资源的重组和结构调整拉开帷幕。②

2001 年，经国家广电总局批准，以广播、电影、电视、传输网络、网站和报刊为主业，兼营其他相关产业的大型广播影视集团——上海文广影视集团宣告成立。由此可见，中国媒介集团化的快速发展与中国政府推动媒介集团化的政策是密不可分的。

俄罗斯传媒在苏联解体后得到全方位自由发展，一度经受金融寡头控制时期。金融寡头们为了垄断经济利益，控制媒介集团成为其左右政治的工具。进入普京时代后，俄罗斯政府全力整顿媒介市场，打击金融寡头，重新将媒介市场置于国家管控之下。

---

① 吴信训、金冠军：《中国传媒经济研究概观》，人民网 2005 - 07 - 26。
② 喻国明：《我国传媒行业发展的四个阶段》，http://www.wowa.cn 2005 - 05 - 13。

鉴于此，中俄传媒集团化在发展程度和细节上有着明显的不同。

一是受到政治影响不同。俄罗斯传媒集团化历程可以用"速冻速解"来比喻，即政治对于经济的影响更为直接。相对而言，中国在政治和政策上的指导作用发挥得较为平稳，有利于传媒的部分功能从事业单位到经济单位的转变。当然，这也使得中国传媒企业至今依然保留着浓厚的事业特征。

改革开放之前，中国媒体都是由国家直接拨款。1978年《人民日报》等首都8家报纸向财政部要求实行"事业单位、企业化管理"的联名报告，从此以后，中国媒体便走向了"事业单位、企业化管理"的道路。这一属性要求媒介在任何时候都是党和人民的喉舌，程度不同地承担着宣传党的路线、方针、政策的任务。

二是与俄罗斯的金融寡头垄断传媒集团不同。中国最先形成的是以党报（日报）为核心的传媒集团，到20世纪90年代，党报一方面因为公费订阅制度的逐渐取消，另一方面因为其特殊的社会职能不能进行完全的市场化运作，使发行和广告收入下降，昔日风光不再。

为了扭转这种局面，中国的党报率先开始集团化改革。组建后的报业集团通过整合各报受众资源，不仅提高满足广告客户需求的能力，而且减少了客户资源的流失。报业集团既解决了党报的经济难题，在双重效益的平衡中提升了党报形象，同时又保证其他报纸的市场行为不偏离正确的舆论导向。中国的这种以党报为核心的报业集团化的道路既是必需的，也是有效的。

而俄罗斯放开市场的速度和力度过于迅猛，致使不少投机者一夜暴富，并继而进军媒介，对国家安全和稳定构成极度威胁。普京时代，政府又大紧大缩，致使传媒寡头纷纷落马，形成以国家为特征的传媒集团化。

4. 国家传媒机构在中俄传媒集团化过程中起着重要作用

俄罗斯政府成立了相应的管理机构，有助于广电报业集团的规范化发展。

中国媒体间的重组和兼并，更多的是一种行政行为。报业的集团化往往是以政府行业主管部门为主体，借助行政手段，对管辖媒体进行资产的重组和集中，即将一些缺乏市场竞争力的媒体划归集团所有，集团获得一个正式刊号和政策的倾斜，而被收编报社重新有了生存空间，互惠互利，皆大欢喜。

二　中俄传媒集团化现状比较

1. 中俄传媒集团化的现状相似之处

一是传媒为国家服务的特色相似。

目前，以梅德韦杰夫为首的俄罗斯政府坚持普京时代的大政方针，传媒政策也一致。普京致力于媒介公共服务体系的建立，执行以"国有媒体为主，商业媒体为辅"的媒介方针。因此，传媒的"国家服务"性质暂时不会改变。

中国坚持国家宏观调控和市场同步协调发展道路，中国的媒介集团从"事业单位"到"双重属性"，从"试点"到"普及"，国家和政府对传媒的发展具有明确的指导作用。

二是在市场化环境中，中俄传媒集团化均有较大的发展空间。

俄罗斯传媒成为国家控制的工具，国家控制力量过大，对于媒介市场化发展较为不利，这种状况短期内不会有太大的变化。中国的媒介体制还不能完全适应市场化需要。一方面，政企不分、以政代企的管理体制削弱了广播电视参与经济和社会生活的主动性、积极性与内在动力。另一方面，媒介体制不健全，导致经营环境混乱，相关配套的法律法规不能紧跟形势变化，媒介经营在大的外部经营环境方面和小的内部经营机制方面均没有很好的保障。而且，现行的运行体制"条""块"分割，以"条"为主，抑制了广播电视系统与整体功能的开发；新闻宣传机关与事业管理机关的双重职能，难以适应社会主义市场经济条件下媒体自我革新的要求；自设藩篱、封闭运行的狭隘的地方保护机制，给通过市场方式开发共享社会资源设置障碍。①

三是中俄传媒集团都被纳入全球传媒的资源整合与发展中，表现出追逐时代潮流的倾向。数字化、全球化等成为两国传媒发展必然关注的问题。对中国而言，"入世"对中国传媒业的重大影响就是改变"游戏规则"，中国的传媒市场行为将更多地按照企业运作方式来进行。

2. 中俄传媒集团化的现状不同

一是中国传媒集团化虽然受到国家和政府的宏观调控，但是国家和政府扮演的角色是导向作用，而俄罗斯在控制媒体发展走向方面具有更大的

---

① 徐晴：《我国广电媒体集团化现状及发展趋势研究》，《湘潭师范学院学报》2006 年第 3 期。

政治色彩。

二是俄罗斯媒介集团成为国家财团的工具，行业垄断日益严重。中国媒介集团化的垄断色彩较淡。

三是对危机的处理加紧了俄罗斯传媒集团国有化进程。一旦发生什么危机，俄政府会进一步加强对传媒的控制。而中国政局持续稳定，一旦发生什么突发事件，中国政府和媒体往往会在立场与口径上保持一致。

另外，因中国特殊国情，传媒在集团化发展过程中存在独特问题。目前主要是来自内外两方面的问题。

首先是来自传媒集团内部的问题，即内部管理机制问题和内部经营机制问题。

由于中国报业集团内部大多未建立起以资产为纽带的产权关系，传统体制下由行政权力维系的权威性随着改革的深入而日渐递减，所以决策权缺乏相应的权力基础。在这种情况下，集团管理机构与其说是一个决策者，不如说更像一个信息收集、传达的角色。① 因此，在处理集团内部集权与分权的关系方面，存在过度集权与过度分权两种极端。

"以报为主，多元经营"几乎成了传媒集团公认的发展模式，多数传媒集团纷纷办起了房地产、物业管理、贸易、商业、饮食娱乐甚至一些与传媒毫无关联的实业机构。诚然，多元经营能使集团以多种产品占领更多的市场份额，获得更大的发展空间。但是，如果媒介集团在其他产业上过度扩张，花费过多的人力、物力和财力，则可能本末倒置，得不偿失。

其次是来自外部的原因，即资本运作与融资渠道狭窄的矛盾。媒介产业是一个资金密集型产业，传媒集团的长久发展需要巨额资金的支撑。而在国家的投入和自身积累都有限的情况下，报业发展对资本市场的需求也会越来越大。报业集团要对自身和从外界吸纳的子报子刊进行重新定位和整合，必然需要资金投入；报业集团从事多种经营，也需要投入前期资金。但是，目前传媒业本身还不具备上市的可能，只能采取迂回战进行融资。

3. 中俄传媒集团化的市场发展空间不同

俄罗斯媒介在集团化过程中，内容娱乐化成为部分媒体的生存之道。俄罗斯广告市场呈现较好的增长势头，俄罗斯政府对于广告质量的要求也

---

① 刘海贵：《中国报业发展战略》，上海人民出版社，2006。

更为严格。就俄罗斯而言，其传媒集团化不等于市场化，因为俄罗斯的媒介集团重组过程是媒介国家化过程，也是传媒资源被国家开发和重新分配的过程。由此可见，其市场发展空间有限。

中国传媒集团化如果能在结构方面作出调整，吸引更多的资源和资本加入，会为传媒集团的市场发展提供新的发展空间。

随着信息数字化时代的到来，受众消费习惯开始偏向用数字时代的思维方式考虑自身的生存与发展，从而对传统媒介提出更多的要求。以互联网为代表的数字新媒体在对中俄传统媒介构成严峻挑战的同时，也需要得到传统媒体的支持与合作。在挑战与合作的大环境中，跨媒体经营集团将具有极大的市场发展空间，使多种媒体跨越界限，紧紧捆绑融合在一起，成为利益共同体，以最大限度地满足受众的信息需求，实现多重共赢。

三 中俄传媒集团化发展趋势比较

1. 中俄传媒集团发展趋势相似之处

在国家传媒方针不变的情况下，俄罗斯传媒发展会以国家利益为中心。但是，2004年，全俄国家广播电视公司（ВГТРК）改组为100%国家持股的开放式股份公司。有学者认为，这也许会成为未来国家电视台私有化的开端。这种股份制的实行，一方面将电视台的市场化向前推进了一步，另一方面国家依然控制着其主要股份，依然是国家舆论的工具。因此，这是"两全其美"的市场化途径。

在中国，传媒业已经成为仅次于信息业、制造业、旅游业的第四大产业，大力发展广播影视产业是加强文化建设、发展文化产业的客观要求。随着传媒市场竞争不断加剧，以集团化的建构为主流形式的传媒之间的合作、联合将成为中国媒介产业未来生存发展的基本模式。

2. 中俄传媒集团发展趋势不同之处

（1）俄罗斯传媒集团化与俄罗斯强国梦密切相关。而中国传媒集团化进程将继续以中国特色形式前进。中国的新闻媒介不同于俄罗斯媒介集团由自由市场发展转向国家控制。但是，中国媒介集团产业性质的确定，使媒介向产业化方向发展不可逆转，走向市场参与竞争亦不可避免。俄罗斯新闻集团的集约化经营经验颇具借鉴价值。中国也应从实际国情出发，发展新闻集团，促进媒体集团在竞争中发展。

（2）俄罗斯国营媒介寡头高度垄断的现象将继续存在，是朝着市场化迈进，还是举步不前，皆取决于其国家的政治利益。与俄罗斯相比，中国媒介集团并不存在过度垄断，竞争发展是当前中国传媒业的主旋律。在市场经济条件下，媒介集团间的垄断竞争将逐步取代自由竞争成为中国传媒业的发展主流。

综上所述，中俄两国的传媒集团化都起步于 20 世纪 90 年代，时代相似，成因不同；在集团化发展过程中都取得了成就，但性质不同；媒介集团化的推动力量都与国家相关，但推动角度不同；媒介集团化所遇问题都与资本密切相连，但两国资本含义不同等。

从中俄传媒集团化发展成因来看，中俄传媒集团化经历了相似历程和不同的政体背景，传媒集团化发展与政体发展密不可分。虽然两国集团化发展历程相似，但是发展细节却各不相同。中国采用先试点，根据实验结果，再逐步放开的方式，保证了传媒集团化快速高效，从而避免了走弯路和失败的风险。

从中俄传媒集团化的现状来看，两国传媒集团都突出了为国家服务的特色。在市场化运作中，两国的传媒集团均有较大的发展空间，都面临着如何与全球传媒资源实现整合的问题。但是，两国政府对传媒集团的管理模式却完全不同。这种不同主要表现在调控方面，中国政府对传媒集团采用宏观调控，发挥导向功能；俄罗斯则对传媒集团实行政治控制，形成行业垄断。由此而引发的传媒市场发展空间各异。俄罗斯的传媒市场发展空间有限，而中国的传媒市场才刚刚起步，对传媒集团来说，有宽广的发展前途。

从中俄传媒集团化发展趋势来看，两国传媒都将以国家利益为中心去谋求发展。但是，两国的传媒集团发展方向却根本不同，俄罗斯的媒介集团由自由市场发展转向国家控制，走向过度垄断；中国的媒介集团则是由国家控制转向市场化，竞争发展是中国传媒业的发展主流。

上述这些相同与不同，构成了中俄传媒集团化发展特色。

第四章

中俄国有资本在传媒中的作用比较

为了应对 WTO 机制对中国传媒市场造成的压力与挑战，研究国有资本在传媒业中的作用成为中国学界近年来讨论的热点问题之一。比较研究中俄国有资本在传媒中的作用，目的在于观察俄罗斯传媒市场过去的发展历程、今天的发展现状和明天的发展趋势，探讨国有资本在不同体制和国度中所发挥的作用，解决国有资本在中国传媒市场坚持"独大"的理论支持与发展佐证问题。

为此，将分别论述中国国有资本在传媒中的作用、俄罗斯国有资本在传媒中的作用，并在此基础上比较研究国有资本在两国传媒中所承担的责任和应对外资进入的举措。

第一节　中国国有资本在传媒中的作用

一　传媒企业国营化

1. 从中央级媒体到地市县级媒体，一律国营化

经济制度是特定社会媒介制度和体系的核心部分，而媒介所有权是媒介经济制度的集中体现。新中国成立以来，中国的媒介所有权一直实行国家所有，国家经营。

中国报业向来就有"喉舌论"、"政党新闻"、"政治家办报"的传统。早在 19 世纪末清朝维新派政治宣传家梁启超就提出了报馆是"国家和民众的耳目喉舌"[①]，成为中国封建社会末期的主流办报思想。稍后，资产阶级革命领袖孙中山创办《民报》，为旧民主主义资产阶级革命胜利作出了重要贡献。

中国共产党成立以后，一方面继承了"喉舌论"思想，一方面发扬列宁的"党报"思想，形成自己的办报理念。这种办报理念经过中国共产党创立初期、国共合作时期、十年内战时期、抗日战争时期、解放战争时期、新中国成立后等一直延续下来，成为中国无产阶级新闻事业的指导思想，同时也成为新中国媒体行政制度形成的重要依据。

新中国成立以后中国媒体行政制度逐步得到完善，其发展经历可以分为以下三个阶段[②]：

1949～1977 年，计划经济体制下的媒体单一国有制阶段。

1978～1993 年，改革开放初期媒体经营机制由事业转向产业阶段。媒体实行企业化管理，允许业外国有资本进入，但是媒体仍属完全国有体制。

1994 年至今，媒体进入完全国有制和非完全国有制并存阶段。随着媒介产业的快速发展，20 世纪 90 年代以来国家先后出台许多有关媒介发展的政策，对媒介产业的市场行为进行宏观控制，放宽了对媒介产业的投融资管制，为媒介产业的规模化、集约化经营提供了制度环境。

为了加强媒体的宣传作用，中国普遍采取"四级办报、四级办台"，媒体同时也在一定程度上代表各地区的利益。[③]

特定的所有制关系可以具体为产权关系，即占有关系、支配关系和使用关系。计划经济属于一种配额和限额制度，国家以行政的方式分配生产的数量和种类，媒体生产的信息量和发行量受到控制。媒体在这种控制条件下只能是国家的一个信息部门，其占有、支配和使用权归国家所有，媒体产权只能是国家所有。随着市场经济的深入发展，在以市场为主要手段配置资源的条件下，国家拥有产权的最终目的不仅在于拥有财产权本身，而且也在于使它增值。也就是说，国家拥有媒体所有权，只有使媒体资本增值才能发挥所有权的效用。但是媒体毕竟不是行政部门，只有通过有效

---

① 梁启超：《梁启超文集》，吴松编，云南教育出版社，2001。
② 李艳华：《非完全国有制媒体存在的可能性》，《当代传播》2006 年第 4 期。
③ 潘咏：《中国传媒管理问题探讨》，《新闻前哨》2004 年第 7 期。

经营才能实现增值，只依靠财政的力量不能满足媒体经营的需要。

根据产权经济学的观点，同样的生产资料所有制，在不同时空条件下有不同的产权规则；同一时空条件下，对有形和无形财产的所有权制度不可能相同。单一国有媒体制度限制了媒体生产力的发展，造成资金供给不足。允许不同所有权的存在，是媒体国有产权制度的一种补充和完善。①

新中国传媒业一直沿用计划经济管理模式，它属于共产党领导下的国有资产，所有权与经营权高度统一，社长、总编、台长等领导职位始终由各级党委任命。在媒介向市场化发展的进程中，这种媒介管理模式暴露出越来越多的弊端。传媒市场化的实践与管理体制的不协调，使得媒介管理错位、越位、缺位的现象越来越明显，与真正监管的实现有很长一段距离。

具体表现在：

第一，党政不分、政事不分、政企不分现象严重，导致监管目标冲突。自新中国成立以来，中国新闻传媒的管理权交给了宣传部门。今天，虽然媒介生存环境有了天翻地覆的变化，但各级党委依然沿用老机制管理媒介。由于党委地位的特殊，这种以党代政的制度还使得媒介在国家制度中居于特权位置，本质上弱化了政府部门的监管力量。

第二，长期以来，从中央媒体到地市县媒体一律实行国营化，资产性质并没有发生实质性改变。到目前为止，全国的传媒集团和各主流媒体，依然保持着国有性质没变，各媒体担负着为国有资产实现保值增值的责任。"事业单位、企业化管理"体制虽然为中国传媒的发展提供了良好的制度基础，但随着市场经济的进一步深入，行政指令配置资源与市场机制配置资源之间存在冲突，这种冲突制约了传媒产业的进一步发展。

2. 机构设置统一，实行模式化管理

长期以来，中国传媒都是采用以数量增长为主要特点的粗放型的增长方式，这带来了整体结构的"散滥"、规模效益差以及无序竞争等矛盾。如2003年报业整顿以前，我国的报纸种类有2000多种，号称报纸数量和总期发量世界第一。但是，日报只占其中的15%，总期发量8200万份，用13亿人去平均，远远低于世界平均水平。因此，按照市场运行规律的要求调

---

① 李艳华：《非完全国有制媒体存在的可能性》，《当代传播》2006年第4期。

整中国的传媒结构，显得非常必要。①

改革开放以来，国家政府对报刊业先后进行过四次较大规模的整顿。第一次是在1978年，公开发行的报纸由1761种减为1491种，关停并转270种，占总数的15.4%。第二次是1989年，从1628种整顿消减190，占总数的11.7%。第三次是1997年，将6000多种内部报刊清理了4000多种②。第四次是2003年，中共中央出台了《关于进一步治理党政部门报刊散滥和利用职权发行，减轻基层和农民负担的通知》，涉及党政部门报刊共1452种，其中停办677种，划转325种，实行管办分离310种，改为免费赠阅94种。这也是力度最大的一次报刊业整顿。③

近年来，中国传媒改革不断深化，许多传媒集团设置社委会、监事会、编委会和经委会为基本框架的组织结构，在整体上形成了以党委为龙头的一个管理中心（社委会）和三条垂直的组织指挥系统（党组织系统、宣传业务组织系统、经营业务组织系统）。

社委会是集团党委下设的高层行政管理机构，执行党委决议，负责协调集团的整体行为。社委会由集团党委书记、董事长兼任主任，总编和总经理分别兼任副主任，纪委书记兼任秘书长，从宣传、经管、党群三个系统正处干部中推选三位能力强、威信高的人员，担任社委会的委员。

集团党委下设集团编委会，理顺党委——编委会——子媒体编委会——采编部门——采编人员组成的宣传组织指挥系统。集团编委会由集团总编辑、副总编辑和从主要子媒体总编辑中选拔出的三名委员共同组成。各子媒体也都建立了编委会。集团编委会是集团党委会新闻宣传决策的执行机构，是集团日常新闻业务工作的领导机构；集团编委会和子媒体编委会是领导和被领导的上下级行政关系，集团编委会的指令通过各子媒体编委会贯彻执行，从而形成传媒集团新闻宣传的组织指挥系统。④

为了加强党委对经管系统的领导，集团党委、集团公司董事会是一班人马两个牌子，集团公司的重大事项由党委会以董事会的名义研究决定。两名党委常委兼任集团公司总经理和副总经理，从经管系统中层主管人员中选拔骨干人员担任副总经理，组成集团公司经理层，执行董事会（党委

①　张殿元：《中国报业传媒体制创新》，南方日报出版社，2007，第40页。
②　祁述裕：《中国文化产业国际竞争力报告》，社会科学文献出版社，2004，第225页。
③　张殿元：《中国报业传媒体制创新》，南方日报出版社，2007，第40页。
④　张殿元：《中国报业传媒体制创新》，南方日报出版社，2007，第63～64页。

会）决议，主持集团公司日常经营管理工作。经理层主要研究决策的事项是：制订集团公司董事会决议的落实方案；审定集团经营管理部门的业务目标和工作计划，审定各子公司的业务目标和执行计划等。①

尽管各个传媒集团组织架构的具体表现形式不同，但是基本上都遵循了采编业务和经营业务相对独立的原则，将董事会下设的经理层分为编委会和经委会两个部分，分别由总编辑和总经理负责，由发行人（社长、台长）统一领导。② 从运行机制上体现了传媒的双重属性，保证了采编和经营各自进行规范化和专业化运作，"两个轮子"平衡、协调地运转。

中国报业集团机构设置示意图③

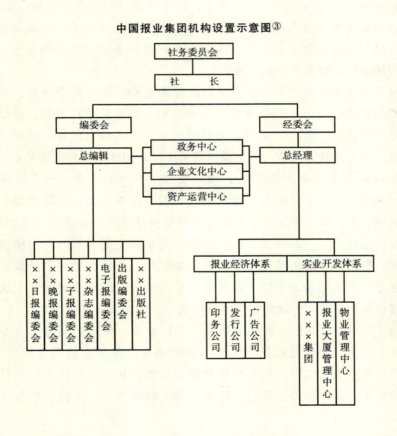

①　徐熙玉：《报业集团体制创新和组织再造的九大着力点》，《青年记者》2005 年第 2 期。
②　康卫华：《中国报业集团现状与发展实证研究》，《中国报业》2003 年第 11 期。
③　该示意图引自张殿元《中国报业传媒体制创新》，南方日报出版社，2007，第 72 页。

　　传媒的意识形态属性和商品属性，使得传媒业成为一种特殊的产业，传媒企业和一般的企业法人治理结构既有共性，也有个性。最重要的区别体现在董事会的人员构成方面，传媒集团董事会是集团的最高决策机构，代表履行所有者的权利，决定集团的重大宣传报道、机构设置、人事任免、投资决策、战略规划、工作部署等重大事项。中国各传媒集团公司一般依托集团党委会建立法人治理结构，实行党委会、社委会、董事会三位一体的领导机制。这种领导机制决定了传媒集团公司董事会和党委会往往是一套人马，传媒集团社（台）长、党委书记兼集团公司董事长的体制，保证传媒的控制权始终掌握在党委会手里。①

　　3. 体制缺乏竞争力

　　中国传媒管理部门不仅担当传媒机构及其下属企业的资产所有者、政策制定者，同时也是监管者。这种"多重角色"导致媒体监管机构应有的独立性、公正性、问责功能严重缺失，使监管对象与目标变得模糊而难以确定。

　　党委领导和法人治理结构相结合的领导体制可谓中国传媒集团的一种体制创新。社（台）长领导下的总编辑和总经理负责制，即以总编辑为首的编委会负责采编工作，以总经理为首的经委会负责经营工作，以社（台）长为首的社（台）委会负责总体工作。这种领导体制虽然把办报和经营工作在领导层进行了适当分离，有利于实现"政治家办报和企业家经营"的改革目标，但是如果按照现代企业制度的标准来衡量的话，则缺乏市场竞争力。② 原因有三：

　　第一，传媒集团的最高决策层是社（台）委会，由它来统管办报和经营工作，办报和经营中的重大事项的决策都由其做出。而总编辑和总经理是社（台）委会的副主任，这种领导体制势必导致总编辑参与经营管理工作的决策，总经理参与新闻宣传工作的决策。办报和经营涉及两大行业，专业跨度大，这样的体制很难保证决策的正确性和科学性。尤其是总经理事实上担负着决策和执行的双重职能，造成了决策和执行的权力和责任混合，不能形成两者之间的制衡。③

　　第二，传媒集团的领导体制上是党委会和董事会一套班子、两块牌子，

---

① 张殿元：《中国报业传媒体制创新》，南方日报出版社，2007，第 64 页。
② 张殿元：《中国报业传媒体制创新》，南方日报出版社，2007，第 65 页。
③ 张晓群等：《对报业集团管理体制的初步探讨》，《新闻战线》1998 年第 9 期。

容易导致政、事、企不分。党委会和董事会分别代表着两种不同的体制。前者采用集体领导、分工负责，这是议政合一原则的决策机制，即以行政权威关系为基础，实行集体决策，带有行政机制的强制性。其决策以多种目的为导向（社会安定、政治稳定、国家安全、意识形态等），党委成员之间有行政等级高低之分，决策及执行的后果由集体承担。而董事会则以市场主体间的平等合作关系为基础，以市场机制和效率为导向。然而，中国传媒集团定性为事业单位，在大量的日常决策中，所遇到的大都是有关产业发展问题，虽然名义上多了一个董事会，但实质的决策层和管理方式并没有变化。这种领导体制难以适应形势发展的需要，导致了集团在决策上的错位、失误和权责不清。①

第三，在中国现代传媒事业中，党报仍然保留事业单位的性质，由政府来主导；而经营部门和其他意识形态属性不强的报纸改制为企业，由市场来配置资源。但是，目前中国传媒集团多是以党报为中心组建起来的，是党报在办集团，而非集团办报，这就使得在集团内本来平行的采编和经营的关系失衡，集团难以成为协调媒体和企业两者关系的有机联合体，采编业务和经营部门相对独立而又相辅相成的组织结构不能真正建立。②

目前，中国传媒产业的发展危机根源在于"事业"与"产业"双重属性下的混合型体制和二元运作机制。由于传媒被列入特殊文化范畴，尽管各级政府在制订文化发展规划时都以不同的表述将传媒产业的发展纳入其中，但制约传媒业发展的体制性障碍依然严重存在。这不仅使得既往的改革往往只停留在机制与管理层面，也使得传媒的市场主体地位始终不明确，产权关系模糊，产权主体缺位，资源配置效率低下，传媒产业化水平较低，缺乏市场竞争力。

传媒社会控制机制的问题始终是制度设计中的一个重要环节，政府在传媒改革问题上的犹豫不决，正是来自于对传媒机构改革失控的担心。我们认为，在逐步走向整体"两分开"的过程中，对于专业类媒体、非时政类新闻媒体等非核心领域，应在经营上实行集团控制下的企业发展，引进

---

① 张殿元：《中国报业传媒体制创新》，南方日报出版社，2007，第66页。
② 刘年辉等：《体制改革与报业集团的行动策略：一个基于社会关系的利益分析视角》，新疆日报、深圳报业集团、当代传播：传媒产业化发展与传媒理论创新高峰论坛，2005－06－14。

现代企业制度，建立企业法人；在公益类、时政新闻类等核心类传媒领域实行建立党委领导下的事业法人治理结构。①

结　语

从"事业单位、企业化管理"起步，我国传媒经历了事业单位、企事业混合型单位、企业单位的形态变更，传媒业从传媒事业、传媒行业向传媒产业的方向发展。资源配置方式、政府角色以及宏观调控模式都在经历变革，与传媒体制密切相关的传媒公共政策，也必然重新定位，以适应和促进新形势下传媒业的发展。

中国多年实行的计划经济体制一度忽视了传媒的经济属性，传媒仅仅被作为党和政府的"喉舌"。随着改革开放步伐的深入和社会主义市场经济体制的确立，人们逐步认识到传媒的产业性质。在这种环境中，面对加入WTO后更加开放的格局，中国传媒产业正积极准备，利用资本运营的手段，壮大力量，以迎接来自境外的挑战。

二　WTO 机制对中国传媒业机制带来的挑战

WTO 是全球性的贸易组织，主要职责是规范、协调、促进世界范围内的贸易活动，消除关贸壁垒，降低关税，处理贸易纠纷等。②

2001 年中国加入 WTO 标志着中国进入了世界经济一体化的平台。世界性的媒体经济一体化是指国际合作伙伴关系意义上的媒体经济组织的国际合作，这种国际合作使全球化的媒体市场推动媒体市场的跨国合作成为可能，各国要清除现有的媒介市场准入障碍，建立一套完善的媒介制度体系。

根据《中国加入世界贸易组织文件》的有关规定，我国入世后 1 年内允许外资从事书报业的零售，3 年内允许外资服务提供者从事书报刊批发，允许外资控股，并取消数量限制；在广告方面，入世 2 年内允许外资控股广告，入世后 4 年内，允许外国服务提供者在华设立外资独资子公司。同时在最敏感的新闻业务上，我国享有最惠国的自我保护，实行逐步"接轨"，一般为 5~8 年，不超过 10 年，逾期可以再向世界贸易组织申请此权利。③ 这

① 《民营影视经营困境的主因》，中国广播影视 2008 - 06 - 19. http：//www. croton. com. cn/introduce - 01. asp？ id = 2665。
② 《现代汉语词典》，商务印书馆，2002，第 1717 页。
③ 李艳华：《非完全国有制媒体存在的可能性》，《当代传播》2006 年第 4 期。

些条款为境外资本进入中国媒介产业开启了制度之门，为媒体的融投资提供了渠道，也为我国媒体做大做强提供了多元化的市场机遇和资本运作空间。

中国加入世贸组织后，外资传媒不断进入，其数量和规模不断扩大。中国传媒与外资传媒为争夺市场份额，展开日益激烈的竞争。媒体的规模化发展势必产生增加投资的内在需求，能否有效融通资金便成了影响传媒业发展的关键。制约媒体发展的瓶颈——融资问题，迫切需要提到议事日程加以分析和解决。

1. 民营资本准入有助于盘活传媒业

在中国，媒体是国有资产，各级媒体的管理者都负有对国有资产保值增值的责任。但是，管理者传统上一直遵循着"不求有功，但求无过"的"求稳"经营模式。再说，资本经营是一柄双刃剑，如果运作不慎，则会带来难以料想的后果。然而，中国加入 WTO 后所面临的国际传媒激烈竞争形势，使中国传媒业面临严峻挑战。

随着社会主义市场经济的深入发展，中国所有制结构的调整步伐逐步加快，民营资本逐渐成为投资市场异军突起的力量。近年来虽然政策上禁止民营资本直接进入媒介行业，但是却允许利用社会资金和民营资金合作制作电视剧等广播影像节目，允许个人在特殊情况下向主管部门提出申请，经省级广播电视行政部门审批，安装和使用卫星电视地面接收设施。

据有关资料显示，目前大约有 10 万亿民营资本处于休眠状态，媒介企业若能挺进这一资金市场，必将在很大程度上解决其发展基金的不足问题。此外，媒介产业的投资高回报率也吸引着民营资本的进入，近年来民营媒介机构如雨后春笋般涌现，如广东巨星影业公司、北京光线电视研究中心、深圳万科文化传播公司等。

中国民营资本经过 20 多年的发展，其社会竞争力已大幅提高，作为市场主体中的一员，具有参与市场化产业的合法身份。但是，媒介的政治属性和意识形态功能，使之成为一种行政性垄断行业，从而将民营资本拒之门外。但是，民营资本作为平等主体与其他国内资本一起参与传媒产业内的公平角逐，既是传媒业自身健康发展的需要，又是整个市场经济按规则正常运行的需要。联系江泽民同志在十六大报告中提出的"一切妨碍发展的思想观念都要坚决冲破，一切束缚发展的做法和规定都要坚决改变，一切影响发展的体制弊端都要坚决革除"的论断，我们有足够的理由相信，民营资本被许可参与传媒产业运营的时刻即将来临。①

随着中国加入 WTO，中国进一步走向世界，同时加速了中国传媒业和国际接轨的步伐。中国传媒业一方面要谋求一个与政治大国相对称的规模与实力；另一方面要谋求形成几个有强大竞争力和资本雄厚的传媒集团。这两个方面的问题仅靠现行的管理体制和媒体自身的积累是无法解决的。那么中国传媒业的发展出路在哪里？不少有识之士将目光投向民营资本。例如，唐龙传媒的陆兴东总裁将以控股者的身份，以民营电视节目供应商的角色进入资本市场。不管人们承认与否，大批业外资本注入中国大众传媒业已是一个不争的事实。有的直接同报刊"合资"；有的只同传媒企业的可经营部分合作、合资；有的只"承包"一部分版面、栏目（广告）等。

根据调研资料显示，民营资本在传媒中主要有这三种存在形式：

其一，民营资本涉足广告业、出版印刷业和节目制作方面；

其二，一些传媒涉足上市公司，面向社会融资，给民营资本介入提供机会；

其三，个别民营企业尝试购买媒体。

从总体看，民营资本在传媒业资本中所占比例很少，而且民营资本主要局限于媒体的经营部分，同时还处于被支配地位。原因是媒介一直被认为是"意识形态的媒介"，是党和人民的耳目喉舌。只有党和政府才能拥有新闻媒介，由此导致的结果是：在市场经济中，精神产品生产形成了高度的垄断。把媒介归为上层建筑的一部分，那就只能由国家来办，以确保媒介资本的独立性，非政府机构不能插手。这种行政性垄断，使得民营资本被拒之门外。随着市场经济体制进一步完善，传媒业为了提高自身的竞争力不得不改变传统的经营方式，这为民营资本介入传媒资本提供了可能。

值得注意的是，民营资本的进入为中国传媒业带来了新的挑战和机遇，因为民营资本的准入有助于使长期处于计划经济管理模式下的中国传媒业，走向市场经营模式。民营资本进入传媒业，强调了传媒的产业功能，为传媒业带来了市场化的经营理念和现代化的企业制度，走上自负盈亏、适者生存的市场化道路。同时民营资本的准入也在一定程度上增强了传媒的资本实力，壮大了传媒产业。

民营资本的介入，使我国的传媒业能够站在更高的平台上，找到更多

---

① 詹成大：《民营资本与传媒业的融合发展》，《新闻实践》2006年第12期。

的机会做大做强。民营资本对传媒业的正面影响主要有以下三点①：

第一，民营资本与媒体的有效结合有利于传媒产业的发展壮大，这体现在两个方面：一是民营资本进入传媒业，为其发展壮大提供了物质基础和经济保障，有助于提高媒体的抗风险和竞争能力；二是民营资本为媒体带来了先进的管理机制，有利于传统媒体管理理念的革新。

第二，拓展了传统媒体的营利模式。在民营资本的带动下，大众传媒积极拓宽营利模式。典型的有通过品牌互动实现增值、大范围并购媒体或是向其他行业投资实现增值。另外，民营资本利用自身的资金和经营优势，广泛开展品牌营销、信息增值营销服务等多种创收模式，从而扩展了媒体经济来源渠道。

第三，有利于促进传媒产业体制改革。以报刊为例，民营资本进入报刊业后将会使报刊业更重视经营。国内大部分报刊已实行采编部门与经营部门分家，采编人员与经营人员分开。这样一方面充实了经营队伍，另一方面可以有效防止新闻宣传和经营管理中的腐败行为。

总之，民营资本的准入不仅仅拓宽了媒体的融资渠道，从长远来看它能促使媒体提升自己的竞争力，更有助于盘活体制僵化的中国传媒业。

2. 国际资本准入有助于引进国外先进的竞争机制

时任新闻出版总署副署长的柳斌杰在 2006 年 4 月 18 日上午"国新办"召开的新闻发布会上说，经中国政府批准，外国通讯社、外国广播电视、外国新闻出版机构可以在中国设立办事处，进行正常采访活动。据他介绍，在出版方面，并没有排除外国的报纸、期刊、图书进入中国，只是进入要遵守相关规定途径，这些途径主要有三个：第一是通过中国的进出口公司进口外国新闻出版产品；第二是单位、个人订阅；第三是版权合作，包括世界上很多国家的报纸、期刊等，都在中国境内有合作，这等于是进入了中国的市场。柳斌杰指出，中国的传媒市场是开放的，外国的有关公司、集团可以进入中国，在新闻出版零售市场、批发市场、总发市场都可以进行合作。他强调，随着改革的深入，中国将进一步扩大开放程度，加强与外国新闻出版界的合作，外国的有关公司、集团在中国发展的机会越来

---

① 李明：《民营资本：传媒产业发展的推动力》，《西南民族大学学报（人文社会科学版）》2009 年第 4 期。

多，与外国资本合作的渠道正在进一步拓宽。①

面对 WTO 的规则，中国传媒业必须进一步加紧探索与国外资本的合作问题。调研资料显示，境外传媒在中国传媒资本市场的投资方式主要有以下几种：

（1）通过兼并收购。一是国际传媒集团直接兼并中国的传媒企业；二是通过资本市场上的收购行为打开中国传媒产业的大门，典型的有香港的 TOM 等。

（2）对中国传媒产业进行参股融资。如华纳兄弟公司自 2002 年以来已投资近 3000 万美元在中国合资建设影院，2004 年成立的影视制作机构中影华纳横店影视有限公司，时代华纳占其中 30% 的股份。上海世纪出版集团先后与美国索尼音乐集团联手建设音像制作基地，与日本万代集团联手共建动画创作基地等也属于此类。在印刷业，2004 年外商投资印刷企业 55 家，投资总额 1.33 亿美元。

（3）通过资本运作，参股境外传媒，并以后者为依托进入中国市场，被依托者通常是香港地区的媒介。② 新闻集团的星空卫视就是一个最好的例子。

国际资本的准入有效地促进传媒的机制改革。国际资本进入中国传媒业，带来了先进的传媒竞争机制，传媒通过参与资本运营，突出了自身的产业功能，切实促进了机制改革。中国传媒业应借鉴国际资本的传媒竞争机制，通过资本重组和兼并媒体，快速组建"航空母舰"，以应对日益激烈的国际竞争。

首先，传媒更加重视经营，国内一些媒体已将传统的社长 + 总编"二人转"改为社长 + 总编 + 总经理"三驾马车"，实行采编部门与经营部门分家，采编人员与经营人员分开。这样，一方面充实了经营队伍，另一方面可以有效防止新闻宣传和经营管理中的腐败行为。其次，有利于建立合理的分配制度，提升团队的创新精神。如一些新锐媒体，在创建时就已经开始考虑管理团队的股份问题，这为保持核心管理人员的稳定及传媒本身的长期发展创造了条件。

---

① 张明：《开拓新闻媒体运作新领域》，2006 年 8 月 26 日《新华日报》。
② 姚德权、曹海毅：《外资进入中国传媒业态势与政府规制创新》，《吉林大学社会科学学报》2007 年第 2 期。

国际资本进入可以推进中国传媒产业的市场化进程。目前，我国新闻媒体真正完全走向市场的还不是很多，相当一部分媒体还靠着财政的明补暗助维持运行。比如，变相的广告赞助，依靠行政命令推动发行，等等。而且，条块分割的传媒业格局等于是给媒体铸就了无形的保护伞，媒体很容易失去改革的动力，以至于活力得不到完全释放。外资传媒的进入，会加剧中国国内传媒的竞争，迫使传媒业改革和发展，逐步打破目前的格局，使众多媒体感受到外部环境的压力。国内媒体通过跨地区联合，或自主进行改革，增强竞争能力，最终加快步入市场化。①

另外，进入资本市场的传媒企业，必须严格按照市场的要求，遵守相应的操作规程，建立一系列严格的财务制度、企业经营管理制度、企业监督制度。比如新闻媒体通过上市，可以形成资金链。用可经营性资产上市融资，又用所融资金扩大市场份额，或向新领域拓展，实现资产的最优化组合。如电广传媒投入巨资，建设了有线电视传输网络，使企业拥有了强大的发展后劲，企业逐步走向集团化、产业化的进程。

与国外资本合作，可以利用他们充足的资金，扩大中国媒体的影响力，提高盈利水平，壮大实力。但需要注意的是，考虑到中国的政策性因素，不宜与国外资本全面合作，只宜拿出部分经营性资产（比如广告或一些技术性项目）与国外资本进行尝试性的合作，以保持中国传媒编辑权的绝对独立性，确保舆论导向的正确，确保媒介始终是中国共产党的喉舌。②

3. 借民营和国际资本准入之机，调整传媒产业结构

民营和国际资本的进入必然要求与之相适应的传媒产业结构，传媒产业并购不失是一种行之有效的途径。其实，传媒产业并购在西方国家已经屡见不鲜，而且大都是以市场为导向，以资本为纽带，并购之后规模效应显著，能把原传媒产业做大做强。实际上，中国的传媒产业早在20世纪最后10年里就掀起了并购浪潮。与国外不同的是，中国是以政府为主导的并购。如在某行政区域内，将同类报纸做简单的加法，成为报业集团。这样的确能把中国的传媒产业做大，但大并不意味着强。诸如此类的并购并不

---

① 聂莉：《外资传媒入华的效应分析——兼论中国传媒市场的开放度》，《商讯商业经济文荟》2006年第3期。
② 陆云鹤、江玮：《我国传媒产业与资本市场融合的策略思考》，《重庆工学院学报》2004年第3期。

能给中国传媒产业带来规模效应。① 传媒产业在做大的同时，还要对媒介拥有的资源进行优化配置，降低运营成本，提高信息生产的效率，这就必须以市场为导向，依靠市场规律来完成。

全球排名前20位的西方传媒产业大多自己发行股票，直接上市融资。上市融资已经成为西方传媒产业与资本市场融合的主要方式。由于中国意识形态的特殊性，传媒产业虽是自主经营、自负盈亏，但为保证传媒产业的党性原则，国家仍不允许传媒产业直接上市。但是，中国加入WTO后，为了更好地保护和发展传媒产业，使之既能发挥"喉舌功能"，又能壮大产业规模，赢得经济效益。允许传媒产业上市成为有效途径，这就需要中国媒体在不违背国家有关规定的情况下，探索出更为可行的传媒上市方式。

利用外资可以促进传媒产业结构优化升级。一方面伴随着资本的进入，外资传媒会带来国际一流的运作经验和传媒市场的"专业标准"，对我国传媒业的发展无疑是不可多得的现实教材。同时，民众可以更多地了解世界上的最新信息。比如，《商业周刊》（中文版）的出版，就为那些不懂英文的国人及时传播了世界经贸、科技和新兴产业、企业管理经验等权威信息，并有助于决策者掌握国际市场动态和提高企业管理水平。另一方面，有助于我国的媒体走向世界，在世界主流媒体中占有一席之地，更好地向世界介绍中国改革开放取得的巨大成就，让世人了解中国的投资环境和历史文化。通过"引进来"，达到了"走出去"的目的，为培育我国跨国传媒集团创造条件。②

在国际上，大型企业与传媒产业联合屡见不鲜。企业依靠传媒来宣传自己的形象，而传媒则可以利用企业的技术优势，特别是通过利用企业强大的经济实力来扩大自己的影响力。二者的联合可以达到双赢。而中国仅仅是在网络传媒上有初步的尝试，仍有较大的发展空间。特别是民营资本的快速崛起，有潜力成为中国传媒产业强有力的资金与技术支持者。传媒产业与民营资本实现融合是传媒产业与资本市场融合的一个重要方向。

综上所述，国外传媒产业与资本市场融合的成功经验能给中国媒介以启示，但由于中国国情的特殊性，绝不能照搬国外的融合模式，应根据中

---

① 陈妮、沈振鹏：《民营资本进入传媒产业风险问题研究》，《新学术》2007年第5期。
② 聂莉：《外资传媒入华的效应分析——兼论中国传媒市场的开放度》，《商讯商业经济文荟》2006年第3期。

国国情，有所扬弃，有所创新。

从长远来看，利用国际资本市场进行直接或间接融资也是中国媒介企业的一个融资渠道。中国利用外资的形式主要有外国政府贷款、世界银行贷款、开发银行贷款等，例如辽宁省广电局就争取到了日本政府的低息贷款。

此外，吸引国外大资本的投入也是一种重要的融资趋势。如 1996 年 2 月，默多克进入香港，与刘长乐控股的今日亚洲控股公司、香港华颖国际广告公司按照 45：45：10 的比例出资，共建了凤凰卫视，大大促进了"凤凰"的发展和壮大。

在引进国外资本之前，中国传媒企业要结合中国的实际情况，建立起自身内在的风险规避机制。管理体制上，普遍建立起类似董事会的社（台）委会，在社长（台长）统辖下，以受众市场为中心，总编辑与总经理双轨齐驱、协同发展的新经营管理运作模式。类似于董事会的社（台）委会制定一级决策，总编辑主持采编委员会，总经理主持经营管理委员会，分别制定各自领域的二级决策。而由社长（台长）将采编与经营统辖为一体，其统辖的基点便是传媒的受众市场。总编辑与总经理在社长（台长）的统辖下，共同着力于传媒受众市场的培育、开发和产业化转换与利用，从管理制度上使得采编和经营相分离。从决策机构上把采编和经营分离开，就是保证传媒的宣传报道业务不受经营的影响，保证舆论导向的正确性和社会资讯的公正性，以规避政治风险。

同时，这种决策管理机制符合现代企业法人的治理机构：董事会（社委会/台委会）制定一级决策，采编委员会和经营管理委员会负责操作执行，向国有资产管理委员会等出资者负责资产保值增值，接受党的宣传部门的舆论导向监督和行业管理部门的行业管理。分工专业、合理，体制顺畅，适应资本运营，这就能够起到对经营风险的管理和防范作用。

另外，在融资操作上，对于传媒个体来说，要妥善处理短期利益和长期利益的关系，不断扩大自身的资本积累。只有在考虑自己的偿债能力和资本效益的前提下，才能借助他人资本来提高经营能力，而不能盲目依靠借债来扩大资本经营规模。更不可轻率增资扩股、合资嫁接，要尽可能地利用现有资本。同时，在投资操作上，要实行多元化立体经营，优化资本结构，分散经营风险。建立以资金管理为中心的财务中心模式，加强财务决策的功能，实行严格的财务管理体制和财务审计体制。完善监督制约的机制，对风险实行系统的防范与管理。重视学习和借鉴经济发达国家传媒产业资本运作的先进经验，不随意兼并、收购，应围绕资本效益目标，尽力而为，量力而行。①

针对民营资本和国际资本的准入，中国媒介产业首先要做的是进行战略性结构调整和资产重组，打破条块分割和行业壁垒重重的现状。必须以市场为基础，以政策为导向，通过产业结构的调整，尽可能地提高行业自身的社会化和集约化程度。要做到这些，就必须以资产为纽带，积极组建大型文化产业集团，增强行业的整体实力和竞争力。与此同时，把现代企业制度引入媒介产业，使之在媒介产业中生根开花，通过建立现代企业制度，实现整合和壮大媒介的目的。

传媒业具有高附加值、高收益和良好社会效益，资本运营这一经营手段对传媒企业的超常规发展可以起到积极作用：能够盘活企业的可经营性资产，激活无形资产；能够在短期内迅速筹集产业发展所急需的大量资金，壮大媒体经济实力；能够提高媒体的抗风险能力和竞争力，有助于克服媒体产业结构单一、经营空间狭小、经济来源过于集中的经营缺陷；能够促进媒体改革内部运行机制，加强内部企业化管理，实行集约化经营。

总而言之，中国传媒企业的成长需要强大的资本支持、优秀的管理团队及对投资机会的良好把握。

结　语

一方面，加入 WTO 后，国际传媒和境外资本以更加灵活多样的方式进入中国传媒市场，这迫使中国的媒体经营与管理者从根本上思索中国的媒体产业所面临的挑战；另一方面，资本运营使得中国传媒业做大做强之梦愈来愈近，同时资本对政策、管理、人力等各方面的潜在影响也逐渐显示出来。

在这种挑战与机遇并存的环境中，中国媒介经营与管理者首先要对资本运作有一个正确认识，不能像对待当年企业承包那样，幻想一包就灵，更不能打着资本运作的旗号去圈钱，要看到资本运作随着竞争日趋激烈，运作的风险将越来越大。

另外，要充分认识到，媒体资本运作既要有紧迫感，又不能操之过急，

---

① 唐绪军：《报业经济与报业经营》，新华出版社，1999，第82页。

盲目运作，因为这是涉及整个新闻传播产业的管理、体制、机制、内容、方式等方方面面的改革，是系统工程的一个方面，绝不能将媒体筹资融资、资本运行等问题孤立化、简单化，而是必须遵循党中央精神，坚持党性原则，无论在什么情况下，党和人民的喉舌的性质不能变，党管媒体不能变，党管干部不能变，正确的舆论导向不能变。

三　国有资本的责任和作用

1. 国有资本控股权的意义

中国媒体作为党和国家的"喉舌"，其政治属性一直被放在最突出的地位。传媒业相对于其他行业，其行业政策性壁垒很高，政府在市场准入、税收等方面直接调控媒介产业，在内容、结构、资本等各方面影响和干预媒介产业的资本运作。虽然在 2003～2005 年度国务院和相关部门颁布实施了一系列促进媒介产业化、市场化、资本化的投融资政策法规，尤其 2005 年 8 月国务院发布的《关于非公有资本进入文化产业的若干决定》，允许非公有资本进入出版物印刷、刻录光盘生产等文化行业和领域；可以参股出版物印刷、发行，新闻出版单位的广告、发行，广播电台和电视台的音乐、科技、体育、娱乐方面的节目制作，电影制作发行放映；可以建设和经营有线电视接入网，参与有线电视接收端数字化改造；但也规定在这些文化企业中，国有资本必须控股 51% 以上。[①]

可见中国政府在允许民营资本和业外资本进入中国传媒业的同时，一直强调国有资本控股权的重要性。因为在股份制组织模式下，控股者是企业真正的拥有者，其他股东购买这些集团的股票不是为了参与管理，而是一种证券投资行为，目的是为了获得股票价格收益。由于国家控股，国家就拥有了对传媒这种"喉舌"的完全控制权，从而具有战略上的主动性和安全性。[②] 因此，中国的传媒业，尤其是在中国加入 WTO 以后，面对全球化竞争必然趋势，实力强劲的各类外国媒体针对中国这一潜在的巨大市场，将会以各种可能的方式介入，尽可能多地抢占市场份额。因此，坚持国有资本控股权对于完成占领受众市场与舆论阵地这项重要任务，在激烈的传

---

① 国务院发布《关于非公有资本进入文化产业的若干决定》，http://www.cctv.com/news/xwlb/20050808/102697.shtml。

② 郑丽勇：《论传媒产业的产权改革及思路选择》，《新闻界》2006 年第 2 期。

媒竞争中站稳脚根具有重要意义。

首先，确保中国新闻事业坚持党性原则，做好党和人民的喉舌。

中国的新闻事业是中国共产党领导的新闻事业，是党、政府和人民三位一体的耳目喉舌，是社会主义事业的一个有机组成部分，是"党的生命的一部分"。它要"以科学的理论武装人，以正确的舆论引导人，以高尚的精神塑造人，以优秀的作品鼓舞人"为己任；要以马克思列宁主义、毛泽东思想、邓小平理论和"三个代表"重要思想为指导，深入贯彻科学发展观，坚持为人民服务，为社会主义服务的方针，坚持党性原则，坚持实事求是，把握正确的舆论导向，遵循新闻传播规律，力争实现良好的社会效益和经济效益的统一。

然而由于传媒组织本身管理结构的缺陷或者相关行业政策的不完善，业外资本介入媒体后，有可能造成传媒品位低下以及某些宣传教育功能的丧失。有的媒体以版面、频道为资本与业外公司合作经营，就易使刊播主导权受制于人，甚至有使新闻舆论阵地变成企业公司追逐商业利润的市场危险，从而对中国社会主义新闻事业产生不利的影响。

因此，中国传媒业可以在政策上允许民营资本和国际资本介入，但必须坚持国有资本的控股权，甚至是绝对的控股权，意义在于使国有资本在企业资本中掌握主动权和决定权，从而确保中国的新闻事业能够坚持强调国家、政治和社会属性，坚持其舆论喉舌的地位和作用，坚持正确的政治方向，才能发挥党、政府和人民沟通的桥梁和联系的纽带作用，为安定团结的大局服务，为改革开放和经济建设服务。对于政府集团和领导者来说，决策成功与否，很大程度上取决于政府与媒体的关系。一个政府想在重大事件发生后影响和赢得民意，必须利用和开发现代媒体带来的软资源，制造舆论，设置议程和框架，从而形成自己的"软实力"优势。①

其次，在应对加入 WTO 后的巨大挑战时，能够维护国家利益，确保本国信息文化安全。

中国传媒业在"入世"后，既面临着国际媒介市场的激烈竞争，又面临着传媒大亨默多克旗下的"新闻集团"和美国传媒"美国在线—时代华纳公司"等国际传媒巨头纷纷抢滩中国的现实，尚显脆弱的中国传媒如何在国际市场登陆？如何在国内市场赢得市场份额？更重要的是如何维护党

---

① 李希光：《媒体的力量》，南方日报出版社，2002。

和国家的话语权，保证国家利益不受损失？在中国传媒体制尝试资本化的今天，我们认为唯有坚持国有资本控股权，才能保证党和政府对传媒业的宏观控制力，确保本国的信息文化安全。

中国加入 WTO 后，虽然目前外资只获准进行国内传媒业一些边缘业务，但其利用资本优势逐渐布点，从传媒业的下游影响上游，并迂回进入核心业务的态势正在显现出来。比如外商利用强大的广告资本，可轻而易举地扩大市场份额，形成主导权；进而利用书报刊的零售业务的全面展开，参与媒体的经营活动，逐步获得媒体的经营权；然后扩展到影响和控制媒体的内容制作。他们也可以通过利用开放网络内容供应这一渠道，与中国媒体争夺民众，以控制和操纵社会舆论。[①]

此外，外资的进入不可避免地夹杂着西方的意识形态和价值观念，会对中国社会与民族文化的健康发展带来一定的不利影响。

所以，在这样的历史时期，中国传媒业唯有坚持国有资本的控股权，不仅可以保证中国媒体在战略上的主动权，确保本国的信息安全，也不会影响到传媒的正确的舆论导向作用的发挥，而且由于民营和国际资本的加盟，充实了传媒的资本实力，使得国有资本对于"反哺"传媒主体的信息传播实力发挥着积极的作用。

2. 国有资本在合资传媒业中承担的责任和作用

2001 年 8 月 24 日，中共中央办公厅、国务院办公厅转发了《中央宣传部、国家广电总局、新闻出版总署关于深化新闻出版广播影视业改革的若干意见》的通知，打破了传媒投资的只允许"国有资本"进入的限制，认同"非国有资本"和"境外资本"都可以参与传媒经营，拓宽了传媒投融资渠道。由此，出现了国有资本、民营资本、国际资本在中国传媒业占据着各自的领域，互相协调，实现共赢的局面。然而实际情况是，国有资本因掌握着控股权，在合资传媒业中应承担着更多的责任以及发挥更加积极的作用。

第一，国有资本要发挥"龙头"表率的作用，坚持社会效益第一，保证舆论导向的正确性。

目前，中国的报业集团多是以党报为龙头组建的，其目的就是扩大党报的影响力。因此，党报理应更好地发挥党和人民的喉舌作用，自觉承担

---

① 谢耘耕：《中国传媒资本运营若干问题研究》，《新闻界》2006 年第 3 期。

释疑解惑、化解矛盾、疏导情绪、维护稳定的社会责任，牢牢把握正确的舆论导向，不断提高舆论引导水平，把广大干部群众的思想和行动统一到中央的战略决策和部署上来。党报在任何情况下，都要把社会效益放在首位，为广大群众所提供的精神产品必须是健康向上和积极的。党报不仅要坚持正确的政治导向，还要坚持正确的价值导向、文化导向和知识导向等，在不同的领域、从不同的角度给读者以正确的引导。

正如胡锦涛在《人民日报》创刊 60 周年之际考察人民日报社时所要求的那样，"必须坚持党性原则，牢牢把握正确舆论导向，舆论引导正确，利党利国利民，舆论引导错误，误党误国误民。要牢固树立政治意识，大局意识，责任意识，阵地意识，把坚持正确导向放在新闻宣传工作的首位，更加自觉主动地为人民服务，为社会主义服务，为党和国家工作大局服务"。①

中国第一家报业集团广州日报报业集团成立以来，努力扩大党报的号召力，在各个环节上进行了一系列改革，"坚持追求党委机关报和新闻市场的完美结合，坚持正确舆论导向与可读性相结合，逐步形成了自己鲜明的特色和风格。……在广州日报报业集团的架构中，主报《广州日报》无论在影响力和经济效益上都处于绝对强势地位，党报始终是主体，是集团的基础和龙头"。②

另一方面，要警惕和防止非公有资本过度追求资本增值而干扰乃至蜕变传媒方向，要充分发挥"舵手"的作用，与"各类资本"的投资方共同唱响主旋律。

投资者只能与双方的合作公司发生联系，同媒体的编辑部没有直接的经济关系。从表层上看，这种操作层次是将编辑和经营发行分离开来。实际上，投资者在一定程度上影响着编辑部。在任何情况下，投资方追求的是资本的增值，而中国的媒体是党和人民的媒体，坚持社会效益第一。当二者发生矛盾时，他们极有可能干涉媒体，使投资方的意志渗透到媒体内容上，或强制实现自己的意志。这是因为投资者控制着广告和发行，拥有媒体经营权。如果放任他们，可能导致"我们的媒体正在变成广告商的囚徒，另外也是投资者的囚犯。很多的媒体很发达，可以整天批判别人、别

①　胡锦涛：《在人民日报社考察工作时的讲话》，《新闻知识》2008 年第 7 期。
②　周翼双：《建设具有强大竞争力的现代报业集团》，2006 年 1 月 17 日《中国新闻出版报》。

人的公司，但是敢不敢批评自己的投资者"。① 在《新京报》上不会出现"北大青鸟"的负面新闻，正如在《经济观察报》上，不会看到"山东三联"的文章一样。

鉴于这样的情况，拥有控股权的国有资本传媒要时刻保持警惕，在合资传媒业中要充分发挥"舵手"的作用，要求"各类资本"企业都应该坚持以马克思主义为指导，坚持为人民服务，为社会主义服务的方向，弘扬主旋律。

总之，中国政府保护本国传媒业的国有资本控股权，那么国有资本在享受绝对权利的同时，更要在合资的传媒业中发挥主体作用，承担确保正确的舆论导向的责任，使得中国传媒业向着积极健康的方向发展，以提高中国传媒产业整体的竞争能力。

第二，国有资本要充分尊重民营资本和国际资本在合资传媒业的地位，保证他们的合法权益。

尽管业外资本进入中国传媒业会有一些不利的影响，但是我们不可否认这些资本进入传媒业盘活了传媒存量资产，壮大了传媒产业。

1999 年，湖南广电传媒上市，当时募集资金 4.59 亿，开始走上资本运营之路。到 2001 年底，湖南广电传媒通过首次公开发行和增发新股已筹集了 20 多亿元的资金，解决了制约广电业发展的资金不足的问题。②《21 世纪经济报道》于 2000 年元旦创刊，是南方报业集团以全新模式打造的一份财经周报。他们吸纳了民营资本——复兴实业集团投入的 1500 万参股资金，获得该报的 30% 的股份。该报创下了第一年创办报纸第二年就实现盈利的奇迹。2003 年，《21 世纪经济报道》成为南方报业第四家广告营业额超过亿元的报纸。"以传媒控制资本，以资本壮大传媒"为发展理念的浙江日报报业集团，通过吸收民营和国际资本等业外资本，逐步形成了以报业印务、发行、广告等主营业务为主，跨媒体、跨行业的多元传媒产业体系。③

这些成功的案例说明，尽管民营资本和国际资本在中国传媒业中处于非主体的地位，但是他们对中国媒体业发挥着积极的作用。可是，根据目

---

① 《清华国际传播中心李希光聊天实录》，http：//www.sina.com.cn2003 - 01 - 21，11：31 新浪传媒。
② 胡正荣：《媒介市场与资本运营》，北京广播学院出版社，2003，第 221 页。
③ 刘友芝：《业外资本进入传媒业的若干影响研究——以报业为例》，《新闻界》2007 年第 5 期。

前的政策规定，行业外资本投资传媒只能获得一定期限的经营权与收益权，不能获得相应的实际控制权和国家认可的传媒产权，不能拥有传媒的品牌。一旦双方的合作出现了问题，投资方就很可能最终一无所获。在资本运作方面，中国目前还没有为系统外资金进入媒体制定相关的法律及法规，对于媒体经营中能做和不能做的事情，政府政策模糊，这使得投资者在实际运作中很难依法保护自己的合法利益。

为此，国有资本在政策的允许范围内，要充分尊重民营资本和境外资本在合资传媒业的合法地位，保障他们的合法权益，在经营领域内尽可能多地为他们开辟资本运营空间，让市场成为配置资源的核心机制，提高资本效率和经营效率，建立合理公正的资本运营环境，使得国有资本带领"各类资本"一起把中国传媒业建设成一个具有国际竞争力的传媒业。

3. 突出国营地位，实现三资互惠三赢

诺贝尔经济学奖获得者保罗·萨谬尔森在阐释"资本"的概念时有这样的两句话："资本在本质上意味着时间的消耗和间接的生产手段。事实上人们在很早就已经认识到那些间接的生产手段或者说迂回的生产手段更加有效。"[①] 他举了一个十分形象的例子：最直接的捕鱼方法是下河用手抓鱼，但这只会让你感到失望而不会抓到更多的鱼。通过使用钓鱼竿（属资本设备），相同时间内的捕鱼效率会有所提高。如果使用更多的资本品，如渔网和渔船，捕鱼的效率会更加提高，足以满足许多人的需要，并使专业化生产渔网和捕鱼设备的人过上较好的生活。这个例子告诉我们：资本运营是一种效率更高的生产手段。由此我们得出：对于目前中国传媒产业的实际情况来说，捕鱼在使用好鱼竿的同时，要多使用渔网和渔船，以便捕到更多的鱼。

换句话说，中国政府对于媒体国有资本的控股态度要始终如一，强调国有资本的控股地位、国营地位。试点发行集团可按现代企业制度原则，设立有限责任公司或股份有限公司，吸收国有资本、非国有资本和境外资本，集团国有资本应不低于51%。[②] 还有"合资企业中的中方一家机构应在合资企业中拥有不低于51%的股份"。[③] 这些政策的实施，一方面保证了媒

① 保罗·萨谬尔森、威廉·诺德豪斯：《经济学》（第16版），华夏出版社，1999。
② 《关于规范新闻出版业融资活动的实施意见》（〔2002〕715号）第4条规定。
③ 国家广播电影电视总局、中华人民共和国商务部44号令《中外合资、合作广播电视节目制作经营企业管理暂行规定》第二章第六条第六款。

体国有资本在中国传媒产业中的主导地位，使得新闻传媒渠道仍由国家掌握，"喉舌功能"得到确保；另一方面也促进了国有资本与民营资本和国际资本通力合作，共同打造中国传媒业。

天津日报报业集团就是与民营资本和国际资本的多次合作促成了双方的共赢。2001 年 11 月，该报业集团联手民营资本——天津药业集团、上海复兴集团、天士力集团三家大型上市公司以及社会融资，组建了全国媒体最大的股份制发行配送公司——每日新传媒发展有限公司，全面掌控了天津 70% 的报刊零售市场和近 80% 的报刊订阅市场，天津日报报业集团以无形资产作价占 51% 的股份。股份制企业的经营模式扩展了经营宽度，年营业额已突破亿元，使党报集团发展跃上了一个新的品牌。2004 年 6 月，该集团与全球拥有 270 家专业出版物的国际数据公司 IDG 集团瑞典公司合作，推进报纸发行数字化建设，合作成立了报业发行软件公司，使报纸从印刷到终端的流程实现数字化管理。① 天津日报报业集团目前已形成了以报业为主导、跨旅游和文化娱乐、教育等文化与教育产业领域的传媒综合产业体系。

天津日报报业集团成功运用民营和国际资本快速发展的案例，向我们传递了这样的信息：中国媒体的国有资本的控股权地位没有动摇，突出了国营的地位，同时也引进民营资本和国际资本，不仅增强了自身的资本实力，更重要的是直接学习了这些资本投资主体的市场化的经营理念和公司化运作机制；而民营资本和国际资本在"最后的暴利行业——传媒业"找到了新的投资目标，形成了共同发展的良好局面。

但是，我们不可否认，现在的中国传媒体制朝着资本化制度核心迈进时出现了很多问题：媒体通过几年的资本实际运作，获利的少，赔本的多。但是只要中国媒体国有资本在传媒产业占据主导地位的前提下，与民营资本和国际资本谋求共同合作发展，全面实现三资互惠三赢是必然趋势。

结　语

中国传媒体制正朝着资本经营方向积极转变，中国政府既希望媒体在不淡化或者不削弱政治舆论导向的同时，可以实现大幅增值。为此，中国

---

① 胡怀福等：《以市场化运作拓展党报发行市场——天津日报报业集团党报发行体制改革的调查》，《中国报业》2006 年第 8 期。

政府在允许民营资本和国际资本进入中国传媒业的同时，一直在强调国有资本控股权的重要意义：即确保中国新闻事业坚持党性原则，做好党和人民的喉舌；在应对加入 WTO 巨大挑战的同时，能够维护国家利益，确保本国信息文化安全。

正因为媒体国有资本在合资传媒业中始终占据主体地位，所以国有资本应承担更多的责任，发挥更加积极的作用，发挥"龙头"表率的作用，坚持社会效益第一，保证舆论导向的正确性；充分尊重民营资本和国际资本在合资传媒业的地位，保证他们的合法权益。

总之，中国媒体的国有资本的控股地位不容动摇，在政策法规允许的范围内，与民营资本和国际资本共同合作，实现三资互惠三赢。因为中国的传媒既承担着国有资本保值、增值的经济使命，又承担着党和人民的喉舌的社会责任，实施资本经营的根本目的就是通过资本收益来实现社会效益。[1]

第二节　俄罗斯国有资本在传媒中的作用

一　传媒企业私营化

1. 从中央到地方各级媒体一夜之间实现私有化

苏联传媒事业实行的是高度集权的新闻体制，传媒在意识形态上被严格控制，苏联共产党不允许国家以外的任何机构和个人拥有传媒机构。

1986 年，戈尔巴乔夫提出的"公开性"改革，使得媒体数量和民众对传媒信息的需求陡增。1989 年苏联全国报纸种类达到 7923 种。[2] 据统计，1985～1989 年间出版过的非国有报刊共有：社会政治类 993 种、宗教—哲学类 56 种、文学—艺术类 179 种、音乐类 157 种、儿童类 44 种。

1990 年苏联政府颁布了《苏联出版与其他大众传媒法》，正式拉开新闻

---

① 支庭荣：《西方媒介产业化历史研究》，广东人民出版社，2004，第 142～144 页。

② Г рабельников А. А. *Массовая информация в России от первой газеты до информа-ционного общества.* Из. РУДН，2001. 97.

体制改革的大幕。《苏联出版与其他大众传媒法》对出版自由的解释、大众传媒的活动组织、新闻与信息的传播、大众传媒同公民及各种组织关系、新闻工作者的权利和义务、新闻领域的国际合作、违反新闻出版法应负的责任等作出了规定。取消了新闻检查，允许各类社会组织和个人办报，扩大了传媒创办者、编辑部和出版者的自主权。① 该法明确体现了苏联新闻媒体的体制和制度发生的根本变化。这段时间是苏联新闻事业发展历程中具有转折性意义的时期，苏联传媒由国有化向多元化过渡，媒体的私有化在此时初露端倪。

1991 年 12 月 25 日，俄罗斯联邦作为主权国家在苏联解体的同时宣布独立。俄罗斯联邦颁布的《俄罗斯联邦大众传媒法》，正式拉开了俄罗斯媒体由国有制向私有制转型大幕。《俄罗斯联邦大众传媒法》延续了《苏联出版与其他大众传媒法》的主要内容，只是在"私有化和市场化"的基础上，表现出了更多民主和开放的特点。② 主要内容涉及：允许传媒重新注册和登记；严格约束终止新闻媒体活动的权利；明确创办人与编辑部的关系；提供税收优惠；放松对色情出版物的限制；扩大记者权利；放宽国家间的合作尺度等。这部传媒法的实施使俄罗斯传媒体制由国有制转向私有制。

首先，确定传媒发展的目标是市场化和私有化。这使得许多国营党报趁机脱离原来的单位，成为独立的媒体。③ 比如，《消息报》脱离了最高苏维埃、《真理报》脱离了苏共中央、《文学报》脱离了苏联作协、《莫斯科青年报》脱离了列宁共产主义青年联盟等。

其次，规定创办报刊唯一需要的就是登记，这使得俄罗斯国内出现了一批新创办的媒体（包括私人和各种政党机构创办的传媒机构）和一大批新的报刊。俄罗斯联邦印刷及大众传播部统计数字显示，仅在一年之内俄罗斯联邦境内就有 600 份新媒体进行登记，而在莫斯科市就存在着 2600 份报纸和杂志出版。④ 此外还有数家独立广播电视公司。

私人办报和办电台的现象说明俄罗斯传媒机构已经从苏联单一的国有制向多元所有制转变，各个传媒机构争相脱离政府的管制，成为完全自由的媒体。

① 吴非、胡逢瑛：《俄罗斯传媒体制创新》，南方日报出版社，2006，第 261 页。
② 李玮：《转型时期的俄罗斯大众传媒》，上海外语教育出版社，2005，第 40 页。
③ 李玮：《转型时期的俄罗斯大众传媒》，上海外语教育出版社，2005，第 39 页。
④ 吴非、胡逢瑛：《转型中的俄罗斯传媒》，南方日报出版社，2005，第 151 页。

《俄罗斯联邦大众传媒法》解除了媒体创办者的资格限制，完全开放了媒体市场，几乎使所有媒体一夜之间实现了私有化。除国家通讯社伊塔—塔斯社和中央政府机关报《俄罗斯报》还在享受中央财政拨款外，其他媒体都需要自负盈亏。许多一直靠政府拨款的媒体一下子被推向市场，由于没法适应自负盈亏的市场运作方式，失去了生存空间而面临破产。大部分媒体为了避免破产而投向金融财团的怀抱，成为金融财团牟取暴利的工具，这使得当时俄罗斯传媒憧憬的"第四权力"和新闻自由再次破灭。俄罗斯传媒行业走向私有化和寡头垄断时期。

2. 私有化体制五花八门

苏联解体后，叶利钦成为俄罗斯第一任总统，俄罗斯正式进入国家资本主义发展时期。随着政治从社会主义向资本主义、经济从计划经济向市场经济转轨，俄罗斯大众传媒的属性、职能、经营管理体制发生了剧烈的转型。《俄罗斯联邦大众传媒法》的颁布决定了俄罗斯传媒的根本变革方向——私有化和市场化。

该法典开宗明义，首先取缔了传媒领域长期一贯的国家控制，将创办传媒的权利同时赋予了国家机构、党派组织、商业机构和任何年满18岁的个人。而且该法在坚持"自由化、私有化和市场化"道路，彻底消除审查、解除垄断和实现自治的同时，表现出更加自由和开放的主导思想："在俄罗斯联邦寻求、获取、生产和传播新闻，创办、占有、使用、支配大众传媒，制造、获取保存和使用用于生产和大众传媒产品的技术装置与设备、原料与材料，除应遵守俄罗斯联邦传媒法的规定外，不受限制。"[1] 由此可以看出，俄罗斯大众传媒彻底取消了国家控制，媒体所有制形式五花八门，生存方式多种多样，有的是靠广告收入，有的靠金融机构资助，有的靠国家财政拨款，有的借助于外资发展等。在俄罗斯自由化、多元化和私有化的过程中，俄罗斯媒体已由单一的国家成分变为国家的、地方政府的、编辑部集体的、私营媒体、外资媒体等多种种类并存，所有制形式变得多元化（详见第一章第二节"一、俄罗斯转型期的传媒事业"之"俄罗斯新闻媒体的类型"）。

3. 管理体制多元化，竞争日趋激烈

俄罗斯联邦独立之后，其传媒管理体制一改苏联时期的金字塔式垂直管理模式，实行独立经营的管理模式。

---

① 张举玺译：《俄罗斯联邦大众传媒法》，《新闻与信息传播研究》，2006年冬季号。

叶利钦当政时期提出，俄罗斯的传媒要像美国一样完全走商业模式，政府不再负担传媒机构的资金预算，除了个别的政府媒体，如俄罗斯电视台、《俄罗斯报》等，其他媒体全部推向市场，实行独立经营，自负盈亏。

在新的政治经济的环境下，一方面大量新的媒体涌现。《俄罗斯联邦大众传媒法》赋予主编和记者更大的自主权，传媒属于新闻人所有，保障了他们的独立地位。受西方国家"第四权力"和"自由报刊"思想的影响，主编和记者们的主人翁和责任感倍增，各种媒体纷纷注册，新的媒体犹如雨后春笋般涌现，如"莫斯科回声"广播电台、《商人报》、《首都》杂志和《独立报》① 等。

另一方面许多报刊的发行量锐减，为数不少的媒体倒闭。单是在 1992 年 1 月，就有 20 家报纸因为资金原因而停止出版。小规模的媒体，在激烈的竞争环境中艰难地生存。俄罗斯一家地方报的编辑巴比科夫曾撰文《但愿还能办下去》，表达了他的无奈。他认为，由 2000 多种报纸构成的俄报业市场呈金字塔形，位于塔顶的屈指可数，而大量位于底部的报纸发行量小、广告少，资金短缺到发不出薪水，他所在的报纸不得不靠经营一家小商店来勉强度日，这大概就是俄罗斯报业现实的一个缩影。②

媒体为了在竞争中生存，不得不大量刊登广告，并极力争取外来投资。越来越多的媒体更加认识到了广告市场的重要性。由于广告成为媒体的主要收入来源，它对媒体产生了重要影响。受众市场与广告市场一样，同时也成为媒体激烈竞争的焦点。媒体只有不停地追求更好的发行量和收视、收听率才能吸引金融机构的投资和厂商们的广告，因此受众越来越重要。俄罗斯转型期的传媒实现了从苏联时期以国家为中心向以受众为中心的转变。受众就是媒体的上帝，谁的受众越多，市场就越大，就越受广告商的青睐，利润也就越大。如在电视节目的内容安排上，广告商希望他们的广告能够与最受欢迎的节目同时播放，因而节目的收视率很快成为关注焦点。这样，像《一见钟情》和墨西哥肥皂剧《头脑简单的玛丽亚》之类深受俄罗斯人喜爱的节目，就特别受到广告商的青睐。③

---

① 李玮：《转型时期的俄罗斯大众传媒》，上海外语教育出版社，2005，第 63 页。
② 郎劲松：《俄罗斯大众传媒步入"普京时代"》，《当代传播》2001 年第 2 期。
③ Mickiewicz, Ellen. *The Political Economy of Media Democratization.* London：Longman, 1995. p168.

　　为了吸引受众，媒体追求丰富多彩的传媒形式和内容，信息量和娱乐性大增。但是，有些媒体只追求单纯的经济利益，置社会效益于不顾，大量出现媚俗、黄色、暴力等影响社会稳定的新闻。如为了"抢滩"俄罗斯，M1电视台竟推出女主持人裸体出镜的新闻节目，《赤裸裸的真相》成为该台王牌栏目，已发展成为系列赤裸节目，堪称全球首创。M1电视台却因此发家，在莫斯科站稳了脚跟。①

　　俄罗斯媒体类型在这个时期走向细分化、专业化，形式多样，内容丰富。为了迎合受众的需要，俄罗斯媒体投其所好，量身定做、定位生产符合需求的信息产品，以多元化的表现手段来吸引受众。例如，"第一频道电视台"首次开始采用受众细分的方式来制作节目、播出节目，电视台划分为文化频道、体育频道、音乐频道、儿童频道、教学频道、科学频道等。②为了争夺收视率，出现了电视网和广播网。一家电视总公司与多家地方附属电视台达成协议，根据协议，总公司把它制作的电视节目信号传送给附属台或者合作台，节目的播出时间有时被总公司严格限制，有时则可以由附属台或合作台自行灵活播出。③总公司改变了附属公司的困境，同时通过这种方法扩大受众群，提高知名度，吸引更多的广告客户。

　　总之，俄罗斯转型期间出现了各种新媒体，为了生存各显神通，激烈争夺受众市场和广告市场。俄罗斯媒体一时呈现出百花齐放、百家争鸣的热闹局面，这是俄罗斯传媒史上著名的黄金发展时代。

结　语

　　综上所述，随着俄罗斯社会体制转型的步伐，传媒业步入私有化时代。《俄罗斯联邦大众传媒法》颁布，拉开了俄罗斯传媒体制转制的序幕，即由此前的国有体制极速转向自由化、私有化、市场化。

　　在这个转制过程中，俄罗斯传媒业进入了资本主义市场经济时代，自由竞争发展是该阶段的主要特点。出于生存目的，俄罗斯媒介八仙过海各显神通，由原先单一国家成分，突变为集官办、民办、私营、外资等多种种类并存，形式多元化局面。在激烈的市场化竞争中，一方面大量新媒体

---

① 郎劲松：《俄罗斯大众传媒步入"普京时代"》，《当代传播》2001年第2期。
② 吴非、胡逢瑛：《俄罗斯传媒体制创新》，南方日报出版社，2006，第85页。
③ 贾乐蓉：《当代俄罗斯大众传媒研究》，中国广播电视出版社，2008，第41页。

涌现出来，另一方面一部分老媒体相继倒闭，即便是生存下来的大量报刊，其发行量也一减再减。扩大发行量，增加广告收入，成为媒介生存的经济支柱。但由此导致的大量媚俗、黄色和暴力等新闻作品涌现报端和电视节目中，也给社会带来一定的危害。

二　国际资本长驱直入，使传媒业快速集团化

1. 国际资本挺入，使俄罗斯传媒集团化过程加剧

1991 年 12 月 25 日苏联解体后，俄罗斯传媒摒弃了苏联时期那种高度集中的管理体制，以《俄罗斯联邦宪法》和《俄罗斯联邦大众传媒法》为法律基础，保证新闻出版的充分自由，把"承认意识形态多元化"提到宪政制度原则的高度，规定"任何意识形态都不得被规定为国家的或必须遵循的意识形态"。① 于是，在叶利钦执政之初，对西方传媒采取门户大开的政策。叶利钦于 1991 年 8 月 27 日签署了《关于"自由"（自由欧洲）电台分部的总统令》，准许美国的自由欧洲电台在莫斯科开设办事处，在俄罗斯境内设记者站，允许其"自由从事新闻工作"。从此，国际资本开始大举进入俄罗斯传媒业。

与此同时，一直由国家管控的传媒在取得自主经营权的同时，突然担负起了自负盈亏的责任。由于当时俄罗斯政治经济环境的混乱使得传媒业的改革无法正常进行，许多传媒企业在被抛向市场之后，失去了经济来源，他们只得自谋出路。

为了生存，有些媒体不得不四处寻找靠山。于是，大部分媒体投入到了因私有化而一夜暴富的"寡头"们的怀抱。金融寡头们为了捞取政治资本和经济实权而大量创办、收购传媒企业。

与此同时，国际资本趁机进入俄传媒业，这些资本或者与当地媒体合作，或者直接以独资形式进入，收购电视媒体和频道。这虽然在一定程度上缓解了俄传媒业面临的倒闭危机，但是却加剧了俄传媒业集团化及资本重组，形成金融寡头和大财团控制俄传媒业的垄断局面。

最先吸纳外资的，当属久负盛名的《真理报》。作为苏共中央的机关报，在苏共于 1991 年 8 月被强行解散后，报社失去财政拨款，陷入困境。

---

① 张养志：《政府职能与俄罗斯传媒宏观管理体制演变》，《俄罗斯中亚东欧市场》2008 年第 3 期。

1992 年，一家希腊公司与《真理报》联合组建了"真理报国际股份公司"，其中希腊公司持有 55% 的股份，另外的 45% 为报社所拥有（后由于合作破裂撤资）。1991 年 10 月，英国广播公司同俄罗斯广播电台签署了有关协定，由俄方在莫斯科转播英国广播公司的新闻、评论和专题等节目。还有欧洲"＋"电台，总部原来设在法国，现已迁至莫斯科，受众群是俄国爱好音乐的知识界人士。在俄罗斯一度声名显赫的商业电视台——独立电视公司1995 年虽然宣布脱离银行贷款，实现资产独立，但事实上却接受了美国一家名为 Internews 传媒公司的资助。① 2001 年，在俄罗斯知识分子中颇有影响的杂志《星火》被美国的一个基金会出资暗中收购。类似这样的例子还有很多，美、英、德、法等西方资本均已经进入俄罗斯传媒领域。在自由化改革进程中，西方传媒大踏步向俄罗斯进军，通过与当地媒体合作或者收购、控股当地媒体，形成高度垄断。国际资本的挺入，使俄罗斯传媒集团化过程加快了。

西方媒体在进军俄传媒业的过程中，充分利用报刊、广播、电视和互联网等传媒工具，向俄罗斯民众传播西方民主制度的价值和实践，报道西方人民生活的幸福、富足和安宁。以俄罗斯电视为例，在栏目设置、内容选材、演播风格乃至电视语言运用等方面都带着典型的西方化色彩，尤其是美国化倾向越来越严重，使用美式节目名称，模仿美式脱口秀的调侃谈话节目，乃至播映美国宣扬暴力或色情的影视片。电视栏目西化成风，国内编制的本土节目也要生硬地使用英语或其他外语的名称，有些商业频道设立英文（用俄文字母拼写）的美式节目名称，其实这些名称在俄文中也完全可以找到同义词。同时，反映俄罗斯民族文化的节目却越来越少，即使有识之士有志于此，也往往在经济和其他方面受到制约而感到无力。②

国际资本大举挺进俄罗斯传媒领域，使俄罗斯传媒业快速集团化，并且逐步控制了俄罗斯传媒的话语权。俄罗斯媒介在丧失话语权的同时，国家舆论安全失去保障，西方势力不断借助舆论工具来指责和干涉俄罗斯的内政外交政策。俄罗斯国家形象和威信遭到严重败坏。

---

① 姜飞：《试析跨文化传播中的几个基本问题——兼与童兵先生商榷》，《新闻大学》2006 年第 1 期。

② 谢飞：《转型期俄罗斯传媒业改革观察》，《青年记者》2006 年第 7 期。

2. 传媒业形成高度垄断，国家舆论被淹没

在社会经济急剧转型的大环境下，难以为继的传媒业为了生存，顾不得独立与自由，纷纷投入在私有化过程中暴富起来的金融资本家怀抱，成为财团和寡头们的附庸。金融寡头通过收购、参股等方式逐步控制了大部分传媒（见下表）。这样，继俄罗斯工业企业私有化之后，大众传媒在金融寡头们瓜分的过程中，逐渐形成几个"媒体帝国"，控制着俄罗斯大部分媒体。

资料显示，1999 年，古辛斯基和别里佐夫斯基控制着俄罗斯 70% 的媒体市场[①]。这说明俄罗斯传媒业在摆脱国家控制后不久，很快就被少数传媒势力瓜分，进入了寡头垄断时代，传媒业形成高度垄断，媒体成了大财阀和政治家们手中的利益工具。

1999 年俄罗斯主流媒体的分布状况[②]

传媒势力	电视领域	广播领域	报 刊	其 他
别里佐夫斯基	OTP（社会电视台）的控制权、TB—6（35%）	HCH 广播电台	《独立报》、《新报》、《新消息报》、《生意人报》、《星火》杂志	"民族新闻"服务通讯社
古辛斯基	独立电视台、HTB＋THT 电视网	"莫斯科回声"广播电台	《今日报》、《公共报》（与卢日科夫等共有）、《新报》、《总结》杂志、《七日》杂志、《历史车队》杂志	HTB—艺术设计中心
卢日科夫	中心电视台、Телеэкспо—TB、首都电视台、Ren—TB、TB—6（部分股份）	M—радио 广播电台	《莫斯科真理报》、《莫斯科晚报》、《晚间俱乐部报》、《公共报》、《特维尔报》、《13报》、《文学报》、《地铁报》	莫斯科电影制片厂、马克西姆广告社
波塔宁		"欧洲＋"广播电台、自动广播电台	《消息报》、《共青团真理报》、《俄罗斯电报》、《天线报》、《特快报》、《专家》杂志	"Прайм—塔斯"通讯社
国 家	全俄广播电视公司、文化电视台、光缆电视"流星—TB"	"俄罗斯"广播电台、"灯塔"广播电台、Орфей 广播电台	《俄罗斯报》、《俄罗斯消息报》、《俄罗斯联邦》杂志、《俄罗斯》杂志	ИТАР—塔斯社、РИА—消息社

---

① 程曼丽：《转型期俄罗斯传媒业透视》，《国际新闻界》2001 年第 4 期。
② 李玮：《转型时期的俄罗斯大众传媒》，上海外语教育出版社，2005，第 75～77 页。

续表

传媒势力	电视领域	广播领域	报　刊	其　他
国家天然气工业公司	独立电视台30%股份、公共电视台3%股份、地区卫星网ACT	"公开广播"电台	《劳动报》、《论坛报》、《石油工业》杂志、《事实》杂志	一百多个地区出版社
卢克石油公司	TB—6（部分股份）31台、Ren—TB（75%）		《消息报》（49%的股份和副刊《星期报》等）	

　　俄罗斯政府全面退出大众传媒之后，由于缺乏资金来源，媒体经过了一段短暂的阵痛期。这段阵痛期从1992年底一直持续到1994年底。1995年后俄罗斯媒体基本上形成了三足鼎立的局面，即代表过去国营企业的国家天然气集团与代表企业改革派的欧耐克希姆银行集团为一方，另一方为支持莫斯科市政府的古辛斯基"桥"媒介集团，最后一派就是自成一体的别里佐夫斯基所拥有的媒体集团。

　　别里佐夫斯基1993年投资《独立报》时，该报正因陷于严重财政危机而不得不面临停刊的窘境。别里佐夫斯基联合当时《独立报》的总编辑特里基雅科夫，把《独立报》的一些记者派到欧洲进行短期培训，然后再把足够的资金注入《独立报》，于是这份报纸又重新以崭新的面貌站立起来，基本上仍然坚持其一贯的前卫、辛辣的作风。在俄罗斯具有百年历史的《星火》杂志同样也有别里佐夫斯基的投资。通过注入大量资金，别里佐夫斯基开始进入俄罗斯最大的电视台"社会电视台"。最初，尽管别里佐夫斯基仅拥有该电视台2%的股份，但他仍成功地登上了该电视台董事会主席的宝座。此后，他通过自己手下的财团不断冲抵电视台的亏空，到1995年，别里佐夫斯基已基本控制了这家俄罗斯最大的电视台。

　　"桥"媒介集团主要是由"桥银行"总裁古辛斯基一手创办。古辛斯基完全以美国的传媒经营模式来塑造一个属于自己的媒体。虽然"桥"媒介在1996年总统大选后得到叶利钦的大力支持，但其立场与2000年新任总统普京的强国政策相去甚远，这也是"桥"媒介后来走向灭亡的原因。由于古辛斯基与当时主管俄罗斯新闻事务和政策的波尔托拉宁关系密切，波尔托拉宁于1994年将国家电视台的第四频道让给古辛斯基经营的"独立电视台"，开始了"独立电视台"与第四频道的教育电视台共用频道的局面。①

1993 年，古辛斯基创办了一份综合政论报纸——《今日报》。《今日报》最初的报业人员都来自《独立报》，这使得《今日报》声名显赫，但由于主编奥斯塔尔斯基一直无法突破集团利益的障碍，《今日报》一直无法突破发行量 10 万份的大关。接任的总编辑别尔戈尔将《今日报》的内容、风格转向经济方面，《今日报》的从业人员也换成《每日商报》的编辑，发行状况有所改善。1996 年，古辛斯基又联合美国的《新闻周刊》创办了《总结》杂志，《总结》杂志以丰富的内容、精美的画面和便宜的价格迅速占领了俄罗斯部分杂志市场。古辛斯基还一手创建了对俄罗斯政治影响力最大的"回声电台"，至今"回声电台"还是莫斯科地区最有影响力的广播电台。②

代表国营企业的国家天然气工业集团也逐渐建立起属于自己的媒体帝国。1997 年以前，国家天然气集团总裁韦辛列夫背后最大的支持者就是前政府总理切尔诺梅尔金。国家天然气集团控制着俄罗斯第一大报《消息报》以及《劳动报》、《先锋真理报》等。

代表企业改革派的欧耐克希姆银行集团基本上是将媒体作为进入政府的垫脚石。该集团总裁波塔宁在成功经营《专家》杂志和《每日商报》等媒体后，便跻身政府，成为俄国有史以来第一位担任副总理的银行家。

这些传媒寡头对俄罗斯传媒业实行的高度垄断，淹没了国家舆论。

第一次车臣战争就是最好的例证。车臣战争是反对民族分裂、维护国家统一的战争，是正义之战。然而，第一次车臣战争持续了 21 个月，虽然俄军官兵牺牲了 2000 多人，5000 多人受伤，却未达到战前目的。这与俄罗斯政府忽视新闻宣传，放弃"信息阵地"，形成"信息真空"有很大关系。在 1994～1996 年的车臣战争中，俄罗斯新闻媒体扮演了与政府对立的角色，不仅渲染血淋淋的战争场面，还在全国掀起了反战的浪潮。

首先，俄军电子信息作战部队配置在远离战场的地域，未能对车臣非法政府的电视、广播、通信与西方新闻媒体的联系渠道实施有效的信息隔绝。其次，俄军行动计划多次泄密，而正常渠道却封锁新闻，形成"信息

---

① 起初，"独立电视台"只在晚上 7 点之后播出约 3 小时的节目。创办人基辛廖夫创办了"总结"节目，该节目创办之初只在圣彼得堡第五电视台播出，每天只播 1 个小时。后来"独立电视台"逐渐成为俄罗斯一个颇受欢迎的媒体。

② 胡太春：《从古辛斯基的浮沉看俄罗斯传媒政策的走向》，《国际新闻界》2002 年第 4 期。

真空"。车臣非法当局宣传部门抓住这些空子，大量发布诋毁俄联邦政府、吹捧非法武装的虚假消息，使俄国内民众与军队思想发生了极大的混乱，出现了高级将领辞职，部分军队执行命令不坚决，甚至倒戈的现象。他们把分裂行径说成是伊斯兰圣战，混淆视听，不仅得到周边伊斯兰国家的支持，大批志愿者、雇佣军和装备物资流向车臣，而且得到西方国家的支持。CNN、BBC 开足马力，大量报道俄军飞机攻击、炮击平民区和车臣难民流离失所，致使俄军维护国家统一、反对民族分裂的正义行动受到严重歪曲。国际舆论和许多被蒙蔽、原来持中立的车臣群众，纷纷倒向车臣非法武装一边。[①]

另外，俄罗斯媒体在充分享受国家所赋予新闻自由的同时，并没有为了国家利益去奋起反击车臣非法媒体和境外媒体那些虚假新闻，而是把国外媒体播发过的血淋淋画面进行转播，或者播发记者在战争前线采写的、经过渲染的新闻。这样，无形中与国外媒体沆瀣一气，推波助澜。这些都使俄军原有的军事优势大打折扣。

总之，20 世纪 90 年代俄罗斯传媒虽然朝着叶利钦的改革方向——市场化、私有化前进，但传媒不是作为独立的机构进入市场，而是作为金融集团的附庸而存在的，传媒资源的配置不是依靠市场机制的调节，而是根据寡头们的个人意愿和政治斗争的需要，致使国家舆论极度衰弱，严重损害了国家的利益。

3. 传媒寡头挑战国家舆论安全，干涉国家内政

俄罗斯传媒业形成高度垄断后，传媒寡头开始挑战国家舆论安全，干涉国内政治。综观俄罗斯最初十年的转型过程，俄罗斯传媒寡头干涉国内政治呈现出下列特征。

（1）利用传媒工具左右总统选举

亲手解散苏联，解散苏联共产党，宣布俄罗斯为独立主权国家的导演者——叶利钦在第一个总统任期内大失民心。

1996 年春季，叶利钦谋求连任总统的希望遭受了沉重的打击。在总统选举第一轮全民投票中，叶利钦所得票数没有达到法律规定的半数，他获得的选票率（35.2%）仅比名列第二位的久加诺夫（32.04%）高出 3 个百分点。民意调查结果显示，支持共产党上台的呼声不断加强。为了防止共

---

① 胡义强：《从车臣战争看未来的战时新闻宣传》，《国际新闻界》2000 年第 5 期。

产党势力在俄罗斯政坛东山再起，叶利钦起用了古辛斯基的媒体舰队，为自己的连任大造声势。

为了帮助叶利钦在第二轮全民投票中赢得胜利，古辛斯基不仅全力动用"桥"媒介集团的力量为叶利钦摇旗呐喊，首先设计出一系列的"舞台政治剧"用以美化叶利钦的形象，用平易近人来掩盖叶利钦的嗜酒如命。其次，让普通老百姓亮相荧屏，谈论他们的生活、家庭以及对未来的憧憬，在漫谈中让人们发现，虽然俄罗斯在叶利钦的领导下存在问题，但毕竟还是取得了进步。再次，大量制造和揭露对手的政治生活丑闻，暴露其生活作风问题。最后，制造社会舆论，尤其是"恐共舆论"、"俄共上台会引起内战"、"俄共要复旧"等。大量播放苏联 30 年代大清洗的恐怖镜头，使人产生"不寒而栗"的宣传效果。

同时，古辛斯基还亲自出面与别里佐夫斯基及时组成俄罗斯商界代表团到克里姆林宫，向叶利钦提供了 3.5 亿美元的财力支持，并游说在第一轮投票中名列第三位的退役将军列别德与叶利钦合作，在其选民中为叶利钦拉选票。①

媒体的努力虽未能彻底挽回时任总统叶利钦的形象，但却成功地改变了受众的态度。而俄共在宣传鼓动方面则力量不足，处于被动地位。这就使那些尽管对叶利钦不满，但不希望国家动荡而持中间立场的广大选民最终又选择了叶利钦。1996 年 7 月的第二轮选举中叶利钦的得票率上升至53.82%。1996 年的总统大选让俄罗斯人领教了现代传媒技术的威力。

确切地说，叶利钦的连任并非人民的选择，是传媒缔造了他的俄罗斯总统第二任期。

（2）干扰叶利钦的政治遗嘱

古辛斯基在帮助叶利钦连任总统成功时，惊奇地发现了掌握舆论工具的重要性。他从叶利钦的许诺中萌发了大干一场的决心。1997 年，古辛斯基利用国营天然气工业公司对电视公司的资金支持，迅速扩充了"桥"媒介集团的实力，并进一步组建和兼并了多家媒体企业。他试图全面掌握舆论工具，直接对政权机构施加影响，实现其在政治家背后操纵国家的梦想。

叶利钦虽然获得总统连任，但其健康每况愈下。1998 年的经济危机和此后的一系列政治危机，促使叶利钦急于寻找接班人。在别里佐夫斯基的

---

① 张举玺：《传媒大亨古辛斯基沉浮记》，2005 年 5 月 23 日《第一财经日报》。

极力推荐下，叶利钦将继任者的目标圈定在时任总理的普京身上。

为了扶植自己的代表普里马科夫竞选下届俄罗斯总统，由古辛斯基资助的议会力量——中派主义"祖国运动"党在1999年夏季迅速崛起，大有与普京争雄，问鼎总统职位的劲头。同时，古辛斯基指示独立电视台在"总结"节目中，出示了一张"总统家族示意图"，对叶利钦及其女儿开列了一系列罪名。

为寻求解决这次冲突的出路，叶利钦派出代表，会见古辛斯基和独立电视台台长马拉申科。古辛斯基借机要求叶利钦出面，免除"桥"媒介集团从国家银行的巨额贷款。而这些巨额贷款的担保方则是国营天然气工业公司。双方因此争执不下，最后不欢而散。

（3）借助第二次车臣战争丑化政府形象

普京于1999年出任俄罗斯政府总理之后，车臣非法武装为了谋求政治独立，不断在俄罗斯境内制造血腥恐怖事件。为了打击车臣分裂主义者的嚣张气焰，消灭非法武装力量，普京接受民意，于1999年年底果断地发动并指挥了第二次车臣战争。

眼瞅着叶利钦圈定的接班人——普京在民众中的声望日高，古辛斯基的心情格外着急。他重操手中的舆论工具，对普京在车臣发动围剿非法武装的行动大肆丑化，百般指责强力部门在车臣践踏人权、滥杀无辜、草菅人命等，在俄罗斯掀起一场反战浪潮。独立电视台对第二次车臣战争进行全程跟踪报道，不断地直播那血淋淋的作战场面，挑起民众对政府产生不满情绪，导致逃避兵役事件层出不穷。与此同时，那一幅幅描述非法武装被摧毁的惨烈镜头，为西方指责俄罗斯人权问题留下了证据。这种毫无约束性的报道方式颇受西方社会吹捧。

古辛斯基不仅可以指责政府的内外政策，还可以批评代总统普京的有关言行。所以，古辛斯基手中的民营传媒机构一度被西方称作"新闻自由的典范"。

（4）幕后操纵俄罗斯政局

1996年帮助叶利钦竞选总统胜利后，别里佐夫斯基被任命为俄罗斯国家安全会议副秘书长。1998年4月，他被提拔为独联体国家执行秘书，开始奔忙于独联体国家元首之间。别里佐夫斯基凭借着坚强的经济实力和手中的媒介工具，逐步成为叶利钦"家族"的重要成员，开始在幕后操纵俄罗斯政局。

别里佐夫斯基运用媒介工具大力干涉朝政开始于 1997 年。1997 年初，稳健派代表切尔诺梅尔金总理与少壮派代表丘拜斯和涅姆佐夫两位第一副总理的分歧显露，支持切尔诺梅尔金总理的别里佐夫斯基媒介集团每遇机会都要大摆总理的功劳，宣传其对叶利钦总统的忠诚，把经济中的问题推到第一副总理丘拜斯的身上。而支持丘拜斯和涅姆佐夫等自由派的奥涅克西姆银行媒介集团，则公开强调切尔诺梅尔金保守僵化，阻碍丘拜斯等进行激进改革。一有机会就散布切尔诺梅尔金总理可能被撤换的消息。

1997 年夏，在"俄罗斯电信投资集团"25% 股份竞卖中，丘拜斯和涅姆佐夫明里暗里支持奥涅克西姆银行集团以大大低于实际价值的低价夺标，而别里佐夫斯基所支持的财团在竞争中失败。对国有财产的瓜分不均，导致双方矛盾加剧。双方遂利用舆论工具开始了长达半年之久的舆论战。别里佐夫斯基联合没有受益的财团，并争取到亲切尔诺梅尔金总理的媒介集团加盟，掀起了声势浩大的"倒丘抑涅"运动。

叶利钦总统面对舆论压力，对政府开了第一刀，将负责私有化的国有资产委员会主席科赫撤职，并将委员会改组为部。但在竞卖中丢了面子的别里佐夫斯基财团等不甘罢休，又将丘拜斯等高官收受奥涅克西姆银行集团下属机构巨额稿酬事件曝光，叶利钦只好撤换卷入此丑闻的几名部长，而后又撤掉丘拜斯的财政部长职务、涅姆佐夫的燃料和动力部长职务。然而对立的媒介集团仍不鸣金收兵，还要搞掉丘拜斯的第一副总理职务，甚至要搞臭丘拜斯的名声。为此，散布其与叶利钦女儿塔季扬娜关系暧昧等传闻。1998 年 3 月 23 日，叶利钦迫于无奈终于痛下决心，解除丘拜斯第一副总理职务，并同时解散政府。

在 1999 年 8 月的俄罗斯政府更替之中，别里佐夫斯基鬼使神差般地向叶利钦力荐普京出任政府总理。于是，普京被任命为俄联邦政府总理。从 1996 年叶利钦蝉联俄罗斯总统到 1999 年 8 月，在古辛斯基和别里佐夫斯基等媒介财团的干预下，俄罗斯先后更换了切尔诺梅尔金、普里马科夫、契尔年科和普京四届政府总理。

俄罗斯前任副总理盖达尔曾说："在最厉害的时候，俄罗斯政府被 7～10 个商人左右，他们甚至可以随心所欲地撤换总理。"①

---

① 张举玺：《院士寡头别里佐夫斯基：没有解不开的难题》，2005 年 5 月 24 日《第一财经日报》。

在莫斯科曾流传着这样一个政治笑话：别里佐夫斯基在俄罗斯政府和总统办公厅开了职业介绍所，谁要想进入俄罗斯政府当副总理、部长或到总统府当官，必须要经过别里佐夫斯基的职业介绍所同意才行。

总之，在俄罗斯政府高层争夺最高权力与扩充政治版图的竞赛中，控制媒体经营权或限制媒体活动是政治斗争中的重要手段。传媒寡头为了自己的利益，挑战国家舆论安全，干涉国内政治。

结　语

在俄罗斯转型时期，国家对媒体实行自由化、私有化、市场化管理，致使舆论更加分散，加上传媒与金融资本的结合，传媒已成为金融寡头们的赚钱工具，他们否定过去，辱骂政府，党派之间互相揭短，等等。

在这种大环境中，一些西方媒体乘虚而入，他们的传播活动带有强烈的意识形态色彩和文化霸权的性质，在影响俄罗斯民众价值观念的同时，也对俄罗斯政治、经济、文化的发展以及传媒市场起到了引导作用。叶利钦时代对媒体的放任政策使得国家很难形成一致的舆论，舆论的分散不但使得总统令满天飞却难以执行，而且导致社会上各种思潮泛滥、人心涣散和出现地方势力分裂倾向，这些严重影响着国家的政治经济的发展。[①]

随着国际资本的挺入，俄罗斯传媒集团化过程加剧，俄罗斯的传媒业形成高度垄断，国家舆论被淹没。传媒寡头为了自身利益，频繁挑战国家舆论安全，干涉国内政治。特别是俄罗斯独立初期，一度对传媒业放弃了管理权，直接导致舆论失控、主流意识形态缺失，出现了社会混乱，阻碍了国家政治经济的发展。俄罗斯传媒业存在的一系列问题一直到普京时代才得到解决，大众传播秩序得到整顿，国家对媒体控制权重新被收回。

三　国有资本的责任和作用

1. 普京政府打击传媒寡头，媒介控股权收归国有

普京执政之后，针对俄罗斯大部分媒体被金融寡头和财团控制，政府对媒体失去有效管理、舆论混乱的现实，决心打击寡头势力和改造媒体，摆脱寡头对俄政局的影响，重新掌握政府对舆论的主导权，为国家

---

① 王向东：《俄罗斯传媒业发展轨迹初探》，《世界广播电视参考》2005 年第 4 期。

经济建设和政治改革服务。普京首要改造对象是对中央权力和权威舆论威胁最大的两大媒体集团：古辛斯基集团和别里佐夫斯基集团。① 普京在 2000 年执政后，直接利用国家天然气工业集团和卢克石油集团在媒体投资的强大优势，兼并媒体寡头古辛斯基集团及别里佐夫斯基集团的跨媒体产业。②

2000 年 5 月 11 日，普京上台的第三天，以偷税漏税为名对"桥"媒介集团总部及其下属机构进行搜查。随后，俄罗斯总检察院对古辛斯基侵吞和诈骗巨额国家财产进行了正式指控。11 月 13 日，俄总检察院采取进一步行动，正式指控古辛斯基非法获取 3 亿美元贷款和 50 亿卢布（当时汇率：1 美元 = 27 卢布）借款。但作为被告的古辛斯基却未在指定时间出庭。俄总检察院只得于次日宣布在全国范围内通缉古辛斯基，又于 12 月 4 日发布了红色国际通缉令，要求各国刑警组织协助将其缉拿归案。12 月 12 日，古辛斯基在西班牙的家中被捕。

2000 年下半年，又以"桥"媒介集团的独立电视台亏欠国营企业国家天然气工业总公司 2 亿多美元债务为理由，迫使"桥"媒介集团让出股份。2001 年 4 月 3 日天然气工业总公司又撤换了独立电视台的领导成员，对它进行强行接管，最后独立电视台全盘划归到天然气工业总公司。

在对古辛斯基打击的同时，普京政府对另一个传媒寡头别里佐夫斯基展开调查，2000 年 10 月 19 日，俄总检察院对他提出了"洗钱、藏匿外汇收入、怂恿金融诈骗"等三项正式指控，并在全国范围内对其进行通缉。正在国外出差的别里佐夫斯基拒绝回国接受总检察院的传讯。2001 年 10 月，俄总检察院又以"涉嫌盗用俄罗斯民用航空公司资金"的罪名，签署了对别里佐夫斯基的逮捕令，别里佐夫斯基被迫"亡命天涯"③，其集团的第六电视台由卢克石油集团兼并。2002 年 6 月，频道被政府收回，预定作为体育台的备用频道。④ 至此，古辛斯基和别里佐夫斯基的两大"媒体帝国"土崩瓦解。

随后，普京对古辛斯基的"桥"媒介集团和其所属的独立电视台以及别里佐夫斯基的"俄罗斯公共电视台"进行了改组。俄国营企业国家天然

---

① 王前军：《转型期俄罗斯大众传媒的变迁》，《长春工业大学学报》2007 年第 1 期。
② 胡逢瑛、吴非：《俄罗斯传媒背后的金融工业集团》，《新闻记者》2003 年第 11 期。
③ 郭亚夫、殷俊：《外国新闻传播史纲》，四川大学出版社，2006，第 339 页。
④ 吴非、胡逢瑛：《俄罗斯传媒体制创新》，南方日报出版社，2006，第 140 页。

气工业总公司不仅完全接手独立电视台和"桥"电影制片公司等主干企业，而且派遣了国家电视台的业务骨干前去接管和主持业务。[①]俄罗斯公共电视台被与政府关系密切的寡头阿布拉莫维奇收购，政府拥有这些传媒51%的股份，其余49%也是操纵在与国家关系密切的机构手中。随着两大传媒帝国从俄罗斯的版图上消失，俄罗斯的媒介格局发生了很大变化：一方面国家资本地位迅速增强，另一方面新的亲政府的能源寡头接管了古辛斯基和别里佐夫斯基的传媒市场。俄罗斯传媒业已经被国家和新的寡头占据，但是这时的寡头已经完全不同于叶利钦执政时期的寡头了，他们退到属于自己的管理范围之内，"知道自己的位置"了。[②]

在治理整顿两大媒体寡头之后，普京开始整顿传媒市场。采取的主要措施有：加强政府对传媒的管理和控制，重点扶持国有媒体；提倡以"国有媒体为主，商业媒体为辅"的方针，坚持俄罗斯的传媒机构有属于自己的自由，但是必须和政府很好地配合；社会效益永远高于经济效益，媒体首先是"国家的服务者"，其次才是力求营利的信息产业。他还对全俄国家广播电视公司进行改组，将"俄罗斯广播"电台、"灯塔"广播电台、"俄罗斯之声"广播电台三大国家广播电台和国家通讯社—新闻社纳入其中。[③]至此，俄罗斯基本形成了以国家传媒为主，社会组织传媒和私有商业传媒（包括外国传媒）为辅的三足鼎立的格局。[④]

2. 突出国有资本的控股地位，真正行使政府喉舌功能

普京之所以要不惜一切代价处理古辛斯基等传媒寡头，是因为他认识到：媒体必须由国家所有，媒体必须维护国家和社会利益，国家必须成为媒体的调控者，必须尽快整治日益混乱的媒介秩序，恢复其政府喉舌功能。

普京政府为突出国有资本在媒体中的控股地位采取了以下措施：

第一，大力扶持国有媒体，提出"国家信息安全理论"，促使俄罗斯媒体正式向"国家公共服务制"转型。

普京在执政之初，成立实力雄厚的国家控股公司——全俄国家广播电视公司，该公司下辖两个电视频道，一座俄罗斯广播电台和一家通讯社，

---

① 肖泉、钱永兴：《俄罗斯新政下的电视改革——强化中央调控》，《视听界》2005 年第 5 期。

② 史天经：《普京"可控民主"与俄国新闻媒体》，《青年记者》2006 年第 19 期。

③ 李芳华、张丹：《俄罗斯——收回传媒控制权》，《党建》2007 年第 1 期。

④ 李玮：《俄罗斯传媒的现状与发展趋势》，http：//www.zlmedia.net 2006 - 11 - 15。

控制了全俄有线电视广播及包括传输线路、发射台和地区中转台等在内的所有转播设施和技术手段，成为无线电视转播领域的龙头企业。

与此同时，提出"国家信息安全理论"，在2000年9月，他签署了《俄罗斯国家安全构想》和《俄罗斯国家信息安全学说》，从而确立"国家统一的信息空间是第一位的"地位。

第二，政府打击国内外传媒寡头，利用国有资本兼并其传媒集团。政府通过合法的经济手段和法律程序彻底打垮了对国家安全造成最大威胁的国内两大媒体集团：古辛斯基集团和别里佐夫斯基集团。①

第三，在对国内传媒寡头进行整治的同时，政府还采取一系列措施，抵制国外媒体和资本对俄传媒的影响。

总之，普京整肃媒体寡头之后，俄罗斯的广播电视媒体的管理形式开始转型为"国有公共服务体制"。"国有公共服务体制"的具体特点是：国家资本进入广播电视领域，并以广播电视公司的最大股东身份出现；广播电视公司的管理原则是以专业人士实行专业管理，国家政府人员及政党人士绝不参与。

当俄罗斯媒体管理形式转型为"国有公共服务体制"之后，俄罗斯联邦政府随后将"出版委员会"与"广播电视委员会"合并升格为新闻部，把"全俄罗斯广播电视公司"升格为国家媒体的专业管理机构，对各大电视公司调整分配资源。

同时，俄罗斯各大电视台都规定：主持人要在节目播出之前将自己准备讲话的内容以书面形式交给"全俄罗斯广播电视公司"，这样，一道新闻检查屏障就建立起来。

"全俄罗斯广播电视公司"对合资、私营或国家的电视台有不同的要求。比如，为了让合资或私营电视台提高其市场竞争力，对这些电视台侧重提高收视率的节目一般会放松要求；而对俄罗斯国家电视台，则要求它每个星期播出1小时的"国会"节目，政府对此给予补助。②

自普京执政以后，打击各传媒寡头，整顿极度分化的舆论，强调国有资本在传媒企业的控股权，媒体日益成为俄罗斯国家利益的捍卫者和爱国主义的忠实宣传者。

---

① 吴昊：《俄罗斯电视风云录》，《人物》2006年第8期。
② 吴非、胡逢瑛：《俄国媒体运营体制转型的轨迹》，《当代中国研究》2004年第2期。

结　语

普京在美国哥伦比亚大学与学生和教授座谈时谈到，如果新闻受控于"两三个"钱袋子，新闻媒体本身就不会存在任何自由，媒体反而会成为利益集团的保护者，新闻媒体只有在确定自己的基础之后，才能实现新闻自由。他的观点是，所谓"自由"就是公民可以表达自己的意见，与此同时公民要受到用民主方式通过的法律限制，否则，"自由"就成了为所欲为失控状态的无政府主义[①]。普京认为，俄罗斯媒体有维护国家利益的义务，而这只有在媒体的国有公共服务体制下才能实现。

经过普京的大力改造，俄罗斯的大众传媒已基本摆脱转型初期混乱无序及与国家对抗的局面，逐渐走上正轨，大众传媒已不再是国家的异己力量。普京政府重点突出了国有资本控股权的地位，并且强化了对地方媒体尤其是非政府媒体的管理。目前，俄罗斯传媒大部分控制在国家手中，70%的电子传媒，20%的全国报刊传媒，以及 80%的地方报刊传媒属于国家所有。[②]

第三节　中俄国有资本在传媒中的作用比较

一　两国国有资本在传媒中体制不同

新闻资产的所有制是新闻体制的核心。中国是社会主义国家，坚持的是新闻事业生产资料公有制的性质，因此媒体的国有资本占据主导地位，确保中国的新闻事业能够坚持强调国家、政治和社会属性，坚持其舆论喉舌的地位和作用。而俄罗斯则是资本主义国家，在叶利钦执政时期，是以西方民主、自由思想和新闻理论为指导，以私有化、市场化为运行机制的"新型大众传媒体制"，国有资本丧失了在媒体中的主体地位，舆论高度分化，政府失去了话语权。

---

① 《普京与美国哥伦比亚大学学生谈新闻自由》，http：//www.kremlin.ru。
② 史天经：《普京"可控民主"与俄国新闻媒体》，《青年记者》2006 年第 19 期。

1. 中国坚持传媒国有化

中国是社会主义国家，由其国家性质决定了的是新闻事业必须坚持新闻事业生产资料公有制的性质不变。中国媒体的"所有权"一直是"共产党及其领导下的政府"，根本的目的一直是"统一思想、巩固政权、促进社会的发展"，基本功能也一直是"充当集体的宣传者、鼓动者和组织者"①。中国的新闻改革，是在新闻体制基本原则——必须坚持社会主义生产资料公有制不动摇，坚持"党管媒体"，在政治上与党中央保持一致，遵守党的宣传纪律，坚持为人民服务、为社会主义服务等——的基础上的进一步完善。

首先，自改革开放至今，中国对新闻事业一贯实行"事业化管理"。中国各类媒体的资产仍是全额国有资产。尽管近年来许多媒体的资产快速增长，但在对媒体进行清产核资的时候，这些资产仍然属于国有资产。新闻媒体实行企业化管理后，为了工商财税登记的需要，其原有资产或主办单位首期拨款就有了注册资本金的含义，但实际上并未实行严格意义上的资本金制度。新闻媒体实行企业化管理的独立核算制是从事业单位的"自收自支"制发展过来的，而至今大多数中国媒体仍然接受列入国家财政预算的拨款。②

其次，中国传媒实行的是多头管理、行业所属、部门所有、条块分割的四级办报台体制。目前中国对新闻事业实行管理的主要机构有：中共中央宣传部、国务院新闻办公室、国家新闻出版总署和国家广播电影电视总局。在中国，中共中央和地方各级党委是新闻媒介的最高决策机关。同时，中央宣传部和各地党委宣传部具体领导各级新闻媒介。党委（通过宣传部）批准或直接任命各新闻媒介的主要负责人，制定新闻媒介的工作方针，批准各阶段的工作计划，审查重大的新闻报道和重要评论，监督、审查财务收支状况。③

中国各新闻机构的内部领导机构大致分为社长负责制、总编辑负责制和行政负责制。台长、社长或总编辑负责媒介的日常运作，决定新闻媒介的方针，负责财政拨款。报社编辑委员会是报社各项事务的最高决策机构，

---

① 芮必峰：《"西方媒介哲学"评价》，《昌潍师专学报（社会科学版）》1997年第1期。
② 方汉奇主编《中国新闻传播史》，中国人民大学出版社，2002，第450页。
③ 李良荣：《新闻学概论》，复旦大学出版社，2007，第192页。

全面领导和监督报社编辑部门、经营部门和行政后勤部门的工作，总编辑负责召集编委会会议，具体组织实施编委会的决策，主持报社的日常事务。[①]

另外，中国新闻事业始终坚持党性原则，始终是党和人民的"耳目喉舌"。

中国政府以国家文件形式要求各级新闻媒体要坚持党性原则，做好党和人民的"耳目喉舌"。1995年1月4日中共中央办公厅向全国各级党委发出通知，要求认真贯彻执行《中共中央宣传部关于进一步做好新闻舆论工作的若干意见》。该意见规定："坚持党性原则。我们党和国家的报纸、通讯社、广播、电视是党和人民的喉舌。要坚持对党负责和对人民负责的一致性。坚决贯彻党的路线、方针、政策，在思想上、政治上、行动上与党中央保持一致。牢固树立群众观点，密切联系群众，一切从人民的利益出发。"经党中央同意，中共中央办公厅、国务院办公厅于1995年6月3日转发的广播电影电视部党组《关于进一步加强和改进广播电影电视工作的报告》中明确规定："我国各级广播电台、电视台（包括有线电视台）是党和人民的喉舌，是社会主义精神文明建设的重要阵地。"

1998年，时任国务院总理朱镕基视察中央电视台与《焦点访谈》的编辑记者座谈时赠言[②]："舆论监督、群众喉舌、政府镜鉴、改革尖兵"。这也是中央领导人第一次明确提出群众喉舌的概念。

2008年6月20日，胡锦涛同志在《人民日报》创刊60周年之际，着重强调了"党报必须坚持党性原则，牢牢把握正确舆论导向"；"要牢固树立政治意识、大局意识、责任意识、阵地意识，把坚持正确导向放在新闻宣传工作的首位，更加自觉主动地为人民服务，为社会主义服务，为党和国家工作大局服务"。

改革开放以来，中国传媒业以党、国家和人民的新闻事业并重为观念，发展了以党报、中央电视台和新华通讯社为核心的社会主义新闻传播网和传媒结构，坚持党和人民的喉舌性质不变的宗旨。

2. 俄罗斯推行传媒私有化

苏联解体后，俄罗斯联邦政府立即制定并颁布了《俄罗斯联邦大众传

---

① 谢耘耕：《中国传媒资本运营若干问题研究》，《新闻界》2006年第3期，第7页。

② 张锦胜：《朱镕基视察央视》，1998年10月7日《人民日报》。

媒法》，确定了传媒业的根本变革方向——私有化和市场化。该法律规定：国家不再是大部分传媒的主人，传媒成为独立核算、自谋生路、自负盈亏的企业机构。大部分传媒（首先是报刊传媒）通过重新登记，先后脱离了国家的控制，变成了私人（或集体所有）商业机构，获得了创办、管理、人事、经营等各方面的独立权。除保留少量的政府报刊外，国家对大量传媒实行全方位的"大放手"。[①]

因此，俄罗斯由前苏联的社会主义国家变成了资本主义国家，国家放弃了对俄传媒业的绝对控制权，俄罗斯的新闻体制发生了根本性的改变：媒体从中央到地方实现了私有制。

首先，取缔了传媒领域长期一贯的国家控制，将创办传媒的权利同时赋予了国家机构、党派组织、商业机构和任何年满 18 岁的个人。[②] 所以，在俄罗斯自由化、多元化和私有化的过程中，俄罗斯媒体已由单一的国家成分变为国家的、地方政府的、编辑部集体的、私人的多种成分并存，俄罗斯传媒所有制形式呈现多元化。

据统计，20 世纪 90 年代初，当时的俄罗斯有 2000 多种报刊[③]，真正属于国营性质的只有俄罗斯联邦政府办的《俄罗斯报》、《俄罗斯消息报》、《俄罗斯联邦》（杂志），俄议会（上院、杜马）拨款的机关报《议会报》等。其中 15% 属于各种新兴的党派和社会组织；20% 左右的报刊属于各种商业合作机构，包括合资机构，如《商报》、《时代报》、《论据与事实报》。这类报刊得益于创办者雄厚的经济实力和各种社会关系，很快崭露头角，成为俄罗斯市场上最具竞争力的主流媒体；8% 左右为个人所有，还有编辑部集体所有的所谓的"独立传媒"成为 90 年代初期俄传媒的重要组成部分。

其次，在宏观管理模式上，国家对传媒业实行平行管理。俄罗斯推行资本主义制度后，其传媒机构随之发生巨变，传媒的地方化、私有化打破了国家对媒体的垄断，地方性和私有的媒体与中央的媒体不再是被领导和领导的关系，而是合作与交流的关系；首都传媒与地方传媒之间不再是过去层层领导的垂直管理关系，而是互助合作的平行协作关系。

---

① 李玮：《中俄传媒市场化道路之比较》，《国际新闻界》2005 年第 1 期，第 73 页。
② 李玮：《转型时期的俄罗斯大众传媒》，上海外语教育出版社，2005，第 89 页。
③ 李玮：《转型时期的俄罗斯大众传媒》，上海外语教育出版社，2005，第 90 页。

另外，俄罗斯传媒事业的"喉舌"功能蜕变为信息传播功能。

在叶利钦推行俄罗斯自由化、多元化和私有化的过程中，苏联的传媒体制全面崩溃，俄罗斯媒体在市场经济中获得了充分自由。国家主动放弃了对媒体的控制权。多数媒体属于各个利益集团，有时为了各自的利益，互相谩骂，互相揭短。金融寡头们更是操纵媒体与政府分庭抗争。因此，在涉及国家利益问题上，很难形成一致意见。同时，西方媒体纷纷挺进俄罗斯传媒业，它们或者与当地媒体合作，或者直接以独资的形式收购和控股电视媒体，传播西方社会的意识形态和民族文化，试图直接影响俄罗斯人民的价值观念。

由此，我们可以看出俄罗斯初年推行的传媒私有化政策使得媒体的"喉舌功能"荡然无存，国家很难在某些大是大非的问题上形成一致的舆论，直接导致社会上各种思潮泛滥，严重影响了俄罗斯社会的稳定。

结 论

中国在新闻改革中，新闻事业的所有制形式一直没有改变，尽管在产业化改革中某些新闻媒体的所有制形式有所改变，但是国有体制依然占主导地位，实行全民所有制，坚持共产党对媒体的管理，坚持媒体的社会主义事业性质，坚持党和人民群众的"耳目喉舌"功能。

与中国相比，俄罗斯在经历了苏联解体剧变后，成为资本主义国家，其新闻事业性质发生了根本改变：初期大力推行传媒私有制，国家放弃了对传媒的控制权，使得传媒所有制形式呈多元化格局。俄罗斯传媒业进入无序竞争状态。俄罗斯传媒业在无序竞争中被各利益集团瓜分，形成几个高度垄断的媒体集团。为了本集团的利益，媒体集团之间不惜相互攻讦，甚至一再干涉政治，给社会的稳定与国家的发展带来隐患。

鉴于此，我们认为，中国新闻传媒业不管如何改革与创新，新闻媒体的领导权都应该紧紧地掌握在党和国家的手中，传媒的国有资本应完全掌握主导权，以防止危害国家利益的不良舆论存在。我们要时刻坚持"新闻出版广播影视业的喉舌性质不能变、党管媒介不能变、党管干部不能变、正确舆论导向不能变"[1]。

---

① 姚福申：《新时期中国新闻传播评述》，复旦大学出版社，2002，第4页。

二 外资进入传媒业的结果不同

1. 中国在 WTO 机制的框架下将逐步向私营和外资开放传媒市场

中国加入 WTO，意味着已经接受了 WTO 的以下原则，即无歧视待遇的原则，最惠国待遇的原则，贸易自由化原则，互惠原则，取消数量限制原则，市场准入原则，透明度原则和国际贸易中公认的其他的一些游戏规则。因此，在 WTO 原则对中国传媒业的影响下，中国政府将逐步向私营和外资开放传媒市场，为传媒业注入"新鲜的血液"。①

2003 年 12 月 31 日，国务院颁发了《文化体制改革试点中支持文化产业发展的规定》和《文化体制改革试点中经营性文化事业单位转制为企业的规定》两个重要文件。

文件指出："党报、党刊、电台、电视台等重要新闻传媒经营部分剥离转制为企业，在确保国家绝对控股的前提下，允许吸收社会资本；国有发行集团、转制为企业的科技类报刊和出版单位，在原国有投资主体控股的前提下，允许吸收国内其他社会资本投资。鼓励、支持、引导社会资本以股份制、民营等形式，兴办影视制作、放映、演艺、娱乐、发行、会展、中介服务等文化企业，并享受国有文化企业同等待遇。"

随后，新闻出版总署印发《关于贯彻落实"关于深化新闻出版广播影视业改革的若干意见"的实施细则》的通知。该意见的颁布，打破了传媒投资只允许"国有资本"进入的限制，允许"各类资本"都可以参与传媒经营，拓宽了传媒投融资渠道。

这些国家文件的颁布，规定了传媒业吸收民营资本和国际资本的条件，对大量引入业外资本参与传媒产业的发展有着非常重要的意义。

然而，中国的新闻事业是党和政府的喉舌，也是人民群众的喉舌，担负着宣传党、政府的政治路线和政策方针，正确引导社会舆论的任务，有着鲜明的政治倾向。所以中国政府对于民营资本和国际资本进驻本国的传媒业有着严格限制。

在控资比例上，非国有资本（民营资本、外国资本）以及非媒体业资本所占的股份比例不得高于 49%，而国有资本则必须拥有控股权，甚至是

---

① 《论我国加入 WTO 建立政府采购规定》，http://www.ttadd.com/lunwen/HTML/242463.html.

绝对的控股权，在传媒企业中占主导地位。①

此外，在投资领域当中，业外资本投资传媒只能获得一定期限的经营权和收益权，不能获得相应的实际控制权和国家认可的传媒产权，不能拥有传媒的品牌。业外资本只能在边缘业务中发挥作用，在编辑等核心领域则不准进入，从而保证了国家信息安全。

2. 俄罗斯传媒业借助外资快速集团寡头化，给国家舆论安全造成严重隐患

苏联解体后，俄罗斯联邦的大众传媒正式走向自由化、股份化、私有化、财团化、寡头化，政府通过立法为媒体的发展提供法律保护。在俄罗斯联邦成立初期的 3 年间，由于经济发展滞后，俄罗斯国家资本几乎全部撤出媒体。

政府全面退出大众传媒之后，由于缺乏资金来源，为了生存，有些媒体不得不四处寻找靠山。于是，俄罗斯希望通过对西方传媒开放门户获取改革急需的资金支持，以扭转传媒业整体萎缩的局面，但结果情况不但没有好转，反而导致传媒业不断西化。西方传媒大举挺进俄罗斯传媒业之后，通过与当地媒体合作或者收购、控股当地媒体，形成高度垄断。国际资本的挺入，使俄罗斯传媒集团化过程加剧。

俄罗斯传媒业形成高度垄断后，传媒寡头为了自己的利益不惜干涉国内政治，给国家舆论造成安全隐患。媒体寡头们以各自的利益为中心，利用媒体帮助叶利钦蝉联俄罗斯总统，并凭借着拥有媒体的力量公开与政府对峙。在 20 世纪 90 年代末，古辛斯基和别里佐夫斯基公然向政府挑拨，指责叶利钦总统、丘拜斯假公济私，与波塔宁一起将国家大部分的电讯资源不清不白地"私有化"了。两大巨头利用自己控制的独立电视台、公共电视台的便利，不断播出大量诋毁政府的信息。由于叶利钦在选举中过分依赖媒体寡头的力量，再加上国家媒体的衰弱，竟然对此无能为力。在叶利钦时代，媒体寡头由于掌控了媒体的绝对主动权，使得国家舆论被淹没，严重影响了国家的舆论安全。

结　语

俄罗斯传媒业在利用民营资本的时候，并没有在经济行为和传播内容

---

① 熊澄宇：《WTO 对中国传媒的影响》，http：//www. people. com. cn/GB/14677/22100/33937/33938/2520578. html。

上加以控制和限制，导致媒体民营寡头兴起，俄罗斯传媒业集团化加剧，这些寡头甚至操纵国家选举，危害国家舆论安全。俄罗斯在转型期利用国际资本的时候，没有做好充分的准备工作，导致国际资本进入后加剧了传媒业的快速集团化，代表这些国际资本利益的传媒寡头，大肆宣传西方价值观和人生观，淹没了大众舆论和俄罗斯人的价值观。

与俄罗斯相比，中国传媒业在使用民营资本时，有严格的准入范围和明确的参股比例，以保证国有资本拥有绝对的控股权，有效控制媒介的经济行为和传播内容。同时，中国利用国际资本的过程是循序渐进的，没有一下子向国际资本敞开大门，并且在合作方式上采取多样化和始终坚持国有资本控股的地位，使国有资本在企业资本中掌握主动权、决定权。总之，中国传媒业在有效利用业外资本的同时，确保了国家信息文化的安全。这是绝对必要的前提。

三　两国坚持国有资本必须承担政府职能的要求相同

无论是中国对传媒管理从完全国有化的"紧"，到允许民营资本和国外资本进入传媒行业的"松"，还是俄罗斯对传媒行业完全撒手不管的"松"，到整治传媒行业使其收归国有的"紧"，两国不同的道路、不同的体制却选择了坚决坚持传媒国有化的共同道路。

1. 中国在改革前后，始终坚持传媒业国有化政策

中国传媒作为党的喉舌的性质在改革前后都不曾有过动摇，中国始终坚持传媒业的国有政策。早在 1942 年 9 月 22 日，《解放日报》社论《党和党报》就明确提出："报纸是党的喉舌，这是一个巨大集体的喉舌"，"报纸是党的言论机关和代言人。"1954 年中共中央专门作出决议指出："党委的机关报是党委的一个工作部门。"1981 年中共中央在《关于当前报刊新闻广播宣传方针的决定》中再次明确："报刊、新闻、广播、电视是党的舆论机关。"① 1978 年党的十一届三中全会召开后，传媒行业就随着市场经济的提出确定了"形而上的意识形态属性和形而下的信息产业属性"的双重属性。

"事业性质、企业管理"说明传媒虽然可以像企业一样进入市场，但是仍然属于国有资本。强调事业性质是为了维护国家对传媒的控制，强调传媒的政治属性。可以说，把新闻媒体当做党和政府的宣传机构（即所谓的

---

① 李良荣：《论中国新闻传媒的双轨制》，《现代传播》2003 年第 3 期。

事业性质）是从我们党成立开始就认识到，在延安时期明确提出，一直沿袭到今天的认识或提法。①

中国坚持传媒行业的基本性质在任何时候都是不可撼动的，坚持传媒业国有化，就可以确保中国的媒体能够在国家和共产党的控制中，在获得经济利益的同时，朝着健康积极的方向发展。2005 年 8 月国务院发布的《关于非公有资本进入文化产业的若干决定》，允许非公有资本进入出版物印刷等文化行业和领域，但在这些文化企业中，国有资本必须控股 51% 以上。②

中国政府之所以这么重视国有资本的控股权，是因为中国在加入 WTO 后迎来了机遇与挑战并存的时期，传媒行业也面临着挑战和冲击。中国政府放宽了传媒市场的门槛，允许民营资本和国际资本进入中国传媒业。虽然政府规定这些资本只能涉足一些边缘行业，但是它们雄厚的经济实力和多年成熟的传媒经验，使得尚未成熟的中国传媒行业无法同其进行竞争，它们将通过各种方法千方百计地获得媒体的经营权、争夺受众、控制媒体、操纵舆论。

所以，坚持国有资本的控股权对于保证国家的信息安全是至关重要的。国家对于这些准许进入传媒边缘行业的民营资本和国际资本持保守态度，允许其在一定范围内发表自己的言论，但是它们都必须遵纪守法，坚持四项基本原则。对于党和政府的重大方针政策，涉及国计民生的重大举措，都要在政治上和中央保持一致，容不得任何媒体说三道四。有不同意见，可以在内部讨论，可以上报有关部门，但不能公开传播任何反对意见，这是中国所有媒体运作的底线。③

媒体只有国有资本控股才能在政治上与政府保持一致，无条件服从党的领导，宣传党的施政纲领和法律法规，承担为政府向正确的方向引导人民的重要的舆论导向功能。1994 年 1 月 24 日，中共中央总书记江泽民在全国宣传思想工作会议发表的重要讲话强调，"舆论导向正确，人心凝聚，精神振奋；舆论导向失误，后果严重。正反两方面的经验告诉我们，引导舆论，至关重要"。这一具有纲领性的思想和精神，为中国新闻传播媒介的健

---

① 李良荣：《论中国新闻传媒的双轨制》，《现代传播》2003 年第 3 期。
② 国务院发布《关于非公有资本进入文化产业的若干决定》，http://www.cctv.com/news/xwlb/20050808/102697.shtml。
③ 李良荣：《中国传媒业的性质定位和制度创新》，《南方电视学刊》2004 年第 2 期。

康发展提供了方向和保障。①

随着中国改革开放，提倡与世界接轨，外国的文化产品将大批进入中国市场。西方的思想观念、生活方式、思维方式等将对受众产生影响，其中一些是有损于社会主义精神文明建设的。所以，中国传媒行业不能丧失主导地位，在扩大与各国的文化交流与合作、积极介绍国外优秀文化产品的同时，也要防止和抵御不良文化的侵入。②

因此，要毫不动摇地坚持社会效益第一的原则，坚持正确的舆论导向，确保党和政府对媒体的永久控制力。

2. 俄罗斯传媒业从私有化再次国有化

苏联解体后，俄罗斯颁布了《俄罗斯联邦大众传媒法》，彻底消除审查、解除垄断和实现自治，表现得更加自由和开放。俄罗斯的媒体从此开始脱离国家的控制，走向私有化。③

俄罗斯传媒行业希望像西方国家一样做到独立于立法、行政、司法的"第四权力"。1991～1992 年间"黄金时期"，实际上也是一段相对"独立自主的时期"，那时的俄罗斯新闻记者们充满主人翁的自豪感和社会责任感，视批评政府、组织大众为己任。④ 但俄罗斯传媒经历了短暂的"独立自主期"后，并没有给传媒行业带来所预想的"自由、独立、发展"，反而因为政府不像以前一样掌控媒体的主导权而出现了各种各样的弊端。很多媒体被强行推入市场后，不能自由竞争、自负盈亏，为了避免走向破产而不得不投向金融寡头的怀抱，这就直接导致了 1999 年俄罗斯传媒 70% 掌握在传媒寡头古辛斯基和别里佐夫斯基的手中。⑤ 寡头们通过资金注入来控制媒体，左右议会和总统选举，干预议会和政府职能部门的立法过程，参与政府和总统班子的人事变动策划，甚至亲自出山任要职，严重干扰和影响了当时俄罗斯的政局稳定。

我们认为，俄罗斯传媒只是传媒寡头操控的道具，而不是作为独立的机构自由进入市场的主体，俄罗斯传媒的私有化是畸形发展的。原因在于

---

① 董宽：《纪念改革开放 30 周年特稿在改革的年代里成长进步——1992～2007：中国传媒业 16 年市场经济进程纪事》，《新闻三昧》2008 年第 1 期。

② 梁晓茂：《论西部电视发展的着眼点和着力点》，http://www.xatvm.com/html/dsjingji/2007 -1/26/11_43_39_933_10.html。

③ 史天经：《普京"可控民主"与俄国新闻媒体》，《青年记者》2006 年第 19 期。

④ 李玮：《转型时期的俄罗斯大众传媒》，上海外语教育出版社，2005，第 62 页。

⑤ 李萍：《社会转型条件下的俄罗斯大众传媒》，http://blog.hexun.com/i/error.aspx?type=1。

俄罗斯政府没有掌握媒体的主导权，没有向正确的方向引导媒体，媒体在彻底私有化的过程中由于各种资本的注入而导致混乱的状况发生。

从 2000 年开始，普京政府对俄罗斯进行大力调整，目的在于"弘扬俄罗斯思想，加强强国意识、国家作用和社会团结"。普京特别针对俄罗斯传媒提出了"媒体是国家服务者"的理念和"国家传媒"的概念。①

针对叶利钦政府对媒体的管理不力、舆论混乱的现实，普京首先选择打击叶利钦的近臣——古辛斯基和别里佐夫斯基两个传媒寡头，改造其媒体集团，摆脱寡头对俄罗斯政局的影响，重新使政府掌控了舆论主导权，为国家经济建设和政治改革服务。2001 年 8 月国家杜马通过《俄罗斯联邦大众传媒法》修正案，规定财团购买传媒的股份不应超过 20%，在俄罗斯建立传媒机构时外资不能超过 49%，修正案严格规定了外资在合资传媒业中的最高比例。②

由于普京政府对俄罗斯传媒的强力整治与改组，强化传媒国有资本的控股权，俄罗斯传媒行业再次回归国家控制。

俄罗斯传媒收归国有之后，政府只控制传媒的政治属性和舆论导向，而不再插手传媒企业的经营管理活动。国家主张传媒自由，但是要在追求经济利益的同时，维护好国家的社会利益和安全。普京从俄罗斯的实际国情出发，贯彻了他所主张的爱国主义思想，维护国家的尊严和利益，引导舆论的方向，使得国家走向了正轨，社会安定，经济发展。③

结　语

在改革开放之前，中国媒体一直是事业单位，国家经营。改革开放之后，媒体推行"事业性质，企业管理"的模式。无论如何加大改革力度，中国传媒行业都一直在坚持国有化。

改革开放 30 年来，中国媒体不但始终坚持党性原则，有效应对加入WTO 之后国际资本进入国内传媒市场所带来的竞争，维护了国家的信息安全，正确引导了国家的舆论，而且在竞争中不断总结教训，积极吸取国内

---

① 李芳华、张丹：《俄罗斯的传媒管理及未来走向》，《红旗文稿》2006 年第 19 期，第 13 页。
② 王前军：《转型期俄罗斯大众传媒的变迁》，《长春工业为大学学报》2007 年第 1 期，第 10 页。
③ 张养志：《政府职能与俄罗斯传媒宏观管理体制演变》，《俄罗斯中亚东欧市场》2008 年第 2 期。

外先进管理经验，使传媒事业得到蓬勃发展。

与中国相比，俄罗斯在独立之初，政府就主动放弃了对媒体的控制，将媒体完全推向市场，直接导致传媒市场先期无序竞争，后期有70%媒体被金融寡头收购，形成传媒高度垄断。寡头们手握传媒工具，为了集团私利，不惜干扰国家政治、误导舆论，给国家和人民带来严重损失，直到普京认识到国家控制传媒的重要性后，才将媒体收归国有。

俄罗斯传媒从国家垄断→媒介私有化→新闻人办媒体→传媒寡头垄断→回归国家控制，在追求所谓的"自由"道路上绕了一圈，最后又回到了政府控制。俄罗斯传媒行业的发展经历，为中国传媒发展树起了一面镜子。

如果执政党放弃对传媒的控制，将面临亡党危险；如果国家放弃对传媒的控制，会面临亡国危险。俄罗斯传媒在转型时期的发展轨迹证明，国家资本在传媒中的控股权十分重要，只有国家资本在媒介核心领域占据主导权，国家对传媒行业实行宏观调控，才能坚持媒体正确的舆论导向，维护国家的安全，保证国家的稳定。

第五章
中俄新闻实践基础比较

新闻实践基础系新闻理论的一项重要内容。新闻实践基础一般包括新闻体裁、报刊词汇、新闻修辞、新闻外来词、新闻结构、新闻背景、新闻细节等内容，是从事新闻实践的基础材料。

研究中俄新闻实践基础，目的在于探讨两国新闻实践基础的历史渊源、发展现状和基本特征，考察两国新闻实践基础对新闻实践产生的影响，找出两国新闻实践基础存在的相同特征与区别。限于研究时间和成果篇幅，课题组特意从新闻实践基础中选择出"新闻体裁、报刊词汇、新闻修辞和新闻外来词"四个核心内容，来比较研究中俄新闻实践基础。

为此，将分别论述中俄新闻体裁划分方法、中俄报刊词汇、中俄新闻修辞和中俄新闻外来词汇，并在此基础上比较研究两国新闻体裁的划分方法、报刊词汇特征、新闻修辞方法和外来词汇问题。

第一节　中俄新闻体裁比较

一　新闻体裁概述

新闻体裁指的是新闻报道形式。在新闻学科多元化发展的今天，研究者们已突破了传统新闻体裁分类的限制，并根据自己的见解创建出各种各样的体裁划分理论。

俄罗斯当代著名新闻理论学家索斯达克博士认为："新闻体裁应该摆脱传统的三大类划分方法，直接将体裁定位于消息、访谈、评论、新闻观察、新闻分析、讽刺小品和艺术作品等。"① 另一位俄罗斯著名新闻理论学家格拉别利尼科夫则将新闻体裁划分成消息体裁、分析体裁②和艺术—政论体裁③三大类。这种方法跟苏联新闻体裁的划分方法基本相仿，只是把本该属于通讯体裁范畴的"通讯"，划入分析体裁，而把本该属于评论体裁范畴的"讽刺小品"、"抨击性文章"，划入艺术政论体裁。其他具体体裁的称谓与中国新闻体裁的称谓基本相同。

中国新闻体裁在分类方面兼顾了内容和形式两方面的统一。有中国新闻学者认为，按照写作范式，新闻体裁主要有两种：一种是属于记叙文体裁的报道纯粹新闻事实的消息、通讯等；另一种是对新闻事实进行评论的社论、评论员文章、综述、述评、短评等，属于议论文体裁。此外，还有介绍新闻背景的说明文体裁。

在概述中俄两国的消息体裁、通讯体裁和评论体裁等的基础上，这里对两国的新闻体裁进行简要概述。

1. 消息体裁④

消息体裁特征必须是新闻信息，要求形式的迅捷简明。这种体裁在抓住信息的核心和要点的基础上迅捷简要地报道新近变动的信息，告知读者发生了什么事情。俄罗斯的消息体裁包括简讯、报道、轰动性消息、答记者问和综述。这种最活跃、变化最快的新闻体裁包含的内容翔实，对具体事件和现象有较强的针对性。在中国，则习惯将消息体裁划分为简讯、动态消息、事件消息、人物消息等。

2. 通讯体裁⑤

通讯体裁要求深入、翔实、真切而生动地报道新闻信息。因此，它是弥补消息不足的一种详细报道新闻信息的形式。详细报道，又称详细告知，含义有三：一是要告知来龙去脉，交代信息产生发展的"全过程"和历史

---

① 张举玺：《中俄现代传媒文体的比较研究》，河南大学出版社，2006，第151页。

② 在中国称作评论体裁。

③ 在中国称作通讯体裁。

④ 在中俄两国称谓相同。

⑤ 在俄罗斯称作艺术政论体裁。

方位。纵向交代过程，横向比较确定信息的方位；二要告知"怎么样"或"怎么做"。将人物、事件的情景，包括环境氛围，真切形象地描绘出来。通讯不但要叙述，而且要描写，让受众如临其境，如见其人，有感染力；三是要告知信息是怎么回事，说明原委，回答为什么。① 通讯体裁包括人物通讯、事件通讯、风貌通讯、特写、人物专访等。

3. 评论体裁②

评论体裁与消息、通讯齐名，是新闻媒体常用的新闻体裁之一，也是最重要的新闻手段之一。作为新闻媒体，既不能没有新闻报道，也不能没有新闻评论。新闻评论是针对报道中所触及的新事物、新问题、新动向而进行的品评、点评或述评，旨在从思想上、理论上和政策上给广大受众以正确的引导和帮助。新闻评论是新闻媒介就当前社会生活中受众普遍关注和焦虑的重大问题、新闻事件和社会思潮发表评论的一种议论性文体。评论体裁一般包括社论、编辑部文章、评论员文章、述评、编者按、讽刺小品、短评等。

从上述概述中可以看出，中国新闻体裁的主要分类方法基本上保留了传统的概念，继承了苏联新闻体裁的划分方法，但又不完全一样。

通过对俄罗斯一些著名新闻理论家之著作分析发现，不管这些俄罗斯当代学者如何细化体裁分类的方法，他们都没有摆脱苏联新闻体裁划分的影响。中俄两国新闻体裁划分方法虽然都继承有苏联新闻体裁的特点，但是又不完全一样，各有特色。

二　中国新闻体裁的划分方法与功能

1. 中国新闻体裁的划分方法

中国新闻界习惯上将新闻体裁分为新闻报道与新闻评论两大类，又可以分为消息、通讯、评论体裁等。中国新闻体裁的划分方法是在逐步演变、充实和丰富过程中形成的。

消息体裁脱胎于中国古典文学，开始是以模仿中国古典文学的表达方式为主。"五四"运动以后，中国新闻逐步学习西方的写作方法，于是导语在新闻作品中被广泛运用，中国近代消息体裁逐步形成。

---

① 桑义燐：《新闻报道学》，杭州大学出版社，1999，第 67 页。
② 在俄罗斯称作分析体裁。

根据复旦大学宁树藩教授的考证，我国最早的通讯作品是1870年王韬在国外游历时写的《普法观战记》。辛亥革命后，又以黄远生先生的"北京通信"为代表的政治通讯，奠定了通讯文体的地位。20世纪20年代，"通信"被正式更名为"通讯"并沿用至今。

20世纪30年代，邹韬奋等人开始对通讯文体进行理论的研究。邹韬奋发表的《怎样采写地方通讯》一文，完整地提出了通讯写作的要求。

20世纪40年代，解放区报刊出现了许多人物通讯和故事式通讯；而到50年代，工作通讯开始流行起来；到了70年代，"采访札记"、"记者见闻"等突破原先的模式。

我国评论体裁曾深受古代的章、表、义的影响。1860~1896年间才由古文过渡到适于报刊的"报章文体"。报章文体主张"救一时，明一义"，只求"发胸中所欲言"，不受一切文章规法程式约束，这种文体的迅速发展以及它能在社会产生巨大的影响，首功之臣应属梁启超。此外，严复、章太炎、陈独秀、毛泽东、张季鸾等人也都为我国新闻评论文体的发展作出了巨大的贡献。《新民丛报》曾设"国闻短评"栏，类似于现在报刊的"今日谈"；1904年以后的《时报》、《中国日报》开创的"时评"与新闻结合。"社论"则是在20世纪初保皇、革命派报纸的大论战中逐渐发展而成的。后来，不仅盛行连续性社论，"编者按语"也逐渐被普遍采用。[1]

20世纪30年代，一种以论为主，又以新闻事实为依据，阐明观点的新闻体裁——述评新闻出现了。几乎在同一个时期，解释性报道在西方新闻界兴起。由于上述两种新兴体裁比一般消息更有深度，人们将之泛称为"深度报道"。

新中国成立初期，中国新闻体裁划分方法深受苏联新闻体裁划分方法的影响。中国新闻界在系统学习苏联办报实践和办报思想的同时，全面学习与借鉴了苏联新闻工作的业务经验，包括新闻采访、写作、编辑等，并用苏联新闻体裁的划分方法，完善与丰富了中国新闻体裁的划分方法。[2]

2. 中国新闻体裁的功能

实践证明，消息、通讯、评论等新闻体裁长久以来在中国新闻报道中

---

① 高宁远、郭建斌、罗大眉：《现代新闻采访写作教程》，新华出版社，1998，第128~129页。

② 张举玺：《中俄现代传媒文体的比较研究》，河南大学出版社，2006，第82~83页。

发挥着各自重要的功能。

（1）消息体裁的功能

消息，是新闻文体的主要形式之一，是传播媒体向社会输出新鲜信息的重要载体，也是公众获取新闻的主要来源。它以简洁的文字迅速传播新近变动的事实，包括新近发生的事实以及某些将要变动的事实。消息具有新、快、短、实等特点。

这些特点使消息具备了比任何新闻体裁都能快速传达新闻信息的优势。由此，消息体裁具有简捷传达新闻信息的功能。比如：

（标题）《国家地震台网测定：四川汶川发生 7.6 级地震》；中新网 5 月 12 日电 据国家地震台网测定，北京时间 5 月 12 日 14 时 28 分，在四川汶川县（北纬 31 度，东经 103.4 度）发生 7.6 级地震。

这则消息迅速、简明扼要地概括报道了四川汶川发生地震的最基本的情况，让受众在最短的时间里知道中国四川汶川县发生了强烈地震。这则简讯，篇幅短，只有几十个字，却基本上以最快的速度向受众传递了重要的新闻信息。

消息体裁主要包括动态消息、综合消息、事件性消息、特写性消息、评述性消息和人物消息等类型。[1] 受众可以通过消息这一新闻体裁在第一时间了解国际风云、时势变动以及自己想要知道的新闻信息。消息通常由标题、电头、导语、主体、背景、结尾六个部分组成。

（2）通讯体裁的功能

通讯是运用叙述、描写、抒情、议论等多种手段，具体、生动、形象地反映新闻事件或者典型人物的一种新闻报道形式，是一种比消息更能详细而深入地报道新闻事实的新闻体裁。[2] 通讯体裁主要包括人物通讯、事件通讯、风貌通讯、工作通讯等类型。[3]

通讯与消息同属新闻体，但有几点区别：从容量上看，通讯容量大，事实详细，一般篇幅长；消息容量相对小些，事实概括，一般篇幅短。从

---

[1]　张举玺：《实用新闻理论》，河南大学出版社，2006，第 215～222 页。

[2]　张浩：《新闻写作必备全书》，蓝天出版社，2006，第 174 页。

[3]　张举玺：《实用新闻理论》，河南大学出版社，2006，第 223～227 页。

报道对象看，通讯选材相对较严，消息则选材范围宽。从结构上看，通讯灵活多变，而消息相对稳定。从表达上看，通讯以描写为主，表达比较灵活自由，而消息以叙述为主。从报道时效上看，通讯不如消息快。可见，通讯有助于读者完整、深入地了解新闻事件或者新闻人物。所以，通讯体裁的功能在于：

第一，通讯具有较强的表现力和感染力

通讯作品可以运用叙述、描写、议论、抒情、说明等表现手法具体翔实地深化主题，具有较强的表现力和感染力。比如：

（标题）《铁军来了》新华网四川都江堰 5 月 29 日电（记者孟娜 张泪泪 黄书波）在汶川地震灾区都江堰市区的一家工厂旁有一面醒目的红旗，上面写着四个大字"铁军来了"。

……绕过这辆卡车，十几个军用帐篷整齐排列。其中一个帐篷上赫然写着铁军托老所。帐篷里七八位耄耋老人在安静地休息。84 岁的胡克华 22 日就在这里住了。她的丈夫在地震中去世了，家里的房子垮了，子女正忙着处理后事，抢收庄稼，暂时把老人托管在这里吃住。

旁边的帐篷是医疗所，再过去是军队抗震救灾心理服务专家组。两位军队的心理专家每天在那里值班。他们说，每天一般有五六个人，多时有十多个人到这里进行心理咨询。

不远处是铁军小学，外面看大约是 10 顶帐篷，走进去却是一个打通了的敞亮空间。下午五时许是孩子们下课的时间，几十个孩子眨眼工夫就跑出了教室，到外面找寻早已等待着他们的家人去了。今天他们有一节课是音乐课，教唱他们的歌曲是《团结就是力量》，歌词还留在黑板上。

托老所、医疗所、心理咨询所和小学，都是"铁军"后勤部为了更好地安置灾区群众，临时建立起来的。与它们一起建立的还有一个露天爱心食堂。

这个爱心食堂依托的是部队先进的后勤装备——炊事车。在现场，有一架自行式炊事车和 3 架拖挂式炊事车。厨师分别来自铁军和志愿者队伍。

铁军是最先到达汶川地震灾区的部队之一。他们行程数千里，5 月 13 日就来到四川进行地震救援，是解放军本次地震救援中机动距离最长、承担任务较重的部队。

"铁军来了"的旗子很快插到了都江堰、汶川县、理县、茂县的 28 个乡镇。截至 5 月 26 日 18 时，全师拯救生还者 74 人，救治伤员 2181 人，解救受灾群众 4917 人，转移受灾群众 35768 人。

这是一篇歌颂解放军抗震救灾的通讯。报道首先从都江堰市区一面写着"铁军来了"的红旗开始，然后转向排列整齐的军用帐篷，接着是铁军小学、炊事车，在地点转移的过程中，采用电影特写镜头的表现手法，描绘了受灾群众在"铁军来了"后的生活状态。这些细节的描写，取得清晰、强烈的视觉效果，使受众真实地感受到中国共产党领导下的人民解放军在巨大的灾难面前坚决和人民在一起。

第二，通讯具有舆论宣传功能

这要求通讯不能停留在事物的表象，而是要由此及彼、深入发掘。只要舆论宣传度把握得准确，就可以将客观事物提高到理论认识，充分发挥舆论导向作用。

（3）评论体裁的功能

中国评论体裁主要包括：社论、编辑部文章、评论员文章、短评、编者案、新闻随笔等。在中国新闻实践中，新闻评论被看做是新闻媒体的旗帜和灵魂。因为新闻媒体可以运用评论性体裁阐述对一新闻事实的观点和看法，向受众发出自己的"声音"，从而区别与其他的媒体，显现出自己的个性特征。比如：

火烧坪乡面向市场，高寒山区种菜致富已成功的实践，给我们的一个重要启示是：谁早转变谁早富。

火烧坪富了，可以说是靠种菜"种"富的，也可以说是靠转变观念、转变经济体制、转变经济增长"转"富的。两个转变是个法宝，不但在工业、商业很灵，在农业也同样灵。火烧坪的事实，是一个很好的例证。

实现党中央提出的积极推进经济体制和经济增长方式的两个转变，是具有全局意义的根本性转变，是振兴我们国家经济的关键所在。实现这两个根本转变的过程，就是解放生产力、发展生产力的过程，就是使人民群众一步一步富裕起来，使我们国家一步一步强盛起来的过程。不转变是不可能的，也是没有出路的，区别只是在于是主动地转变，还是被动地转变；是早转变，还是晚转变。这同时也就决定了，谁早转变谁早富，谁后转变谁后富，谁不转变谁不富，这是一个规律。火烧坪的成功实践证实了这个规律，当年农村推行联产承包也证实了这个规律。①

这则评论以事实为依据，旗帜鲜明地提出自己的论点：谁早转变谁早富。然后具体论证这一观点的科学依据：深入贯彻党中央提出的积极推进经济体制和经济增长方式的两个转变。最后倡导广大群众要抓住机遇，实现这两个根本性转变。

除了具有传播意见性信息的功能外，新闻评论还具有反映舆论、引导舆论的功能。

3. 中国新闻体裁对新闻传播效果的影响

作为消息、通讯、评论等体裁，它们以各自不同的特点，影响着其传播效果。这里，仅对各类体裁传播效果进行探讨。

（1）消息体裁的传播效果

消息的特点可以用实、快、新、短四个字来概括。其中，"实"就是"真实"；"快"就是"快速"；"新"就是"新鲜"。消息体裁的简明扼要传递信息的功能，产生了快速而广泛传播的效果，满足了受众在较短时间内获知信息的需求。比如：

刚刚在党的十七届一中全会上当选的中共中央总书记胡锦涛和中央政治局常委吴邦国、温家宝、贾庆林、李长春、习近平、李克强、贺国强、周永康，22 日上午在人民大会堂同采访党的十七大的中外记者亲切见面。

人民大会堂东大厅华灯璀璨，鲜花绽放，气氛热烈庄重。600 多名中外记者早早来到这里。他们架起一排排摄像机、照相机，手持录音机、采访本，等待着新一届中共中央政治局常委会组成人员的到来。

中国共产党十七届一中全会结束后，11 时 35 分，胡锦涛等在热烈

---

① 《推进两个转变的好典型》，2002 年 1 月 22 日《人民日报》。

的掌声中步入大会堂东大厅。他们面带微笑，神采奕奕，向在场的中外记者招手和鼓掌致意。……①

该消息及时、简明扼要地叙述了广大受众目前最想了解的新闻信息，具有及时、快速的传播效果。

（2）通讯体裁的传播效果

通讯体裁具有强烈的表现力和感染力。由于通讯体裁分为人物通讯、事件通讯、工作通讯和风貌通讯，不同的体裁作品具有各自的传播效果。

人物通讯以报道社会精英和活跃在各条战线上的先进人物为主。记者们在写作时往往注重通过具体事迹、具体细节来反映人物的精神风貌、思想感情，通过行动和语言来表现现实生活中的人物。所以，人物通讯一般可取得感人的传播效果。

事件通讯追求新闻性与具体性、典型性与重要性、完整性与形象性的完美统一。事件通讯具有以下三种传播效果：第一，能够如实地反映各种突发事件的具体情节及过程；第二，具有揭露性，很好地体现了舆论监督的作用；第三，全面、客观地揭示事件的真相和实质。

工作通讯的关键是抓问题，即抓那些新的、重要的、有普遍意义、有深度的问题。工作通讯具有以下传播效果：第一，能够提出并探讨现阶段实际工作以及人们思想上迫切需要解决的矛盾和问题；第二，能够总结某地区、部门、单位在执行国家方针政策过程中的经验教训，总结有普遍意义和借鉴作用的工作体会；第三，批评官僚主义、个人主义、地方主义以及腐败现象等。

风貌通讯在于着重描写事物发展中的新变化、新风貌，其体裁特征有：抓住特征，着力写变；善于观察，突出见闻；缘物寄情，感同身受。这些叙议结合手法，能做到物我交融，深深地打动人、感染人。它往往具有特殊的传播效果，即能够抓住最新鲜的迹象，勾画出事物发展过程中日新月异的面貌；能够较好地再现自然风貌、人文景观、风情民俗；能够将自然风貌和社会风貌有机地结合，反映出整个社会的动态和变迁。

（3）评论体裁的传播效果

新闻评论是现代媒体最基本，也是最重要的新闻手段。如果说新闻报

---

① 2007年10月23日《人民日报》。

道是新闻系统工程中的主体和基础，那么新闻评论则是新闻系统工程中的旗帜和灵魂。不管是社论、编辑部文章、评论员文章，还是各种时评，都在为新闻报道"画龙点睛"，发挥着把报道引向深入的重要作用，是新闻报道的一种提升，具有传递意见性信息和反映舆论，引导舆论的功能。

调研结果发现，在当今信息极度丰沛的时代，受众对"新闻背后的新闻"更有兴趣。比如，荣获第十六届中国新闻奖一等奖的《我们怎样表达爱国热情》的时评，作者针对日本右翼势力再次通过修改教科书来篡改历史的事实，阐述了"爱国既要有热情的表达，更要能够从维护国家和民族利益的大局出发。爱国需要激情，更需要理性"的道理，提醒中国大众"要促使日本能够以史为鉴，就不是只宣泄一下愤怒的情感就能解决问题，还需要促进更广泛的交流，更多展示理性的力量。要用这种力量来让日本人民，让世界人民更多地认识日本右翼的真实面目和危害，营造一种让右翼难以生存的国际舆论环境。因此，激情加理性才是我们表达爱国热情的正确态度"。

这种新闻评论一针见血，深得人心，原因在于作者很好地运用了评论体裁的传递意见性信息和反映舆论、引导舆论的功能，对发生的新闻事实进行了深刻解读，合情合理，让受众信服，达到了对新闻信息解读，重新提炼再生成新的信息的传播效果。

结　语

综上所述，中国新闻体裁主要分为消息、通讯、评论等三大类。每种新闻体裁都发挥着各自不同的功能：消息以短小、精悍、灵活为特点，受众通过消息可以在第一时间了解国内外时事新闻、国际风云变动，及时掌握各种新闻资讯；通讯运用叙述、描写、抒情、议论等多种手段，具体、生动、形象地反映新闻事件或者典型人物；评论体裁则在报道重大事件、与公众利益息息相关的问题，以及社会热点等内容时发挥着重要的作用。

不同体裁具有各自的传播效果：消息强调及时性，具有快速、真实、简明、扼要的传播效果；通讯注重作品的表现力和感染力；评论体裁则着眼于挖掘新闻背后的新闻，发挥着把报道引向深入的重要作用。

三　俄罗斯新闻体裁的划分方法与功能

1. 俄罗斯新闻体裁的划分方法

由于俄罗斯新闻体裁继承苏联的新闻体裁，限于篇幅，我们对其形成原因和历史背景不再作进一步考究。俄罗斯新闻学者格拉别利尼科夫将新闻体裁划分成消息体裁、分析体裁和艺术政论体裁三大类，具体分类如下：①

消息体裁包括：简讯、报道、轰动性消息、答记者问和综述等；

分析体裁②包括：通讯报道、社论、评论、书评、述评、群众来信和报刊摘要等；

艺术政论体裁③包括：特写、讽刺小品和抨击性文章等。

2. 俄罗斯新闻体裁的功能

在俄罗斯新闻报道中，各种体裁发挥着各不相同的功能。

（1）消息体裁的功能

消息体裁反映世事、时事、人事灵活快速，内容单一，针对性强，在俄罗斯新闻报道中发挥着一种独特的功能。尤其是简讯、轰动性消息等发挥着第一时间向受众传递各种及时新闻信息的作用。要求记者必须掌握准确的信息源，必须最大限度地保持客观、中立、公正的立场去采写新闻。

（2）分析体裁的功能

分析体裁以其广阔的时间和空间，向受众反映对某事件、时局的研究、分析总结和结论。通讯是俄罗斯分析体裁中运用最广泛的一种类型。这种容量大、范围广、写法灵活、选材丰富多样的新闻体裁，多被用来详尽生动地报道新闻事件或人物等。俄罗斯的通讯体裁主要包括人物通讯、事件通讯、风貌通讯等。

人物通讯注重突出人物的活动与思想，多用来表现主人公的言行、事迹和个性。事件通讯对具有典型意义的新闻事件进行报道，多用来全面、深入地报道事件的来龙去脉，总结经验或者教训。有时则用来揭露现实生活中存在的问题和矛盾，有效引导受众去思考。风貌通讯是对社会变化、

---

① Г рабельников А. А. *Работа журналиста в прессе.* Изд-во РИП-холдинг，2002. 216 ~ 221.

② 在中国称作评论体裁。

③ 在中国称作通讯体裁。

风土人情以及建设情况等进行报道，一般用来反映某地区、单位、部门的整体面貌。俄罗斯通讯中没有工作通讯类别。

随着俄罗斯社会体制的转型，再加上报刊印刷媒体技术手段的现代化等，通讯类型在平面媒体中的作用日益重要。与之相比，社论等其他各类体裁的使用频率则越来越低，影响力日渐衰落，故这里不再作专门论述。

（3）艺术政论体裁

艺术政论体裁具有强烈的说服力和感染力，报道者常结合自己的亲身感受，以形象的表现手段来展现典型人物的性格。特写是俄罗斯艺术政论类体裁中最主要的体裁。这种介于纪实文学和通讯之间的特写体裁在坚持新闻真实性的前提下，综合运用各种形象化表现手段，以"再现"新闻事件、人物或者场景为主要特征。

俄罗斯特写的主要种类有人物特写和事件特写，它们所发挥的社会功能也略有不同。人物特写多用来撰写那些为社会发展作出突出贡献的人物。事件特写被誉为"报纸上的电影"，多用来对生活现象以及重要的社会事件进行重点描绘。

与新闻特写相比，由于俄联邦大众传媒法的影响，讽刺小品等其他体裁在俄罗斯平面媒体上出现的频率越来越低。

3. 俄罗斯新闻体裁对新闻传播效果的影响

上面简要描述了俄罗斯新闻体裁的划分方法与功能，这里来探讨俄罗斯新闻体裁所拥有的传播效果。

（1）消息体裁的传播效果

消息作品在俄罗斯各类报刊媒体中占据很大的版面空间，秉承"真实、新鲜、快捷"等特征，随时向受众提供最新发生的新闻。有些报纸的特色就是专门报道新闻，它们不仅报道新闻，还特别爱好披露那些轰动性新闻，或者耸人听闻的新闻。① 但为了保证报刊质量，经营者近年来对新闻来源和真实性特别重视。虽然他们向来不拒绝刊登轰动性报道，但无论是商业性刊物还是政治刊物，人们都在恪守客观、公正、中立报道的原则。

轰动性新闻作为一种主要体裁在俄罗斯的消息报道中占有中心位置。但是，制作和刊发这类稿件是十分冒险的。为了避免产生严重后果，要求记者必须掌握准确的信息源，在进行稿件写作时尽量保持客观、公正和中

---

① 　Грабельников А. А. *Работа журналиста в прессе.* Изд-во РИП-холдинг，2002. 216～221.

立的立场。

简讯是俄罗斯消息文体中最简短的形式，一般从十几个单词到一百多单词，是一种迅捷的动态报道形式。它主要报道社会生活中重要的事实和事件，高度概括地回答事件、地点和时间三要素，有的简讯电头直接标明了"今日快讯"、"本报快讯"、"本报最新消息"等字样。这种没有分析、短小、一蹴而就的文章很受俄国记者及受众的欢迎。①

至于其他一般的新闻报道、答记者问和新闻综述等类型，在俄罗斯今天的消息体裁家族中所占比重很小，其影响力远不如轰动性消息和简讯。

（2）分析体裁的传播效果

在俄罗斯，分析类体裁家族中唱主角的主要有通讯、社论和评论。

通讯在俄罗斯新闻作品中是运用最为广泛的一种，所选择的材料丰富多样，有故事、有起伏、有细节。

俄罗斯通讯体裁可以大致分为人物通讯、事件通讯、风貌通讯等几个类型。俄罗斯人物通讯在写作时突出人物的活动细节，揭示人物内心变化，不惜铺陈缺点，追求细微处的真情，在一定程度上突破了"高、大、全"等人物形象的束缚，给广大受众耳目一新的感觉。事件通讯一般报道的是具有典型意义的新闻事件，作品往往高屋建瓴，综合全面，报道深入。俄罗斯风貌通讯经常以巡礼札记、见闻式记述为主，反映俄罗斯社会变化、风土人情以及建设等情况，知识面宽，针对性强，受众从这些作品中可以获得服务性信息，以扩展自己的视野。

社论与评论体裁是一种比较普遍和复杂的报刊体裁。其固有特征是对现实社会中某些重大事件、现象、因素等进行深入分析，并做出明确的判断和指导。俄罗斯媒体社论、评论体裁与苏联相比，其使用频率已经大大下降。

（3）艺术政论体裁的传播效果

俄罗斯艺术政论体裁中最具影响力的是特写和抨击性体裁。

俄罗斯特写作品以"白描"手法为主，综合运用各种形象化表现手段，"再现"新闻事件、人物或者场景。受众在阅读俄罗斯特写作品时，往往能找到"如临其境，如见其人"的感觉。从苏联开始，人物特写树立起一大批英雄人物形象，虽然俄罗斯新闻体制与苏联有了区别，但是俄罗斯的新

---

① 张举玺：《中俄现代传媒文体的比较研究》，河南大学出版社，2006，第157页。

闻特写却保留了苏联的大部分特征，具有很好的传播效果。

抨击性体裁是俄罗斯一个传统性新闻体裁，在 20 世纪的最后 10 年里，这类文章在俄罗斯主流媒体上占有显著的位置。抨击性文章成为当时最有效果的舆论武器。因此，这类文章在唤醒读者为追求民主而进行坚决斗争方面取得了很好的传播效果。进入 21 世纪之后，伴随着俄罗斯社会体制的转型，执政者与政界反对者的矛盾日益缓和，该体裁的使用率也越来越低。

结 语

综上所述，俄罗斯新闻体裁分为消息体裁、分析体裁和艺术政论体裁。

消息体裁包括：简讯、报道、轰动性消息、答记者问和综述等；分析体裁包括：通讯报道、社论、评论、书评、述评、群众来信和报刊摘要等；艺术政论体裁包括：特写、讽刺小品和抨击性文章等。

不同的新闻体裁发挥着不同的社会功能。其中，消息类体裁特别适合在第一时间向受众传递具有轰动效应的新闻信息；分析类题材中的通讯各类体裁以其广阔的时间和空间，向受众反映对某事件、时局的研究、分析总结和结论；艺术政论体裁具有强烈的说服力和感染力，特别是其中的特写体裁，综合运用各种形象化表现手段，比较适合再现新闻事件、人物或者现场。

不同的社会功能影响并决定了上述各种新闻体裁具有不同的传播效果。其中，消息体裁强调"真实、新鲜、快捷"，随时向受众提供最新发生的新闻，是深受俄罗斯记者和受众喜爱的体裁之一。通讯在俄罗斯分析类体裁家族中唱主角，也是俄罗斯新闻作品中运用最为广泛的一种，具有良好的传播效果。俄罗斯艺术政论体裁中最具影响力的是特写和抨击性体裁。特写运用白描手段，比较容易刻画人物形象和复杂的事件，其形象化语言和较强的表现力，赢得俄罗斯受众喜爱。抨击性体裁是俄罗斯传统性新闻体裁，这类文章在 20 世纪最后 10 年的俄罗斯主流媒体上占有显著的位置。

四 中俄新闻体裁划分方法与功能比较

1. 两国新闻体裁划分方法有区别

俄罗斯独立初年，俄罗斯新闻体裁的划分方法一般采用 А. А. Тертычный（捷尔季契内）新闻理论家的观点，即将新闻体裁划分成三类：信息类①、分析类②和艺术类③。但经过一段时间的检验，俄罗斯新闻界普遍认为，若按照 Тертычный 的划分方法④，新闻体裁分类显得琐碎不堪，很容易产生概念错误，不易为记者所接受。随后，一位叫 А. А. Грабельников（格拉别利尼科夫）的新闻理论家根据苏联新闻体裁的划分方法，将新闻体裁简化为消息体裁⑤、分析体裁⑥和艺术政论体裁⑦三大类。⑧ 这种划分方法受到俄罗斯新闻界赞同，并使用至今。

　　与俄罗斯相比，中国新闻体裁在分类方面既有相同的方面也有中国自己的特色。也就是说，兼顾了内容和形式两方面的统一。中国新闻体裁可分为三大类⑨，即消息体裁（简讯、事件消息、人物消息、解释性消息、预测性消息和评叙性消息等）、通讯体裁（人物通讯、事件通讯、工作通讯和风貌通讯等）和评论体裁（社论、编辑部文章、评论员文章、短评、编者按、新闻随笔等）。

　　无论是在中国还是在俄罗斯，选用这样或者那样的新闻体裁都是由社会历史条件决定的。比如：在苏联时期，大众媒介最主要的功能是教育和宣传，于是，新闻特写就成了运用最普遍的体裁。当时的《共青团真理报》用的都是大篇幅的特写，内容涉及生产生活等各个方面。当时的《共青团真理报》几乎成了特写专报。改革开放前的中国，在计划经济体制的前提制约下，大众传媒充满大量的典型报道，媒体俨然成了宣传典型的阵地。

　　今天，呈现在受众面前的完全是另一种情况。大篇幅的特写在两国的日报上几乎是销声匿迹了，似乎是集体被转移到了周报和杂志上，例如俄罗斯的《论据与事实》周报、《总结》周刊，中国的《南方周末》、《青年参考》等。取而代之的是适合生活快节奏的各类消息体裁。许多报纸考虑到受众的兴趣，要求记者在制作新闻稿件时尽量短小，不管是消息报道、

---

① 简讯、综述、答记者问、通讯、社会调查、访谈和采访。

② 分析性综述、通讯、答记者问、座谈会、评论、社会摘要、问卷调查、书评、社论、新闻调查、短评、新闻摘要、新闻预测、读者来信、自述、建议等。

③ 特写、讽刺小品、抨击性文章、滑稽作品、评论员注释、日常故事、引言、趣事、笑话、玩笑等。

④ Тертычный А. А. *Жанры периодической печати.* Изд-во Аспект пресс，2002．43～45．

⑤ 简讯、报道、轰动性消息、答记者问和综述。

⑥ 通讯报道、社论、评论、书评、述评、群众来信和报刊摘要。

⑦ 特写、讽刺小品和抨击性文章等。

⑧ Грабельников А. А. *Работа журналиста в прессе.* Изд-во РИП-холдинг，2002．274．

⑨ 桑义燐：《新闻报道学》，杭州大学出版社，1999，第67页。

新闻综述，还是对新闻观察和分析，都要语言简洁，论据扼要，稿件篇幅一般要保证在 1000～1500 字之内。至于简讯，则短的至一句话，长的也不过几百字。

综上所述，中国新闻体裁的主要分类方法基本上是保留了传统的概念，既继承了苏联新闻体裁的划分方法，又具有自己的特色。А. А. Тертычный，А. А. Грабельников 两位俄罗斯著名新闻学者在各自的著作里分别阐述了俄罗斯现代新闻体裁的分类方法。通过比较，不管俄罗斯当代学者们如何细化分类，他们的分类都没有摆脱苏联新闻体裁划分的影响。

但是，三大体裁分类上存在的区别——俄罗斯把通讯体裁划入了评论体裁中，把通讯中的特写留在了中国称之为通讯的体裁中，反映这种分法仍有些乱。另外，俄罗斯通讯体裁中没有工作通讯类别。具体体裁如消息、轰动性消息、综合消息、人物通讯、事件通讯、风貌通讯、社论等在两国的新闻体裁分类中则基本相同。

2. 两国新闻体裁功能相同

中俄新闻体裁在大类划分方法有别，小类分类方法基本相同的前提下，各类新闻体裁所发挥的功能基本相同。

消息、通讯、新闻特写等体裁的新闻作品在中国报刊上出现频率最高，长久以来在中国新闻报道中发挥着各自重要的功能。而这些体裁在俄罗斯新闻报道中，也发挥着相同的功能。

（1）消息类体裁功能相同

消息类体裁在中国具有"实、快、新、短"的显著特征，是新闻媒体向社会输出新鲜信息的重要载体，也是受众获取新闻的主要来源。尤其是在帮助受众了解国内外突发性新闻事件、时事、重要决策方面，承担着重要功能。消息类体裁在俄罗斯各类报刊中占有很大的版面，除了随时向受众提供最新发生的新闻之外，还特别偏爱披露那些轰动性新闻，或者耸人听闻的新闻。

中俄尽管是两个不同的国度，在体裁称谓上也存在着差别，但是消息类体裁发挥的主要社会功能却是相同的，即向受众真实快捷地传递国计民生的重大消息。

（2）通讯类体裁功能相同

通讯体裁在中国被作为一种独立的新闻体裁，与消息、评论体裁齐名，是用来弥补消息体裁不足的一种详细报道新闻的体裁。该新闻体裁要求深入、翔实、真切、生动地报道新闻。

在俄罗斯，通讯则被看做分析类体裁中的一种类型，并且是俄罗斯分析体裁中运用最广泛的一种类型。这种新闻体裁，多被用来详细生动地报道新闻事件或人物等，以其广阔的时间和空间，向受众反映对某事件、时局的研究、分析总结和结论。

通讯体裁在中俄新闻媒体中不仅人物通讯、事件通讯、风貌通讯等划分方法相同，而且其所发挥的功能也是基本相同的，均在新闻报道中占有非常重要的位置，发挥着重要的社会功能。

特写在中国新闻体裁中应该划作通讯体裁范畴，然而，俄罗斯则把特写列入了艺术政论体裁之中。这种介于纪实文学和通讯之间的体裁，在形象生动地描绘新闻人物、新闻事件、新闻现场等方面发挥着重要的作用。

（3）评论类体裁功能相同

在中国，新闻评论被看做新闻媒体的旗帜和灵魂。因此，这种新闻体裁除了担当起传递新闻信息的功能以外，还时常发挥其反映舆论、引导社会舆论的社会功能。

俄罗斯的分析类体裁与中国的评论体裁大体相同，但是本该属于评论体裁范畴的讽刺小品和抨击性文章则被他们列入了艺术政论体裁①中。不管他们怎么划分，就评论体裁来说，社论、评论、抨击性文章、讽刺小品等体裁，随着俄罗斯社会体制的转型与稳定，它们的影响力正在减小。

3. 两国新闻体裁对新闻传播效果的影响相同

（1）消息体裁对新闻传播效果的影响相同

消息作品在中国被赋予的显著特点是真实与时效，只有保证新闻的真实，并及时传播出去，新闻才能在社会上产生良好的传播效果。否则，要么造成虚假新闻，要么使新闻失效，引起不良后果。

消息体裁在俄罗斯新闻报道中占有中心位置，尤其是轰动性新闻，影响力十分强大，具有很好的传播效果。但是，新闻媒体采写和刊发这类稿件是十分冒险的。为了避免新闻失实和新闻侵权的事件发生，俄罗斯媒体要求记者必须掌握准确的信息源，在进行稿件写作时尽量保持客观、公正和中立的立场。②

---

①　在中国称作通讯体裁。

②　Грабельников А. А. *Работа журналиста в прессе.* Изд-во РИП-холдинг, 2002. 217.

由此可见，无论是在中国，还是在俄罗斯，消息体裁都具有很好的传播效果。新闻媒体对刊发消息类稿件的要求是相同的，即追求真实，及时传播。否则，将产生不良的传播效果。

（2）通讯体裁对新闻传播效果的影响相同

通讯中的信息较集中地蕴含于人物个性、事件情节、特定环境和问题之中，所以它在表述时就更具体、更生动、更深刻，能够抽丝剥茧，从容道来，生动形象地回答读者的疑问，充分满足受众的信息欲望。① 中俄两国通讯作品都具有较强的表现力和感染力。

为了保证通讯作品的表现力和感染力，得到较好的传播效果，中俄新闻媒体一般都要求通讯作品能比较完整地记述事件发生的过程、原因、结果、意义和影响等事实要素，即通过有情节、有细节、有气氛的事件描写，具体完整地记述事件，展示事件人物风貌与内心境界，把握舆论导向，传播事件发生的意义及影响，以充分发挥通讯作品的表现力，达到良好的传播效果。由此看出，中俄通讯体裁对新闻传播效果的影响相同。

（3）评论体裁对新闻传播效果的影响相同

中国的新闻评论类体裁，主要侧重于深入分析新闻事件的本质，挖掘"新闻背后的新闻"。因此承担着传递意见性信息和反映舆论、引导舆论的功能，达到了对新闻信息解读，重新提炼再生成新的信息的传播效果，满足了受众了解新闻背后的信息，了解新闻意义的需求。

俄罗斯的评论体裁虽然被分散划分到了分析体裁和艺术政论体裁之中，但是社论、评论、书评、述评、讽刺小品和抨击性文章等评论体裁的固有特征是针对现实社会的重大事件、具体问题等进行分析，做出明确判断与指导，对帮助受众了解事实真相，朝着正确方向把握信息，发挥着积极作用，具有很好的传播效果。

结　语

综上所述，我们认为，中俄两国新闻体裁的大类划分方法虽然有区别，但各小类新闻体裁在新闻报道中所发挥的功能基本相同，新闻体裁对新闻传播效果的影响结果也基本相同。

---

① 梁衡：《从消息到通讯》，《新闻战线》1997 年第 12 期。

第二节　中俄报刊词汇比较

一　报刊词汇概述

1. 报刊词汇

报刊是以书面语言作为媒介和载体的，新闻报刊是现实语言特别是时事书面语言的主要传播媒体。凡是经常出现在报刊上的词汇都是报刊词汇。但是，我们这里所指的报刊词汇，是由新闻采集目的、新闻制作要求和新闻传播内容决定的。新闻的特性决定了报刊词汇具有如下特性：

首先，报刊词汇具有准确性。这是由新闻的真实性决定的。

真实是新闻的根本要求，而传达真实最需要的是准确表达。所谓准确，就是概念明确、论断恰当，就是恰如其分地反映客观、报道事实、描写人物，容不得半点含混不清，是一就说一，是二就说二。[1] 一个词不能准确地传递信息，就不能称之为报刊词汇。

其次，报刊词汇具有简明性。这是由新闻的时新性决定的。

新闻的时新性，也叫时效性，是决定新闻价值的关键要素。新闻事实发生与其刊发的时间差越小，受众未知的范围就越大，新闻价值也就越大。报刊词汇要求传播者尽量选用凝练、概括的语言传递信息。使用高度凝练的报刊词汇来传播新闻，能有效保证新闻价值。报刊词汇的简明性要求传播者在运用新闻语言时"意唯求多，字唯求少"，言简而意不简。[2]

再次，报刊词汇具有形象性。这是由新闻的趣味性决定的。

报刊词汇不但要追求准确表达、简明概括，还要追求形象的描绘。报刊词汇应该是具体形象的，每一个词语的选用都应该让受众感受到具体的信息内涵，借以传达生活的丰富生动性、增强新闻的可读性，从而保证和提高新闻价值。

最后，报刊词汇具有通俗性。这是由新闻的接近性决定的。

用通俗的、各个阶层受众都能接受和理解的报刊词汇来传播发生在自己身边的新闻和与自己有密切联系的新闻便尤为重要。报刊词汇要做到通

---

[1]　李元授、白丁：《新闻语言学》，新华出版社，2001，第13页。
[2]　李元授、白丁：《新闻语言学》，新华出版社，2001，第21页。

俗易懂就要求传播者必须形成明确、简洁、平实的新闻语言风格，多采用鲜活形象的大众化语言，避免生僻词汇和方言土语，力求雅俗共赏。必须选用专业词汇时要经过技术处理，以恰当的比喻或具体的例子来解释其中生动可感的信息，以增加受众的阅读兴趣。

综上所述，报刊词汇是一种特殊的行业语言，它能快捷反映社会各个领域的变化，及时传播新鲜有趣的资讯，最大化地提高新闻价值。报刊词汇是报刊语言中最能直接反映社会现实、最能表现新闻语言特征的部分。

2. 报刊词汇种类

报刊是以全社会为工作对象的，但凡见诸报端的文字，遣词造句要注意规范性。报刊词汇分为社会政治词汇、社会评价词汇和中性词汇三类，其中以社会政治词汇为核心。

社会政治词汇的主要作用是记录时代变迁和社会发展，绝大部分普通受众都是通过对国内外日常生活中社会政治事件的报道来了解社会风云变幻的。同时，政治词汇通过对社会政治事件的叙述表达传播方的情绪，评价某些社会现象，因此便具备了社会评价的特点，以此来影响社会团体和引导舆论方向。社会政治词汇经常要吸纳大量新词语，以便鲜明、具体、生动、富于表现力和创造力地表现新闻事实，同时能更好地记录时代变迁和社会发展。

社会评价词汇的功能就是发表见解，阐述观点，通过对受众所关心的各种社会问题进行讨论、分析和评价，取得他们的信任与理解，促使其参与交际和思考，从而对社会大众的思想意识、道德观念、价值取向产生预期的引导作用。由于口语词语义具体、形象鲜明、表现力较强，可以充分表达作者的情感，使报道不仅观点鲜明，而且富有表现力和说服力[①]，所以口语词被大量吸收进社会评价词汇。与此相似的还有行业术语作为社会评价词汇使用，行业术语通过比喻、引申、双关等修辞方式由单义性转向多义性，有利于报刊词汇准确表达某个新闻事件、现象背后所蕴含的多重含义，创造出一种独特的表现效果。因此，社会评价词汇还吸收了大量行业术语。

中性词汇主要是指与新闻事实的空间和时间有联系的词语，以及构成报刊语言程式性套语，并且是没有评价意义的结构性词语。前者最典型的

---

① 李乐君：《俄语报刊词汇的几个特点》，《解放军外国语学院学报》2002 年第 2 期。

例证如"新闻五要素"中的时间、地点、人物，对事件的描述性词语；后者比如"因为……的原因"、"为了……目的"、"达到……结果"、"具有……的意义"等。在现代新闻中，缩略语可以有效地使受众提高阅读速度，在最短的时间内获得最多的信息，最大限度地实现经济的原则，同时也可以在一定程度上增加报刊词汇的表现力，使新闻作品体现一种创新，表现一种个性。但缩略语绝大部分都不具备评价意义，所以大量缩略语融入了报刊中性词汇中。

3. 报刊词汇在新闻作品中的功能

报刊自诞生以来，其主要功能是及时传递信息，沟通情况。随着社会的发展和新闻媒体的功能复杂化，报刊词汇在此功能的基础上逐渐承担起更多的任务，以实现新闻作品对社会所承载的作用。

第一，报刊词汇记录社会变化

报刊能及时反映社会生活。作为新闻作品的承载方式，报刊词汇可以真实地记录现实社会的各个生活侧面，如实地反映时代变化。每个社会阶段新出现的新鲜事物都被报刊词汇以新闻作品的形式及时记载下来并传播出去，最为典型的就是新词汇的出现。据统计，中国每年新产生的词语大概有1000多个，也就是说平均每天就会有3个新词"呱呱坠地"。新词语已经成为观察中国社会发展变化的"晴雨表"。[①] 同时，新词语还充当着历史记录员的角色，后人可以通过阅读一个时代的新闻作品，了解那个时代的社会特征。

第二，报刊词汇承担社会评价

评价是语言学范畴的共有特征，每个词汇都会从各自的角度多多少少地表达着评价含义。报刊词汇的使用不能不考虑新闻作品对社会群体的影响，所以给词汇赋予了各种评判意义，使单个词汇包含着多种含义。在多种相同的场合和语境中经常使用这些含义，那种特有的社会评价意义就开始与某些报刊词汇紧密地联系到了一起，然后不断地得到深化和广泛传播。具有较强表现力的报刊词汇能够形象、生动地描述和表现一个或者多个事物的发展过程。同时，报刊词汇的修辞色彩往往与感染色彩紧密地联系在一起，最终表现出评价含义。[②]

第三，报刊词汇引导社会舆论

[①]　张贺：《天天出新词的背后》，2003 年 1 月 17 日《人民日报》。

[②]　张举玺：《中俄现代传媒文体的比较研究》，河南大学出版社，2006，第 87 页。

报刊能及时地传递信息，同时报刊词汇又具备强大的社会评价功能。报刊语言这种评价功能的重要性在于，评价功能不是出自个人，而是具有社会性。报刊语言的社会性质不仅仅属于某个作者，而且代表着某个编辑部、社会团体、党派发布观点、见解和政策，使报纸成为"集体宣传员和鼓动者"。任何报刊词汇都具有编辑部和出版发行机关的集体威望。因此，报刊词汇是一种重要社会力量的象征。[①] 当受众面对极为丰富的社会信息而去从报刊中获取可靠信息时，报刊词汇便能逐渐形成其社会导向功能，引导社会舆论向着预期的方向发展。

第四，报刊词汇表现社会心理

由于报刊词汇能及时反映社会变化、传递社会信息，所以对大众媒体而言，报刊词汇不仅仅是执政党的"喉舌"和"传声筒"，同时也是广大受众心理的"传声筒"。一方面，信息时代，受众对传播过程中接触到的信息会有不同的爱好倾向，这些不同的信息只有通过各具特色的报刊词汇表现出来，才可能满足各部分受众的需要，而这些各具领域特色的报刊词汇正是这些受众社会心理的集中体现。另一方面，社会上发生被普遍关注的社会事件、热点新闻时，新产生的报刊词汇便能准确地展示受众对这些事件的社会心理。

结　语

综上所述，报刊词汇是新闻语言中变动最快、最能反映新闻特征的一部分，其特征是由新闻本身的特征所决定的，具有表达的准确性、概括的简明性、描绘的形象性、解说的通俗性。在书面语结构中，报刊词汇主要表达执政党的宣传倾向，可分为政治词汇、社会评价词汇及中性词汇等。随着大众传播的发展，报刊词汇融入了许多新种类，如新词语、口语词、行业术语、缩略语、外来词等。报刊词汇除了承担基本的信息传播功能外，还直接反映社会变化，承担社会评价，引导社会舆论，表现社会心理。

二　中国报刊词汇的特征

1. 中国报刊词汇

中国的报刊词汇具备了新闻语言的各种典型特征。我们从事新闻写作

---

① 张举玺：《中俄现代传媒文体的比较研究》，河南大学出版社，2006，第88页。

时，词语选用的标准有这么几条：通用性标准、客观性标准、准确性标准、简洁性标准。① 当代报刊语言用词呈现出以下特点：讲究规范性、注意时代性、追求准确性、注重简明性、呈现多样化和口语化。②

在表达的准确性上，由于汉语词汇库中的一词多义和多词同义现象很普遍，所以中国报刊词汇要求新闻作者在对事件进行精确描述时，首先要运用动词表达准确的概念，其次要选用合适的形容词和副词。比如：

> 吴邦国说，当前，中美关系总体上保持了稳定发展的良好势头。两国高层保持了密切接触和沟通。双方在政治、外交、经贸、科教、文卫等各领域的往来频繁，在反恐、防扩散、朝鲜半岛核问题、联合国改革及伊朗核问题等国际和地区问题上保持着密切沟通和协调。当然，由于历史、文化和国情不同，中美两国难免存在分歧，但事实证明，中美间的共同利益远大于分歧。只要双方加强对话、交流与合作，中美关系一定能继续稳定健康向前发展。③

> 曾庆红说，2005 年是中俄关系的丰收年。两国关系全面深入发展，各领域合作取得丰硕成果，两国政治互信和战略协作水平正在稳步提高。今年是中俄战略协作伙伴关系建立 10 周年，也是在中国首次举办"俄罗斯年"，对推动两国各领域合作全面深入发展具有重要意义。我们期待着总统先生访华，相信此访将进一步推动两国各领域的合作。④

从这两段报道中，我们可以通过其中关键的报刊词汇明确感觉到中国领导人在表述中美、中俄关系时对立场与分寸的把握。在中美关系上，动词"保持"一词是核心，"总体上保持了稳定发展的良好势头"、"保持了密切接触和沟通"、"保持着密切沟通和协调"，并进一步通过副词"当然"、"但"、"只要"、"一定"等词汇表明中美关系存在距离，尚有较大的努力空间；而中俄关系上，"丰收"、"丰硕"、"稳步提高"、"深入发展"、"期待"等词汇明显传达出中俄战略协作伙伴关系的成熟和稳定，中俄之间已

---

① 李元授、白丁：《新闻语言学》，新华出版社，2001，第 80~87 页。
② 王建华：《信息时代报刊语言跟踪研究》，浙江大学出版社，2006，第 25~27 页。
③ 2006 年 1 月 11 日《人民日报》。
④ 2006 年 1 月 12 日《人民日报》。

经跨越了中美之间的那种距离，形成了较高一个层次的合作与信任。而这两篇报道在时间上为前后两天，可见这种表达的准确性对传达信息原旨的重要性。

在概括的简明性上，汉语本身的言简意赅特性和大量的缩略语对中国报刊词汇有极大裨益。像"打假"、"维和"、"党代会"、"非典"、"扫黄打非"等缩略语大量出现在报刊词汇中，印证着报刊词汇概括的简明性。比如：

> 穆勒表示接受上述报告的结论，但他认为这只是个别现象，同时强调进行这些调查对于反恐十分重要。①

> 去年倒扁风潮中引人注目的红衫军 9 日下午正式返回凯达格兰大道，纪念反贪倒扁运动一周年。②

例子中的"反恐"是指反对恐怖主义，"反贪倒扁"则是台湾民众反对贪污、扳倒陈水扁的缩略语。

在描绘的形象性上，中国报刊词汇借助汉语的借代、借喻、对仗、谐音等修辞方式为具体形象地反映新闻事实提供了可能。在都市报、周末报等娱乐服务型报纸大行其道的今天，大量口语词和通俗性极强的报刊词汇不但出现在社会性、娱乐性、服务性的新闻中，传统报纸包括诸多党报在内，也都力争使政要、时事、财经等新闻更加通俗易懂、受人青睐。比如：

社会类新闻：（标题）深圳"乞丐牛人"打广告招聘帮手③
娱乐类新闻：（标题）陈冠希啥菜都想叨④
政要类新闻：（标题）布什在南亚刮起"核旋风"；（文中小标题）印度：一枝独秀、几家欢乐几家忧⑤
时事类新闻：英国首相布朗在刚刚过去的寒冷周末对中国说了一

---

① 2007 年 3 月 11 日《河南日报》。
② 2007 年 9 月 10 日《环球时报》。
③ 2008 年 5 月 5 日《大河报》。
④ 2008 年 5 月 8 日《大河报》。
⑤ 2006 年 3 月 24 日《光明日报》。

路热乎乎的话，与一些挑剔中国的西方媒体相比，这是截然不同的姿态。①

　　财经类新闻：（标题）北京华联与长生记今日会审"煮熟的鸭子咋飞了"②

　　以上的例子中无论什么类型的新闻，都运用口语词、俗语等报刊词汇，在解说的通俗性上达到了预期效果。

2. 中国报刊词汇种类

　　按照报刊词汇的种类划分方式，中国报刊词汇种类明确、清晰。

（1）社会政治词汇

　　反映社会变化的社会政治词汇在新中国成立后的社会主义建设初期运用非常广泛，比如反映建立社会主义制度、巩固人民政权的政治类词汇无产阶级革命、外交政策、民族独立、国家主权、集体主义、共产主义、人民民主等。比如：

　　　　中国人民必须在1951年努力发展土地改革工作，坚决消灭潜伏的反革命分子和少数地区残余的土匪，认真加强全国工人阶级的组织工作和政治教育工作，继续加强各民族、各民族阶级、各民族党派的团结。③

　　反映恢复国民经济、开展社会主义建设的经济类词汇国营、公私合营、合作社、人民公社、劳动竞赛等。比如：

　　　　（标题）全国水利冬修工作热烈进行——百余万民工开展爱国主义劳动竞赛④

　　十一届三中全会以后，中国进入以经济建设为中心的社会主义改革开放新时期，记录社会变迁的社会政治词汇主要体现在新词语的应用上，比

---

① 2008年1月21日《环球时报》。
② 2007年9月22日《大河报》。
③ 1951年1月1日《人民日报》。
④ 1951年1月4日《人民日报》。

如反映政治经济生活的四个现代化、集体经济、一国两制、世博会、西气东输、中原崛起、峰会、特首、纠风、减负、西部开发、豆腐渣工程等。例如：

> 57 年过去了，河南发生了翻天覆地的变化。在当年刘邓大军鏖战的中原大地上，如今吹响着"中原崛起"的号角。①

(2) 社会评价词汇

中国报刊词汇中的社会评价词汇在十年"文化大革命"时期特征最为明显。比如对"赞颂"词汇的极端运用，伟大、导师、舵手、领袖、统帅、万岁、万寿无疆、光芒四射都是这一时期经常在报纸上出现的赞颂类报刊词汇，具备明显的时代特征，传达了那个时期人们的政治热情和社会倾向。

同时，"文化大革命"期间的报刊语言一反汉语崇尚中庸的习惯，走向对立和极端，语言风格尖锐、直率、激进、极端的社会评价词汇使这个时期的报刊词汇处于一种极度夸张的状态，乃至最后发展成为语言暴力、语言霸权。② 比如：

> 我怀着对伟大领袖的无限热爱、无限忠诚、无限信仰、无限崇拜的心情，一遍又一遍地学习了毛主席的最新指示，越学心越明、眼越亮、决心越大。毛主席这一最新指示非常非常英明，非常非常正确，非常非常及时。③

例文中的"越……越……"、"无限"、"非常"等都是这个时期极端的社会评价词汇，它为"文化大革命"时期的新闻涂抹上了浓厚的时代色彩。当极端社会评价词汇已经不足以表达传播者对阶级敌人的强烈感情时，大量更加极端的、粗鲁的、带有污辱性质的咒骂语便堂而皇之地进入到社会评价词汇中。比如：

---

① 2004 年 8 月 18 日《人民日报》。
② 王建华：《信息时代报刊语言跟踪研究》，浙江大学出版社，2006，第 32 页。
③ 1968 年 10 月 7 日《人民日报》。

痛击苏修混蛋们的疯狂挑衅！①

　　进入改革开放新时期后，社会评价词汇摆脱了"文化大革命"时期的影响，增加了大量具有较强表现力和评价力的口语词，比如：

　　　　食协一手包办，中间漏洞百出，全国著名白酒评比一本糊涂账，有关部门要求重新提出申报方案。②

　　与口语词情况类似，新时期的社会评价词汇中经常会运用行业术语借以表达新闻背后的多重含义。比如军事术语中的攻坚、突击、梯队等，金融术语中的反弹、盘点、融资等，医学术语中的透视、基因、造血等，戏曲术语中的反串、亮相、叫板等，体育术语中的冲刺、出局、黄牌、热身、擦边球、短平快、马拉松等。比如：

　　　　建立并普遍实行家庭联产承包责任制是农村大变革强有力的启动器。③

　　（3）中性词汇
　　作为记述新闻要素和承担构词任务的中性词汇在各个时期的报刊词汇中使用频率都很高。十一届三中全会之后，新信息的爆炸式涌现，使能够传达更多含义的缩略语在中性词汇中占有越来越大的比重。比如：

　　　　（标题）高度重视"三农"问题（三农：农业、农村、农民）④

　　其他还会经常出现在报刊词汇中的缩略语诸如：超市、福彩、体彩、教改、医改、房改、打假、深指、沪指、城管、环保、打拐、维和、维权、利改税、农转非、三讲、三乱等。

---

① 1967 年 1 月 27 日《人民日报》。
② 1989 年 4 月 12 日《人民日报》。
③ 1987 年 6 月 20 日《人民日报》。
④ 2001 年 3 月 9 日《人民日报》。

3. 报刊词汇在中国新闻报道中的功能

报刊词汇在中国新闻作品中传递信息的基本功能随着传播业的疾速发展而日益强化，所有性质的报刊词汇都是首先传达一个或几个方面的信息后，才去履行其他功能的。

《南方周末》记者曾这样阐述：我们是记录者。我们尽可能多地听见，尽可能多地追问，尽可能多地想和尽可能多地讲。我们以记录时代自许。① 中国报刊词汇就是这样的记录者，快捷、准确地反映着中国社会的变化。

比如中国共产党第十七次代表大会后，在新闻中经常出现的一些报刊词汇就如实地记录着党和政府的惠民政策所带来的变化：

"民生"——特别注重民生，是今年温家宝总理政府工作报告的最大亮点。②

最能反映社会变化的报刊词汇莫过于每年由北京语言大学应用语言学研究所、国家语言资源监测中心等部门联合调查、发布的"十大流行语"。流行语是指在某一时期、某一地域或特定人群中迅速盛行广为传播的语汇，具有很强的时代性。而流行语的采集渠道就是从《北京青年报》、《广州日报》等国内 15 家主流报纸中，收集了当年 1～6 月的报刊上全部约 2.7 亿字的语料，进行动态加工分析后得出的。③

比如 2007 年春夏季中国主流报纸流行语：

综合类：企业所得税法、气候变化、外资银行、香港回归十周年、人民币升值；

国内时政类：物权法、政府信息公开、铁路提速、防汛抗洪；

社会类：城管、就业促进法、最牛钉子户、网络游戏防沉迷系统；

教育类：农村义务教育、职业教育、助学贷款、和谐教育、假洋文凭。

中国报刊词汇承担社会评价功能的实现途径是通过在相同的语境中经常或定期使用这些词汇，形成多种报刊体裁的特有风格，比如社论、时事

---

① 2002 年 12 月 26 日《南方周末》。

② 2008 年 3 月 6 日《南方周末》。

③ 中国广播网 http：//www.cnr.cn 2008－01－21。

评论、国际时政点评、编辑部文章等，从而完成对新闻事件的评价效果。

报刊词汇在中国新闻作品中引导社会舆论的功能越来越突出。比如，当北京第 29 届奥运会开幕日期越来越近的时候，如何为迎接奥运营造气氛、创造条件便成了大部分新闻媒体需要引导的舆论，于是"迎奥运、讲文明、树新风"便成了报刊最具引导性的词汇。

　　会议强调，全党全社会要进一步动员起来，广泛开展"迎奥运、讲文明、树新风"活动……①

报刊词汇表现社会心理方面，在各种专版、专页、周刊、副刊、增刊里显现得淋漓尽致。比如为了践行以"八荣八耻"为主要内容的社会主义荣辱观，2007 年下半年中央文明办、全国总工会、共青团中央、全国妇联等单位决定，在第五个"公民道德宣传日"评选表彰"全国道德模范"，随之而来的"道德模范"、"道德楷模"、"助人为乐、见义勇为、诚实守信、敬业奉献、孝老爱亲"、"平民英雄"等报刊词汇便铺天盖地在新闻作品中涌现出来，充分表现了广大群众乐于学楷模、知荣辱、促和谐、急于重塑道德环境的社会心理。

结　语

中国报刊词汇具备普通意义上报刊词汇的所有特征和表现。由于汉语历史悠久和内涵丰富，中国报刊词汇在准确性、简明性、形象性等特点上表现得比较充分。新中国报刊词汇的种类以改革开放为明显的分水岭，新中国建设时期和"文化大革命"时期都以社会政治词汇、社会评价词汇和中性词汇为主，且两个时期因为社会背景的不同报刊词汇各自呈现明显的时代特征。

十一届三中全会以后，尤其是进入 21 世纪以来，中国的报刊词汇种类日趋丰富，各种新词语、口语词、行业术语、缩略语、外来词登堂入室，共同实现新时期报刊词汇的各种社会功能。无论是负责信息传播，还是反映社会变化，承担社会评价，或者引导社会舆论，表现社会心理，新时期中国报刊词汇具有鲜明特色。

---

① 　2008 年 1 月 31 日《大河报》。

三　俄罗斯报刊词汇的特征

1. 俄罗斯报刊词汇

20 世纪 90 年代初，随着苏联解体，俄罗斯宣告独立，这一切给俄罗斯社会带来极大的影响。强烈的社会变革伴随着巨大的语言变化，这种变化在报刊词汇中反映得最明显。

那些表示十月革命、苏维埃制度和社会主义建设概念的或带有鲜明革命色彩的词语和语句在报刊上不再使用或很少使用。随着大众传媒法的出台以及言论自由的真正实现，俄罗斯人摆脱了过去长期的政治禁锢，思想变得异常活跃，不再囿于书面语规范的束缚，开始努力寻找新的用语来取代旧的语言规范。①

为了体现报刊词汇的准确性，俄罗斯报刊词汇有许多专门词汇，这些词汇反复出现在报刊上，已经成为新闻界的"行话"，比如 брифинг（新闻发布会）、пресс-конференция（新闻记者招待会）、интервью（答记者问）、репортаж（采访）、заметка（简讯）、корреспонденция（通信报导）、информация（新闻）、известия（消息，新闻）、спецкор（特派记者）等。

另外，报刊词汇中还经常使用报刊套语，比如 петь с чужого голоса（随声附和）、золотые руки（能手、能人）、пустить утку（散布谣言）、шагать в ногу с веком（与世纪同步）等。报刊套语能够明晰、准确地反映某件新闻事实的状态、某个新闻人物的特征。

在简明性上，俄罗斯报刊词汇大量使用表示国家名称、组织名称、地名、人名等专有名词的缩写形式，如 США（美国）、КНР（中国）、ООН（联合国）、НАТО（北约）、ТАСС（塔斯社）等。这些都是人们比较熟悉的形式，所以不用给出全称。对于那些新出现的缩略语，通常是在开始一段时间里，在缩写词的后面用括号标注全称，当这些新的缩写词逐渐被人们熟悉后，也就不再标注全称，如 РФ（俄罗斯联邦）、СНГ（独联体）、СП（合资企业）、АО（股份公司）等。

在形象性上，俄罗斯报刊词汇多通过富于时代气息的新词语表达，比如 спонсор（赞助者）、рынок（市场）、перестройка（重建）、реформа（改革）、демократия（民主）、приватизация（私有化）、акция（股票）、

---

①　李乐君：《俄语报刊词汇的几个特点》，《解放军外国语学院学报》2002 年第 2 期。

аукцион （拍卖）等。其中有些是外来词或新词，有些是旧词新义，有些是获得了新的修辞色彩。这些词汇是富于表现力和创造力的语言，可以鲜明、具体、生动地将新闻事实描绘出来。

在通俗性上，俄罗斯报刊词汇为了增强感染力，做到引人注目、耐人寻味，会经常使用一些谚语、成语和典故，有时甚至将其活用，形成变异用法。比如：

> Авторитетная делегация вузовских ученых отправилась к В. С. Черномырдину. "Пришла гора к Магомету", —как говорится в старой пословице, да не тут-то было. （由著名学者组成的权威调查团前往调查 B.C. 切尔诺梅尔金。"大山听从于穆罕默德"，正像那句古老的谚语所说的那样，事与愿违。）

"Пришла гора к Магомету" （大山听从于穆罕默德）来自 "Если гора не идет к Магомету, то Магомет идет к горе" （如果大山不听从于穆罕默德，那么穆罕默德就得屈从于大山），表示不得不屈从于本想使其屈服的事物。

报刊词汇为了大众化，还大量使用通俗活泼的日常口语词汇，比如ящик （电视机）、бомж （居无定所的人）、зэк （囚犯）、кайф （愉快、快感）、невузуха （不走运、倒霉）、беспредел （无法无天）等。使用口语词可以增加新闻报道的生动性和趣味性。

2. 俄罗斯报刊词汇种类

在俄罗斯报刊语言中，报刊政论语言是主流。俄罗斯学者 Г. Я. Солганик （索尔加尼科）曾在 1981 年出版的《报刊词汇学》中就把政论词汇体系分为社会政治词汇、评价性词汇和中性词汇三部分。

（1）社会政治词汇

社会政治词汇在报刊词汇中占有重要地位，具有简洁明了和通俗易懂的特点，大部分时政术语的概念都是通俗易懂的，以便受众快速理解和接受，从而取得预计的宣传效果。[①]

社会政治词汇的另一个重要特征是社会评价功能，比如机会主义者、

---

① 张举玺：《中俄现代传媒文体的比较研究》，河南大学出版社，2006，第 269～271 页。

无政府主义者、外交政策、恶意煽动者、民族资本、公民的、全世界的、民族的、党派之间的、资本家、暴发户等。在政论体裁中使用这些词汇，目的在于合理地表达情绪，对某些现实现象发出评价。社会政治词汇的建立和发展特点在于影响社会团体和引导舆论方向。

　　20 世纪 90 年代以来，俄罗斯政治、经济、社会生活以及人们的思想观念上急剧而深刻的变化对社会政治词汇的演变影响极为明显。最为典型的便是大量反映时代特征的新词语的运用，比如 оппонент（反对者）、демократизация（民主化）、тенева экономика（影子经济）、омоновец（特警）等。

　　新词语涉及技术和经济生活，反映了政治领域的改革，使用这些新词语不仅可以使报刊词汇具有时代气息，更主要的是试图以改变称谓的手段来反映社会生活实质上的变化。

　　（2）社会评价词汇

　　评价词汇在报刊语言常用词典中的分量仅次于社会政治词汇，同样占有重要地位。在报刊词汇中，各种各样具有影响力的评价词汇从各个方面满足着报刊政论语言的严格要求，对社会现实生活中各种事物、现象、观念和意识形态等做出评价，承担着报刊鼓动、宣传和信息传播的重要功能，直接表达着社会评价意义。

　　根据评价标志和报刊语言的重要程度，评价词汇分为肯定评价、否定评价和情态评价三个部分。

　　在俄罗斯新闻学词典中那些具有书面评价、修辞和诗意色彩的词汇，是构成报刊语言肯定意义评价词汇的基础。这些词汇在报刊上形成了热情奔放、庄严肃穆的评价，[①] 比如鼓舞、激励、发起、倡导、摇篮、缔造者、友谊、勤劳者、忘我奋斗者等。这些词汇在标准语中储量十分丰富，在报刊作品中起着修辞作用。

　　部分亲属术语词汇在报刊语言中形成不少具有重要评价意义的词汇，比如兄弟、兄弟的、兄弟般、哥们等。这些词汇不仅继承和保留着传统词义，又包含着转义作用。在俄罗斯当代新闻作品中，被记者们赋予了鲜活的政治生命，强化了使用价值，使这些词汇更具有鲜明的褒贬立场，往往被用于文章标题当中。

---

① Солганик Г. Я. *Лексика газеты*. Изд-во Высшая школа，1981. 41.

报刊否定意义词汇和肯定意义词汇一样，经常运用于新闻作品之中，明确地表示社会评价色彩。俄罗斯报纸上常见的否定词汇可能都来自一个语义词汇源，或者有着相同的词汇形态标志。这些词汇形成一系列报刊政论体专业词汇，在报纸上承担着相同的否定或者批评功能，比如疾病、病态、侵略者、强盗、恐怖分子、内奸、败类、走狗、暴行、暴徒、休克等。

在俄罗斯报刊评价词汇中，情态动词具有特定的评价作用。情态评价词汇一般由肯定倾向的情态评价词汇和否定倾向的情态评价词汇两个部分组成。①

为了宣泄自己的情感，表明自己的观点，赋予话语以生动性和形象性，创造出无拘无束的氛围，增强作品的感染力，俄罗斯报刊新闻还把一些过去只能在科技、教育、文化、军事、医学、体育等领域使用的行业术语融入到报刊词汇中来。比如，报刊词汇将军事术语用于表现社会政治生活现象，如зачистка，它指军事上的清剿行动，在政治活动领域转指对人员的清理整顿，肃清异己。

（3）中性词汇

中性词汇包括两个部分：表示时间、地点、事件意义，在新闻作品中承担时间、地点、事件要素的词汇；撰写新闻作品所需要的普通构词词汇。

第一部分中所包含的词汇数量虽然不多，但与其他报刊词汇相比，表示时间、地点、事件的词汇在新闻作品中最活跃，使用的频率最高，比如年、月、日、时、分、半、时间、今天、地点、事件、案件、事情等。这些词汇高频率出现在新闻作品中，并不是直接承担信息解释功能，而是为了满足新闻五要素，用来回答其中的时间、地点和事件问题的。为了完成这种功能，它们在报纸上出现的频率居高不下。

除了表示时间、地点和事件的词汇之外，新闻作品的构词词汇在报刊上使用频率也很高。构词词汇具有广泛、概括和模糊的意义，其非模式化的结合方式适合于任何体裁的文章使用，比如和平武器、战争武器等。"武器"在这里成为各种表达方式的核心内容，可以与任何文字组成新的词组。构词词汇的语义只有在各种各样的词组中才能得以具体化，比如军队——为政治目的服务的武装组织；劳动大军；人数众多的记者、编辑和发行队伍等。气氛——一定环境中给人某种强烈感觉的精神表现或景象；安静气

---

① 张举玺：《中俄现代传媒文体的比较研究》，河南大学出版社，2006，第272～274页。

氛、政治气氛、愉快气氛、内政气氛、国际气氛等。它们只有在固定词组中才能发挥作用。

构词词汇作为报刊政论语言的构词手段发挥着积极的造词功能，在各种新闻体裁、新闻作品中造就了许多固定成语和经典词组。俄罗斯新闻工作者正在大量使用构词词汇，以创造出更多的、表现力更强的新闻词组。可以说，构词词组在现代报刊政论语言中发挥着重要作用，已经形成特有的理论基础和实践经验。① 报刊政论作品中构词词汇的另一个重要特点是，其评价作用受政论作品的体裁支配。

3. 报刊词汇在俄罗斯新闻作品中的功能

在俄罗斯，报刊词汇对于新闻作品的基本功能首先是信息传播。无论是社会形态的改变、经济体制的改革，还是物质需求的增加、精神生活的诉求，报刊词汇都能及时、准确地在新闻中加以体现。

俄罗斯报刊词汇反映社会变化最明显的例子就是在苏联解体前后，报刊词汇记录着社会的变迁。解体前带有苏维埃制度和社会主义建设概念的报刊词汇使用在逐渐减少，比如 советская власть（苏维埃政权）、герой труда（劳动模范）、ударники труда（劳动突击手）、передовики производства（先进工作者），等等。

与此同时，反映新时代特征的报刊词汇大批涌现，如 перестройка（重建）、РФ（俄罗斯联邦）、Госдума（国家杜马）、Совет Федерации（联邦会议）、спонсор（赞助商）、ток-шоу（脱口秀）、казино（赌场）、йогурт（果奶）、Макдоналдс（麦当劳）、магистр（硕士）等。

俄罗斯报刊词汇为实现新闻作品的感染功能，往往具有较强的评价功能，比如用贬义口语词 коммуняка 代替 коммунист（共产党员），用具有讽刺意义的口语词汇 Жирик 代替俄自由民主党党魁 Жириновский（日里诺夫斯基）等。在苏联解体的过程中，新闻媒介起到了"吹鼓手"和"催化剂"的作用。② 而这种作用的承载体就是报刊词汇。

在反映社会心理上，由于思想多元化的社会条件，各政党、组织、思想政治派别观点意识不同，说话人的思想观念不同，常常使一个词语在不同的使用环境中具有不同的附加评价色彩。俄罗斯报刊词汇获得了"多元

---

① 张举玺：《中俄现代传媒文体的比较研究》，河南大学出版社，2006，第 275～278 页。
② 顾潜：《中西方新闻传播：冲突·交融·共存》，复旦大学出版社，2003，第 342 页。

化"的特征，直接有效地反映各类社会人的心理，比如对车臣战争的评论方面，在支持政府的民主派报纸上经常使用 легитимное насилие（合法军事行动）、помощь чеченскому народу（援助车臣人民）等词语，而反对派的报纸中则常见 чеченская авантюра（车臣冒险）、братоубийственная война（兄弟间自相残杀）等字眼。

结　语

俄罗斯报刊词汇的基本特征传承于苏联的报刊词汇，随着社会制度的变化，俄罗斯报刊词汇不断更新时代特点，在准确性、简明性、形象性、通俗性等方面独具特色。俄罗斯报刊词汇种类受苏联报刊词汇的影响，但在社会转型过程中不断融入具有时代特征的新词语、口语词、行业术语、缩略语等。

受社会激烈变革的影响，俄罗斯报刊词汇在新闻作品中承担的功能愈发突出，起着传递社会变化的信息、评价各种社会现象、引领社会舆论的导向、传达社会派别心理的重要作用。

四　中俄报刊词汇特征与功能比较

1. 两国报刊词汇特征相同

由于报刊词汇的产生是由新闻采集目的、新闻制作要求和新闻传播内容决定的，中俄两国新闻事业的部分相似性决定了两国报刊词汇具有相同特征。

第一，在报刊词汇准确性上，中俄两国的新闻事业都要求新闻必须真实，新闻语言务必准确。以新闻来源为例，两国的报刊词汇都有新闻发布会（брифинг）、新闻记者招待会（пресс-конференция）、特派记者（спецкор）等专门的新闻"行话"，对抗议、严重抗议、严正交涉等外交辞令的运用也是如此。

第二，在报刊词汇简明性上，中俄两国新闻作品都要求言简意赅。最典型的例子便是两国的报刊词汇都充分运用缩略语，比如世博会、非典、北约（HATO）、国民生产总值（ВНП）、维和部队（мироворец）等。

第三，在报刊词汇描绘的形象性上，为增强新闻的可读性，准确传达新闻的感情色彩和褒贬含义，中俄两国的报刊词汇在使用时都字斟句酌，传神达意，比如对"долг（职责）、миссия（使命）、священный（神圣

的)、чаяния(渴望)、выдать черное забелое(混淆黑白)、сесть в лужу
(碰一鼻子灰)"等词汇的使用,都能显示出报刊词汇所具备的描绘形象性
的特点。

第四,在通俗性上,随着现代传媒向受众贴近和语言民主化发展进程,
所有新闻都必须以最大多数的读者能看懂为基本原则,所以中俄两国的报
刊词汇在拉近与受众的距离,增强通俗性方面异曲同工。两国新闻作品都
在口语词上下工夫,这对新闻的通俗性表达是一个事半功倍的手段。

2. 两国报刊词汇种类相同

中俄两国报刊词汇的种类在很大程度上具备相同性。两国的报刊词汇
都包括社会政治词汇、社会评价词汇和中性词汇。而经历过改革(变革)
之后的新闻语言由于社会背景的变迁,在三种报刊词汇中都分别融入大量
的新词语、口语词、行业术语及缩略语。

中国社会改革是以十一届三中全会为标志的改革开放为代表。在此之
前的新中国社会主义建设初期报刊词汇中随处可见的是与社会形势紧密相
关的社会政治词汇。而俄罗斯的报刊词汇同样是以社会政治词汇为主,以
带有典型社会主义制度色彩的词汇为例,如 большевик(布尔什维克)、
советский(苏维埃的)、коммунистический(共产主义的)、Великая
октябрьская социалистическая революция(伟大的十月社会主义革命)、
колективизм(集体主义)等。

当然改革和变革之后的中俄新闻作品中同样还存在大量社会政治词汇,
比如 перестройка(重建)、демократия(民主制)、гуманитарная акция
(人道主义)、саммит(峰会)等。

在新词语的应用上,中俄两国经济类报刊词汇都出现了 акция(股票)、
акционерное общество(股份公司)、мобильный телефон(移动电话)等
表示新事物的专有名词。

对于具备社会评价功能色彩的词汇,中俄两国报刊词汇对于它们的运
用极为相似。在中国的"文化大革命"时期,对"红"、"黑"两个色彩词
汇的运用发挥到了极致。"红"表示革命、进步和热烈,相应的报刊词汇有
"红太阳"、"红卫兵"、"红宝书"、"红苗子"等;而"黑"则象征着反动、
倒退和顽固,相应的报刊词汇有"黑五类"、"黑旗"、"黑帮"、"黑
线"等。

在俄罗斯情况大体相同。俄语中 красный(红色的)一词在苏联时期

用于政治领域时转义指"革命的、左派的",带有明显的褒义色彩。但在苏联解体后,由于意识形态、评价标准的急剧变化,俄罗斯各派政治力量纷纷登上政治舞台,先后成立了 50 余个党派,красный(红色的)一词的评价色彩就由褒转贬,带上了明显的贬义色彩。典型的是,现在俄罗斯的许多政治派别就是利用不同的颜色词语来称谓的,使色彩词语又增添新义,带上了浓重的政治评价色彩,比如 красный(红色)代表"共产党",зелёный(绿色)代表"自由派",жёлтый(黄色)代表"社会民主派",синий(蓝色)代表"右翼保护",фиолетовый(紫色)代表"右翼激进派",оранжевый(橙黄色)代表"左派社会党和无政府主义者"。

还有一个有意思的现象,就是在中俄新闻作品中的社会评价词汇里,报刊词汇中对咒骂语的运用在某一段时期相当突出。中国报刊词汇空前地运用咒骂语是在"文化大革命"时期,而现在的俄罗斯报刊词汇在越来越多地使用咒骂语。

中国"文化大革命"时期报刊词汇中的咒骂语主要是服从于政治形势的需要,以攻击政治对手为主要任务,比如"牛鬼蛇神"、"走狗"、"狗崽子"、"狗头"等。现在中国报刊词汇中依然有一小部分粗俗的咒骂语存在,比如牛 B、TMD(他妈的)、TNND(他奶奶的)等。

在俄罗斯,由于民主化、自由化、市场化的推进,人们说话时不像苏联时期那样瞻前顾后,而是有了更大的宽松空间,新闻语言为了迎合受众、特别是青年人的口味,也一改以前严肃、单调的面孔,开始使用"多元化"的言语,这就使得咒骂语得以堂而皇之地进入了报刊词汇。经常出现在新闻媒体上的咒骂语包括 к чертовой матерни(见他妈的鬼)、обалдуй(笨蛋、蠢货)、девка(放荡的女人、妓女)、подлец(卑鄙下流的人)、сукинсын(狗崽子)、сброд(败类)、тварь(畜生)、гнида(可恶的家伙)等。

在中俄两国的报刊词汇中,都有把口语词汇作为评价词汇运用到新闻标题中的例子,这样可以使得标题既醒目、生动,又富有表现力,从而吸引受众,刺激他们的阅读愿望,比如:

(标题) 给银行产品"挑挑刺"[1]

---

[1] 2000 年 2 月 14 日《人民日报》。

"Старые к лячи покори ли Санкт-Петербург. "（一群老兵弱将就这样攻克了圣彼得堡）①

同样是融入到评价词汇中，对于行业术语来说，最典型的就是中俄两国的新闻作品中都有把军事术语移用到报刊词汇中来的典型例证，如对攻坚、突击、梯队的运用。

对于中性词汇来讲，关于时间、地点等新闻要素和对构词词组的运用，中俄两国的新闻作品都高频率出现。而对于缩略语的运用，中俄报刊词汇共用同一缩略语的案例最典型的便是对国际组织、国家、专有名词等的吸收，如世界贸易组织、联合国教科文组织、上海合作组织、国民生产总值等。

3. 报刊词汇在两国新闻作品中的功能相同

中俄两国的报刊词汇在新闻作品中的基本功能都是传递受众需要的信息，这是两国报刊词汇的共同之处。

在反映社会变化方面，中俄两国的报刊词汇都比较重视履行职责，注重对社会日常生活的记录，比如日用品方面的服装、食品、小家电等。

Hot dog（热狗）——хотдог、pizza（比萨饼）пицца、coca-cola（可口可乐）——кокакола、fanta（芬达汽水）——фанта、sprite（雪碧汽水）——спрайт；walkman（随身听）——вокман 等。

在承担社会评价方面，中俄两国的报刊词汇中都存在带有强烈褒贬色彩的词汇，这些词汇是由那些包含对事件、现象、概念、局势和人物等评价性意义的单词组成。作者借助这些词汇来表达自己同某个事件、某种行为或某一社会团体的关系，比如捍卫祖国的利益、捍卫祖国统一、勇气、坚强、精神、蛮横无理、枷锁、封锁、反恐双重标准等。

两国还有各种中性词和术语由于被广泛用作比喻，而被赋予了评价意义。这些报刊词汇通常被用于词组当中，表示激情洋溢的色彩。比如，在苏联时期和中国"文化大革命"时期，世纪之风、东风压倒西风、人民的怒潮、人民兄弟等词组普遍用于政论作品，表示特殊阶级的感情。在20世纪60~80年代，一些科技术语被广泛用作比喻，比如冷漠的海洋动物、冷血动物、墨守成规的人等。一些中性词组已经成为固定的代名词，例如冷

---

① *Версия* 2000 – 05 – 29.

落的战舰、遗弃的船、病毒变异、破坏、世纪瘟疫等。

在引导社会舆论方面，中俄两国的报刊词汇都代表着一种重要的社会力量，可以引导社会舆论向预期的方向发展。比如两国在维护国家主权统一的报道中，都会使用爱国主义、主权完整、不容分裂等报刊词汇，强化受众的爱国意识、渲染一致对外的情感。

在反映社会心理方面，中俄两国的报刊词汇担负着同样的任务，即准确展示受众对普遍关注的社会事件、热点新闻的态度，以满足不同方面的不同受众对社会信息的需求。

结　语

报刊词汇是新闻语言中最能体现新闻功能的词汇。比较研究中俄报刊词汇的特征、种类及其在新闻作品中的功能，可以看到，两国的报刊词汇都具备体现新闻特性的功能，都具备准确性、简明性、形象性、通俗性。两国报刊词汇的种类都分为社会政治词汇、社会评价词汇和中性词汇三种类型，经历过社会改革（变革）后，都逐渐融合进新词语、口语词、行业术语、缩略语等新鲜元素。两国的报刊词汇在新闻作品中，承担着传递信息、记录社会变化、进行社会评价、引导社会舆论、反映社会心理的功能。由此可见，中俄两国的报刊词汇功能是相同的。

第三节　中俄新闻修辞比较

新闻修辞就是作者在新闻写作过程中，运用各种语言表现方式和多种语言手段，使语言表达准确、鲜明、生动，收到尽可能好的传播效果。

一　新闻修辞概述

1. 新闻修辞

新闻报道是社会实践的产物。以公信力为生存基础的新闻要取得让人信服的效应，除了要尊重新闻的客观、真实属性之外，还要借助于必要的新闻修辞手段来强化"真实感"。①

新闻修辞，即媒介的参与者在媒介环境下，根据表达客观事实的需要，

---

① 彭焕萍：《新闻修辞与"真实感"的生成路径》，《新闻界》2007 年第 2 期。

综合运用相应的语言形式，准确地表达话语并使受众正确理解话语，以达到理想传播效果的一种活动。

事实上，在现代新闻语言理论中，新闻修辞和新闻修辞手段早已形成了一套完整的思想体系。新闻修辞在增强文章的可读性、保证新闻作品的传播效果方面发挥着重要的作用。①

2. 新闻修辞方法

从新闻修辞角度来看，一篇新闻作品在对新闻内容作出恰当、准确、客观表述的基础上，还要讲究形式上的完美。因此，新闻修辞方法既要研究如何准确生动地再现新闻事实，更要研究如何让新闻语言充满美感。

新闻修辞方法有多种，常见的修辞方法主要有单义词、多义词、同音同形词、同义词、反义词、重复、比喻等的修辞运用。

词汇一般都具有一种或者多种意义，有的词汇本身就拥有两种以上的意义。记者在新闻写作过程中，为了能够更好地表达和展开文章的中心思想，往往充分地发挥单义词和多义词的语义，恰当地强调词汇潜在的思想和言外之意。记者这种遣词造句的活动可谓对单义词和多义词的修辞运用。

同音词修辞一般是指把那些具有相同发音、相同写法，但意义却完全不同的词和词组加以特殊运用；同形词修辞则是指将那些写法相同，但意义和发音不同的词汇加以特殊运用，以营造独特的语境氛围，达到意想不到的传播效果。②

同义词修辞是指对意义相同或者相近的词汇加以特殊运用。新闻作品若能恰当地运用同义词汇，可以帮助记者解释那些受众难以理解的晦涩词汇、提高新闻作品的叙事效率、扩大渲染效果、增强文章的趣味性和可读性。

反义词修辞是指对意义相反的词汇加以特殊运用。反义词是所有新闻题材中运用最为广泛的修辞手法，是矛盾修辞方法中最常见的一种。新闻作品若能恰当地运用反义词，在多种情况下就能够取得很好的讽刺或者否定等传播效果。

重复修辞是指将同一词汇、词组或者句子等，在一个句子、一个段落、一篇文章里加以重复运用。重复修辞不仅可以用于消息体裁、通讯体裁、

① Бельчиков Ю. А. *Стилистика*. Изд-во Русский язык，1997. 231.
② 张举玺：《中俄现代传媒文体的比较研究》，河南大学出版社，2006，第251页。

评论体裁等纸介平面媒体，也大量运用于广播、电视等立体媒体。^①重复修辞的种类比较多，出现在新闻作品中常见的重复修辞有名词、动词、连词和句子的重复等。

比喻修辞是指对一般比喻加以特殊运用。比喻就是"打比方"，即抓住两种不同性质事物的相似点，用一事物喻另一事物。比喻结构一般由三部分组成，即本体（被比喻的事物）、喻体（作比方的事物）和比喻词（比喻关系的标志）。在新闻作品中经常用到的比喻修辞一般包括明喻、隐喻等。

3. 新闻修辞在新闻作品中的作用

新闻事实的面貌千姿百态，有的新闻事实本身就生动形象，直观可感；但是大部分新闻事实则仅仅是对新闻事件的简单概括，因而缺少直观可感性，可读性不强。虽然新闻事实各有差别，但只要记者在写作新闻作品的时候能够在语言方面下一点工夫，借助一些新闻修辞手法，将一个普通的新闻事实变成一则生动形象的新闻报道也绝非难事。这正是新闻修辞在新闻作品中的作用。事实上，新闻修辞在新闻作品中最关键和最主要的作用就是保证新闻作品生动形象，真实可感。

为了准确展开和表达新闻作品的中心思想，记者在写作过程中往往注意发挥借代、比喻等修辞手法，以强调其潜在意义。比如：

这件事我可决定不了，他是这里的"一把手"，您找他说说看。^②

例子中的"一把手"显然是指主要负责人、主管等。"手"表示能拿东西和控制什么物体或局势的含义。一把手，在这里转义成为人物，即可以控制某一团体或集体的人，由此而比喻"主要领导"。这种比喻多被记者用来描述日常事务。再比如：

这件事"老一"说了算。^③

如果与上例的"一把手"相比较，这里的"老一"具有异曲同工的作

① Лаптева О. А. *Живая русская речь с телеэкрана.* Изд-во УРСС，2001. 142～150.
② Огонёк，2004（38）.
③ 《小说月报》2004 年第 4 期。

用。读者在接受信息的同时，享受一种奇妙的幽默感觉。

让新闻语言更加有声有色，增强新闻语言的美感，这是新闻修辞的重要作用之一。

结　语

新闻修辞是媒介的参与者在媒介环境下，根据表达客观事实的需要，综合运用相应的语言形式，准确地表达话语并使受众正确理解话语，以达到理想传播效果的一种活动。新闻修辞方法有多种，常见的修辞方法主要有单义词、多义词、同音同形词、同义词、反义词、重复和比喻等的修辞运用。记者借助这些新闻修辞手法，能够将普通的新闻事实写成生动形象的新闻作品，这是新闻修辞最主要的作用。

二　中国新闻作品中的修辞方法

1. 中国新闻作品中的常见修辞

一篇新闻作品是否成功，首先要看它的思想内容是否准确深刻，还有一个很重要的方面就是要看它的表达方式。表达方式是新闻修辞在一篇新闻作品中的运用方法。

中国新闻作品中常见的新闻修辞有形容词、副词、比喻、多义词、同义词、同音同形词、反义词、重复等。

中国新闻作品对新闻修辞的运用有如下几个要求：

第一，运用修辞要精确。要求修辞表达恰如其分，切合原意。在这方面，对同义词的选用尤其重要。比如，一位大学生在写自己打工经历时这样写道：

> "我站一天只有十块钱，可一条裤子的价钱却是上千，买的人还很多，我感到很虚无。"①

例子中的"虚无"，让人感到误解和勉强，如果换作同义词"失落"，文章就顺畅多了。

第二，运用修辞要简明。要求修辞简明得当，言简意赅，使文章显得

---

① 司红霞：《语言艺术与写作》，北京广播学院出版社，2002。

干净利落，不拖泥带水。

第三，运用修辞要生动。要求修辞表达形象可感，活泼不呆板。

2. 中国新闻作品中的修辞方法

在中国现代新闻作品中，新闻修辞方法已经形成了一套完整的体系。新闻修辞对增强文章可读性，提高新闻作品的语言美感发挥着重要作用。在中国新闻作品中存在着多种修辞方法，常见的新闻修辞方法主要是对单义词、多义词、同音同形词、同义词、反义词、重复和各种比喻等的运用。

（1）对单义词和多义词的修辞运用

在众多词汇中，大量词汇都拥有多种意义。只能表达单一意义的词被称为单义词，拥有多种含义的词被称之为多义词。任何单义词在语境发展过程中都有可能变为多义词。比如，鼠，本义是指啮齿动物，可现在却被计算机行业赋予了新含义——"鼠标器"，指电子计算机的一种设备。因其外形略像老鼠，所以叫鼠标器，简称鼠标。

中国记者在新闻写作过程中常常要面对如何选择词汇的问题。因为只有在充分保证语言准确性的基础上，才能有效使用单义词和多义词修辞，并在充分发挥其潜在语意的同时，增强新闻作品的可读性。

（2）对同音同形词的修辞运用

同音同形词本身具有多种不同的词汇意义，只是其发音相同，语法形式和书写方法一样而已。同音词指的是具有相同的发音和写法，但意义完全不相同的词汇和词组；而同形词则是指写法相同，但意义和发音完全不同的词汇。同音同形词被中国记者当做修辞手法用到新闻作品中，目的在于提高新闻作品的表现力。[①]

（3）对同义词的修辞运用

同义词是指意义相同或者相近的词汇。中国记者在新闻作品中运用同义词修辞手法，目的在于发挥其替换功能，避免一个词汇在作品中多次重复，克服因语言单调而诱发的枯燥毛病。另外，同义词在新闻作品中还可以发挥渲染作用，以表现说话者与客体之间的爱憎关系。

（4）对反义词的修辞运用

反义词即意义相反的词。出现在中国新闻作品中的反义词一般都是成双成对的。用反义词修辞方法将两种对立的标志、现象或者物体等，放在

---

① 张举玺：《中俄现代传媒文体的比较研究》，河南大学出版社，2006，第250页。

同一个句子或者同一个段落中,以产生鲜明、激烈的对比效果,对某种事实、事件等予以讽刺或者否定。

(5) 对重复的修辞运用

重复是指同一个词、同一个词组、同一个句子等,在一个句子、一个段落或者一篇文章中的反复运用。中国新闻作品中出现的重复修辞,一般由名词重复、动词重复、连词重复或者句子重复等组成。这些重复修辞手法被广泛用于新闻作品中,目的在于增加新闻作品的感染力和艺术表现力。

(6) 对比喻的修辞运用

比喻作为修辞手法被用于新闻作品在中国由来已久。明喻、隐喻以及各种综合比喻手法在中国新闻作品中较常见。中国记者运用比喻修辞手法,目的在于提高新闻作品的表现力,增强其可读性。

3. 新闻修辞在中国新闻作品中的作用

新闻修辞手法本身是一种创新和求异的思维过程,是记者个性化和意图化的编织方式,同时也是一种载意和求效的行为过程。各种修辞手段在新闻作品中的合理运用,可以说是传统修辞手段与各种新闻文体的合理融合。新闻修辞在中国新闻作品中发挥着重要作用。

(1) 单义词和多义词的修辞作用

单义词和多义词作为修辞手法在中国新闻作品中承担着准确解释新概念等作用。

在一些新兴学科,比如信息学中,某个单义词组常常被当做多义词组使用,表示双重甚至三重意义,比如:显示器 = 电视屏幕→计算机屏幕→计算器屏幕→广告屏幕等。

所以说,一个词汇不仅表达一种含义,还包含多种其他意义。这种现象在词汇学中相当普遍。任何单义词汇在语言的发展过程中都可能变成多义词汇。

语言的准确性向来是记者们竭力追求的共同目标。为了准确表达和展开所规定的主题思想,必须准确选用词汇,掌握词汇的准确含义。为此,记者在写作过程中,特别是在遣词造句时不可避免地要选择词汇,充分发挥单义词和多义词的语义,强调潜在的思想和言外之意。[1]

(2) 同音同形词的修辞作用

同音同形词在中国新闻作品里的运用也十分普遍。比如,"好",其含

---

① 张举玺:《中俄现代传媒文体的比较研究》,河南大学出版社,2006,第249页。

义包括好的、善良、健康、好、容易、简单、多少、程度和喜欢等；"少"，其含义包括年轻的、不多、不够、欠缺、丢失等。同音同形词被中国记者运用于新闻作品中，能够派生出有趣、诙谐、幽默甚至是讽刺的意义。再比如："数"（数数—动词）与"数"（数字、数码—名词）；"鲜"（新鲜）与"鲜"（稀少）；"倒"（头朝下）与"倒"（相反）、"倒"（躺下）、"倒"（调换）。

这些发音和写法相同的词汇都是中国新闻作品中经常出现和使用的。

同形词则是指那些写法相同，但是意义和发音都不一样的词汇。这样的词汇在传统语言中有很多，比如"大"（da）与"大"（dai）、"系"（xi）与"系"（ji）、"抹"（mo）与"抹"（ma）、"没"（mo）与"没"（mei）等。同形词在中国新闻作品中很常见。

作者巧妙地运用同音同形词，目的在于营造幽默诙谐的语境氛围，很好地增强新闻作品的可读性。这也正是同音同形在新闻作品中最突出的作用。

（3）同义词的修辞作用

同义词在中国新闻作品中主要发挥如下作用：

第一，可以有效避免词汇在同一语境中多次重复出现，有效摆脱文字千篇一律、枯燥乏味的情况；第二，可以加快文章的叙事节奏，增强新闻作品的渲染效果；第三，可以增加新闻细节的趣味，增强文章可读性；第四，可以帮助记者解释某些难以理解的语义，或者揭示和补充上句无法明确表示的内容，表明观点，树立具体形象。比如：

见鬼去吧！像你这号人活在世上纯粹是多余的。[①]

"鬼"在例子中代替了"死"。

（4）反义词的修辞作用

反义词在中国新闻作品中一般用来形成一种完全矛盾的修辞局面，从而产生一种鲜明和激烈的对比效果。比如：

科学永远战胜愚昧，光明永远战胜黑暗，知识永远战胜无知。[②]

---

① 《小说世界》2003 年第 7 期。
② 《科学与技术杂志》1996 年第 9 期。

在这个例子中，作者成功地运用了"科学"和"愚昧"、"光明"和"黑暗"、"知识"和"无知"等一系列完全矛盾的科学概念，在产生鲜明激烈的对比效果的同时，很好地帮助受众理解了科学的真正含义。

（5）重复的修辞作用

在中国新闻作品中，重复修辞多用来突出重点，强化感情，增强节奏感和韵律美等。经常出现在中国新闻作品中的重复修辞手法主要有名词重复、动词重复、连词重复以及句子重复等。①

名词在重复过程中出现一个名词支配另一个名词现象，被支配的名词完全处于从属地位。比如：

> 勤劳者有理想，懒汉也有理想。但是，林宏的理想不是懒汉那种，而是勤劳者的理想。②

在这个例子中，前两个"理想"是并列的关系，而后两个"理想"则显然受到了前面两个"理想"的限制。"理想"一词的重复使用，增强了文章内容的节奏感和韵律美，增强了新闻作品的可读性。

动词重复在中国新闻作品中较常见。比如：

> 奥运会跨栏冠军刘翔的英雄事迹感动了影院的观众，感动了电视机前的观众，感动了报纸的读者。③

在这个例子中，"感动"一共出现了三次。在这三次当中，影响范围在一次次地扩大，文章的感染力越来越强，重点越来越突出。

连词重复在中国新闻作品中较常见。比如：

> 科研经费得到落实，他重新快活起来，一边认真钻研技术，一边刻苦地进行着试验。④

---

① 张举玺：《中俄现代传媒文体的比较研究》，河南大学出版社，2006，第 261 页。
② 2000 年 2 月 16 日《中国青年报》。
③ 2004 年 8 月 27 日《中国体育报》。
④ 2002 年 4 月 5 日《中国青年报》。

在这个例子中，两个"一边"重复表示"双管齐下"，生动形象地再现了主人公同时发生的两个动作。

句子重复虽然在一定程度上已经突破了标准修辞的范围，但还是屡屡出现在中国的新闻作品当中。

总之，重复作为一种修辞手段已经被中国新闻记者广泛运用于新闻写作中，目的在于增强新闻的感染力，扩大作品的艺术表现力，增强新闻作品的可读性。

（6）比喻的修辞作用

中国新闻作品中的比喻，一般可以分为明喻、隐喻和借喻等三种，主要用来生动形象地讲述新闻事实、烘托现场气氛等。比如：

> 你的话就像一把钢刀，我的心都流血了。①

在这个例子中，明喻"像一把钢刀"，给尖刻的话语树起一个形象的标志，以至于让人伤心。

结　语

综上所述，新闻修辞是新闻作品的美化艺术。中国记者运用单义词、多义词、同音同形词、同义词、反义词、重复、比喻等多种修辞手法，挖掘新闻事件的潜在意义，突出新闻主题思想，强化新闻作品的表现力，卓有成效地扩大着新闻作品的传播效果。

三　俄罗斯新闻作品中的修辞方法

1. 俄罗斯新闻作品中的常见修辞

受苏联影响，俄罗斯新闻修辞手法比较成熟。在其新闻作品中常见的新闻修辞主要有单义词、多义词、同音同形词、同义词、反义词、重复及各种比喻等。

与中国新闻作品对新闻修辞的要求一样，俄罗斯新闻作品对修辞运用十分苛刻，不仅要求新闻修辞运用精确、简明，还要求新闻修辞运用生动。

---

① 《小说月报》2003 年第 5 期。

2. 俄罗斯新闻作品中的修辞方法

在俄新闻作品中经常出现的修辞手法主要有对单义词、多义词、同音同形词、同义词、反义词、重复和比喻等的修辞运用。

（1）对单义词和多义词的修辞运用

在俄罗斯语言中，一个词汇不仅表达一种含义，还包含多种其他意义。任何单义词汇在语言的发展过程中都可能变成多义词汇。词汇意义表现事物的综合性格，具体性格取决于某个特定物体和事物，共同特征则是指同类或者雷同的一系列事物所共有的特点，如宇航是对宇宙航行的总称。与宇航有关的词有宇航员、宇航事业、宇宙飞船、宇航飞行器、宇航试验、宇航技术等。

多义词是指一个词同时含有数个意义，这些意义间存在着共同的语义基础——共同的义素。多义词可以表示各种不同语义场的事物、行为、现象、过程、关系等。①

为了保证新闻语言的准确性，同时也为了准确地表达和展开所规定的主题思想，俄国记者在新闻写作过程中特别注重发挥单义词和多义词的语义。

（2）对同音同形词的修辞运用

同音同形词本身具有多种不同的词汇意义，只是其发音相同、语法形式和书写方法一样而已。俄语中就有很多这样的例子，比如，"听力教学"表示两种含义：俄语听力教学方法和外语听力教学方法；"葱"则含有"植物"和"武器"两层含义；"寻找"与"起诉"的发音和写法相同；"奔跑"与"赛马"写法相同，但重音不同；"器官"与"管风琴"、"棉花"与"鼓掌声"、"语言的"与"舌头的"等写法相同，其重音和意义却完全不同。②

正因为同音同形词各自之间的含义毫不相干，因此，这类词汇被俄国记者成功地运用到新闻作品中，理所当然地派生出一些诙谐、有趣、幽默甚至是讽刺意味的意义来，可以提高新闻作品的表现力。

（3）对同义词的修辞运用

在俄罗斯新闻作品中，同义词是指那些意义相同或相近，发音不同的

---

① 冯励：《试析俄语多义词的词义体系》，《常德师范学院学报（社科版）》2001 年第 6 期。
② 张举玺：《中俄现代传媒文体的比较研究》，河南大学出版社，2006，第 251 页。

词。这些词汇相互之间的修饰色彩不尽相同，感染力度有深浅之别，因此，这类词经常在俄罗斯新闻作品中发挥替换词汇、渲染氛围的作用。

（4）对反义词的修辞运用

修辞作为一种用来达到某种目的的语言手段，其构成方式多种多样，其中就包括对反义词的使用。由于反义词的基本功能是表达对比意义，可以突出对比事物或特征之间的差别，因而俄罗斯记者利用反义词修辞方法，在新闻作品中将两种对立的现象、标志、物体等相互矛盾的词汇放置在同一个句子，或者同一个段落，用以产生一种鲜明而激烈的对比效果，突出新闻作品的情感表现力。

（5）对重复的修辞运用

重复修辞手法在俄罗斯消息类体裁、分析类体裁和文艺政论类体裁作品中运用十分普遍。经常见到的重复修辞方法主要是对名词、动词、连词和句子重复使用。无论是哪种重复修辞，都对增强新闻作品的传播效果发挥着重要的作用。

（6）对比喻的修辞运用

为了把新闻事件写得生动形象，把道理讲得明白透彻，俄罗斯记者喜欢在自己的新闻作品中运用比喻修辞。俄罗斯新闻作品中常见的比喻修辞有明喻、借喻和各种综合比喻。

总之，单义词、多义词、同音同形词、同义词、反义词、重复和各种比喻都可以在俄罗斯新闻作品中形成修辞手法。俄罗斯新闻作品正是得益于这些修辞手法，才在一定程度上摆脱了"千篇一律、枯燥无味"的情况。

3. 新闻修辞在俄罗斯新闻作品中的作用

随着俄罗斯社会转型，其大众媒体经营体制由国家财政拨款转向市场企业。如何吸引受众、如何在稳定核心受众的基础上扩大受众范围，关系到媒体的生存与发展。因此，新闻作品作为媒体传播产品，对新闻语言的生动、形象、简洁、具体等方面有着特别高的要求。新闻修辞在俄罗斯新闻作品中发挥着重要作用。

（1）单义词和多义词的修辞作用

俄语词汇一般都含有一种或多种意义，在俄罗斯报刊语言中许多词汇本身就具有补充意义和感染色彩。因此，俄罗斯的新闻记者在具体运用时经常会考虑这些词汇究竟起着怎样的修辞作用。

比如：

> 这是一家优秀公司，当然是与其他公司比较而言。

单义词"优秀"的含义是"好得到了极限"，在这里表示"最好"的意义。但是，如果没有比较，就不会产生"好到什么程度"的效果。"优秀"在这个句子里就附加有补充含义，即"有别于……"、"与……不同"、"特点是……"。由于它包含有过多补充含义，即便是说这家公司在与其他公司比较的基础上显现得很好，受众依然无法搞清楚，比较的基础是好公司、一般公司，这是坏公司。但是，作者在句子里已经向受众灌输了"这家公司是优秀公司"的概念。

单义词和多义词被俄国记者作为修辞手段，广泛运用于新闻作品当中。记者们选用的词汇与表达的主题思想有直接关系。不管是作者选用单义词还是多义词作具体修辞，对展开新闻作品的主题思想、拓展文章的思维空间、增强文章的可读性都发挥着重要的作用。

（2）同音同形词的修辞作用

由于同音同形词含义不同，可以取得意想不到的修辞效果和营造独特的语境氛围，尤其是个别词汇如果加上双引号，还能够用来强调非同一般的语义。因此，俄罗斯记者经常将一些同音同形词用在新闻作品中，表达诙谐、有趣、幽默，甚至是讽刺意味。

比如：

> Сообщение, пришедшее из Перми, вряд ли могло порадовать истинных болельщиков футбола...Фактически прекратила свое существование в качестве профессионального коллектива некогда известная пермская футбольная команда "Звезда". （据彼尔姆电台报道，令足球爱好者悲痛欲绝的事情还是发生了……著名的彼尔姆"明星"足球队作为一支强劲的职业球队昨天被宣布解散。）①

---

① Максимов В. И. *Стилистика и литературное редактирование.* Изд-во Гардарики, 2004. 179.

作者将"足球爱好者"和"足球队"赋予了因果关系。足球队被解散，引起足球爱好者痛心。事实上，足球爱好者和足球队完全是两码事。

（3）同义词的修辞作用

由于同义词的意义相同或者相近，相互之间的修饰色彩不完全相同，表现力也不完全一样，因此它们在新闻作品中发挥的作用就有一定的差别。比如：

> Бери! Бери! Что нам отдали, и мы уберём. Только не голодны, и уже счастья.① （用吧！用吧！他们给什么，我们就用什么。只要不挨饿就行。）

这个例子中的"吃"，被一个"用"字所替换。又如：

> Убери свои лапы！（拿开你的爪子！）②

在这个例子中，作者用"爪子"代替了传统意义上的"手"，起着渲染功能。

从同义词在这两个例子中所发挥的作用来看，新闻作品恰当运用同义词，不仅可以避免同一词汇在同一句子同一段落中重复出现，还能提高新闻语言的表现力度。

（4）反义词的修辞作用

用反义词作修辞在俄罗斯新闻作品中很普遍，往往表示一些不能并存的逻辑意义。比如：

> Шумит Москва — родная, но другая － И старше и моложе, чем была （喧闹的莫斯科是我们伟大祖国的首都，她是一座古老而年轻的城市。）③

---

① *Общаягазета*, 1999（45）.
② *Комсомольская правда* 2004－11－10.
③ Петрякова А. Г. *Культура речи*. Изд-во Флинта, 1998. 192.

在这个例子中，"古老"与"年轻"是一对反义词。这对逻辑意义上不能并存的反义词被用在同一个句子里面，主要用来更好地说明古老的莫斯科所焕发出来的青春活力。

在俄罗斯一些政论作品中，经常能够看到一种直接用矛盾法构成的修辞手段。这种修辞手法多用来强调对某种事实、事件等的讽刺和否定关系。比如：

> Не согласна с теми, кто считает, что дороги назад нет. Назад — как раз есть. Мы по ней как раз прошли. Впереди же — не ясно, что нас ждет. Но мы вряд ли захотим в светлое прошлое.[①] （那种没有"回头路"可走的观点是不正确的。事实上正好相反，往回走比往前走容易，因为走过的路，我们是熟悉的。往前走，则不可预测所发生的一切。我们难道不向往光明的过去？）

俄罗斯从苏联社会主义制度突然走向资本主义道路，人们遇到了许多未能想到的困难。人们的生活水平比社会主义的生活水平一落千丈。作者用"回头路"三个字，准确而又生动地概括了当时俄罗斯国内一些人的心理特征。

（5）重复的修辞作用

经常出现在俄罗斯新闻作品中的重复主要有名词重复、动词重复、连词重复以及句子重复等。

名词在重复过程中往往会出现一个名词支配另一个名词的现象。比如：

> Сегодня в Кремле под председательством Председателя Совета национальностей состоялось заседание комиссии по Нагорному Карабаку.[②] （今天，克里姆林宫完全在以 Н. 卡拉巴科主席为首的民族苏维埃委员会主席团的控制之下。）

例子中的"主席"和"主席团"构成重复。主席团处于主席的从属地位。

---

① *Российская газета* 1995 – 01 – 17.

② *Время* 1991 – 01 – 20.

俄罗斯新闻作品中的动词重复一般是遵循"副动词＋动词"和"形动词＋动词"模式。使用副动词还是形动词，这取决于动词重复的周期。不过，完全分清动词的重复周期，区别动词是主动重复，还是被动重复是一件很困难的事情。

连词重复在俄罗斯新闻作品中比较普遍。比如：

Мы не можем въехать, *потому что* телефоны не включены, потому что безтелефонов мы не можем работать. ① （我们没能进入办公大楼，因为楼内所有的电话都没有开通，因为没有电话我们就无法开展工作。）

"因为"作为连词在句子中重复了一次，连接着两个句子，表示没有开展工作的客观原因。

句子重复有别于上述各种重复形式，它直接突破了标准修辞规范。从根本上说，句子重复属于口语和文学的修辞范畴，但是在俄罗斯新闻作品中还是经常出现。比如：

Если бы мы об этом не говорили, если бы мы об этом не говорили, то общественность мало бы об этом знала поскольку, поскольку не было бы информации. ②

（假如我们不提这个的话，假如我们不提这个的话，那么社会就对此一无所知，甚至就不会有各种信息产生。）

"假如我们不提这个的话"在例子中重复出现，充分强调了所提及内容对社会有多么重要。重复部分具有典型的口语色彩，在增加文章的可读性方面起着重要作用。

（6）比喻的修辞作用

俄罗斯新闻作品中的比喻修辞主要有明喻、隐喻等。

明喻修辞可以直接表达另一种事物的非常特征。

---

① *Добрый вечер*, *Москва* 2002 – 11 – 07.
② *Человекизакон* 2001（3）.

比如：

　　Как выхоложенный ремонтом Дом без окон. Открыт насквозь всем горизонтам Лесистый склон. ①
　　（修缮后的房子就像一座没有天窗的冰窖一样寒冷。长满树林的陡峭山坡就像锋利的冰刀一样刺穿了整个地平线。）

作者用"像没有天窗的冰窖"、"像锋利的冰刀"为"寒冷"和"刺穿了整个地平线"打下了形象的基础。正是有了这个比喻，整个句子才显得形象生动。

隐喻是语义变换行之有效的一种手法，是把一种相对的客体形象转变成另一种具体代表的形象。俄罗斯新闻作品中的隐喻修辞占有十分重要的位置。尤其是政治隐喻的喻体多种多样，而且隐喻层次高低不同，呈现出与其语体相适应的集中性、大众性、扩展性等特点。

在俄罗斯新闻作品中，无论是明喻、隐喻还是其他比喻修辞手法，在提高文章的表现力、扩大传播效果方面都发挥着重要作用。

结　语

修辞在俄罗斯新闻作品中发挥着重要作用。常见的新闻修辞手法主要有对单义词、多义词、同音同形词、同义词、反义词、重复和比喻等的修辞运用。

四　中俄新闻作品中的修辞方法比较

1. 两国新闻作品中的常见修辞相同

通过对中俄新闻作品中常见修辞特征作简要描述，我们认为，两国新闻作品中的常见修辞相同。

新闻作品写作是否成功，除其思想内容是否真实、准确、深刻之外，还有一项重要内容，就是看其表达能力。实践证明，新闻修辞对提高新闻作品的表现力具有重要作用。

对中俄新闻作品中的新闻修辞观察后发现，两国常用的新闻修辞主要有单义词、多义词、同音同形词、同义词、反义词、重复和各种比喻等。

---

① *Комсомольская правда*1999－10－11.

两国新闻作品对新闻修辞的要求内容基本相同，即要求新闻修辞运用精确、简明和生动。

2. 两国新闻作品中的修辞方法相同

在中俄新闻作品中存在着多种修辞方法。经过系统整理归纳后发现，两国新闻作品中常见的新闻修辞方法主要是对单义词、多义词、同音同形词、同义词、反义词、重复和各种比喻等的修辞运用。也就是说，中俄两国新闻作品中的修辞方法基本相同。

3. 新闻修辞在两国新闻作品中的作用相同

新闻修辞对增强文章可读性，提高新闻作品的语言美感发挥着重要作用。

新闻作品是新闻信息的载体，或者说是对新闻事件的简化包装，以便使受众轻易接受。新闻修辞在提高新闻作品表现力、吸引读者注意力、稳定读者群等方面发挥着重要作用。

比较新闻修辞在中俄新闻作品中的作用后，我们认为，单义词、多义词、同音同形词、同义词、反义词、重复和各种比喻等新闻修辞在两国新闻作品中所发挥的主要作用基本相同。这些相同作用如下：

第一，单义词和多义词在两国新闻作品中承担着准确解释新概念、强调潜在语义的作用。

第二，巧妙运用同音同形词，可以轻松营造幽默诙谐的语境氛围。

第三，用同义词作修辞，可以突出词汇替换与情感渲染功能。

第四，反义词可以在新闻作品中构筑矛盾局面，产生鲜明、激烈的对比效果。

第五，重复修辞多用来突出重点，强化感情，增强节奏感和韵律美。

第六，比喻修辞用来生动形象地讲述新闻事实、烘托现场气氛等。

研究结果表明，无论是中国新闻作品还是俄罗斯新闻作品，均十分注重对新闻修辞的运用。这些修辞手法对增强新闻作品的可读性、提高新闻作品的感染力、扩大新闻作品的传播效果，发挥着重要作用。

第四节　中俄新闻外来词汇比较

一　外来词汇

在全球趋于一体化的今天，外来词汇充斥各行各业，简直不掌握外来词汇就无法享受现代生活。值得研究的是这许许多多的外来词汇不仅被广泛运用于各种专业技术领域，同时还波及各种非专业领域，其中首当其冲的是大众传媒领域，尤其是新闻报道不仅普遍运用这些词汇和术语，还在受众中予以广泛传播。①

1. 外来词汇概念与扩张条件

这里探讨的外来词汇主要是指在现代新闻报道中经常出现和使用的外来词汇。

任何民族的语言词汇中都存在着"固有语言文化"因素和"外来语言文化"因素。纯粹的固有词即人们常说常用的基本词，反映的是一种"固有语言文化"因素；而外来词则因其传入渠道的特殊，在一定程度上带有"外来语言文化"的因素。② 由此看来，现代新闻语言中的外来词汇主要是指一个民族从其他民族语言中吸收过来的，带有其他民族语言文化因素的，用于当代新闻传播目的的报刊词汇。

外来词汇扩张条件是跨地区的经济文化传播与交流，无论这种交流是主动的还是被动的。外来词汇的存在和发展是语言融合的一种初级形态，它同时又是一种文化融合的初级形态，是通向语言平衡和文化平衡的驿站。③ 具体到新闻语言中的外来词汇，其扩张条件主要表现在以下四个方面：

第一，各国之间的接触与交往。现代社会中，世界上任何国家都不可能不与其他国家相互学习、互通有无、取长补短。这个过程体现在报刊语言中，便是反映新事物和新现象交流的外来词汇的相互扩张。

第二，文化交流与传播。在现代传播世界中，各国之间的交往在很大程度上是文化的交流与传播，比如，中国政府近年来相继推出的"中国－法国文化年"、"中国－意大利文化年"、"中国－俄罗斯文化年"等，就是典型的以民族文化交流推进国家间政治、经贸、科技等友好往来的例证。民族文化的传播必然伴随着此语言对彼语言产生影响和渗透。

第三，政治、经济和科技发展的不平衡导致外来词汇的强制性入侵。各民族在政治、经济等方面发展不均衡，导致弱肉强食的自然法则在人类

---

① 张举玺：《中俄现代传媒文体的比较研究》，河南大学出版社，2006，第281页。
② 伍玉婵：《浅谈新词语中外来词的特点》，《广西政法管理干部学院学报》2001年第3期。
③ 史有为：《外来词——异文化的使者》，上海辞书出版社，2004，第271页。

社会的发展中被体现得淋漓尽致。发展迅速、强大的一方会强制性地把自己的意识形态、政治观点、经贸规则、科技产品灌输给发展缓慢、弱小的一方，体现在新闻传播中，便是处于劣势的一方使用优势一方的惯用词汇，从而导致外来词汇的扩张。

第四，学习外语的影响。传统意义上借用外来词汇的主要条件，是吸收那些本民族语言中缺少的词汇，以丰富和增强语言的表达能力。当今社会上学习外语不再仅限于专家、学者们，由于人们渴望交往，期望求知，希望有更大的活动空间，学习外语已成为一股强大的社会潮流，这就进一步加剧了外来词汇的扩张。①

2. 外来词汇种类

外来词汇的种类因划分依据的不同而产生不同的结果。一般情况下，外来词汇都会根据其借入方式而划分为音译词、音译兼意译词、字母词、借形词等几个部分。这里研究的主要是外来词汇在新闻作品中的功能，即从使用功能上来划分，外来词汇主要包括三种类型：

第一类，称谓专用词

称谓专用词主要是指在新闻作品中以简洁或准确为目的而使用的外来词汇，用以指代特定的、受众普遍知晓的事物名称。这些专用词汇是国际交流的领跑者，一般都走在外来词汇扩张的最前列。比如：

政治类专用名称：马克思主义、纳粹、议会等；

经济类专用名称：GDP（国内生产总值）、CEO（首席执行官）等；

医疗卫生类专用名称：阿莫西林、艾滋病、克隆、基因等；

国家组织机构类专用名称：WTO（世界贸易组织）、APEC（亚洲及太平洋地区经济合作组织）、CIA（美国中央情报局）等；

商品品牌类专用名称：可口可乐、麦当劳、迪斯尼等；

其他一些带有特指属性的称谓专用词，比如 UFO、NBA 等。

第二类，行业专用词

行业专用词在某种程度上等同于行业术语，不过是来自于其他民族文化中的行业术语。目前，行业术语国际化已是大势所趋，体现在报刊词汇中便是外来行业词汇的扩张。比如：

教育类：TOEFL（托福）、MBA（工商管理硕士学位）、IQ（智商）等；

---

① 孙汉军：《俄语外来词研究》，《外语与外语教学》2002 年第 11 期。

军事类：坦克、卡宾枪、加农炮；

体育类：奥林匹克、马拉松、高尔夫、保龄球、体操等；

科技类：IT、互联网、传真、硅谷、黑客等；

经济类：经纪人、贸易壁垒、货币主义、按揭等；

其他一些特殊行业的专用词，比如色情行业的脱衣舞、应召女等。

第三类，生活专用词

与广大受众最紧密相关的、数量最多的外来词汇还是跟日常生活有关的专用词，这也是现代外来词汇扩张的最普遍途径。比如：

生活用品类专用词：衣——牛仔裤、迷你裙、比基尼、T恤衫；食——肯德基、自助餐、热狗、奶酪、咖啡；住——席梦思、沙发、社区；行——吉普、摩托、空中客车；用——隐形眼镜、香波等；

日常行为类专用词：爵士乐、摇滚乐、迪斯科、嬉皮士、白领、蓝领、超市、酒吧、呼啦圈、IC卡、绿卡、热线、酷、桑拿浴、打的、AA制等。

以上这三种分类只是根据外来词汇在新闻作品中经常出现的方式而进行的粗略划分，且各类之间有一定的交叉，并没有严格的界限，主要作用在于更好地表达新闻作品的主题。

3. 外来词汇在新闻报道中的功能

外来词汇在获得侵入语言、读音、书写、语法形式之后，还要在侵入语言中形成其语言集团理解并认可的词义。也就是说，当人们听到或读到一个外来词时，立刻就能联想到这个外来词所指称的事物或概念。而外来词汇"一听即知或一读即知"的形成需要一个过程。如今，外来词汇借助于新闻传播平台就能有效实现这个过程。研究发现，外来词汇在新闻报道中的主要功能有：

第一，提高新闻作品的准确性

外来词汇进入新闻作品，带来了新事物和新概念，其特殊含义的表达能使其所指更加准确，可以有效避免歧义，方便交流。面对新闻作品，受众更愿意选择准确、简短、易懂的外来词汇。比如：

各级政府在什么是民生、应该怎样投入等问题上就不该再出现这样那样的曲解，更不该有任何"秀"的心态与动机作祟其中。往深层次分析，出现拿民生投入作秀的根本原因，还是一些地方不正确的政绩观在作怪，于是才"发明"了如此五花八门的"民生投入"来。①

其中"作秀"一词中的"秀"是英文 show 的译音，原义指表演、表现、呈现的意思；"作"是中文，强调只是做给别人看的，不真实。"作秀"作为一个外来词汇，可以理解为"演戏"，多指不真实的公众行为。用在以上的新闻中就可以准确地表达出某些政府部门为了不正确的政绩观而作出的虚假行为。外来词汇对新闻作品来说，可有效提高语义表达的准确性。

第二，增加新闻作品的表现力

由于外来词汇在形态和发音上与本民族固有词汇不同，所以在新闻作品中，外来词汇的出现可起到强调作用，使受众的注意力迅速集中在由外来词汇所表示的概念上，引起阅读兴趣，可有效突出重点，从而达到报道目的。这种现象在报刊文章的标题中尤为突出。比如：

国内首起因自助游致人死亡引发的赔偿案二审开庭　AA 制能否成为户外活动"免责牌"②

其中"AA 制"本义指的是在餐馆吃完饭以后各自支付自己消费的费用，这里借指各自承担自己的旅游费用。由于其字母外形用在标题中十分抢眼，就凸显了文章所传达的信息，可有效增强新闻作品的表现力。

第三，展现新闻作品的趣味性

由于外来词汇不仅使人耳目一新，填补概念上的空白，还可展示词汇来源国的文化风貌、审美取向等国情知识，体现异域情调，在一定程度上迎合受众求新、求奇的心理，在有效提高新闻作品的趣味性的同时，还具有创造人物形象的功能。

新闻作者可以通过记录不同新闻人物的言语表达方式，揭示人物的职业、文化层次及年龄特点，刻画出生动的人物性格来。比如：

郑州铁路局郑州工务机械段 1000 名铁路职工常年游弋于千里铁道

---

① 《新华每日电讯》2008 年 1 月 30 日。
② 2007 年 3 月 23 日《中国消费者报》。

线上，食无定时，寝无常居，像游牧民族，如"吉卜赛部落"。①

其中"吉卜赛"一词是为广大受众所熟知的外来词汇，其四处漂泊的特性在读者心中早已根深蒂固，用这个词来表达以上新闻的主旨，不仅趣味性强，表现力更强。

结　语

外来词汇是一个民族吸收其他民族语言文化因素的具体表现，经常被新闻作品用于传播特定信息的载体而成为新闻语言。外来词汇一般通过国际交往，文化交流与传播，政治、经济和科技不均衡发展，学习外语等四种途径在不同的语言间进行传播。被当做新闻语言使用的外来词汇，根据其在新闻作品中的作用可分为称谓词、行业专用词、生活专用词等三大类，数十个小类。外来词汇在新闻作品中的具体功能主要有三点，即提高新闻作品的准确性、增强新闻作品的表现力、展现新闻作品的趣味性。

二　中国新闻外来词汇

20 世纪 30 年代，中国共产党从苏联接受了马克思列宁主义思想。因此，汉语借用和吸收了共产主义思想体系所涉及的全部词汇。新中国成立之后，在西方反华势力的经济封锁之下，中国政府推行"独立自主、自力更生"的政策，克服重重困难，建立起崭新的社会主义国家。70 年代，世界政治格局发生了较大变化，新中国在国际政治舞台上逐渐成为一支重要力量。打开国门，融入世界成为当务之急。于是，中国政府不失时机地于 80 年代初全力推行改革开放政策，逐步从西方发达国家引进和吸收了大批先进技术和文化。中国加入 WTO 之后，成为世界经济的重要组成部分。外来词汇充斥中国各个领域，对日常生活、文教、卫生、体育、科技、工业、经济、政治等语言范畴造成较大影响，对丰富中国新闻语言发挥着重大作用。

1. 中国新闻外来词汇的扩张条件

中国新闻作品中的外来词汇是出现在当代中国报纸、广播、电视、互联网等媒体中，带有外来语言文化因素的报刊词汇。外来词汇在中国新闻

---

① 2008 年 1 月 26 日《科技日报》。

作品中扩张的主要条件如下：

第一，中国与国际交往为外来词汇的扩张提供了广阔舞台

改革开放政策大大加强了中国与世界其他各国的交往与联系，外来新事物、新概念都需要用新语言符号来表示，这在当代报刊词汇发展中具有明显痕迹。当某些新事物、新概念一时很难完全用本民族语言来指称时，直接借用外来词的几率就会升高。

比如，"黑客"是英文 Hacker 的译音词，其原意是指那些有造诣的电脑程序设计者，现在则专指非法闯入他人电脑系统，进行电脑犯罪的人。随着电脑的普及使用，人们会碰到许多与之相关的新问题，而 Hacker 现象就是其中之一。

如何在新闻作品中准确地反映这一新事物？如果自创新词一时难以做到，而采用音译的外来词汇则恰好在某种程度上迎合了受众的传统文化心理。"黑"这一语素在汉族文化心理上颇具贬义，这可从其他非外来词的报刊词汇中窥见一斑，比如，"黑车"、"黑户"、"黑价"、"黑市"等。所以直接采用译音外来词来表示这一新现象，容易得到受众认同。

第二，中国传统文化与其他各国文化的交流与传播促进了外来词汇的强力扩张

中国传统文化以汉民族文化为主体，同时还包括其他少数民族的文化。世界其他各国文化在与中国传统文化的交流与融合过程中，外来词汇给中国新闻语言留下了深刻痕迹。比如，报刊词汇从俄语中吸收来的布尔什维克、苏维埃，从法语中吸收来的蒙太奇，从英语吸收来的巴士、芭蕾、汉堡，从佛教梵文中吸收来的词素"魔"等。魔，原意为"一种使人迷惑烦恼、不易摆脱、妨碍修行的东西"，在汉语中又发展出"不平常、奇异、嗜好成癖"等含义，现在以"魔力、魔术、着魔"等词汇出现在报刊词汇中。

第三，中国的经济和科技发展相对薄弱，导致外来词汇强行进入

中国经济实力和科技水平与世界先进水平相比，还有很大差距。直接导致这些领域内的外来词汇随着经济扩张和科技渗透，强行进入中国的新闻语言中；并且流入的外来词汇数量大、种类繁杂、范围广、传播快。比如，20 世纪 80 年代初，"电子"（electronics）属于绝对高科技，"电脑"（computer）则是理所当然的高精尖产品。到了 90 年代中后期，"互联网"（internet）则如日中天，随之而来的是"电子商务"（e-commerce/e-busi-ness）蔚然成风。电脑、网络的高速发展，催生了一批又一批与之相关的新

事物，"电子邮件"（e-mail）在很大程度上取代了传统邮寄方式。

第四，中国人掀起的外语学习热潮，导致外来词汇在民间广泛流行

"托福"（TOEFL）在汉语中原本是一个表达美好愿望或感谢之情的口语词。比如，"您为人这么善良，老天会托福给您的！""托您的福，这事办得很顺利！"但作为外来词汇 TOEFL 的音译词，则是指到英语国家出国留学或工作的一种外语水平考试，翻译时用"托"和"福"两个汉字，既准确地还原了原词的读音，又形象生动地表达了莘莘学子祈求好运的心态，是汉民族传统文化中"图吉利"心理的表现。

部分国人在趋洋、媚洋心理促使下置汉语已有词语于不顾，而刻意去使用洋味词语。"屋"在日语中有"店"的意思，于是"精品屋"、"鞋屋"、"时装屋"、"美发屋"、"饼屋"等招牌在城市街道上比比皆是。好端端的一个民族餐馆，非要叫做"中国料理"。这个用汉字包装的"料理"在日语中泛指菜肴、烹制品。"扎啤"其实就是用广口瓶盛装的鲜啤酒，"扎"是英语 jar 的音译，"广口瓶"之意。Media 原是英语用来表示"媒介、中介"的普通名词，却被用做北京一家公司及其大楼的专名"梅地亚"。外来语翻译中的洋味是为了迎合受众中"洋的就是好的"价值取向和崇洋心理。① 这种趋洋、媚洋心理，在很大程度上导致了外来词汇在民间的流行。

2. 中国新闻外来词汇的种类

研究结果表明，中国新闻作品中的外来词汇主要包括下列种类：

（1）称谓专用词

杜马、马克思主义、法西斯、CEO、CPI、阿莫西林、克隆、基因、亚太经合组织（APEC）、美国中央情报局（CIA）、WTO、耐克、阿迪达斯、麦当劳、UFO、NBA 等。

这些称谓词涉及政治、经济、医疗卫生、国家组织机构、商品品牌及其他一些带有特指属性的领域。

（2）行业专用词

IQ（智力商数）、EQ（情绪商数）、AQ（逆境商数）、BQ（美丽商数）、MQ（道德商数）、卡宾枪、加农炮、蹦极、保龄球、马拉松、体操世界杯、奥林匹亚、奥运会、硅谷、IT、黑客、互联网、货币主义、贸易壁

① 裴文斌、戴卫平：《新时期外来词的文化、社会与心理功用》，《辽宁大学学报》2003 年第 3 期。

垒、经纪人、按揭等。

这些行业专用词涉及教育、军事、体育、科技、经济及其他一些特殊行业的专用词。

（3）生活专用词

席梦思、迷你裙、汉堡包、热狗、肯德基、吉普、桑拿浴、CT、B 超、摇滚乐、爵士乐、嬉皮士、白领、灰领、超市、AA 制等。

这些专用词主要涉及生活用品、日常行为等。

3. 外来词汇在中国新闻中的功能

外来词汇进入中国新闻作品后，在词义、词形、词源三个方面都发挥着较大的作用。

第一，在词义方面，外来词汇进一步提高了中国新闻作品的准确性

音译型外来词汇往往表示汉语中没有相对应的词汇，用以对国外引进新事物的称谓。因此，把它们在国外的名字直译过来，用同音或谐音的汉字标注。这种"洋为中用"的"拿来"方式，丰富了汉语文字表述新事物的能力。

有一些概念在外来词汇进入汉语以前，在中国报刊词汇中是不存在的，甚至这些词汇概念在中文词汇中是找不到的；而对其音译的适时运用，却能够准确地表达作者原本要传达的意图，比如坦克（tank）、沙发（sofa）、摩托（motor）、模特（model）、巧克力（chocolate）、图腾（totem）、克隆（clone）、脱口秀（talk show）、卡通（cartoon）、可口可乐（coca cola）等。

除了纯粹的音译词汇外，还有一些词汇是音译＋意译，或者意译＋音译，即外语音译词与字组合成的词汇，比如，艾滋病（AIDS）、因特网（Internet）、呼啦圈（hula hoop）、打的（taxi）、贝雷帽（beret）、保龄球（bowling）、高尔夫球（golf）、作秀（show）等。

第二，在词形方面，外来词汇有效增强了中国新闻作品的表现力

增强报刊语言的表现力主要是通过外语字母在中国新闻作品中的运用来实现的。在汉语"方块字"的背景下，这种字母类外来词汇一旦出现，给予受众的感官刺激就非常强烈，能够充分激发受众的阅读兴趣，比如"AA 制"、"VCD 光盘"、"SOS 儿童村"、"B 超"等。

中西语言混杂的情况表明，随着东西方文化的不断交流，人们在语言的使用上正慢慢地接受外来文化。同时表明这种语言形式在思想交流方面因其具有简约、活泼、地域韵味浓等特点而逐步受到人们的喜爱。

第三，外来词汇在词源方面很好地展现了中国新闻作品的趣味性

比如，亚当、夏娃、喀秋莎、布拉吉、比基尼、威士忌、伏特加、迪斯尼等外来词汇能很好地表现异域风情。这些词汇运用于新闻作品中，有利于提高新闻作品的趣味性。比如：

> 正如同旗袍是最典雅的服，牛仔是最时尚的料，蕾丝是最妖娆的裳一样，我想把风情万种送给可爱的连衣裙。你知道吗，很久很久之前，连衣裙有着一个风情万种的动人名字——布拉吉。①

外来词是本国社会活动的参与者，它反映本国社会的变化和使用它的社会成员的层次类别。科学家、学者们对年轻人满嘴的"哈罗"、"拜拜"、"密斯"、"脱口秀"、"肥佬"（fail）等词语是不屑一顾的。能体现他们身份的是"干细胞"（stem cell）、"软着陆"（soft landing）、"胚胎"（embryo）、"激光"（laser）、"黑洞"（blackhole）、"论坛"（forum）、"共识"（consensus）、"单克隆"（monoclone）、"宽带"（broadband）等科技、文化含量高的外来新词新语。这反映了外来词汇具有塑造人物形象、刻画人物性格的功能。

结　语

汉语中的外来词汇是汉语与其他民族语言交流的结果。外来词汇在汉语中扩张的主要条件是中国在国际舞台上与其他各国的交往，中国传统文化与他国民族文化的交流，中国经济、科技与西方发达国家发展的不均衡以及中国人学习外语等。

外来词汇在报刊词汇中主要有称谓专用词、行业专用词、生活专用词等。中国新闻作品大量吸收和使用外来词汇，有助于提高新闻表达的准确性，增强新闻作品的表现力，展现新闻作品的趣味性。

三　俄罗斯新闻外来词汇

苏联时期由于政府推行与西方的敌对政策，与西方社会交往减少，直到 20 世纪 80 年代末，俄语吸收外来词汇很少，几乎处于停滞状态。

---

① 2008 年 3 月 11 日《山西晚报》。

随着苏联解体，俄罗斯社会体制发生了天翻地覆的变化，其政治、经济、文化、教育、体育、贸易、军事等领域全面向西方敞开了大门。与此同时，其社会价值观也发生了剧烈变化，原来被认为是对的，现在变成了错的，原先被批判的东西现在得到了追捧，无产阶级和共产党的追求被废止。使用生僻的外来词汇在俄罗斯一度被看做时髦，音译或者照搬的外来词汇充斥媒体空间。

1. 俄罗斯新闻外来词汇的扩张条件

1991 年 12 月 25 日，苏联解体与俄罗斯独立，大大激发了俄国人使用外来词汇的热情，以英语为主的外来词潮水般涌入俄语。外来词汇数量在俄罗斯新闻作品中急剧膨胀起来。外来词汇在俄语报刊词汇中扩张条件，主要有以下几个方面。

第一，俄罗斯独立后大开国门，与西方国家交往密切

苏联解体后，俄罗斯完全走向资本主义发展道路，在经济、贸易、科技、文化等领域积极同西方国家展开合作。出国工作热几乎席卷了整个俄罗斯，许多俄罗斯专家纷纷走出国门，到其他国家科研机关和企业就职，大批外资或合资企业在俄罗斯各个领域涌现出来。这一系列交往有效刺激了俄语载体同外语载体的沟通和交流，不仅为这些词汇的扩张创造了直接条件，也为俄语载体吸收外来词汇，尤其是英语技术词汇、意识术语以及形形色色的日常用语等提供了便利渠道。

据统计，目前俄语中有 10% 的外来词汇[1]，比如 импичмент（弹劾）、спикер（议长）、саммит（峰会）、брифинг（新闻发布会）、клон（克隆）、интернет（因特网）、вирус（病毒）、маркет（市场）、маркетинг（销售）、брокер（经纪人）、бистро（快餐店）、шоп（商店）、офис（办公室）、попса（流行音乐）、шоу（表演）、боулинг（保龄球）、регби（橄榄球）、бейсбол（棒球、垒球）等。它们主要分布在政治、科技、经贸、商业广告、文化和体育等领域。[2] 这些外来词汇多数借助于新闻媒体得到广泛传播。

第二，其他民族文化对俄罗斯民族文化的影响与融入

早在沙俄时期，在与外民族文化的交流、接触中，外来词汇就被大量

---

①　Лекант П. А. *Краткий справочни к по современному русскому языку.* Изд-во Наука，1995.

②　孙汉军：《俄语外来词研究》，《外语与外语教学》2002 年第 11 期。

引入俄语。叶卡捷琳娜二世时期，由于叶氏本身是德国人，不满足拘泥于俄国本土化，且法国为当时的时尚之都，驾驭时尚潮流，俄国宫廷对法国文化疯狂崇拜，纷纷效仿法国的服装、饮食及语言文化。因而，此期间俄语吸收的法语外来词最多，形成俄罗斯历史上第一次法语、德语等吸收热潮。比如，汉语的 чай（茶），意大利语的 альт（女低音），希腊语的 ангел（天使）、музей（博物馆），拉丁语的 студент（大学生）、республика（共和国），德语的 офицер（军官）、лагерь（兵营），英语的 чемпион（冠军），法语的 костюм（制服）、мебель（家具），以及突厥语的 станция（车站）、лошадь（马）、карман（衣袋）等纷纷登上俄罗斯文化舞台。

第三，俄罗斯改制后政治、经济、文化等领域外来词汇强行进入。

苏联解体之后，俄罗斯加强了与西方的交往，在政治、经济改革上效仿西方，实行议会民主，搞资本主义市场经济，有利于大量西方事物和概念涌入俄罗斯。于是，相应的外来词汇在俄语中形成强势扩张。比如，俄罗斯效仿西方民主国家，经常调查、评估政界人物的民众支持率。Рейтинг（声望、支持率）来自于英语的 rating，该词成为现时俄罗斯报刊词汇的常用词。

在苏联社会主义经济时期，很多市场经济的概念是没有的。俄罗斯实行市场经济后，相应的外来词汇弥补了这方面的空白，比如 приватизация（私有化）来自于拉丁语 privatus，коммивояжёр（商品推销员）来自于法语 commis voyageur，лизинг（长期租赁）来自于英语 leasing，дилер（经纪人、商人）来自于英语 dealer，казино（赌场）来自于法语 casino 等。

至于文化科技方面的外来词汇，最典型的是 интернет（英语 Internet）。90 年代新出现的科技外来词，还有 софтвэр（软件）/英语 software，хардвэр（硬件）/英语 hardware，сканер（扫描仪）/英语 scanner 等。

在文化领域，有些词的引进和使用是生活所必需。比如，дизайнер（美术装潢工作者）、дизайн（美术装潢），这两个词已在俄语中扎了根。дизайнер 这个词 20 世纪 90 年代之前已在俄语中出现，90 年代被广泛使用起来。俄语中原来的词没有一个能顶替它，无论是 художник（美术工作者）或是 конструктор（设计工作者）都无法准确表达"美术装潢工作者"的含义。дизайнер 实际上是 художник + конструктор 二者的综合，是属于技术美学的概念。

第四，俄罗斯人学习外语的热情强化了外来词汇的流行学习和使用外语对于当今的俄罗斯来说已不是社会生活的必需。尤其对于年轻人来说，通过对外语，尤其是美式英语的学习，在文章或口语中大量使用外来词，是为了追求时尚和潮流，显示一种文化心理上的时代感，也有些人甚至对一些外来词汇进行不规范使用。比如，俄语中已有 друг 和 подруга 分别指男性朋友和女性朋友，年轻人却喜欢用音译英语 френд（friend）表男性朋友，френда 表女性朋友；俄语中已有 человек 表示人，年轻人偏偏喜欢用音译外来词 мэн（man）；已有的 девушка 和 женщина 被 мэн 加后缀-ша 变成 мэнша 代替，指姑娘、女人；магазин（商店）被 шоп（shop）代替；улица（街道）被 стрит（street）代替；новости（新闻）被 ньюс（news）代替；здание（大楼）被 билдинг（building）代替等。

2. 俄罗斯新闻外来词汇的种类

俄罗斯新闻作品中的外来词汇根据其作用的不同，可以分为以下三大类。

第一类，称谓专用词

称谓专用词类中的外来词汇主要包括著名的外国机构、组织、团体的名称，外国公司、企业、商号等的名称，外国商品，特别是知名商品品牌的名称，外国文艺作品、文艺团体、文艺活动、报纸杂志的名称等。专有名词通常大写，如 компания Conoco Philips、биржа Nasdaq、группа The Offspring、товары Nestle、Microsoft、Financia Times 等。保留专有名词原始风貌近年来在俄罗斯新闻作品中已经成为一种时尚。

第二类，行业专用词

行业术语国际化在俄罗斯是大势所趋。受其影响，俄语引进了大量的行业专用词，其来源主要是美国英语。目前，俄语报刊词汇中行业专用词占据相当大的比重，涉及众多领域，如计算机的 Windows、PC、IT、ICQ、flash、DVD 等，心理学的 IQ、EQ 等，教育学的 GMAT 等，社会学的 PR 等，外交术语 person nongrata、dejure、defacto、vet 等，医学用语 GMP 等。术语的大量引进已不仅仅是语言时尚的问题，更有经济原则在起作用，"拿来主义"远比费尽心思地进行硬译或转译更为准确，更加方便。

第三类，生活专用词

生活类专用外来词汇在俄罗斯现代新闻作品中运用最为广泛，涵盖了新闻报道的各个方面，比如 file—файл（资料）、site—сайт（网站）、image—имидж（形象）、resume—резюме（简历）、boy—бой（男孩）、show—шоу（秀，表演）、party—пати（晚会，聚会）、video—видео（录像）、audio—аудио（听觉的，声音的）、money—мани（钱）、OK—o'кей（好）、rating—рейтинг（支持率）、hacker—хакер（黑客）、electronic mail—электронная почта（电子邮件）、miniskirt—миниюбка（超短裙）等。

3. 外来词汇在俄罗斯新闻中的功能

外来词汇以各种类型进入俄语后，在俄罗斯新闻作品中发挥着强大的功能，从词义、词形和词源三个方面来研究，我们可以发现其下列功能。

第一，外来词汇在词义上弥补了俄语中原有的概念或语义空白，提高了新闻作品的准确性

随着俄罗斯社会的开放，在吸收的新事物、新概念时将其名称一并吸收，形成外来词汇的自然进入，这对俄语词汇库是一个重要的补充，加深了俄罗斯民族对整个世界的认识，比如上面提到的"强制性"进入的各种政治、经济、文化类词汇。应该说明的是，这些事物和概念是俄罗斯民族以前所没有的。

对于一部分与固有语义分化后的外来词汇来说，它们的扩张可加强俄罗斯民族对概念的精确理解，丰富俄语对细微概念的表达手段，使表述更精确、更细腻。

比如，уют-комфорт 两者意思不完全相同：前者指方便的秩序，妥善安排家庭生活；后者指能保证生活和逗留期间的舒适、安宁、方便的条件和环境，故两者的搭配也不同：создать уют в доме（把家里安排得舒适）—устроиться комфортом（安顿得挺舒适）；обслуживание（服务）—сервис（服务），如果说 сервис 指的是某种服务行业，是大概念，如автомобильный сервис（汽车服务行业），гостиничный сервис（宾馆服务行业）；那么 обслуживание 则指做具体的工作以满足需要，即提供具体的服务 обслуживание клиентов（为用户服务），покупателей（为买者服务）及服务项目 медицинское（医疗服务）。

有些外来词汇引进之后，与俄语原有的词在意义或意味上有所不同。比如，俄语中原有 убийца（杀人者），从英语中引进的 киллер，不是一般的表示 убийца 的意思，而是用来表示"杀手"，相当于 профессиональный убийца，指以杀人为职业、被雇佣杀人者。比如，Предложил работу：

статъ киллером（人们建议他充当杀手）。①

俄语中早就有 дача 一词，表示"别墅"。俄罗斯人"别墅"很普遍，但比较简陋，一般为一所小房，周围有田地，种点儿瓜果蔬菜之类。俄罗斯社会改制后出现了一批"新富"、"大款"，加上政界要人，纷纷在郊外兴建楼式高级别墅，遂从美国英语中借来 коттедж 一词表示。

第二，外来词汇在词形上增强了俄罗斯新闻作品的表现力

在俄罗斯新闻作品中，以俄语为背景的外来词汇因其读音和字形的显著差异而格外醒目，作者有意借助外来词汇吸引受众的注意力，会对受众产生强烈的听觉和视觉刺激，使其注意力集中在有外来词汇所表示的概念上，激发其好奇心，使其产生深刻印象，这就极大地增强了作品的表现力和吸引力。

另外，新闻作品的标题夹杂外来词汇，也是这种功能的典型体现。这种标题新颖、醒目，可提高读者的注意力和阅读兴趣，从而达到报道目的。

第三，外来词汇可以从两个方面帮助俄罗斯新闻作品展现趣味性

一部分外来词汇带来了词汇来源国的文化风貌，展现了异域风情：Хот-дог（hot dog）"热狗"，чуингам（chewing-gum）泡泡糖，гунфу（功夫），ушу（武术、功夫）等。

还有一部分外来词汇在俄罗斯新闻作品中塑造了生动的人物形象。在言语交际中夹杂外来词汇的人物形象，可以表明他们对外来词汇的喜好，对外来词汇所代表的异族文化的认同、欣赏甚至崇拜。与俄语词相比，外来词汇本身就隐含着褒义的评价色彩，它们更具时尚性和权威性，更能凸显使用者的教养和地位。

结　语

俄语中的外来词汇是俄罗斯民族与其他民族进行语言交流的结果。外来词汇在俄语中扩张的前提条件主要有俄罗斯在国际舞台上与其他各国的交往频繁，俄罗斯传统文化与其他民族文化进行密切交流，俄罗斯在经济、科技等发展过程中急于吸取国外先进技术和经验以及俄罗斯人学习外语的热情因素等。外来词汇在俄罗斯新闻作品中主要有称谓类专用词、行业类专用词、生活类专用词。外来词汇在俄罗斯新闻作品中的功能可概括为提

---

① *Известия*1994 – 12 – 27.

高了俄罗斯新闻作品中俄语表达的准确性，增强了某些作品本身的表现力，展现了一些新闻作品的趣味性。

四　中俄新闻外来词汇比较

实践证明，哪个领域进入国际合作、国际交往越频繁、越深入，这一领域外来词汇和术语就越多。中俄两国在推行改革（变革）政策之后，向全世界打开了大门，随着国际的频繁交往，尤其是在国际经济一体化和传媒无国界的巨大作用下，外来词汇在两国新闻作品中发挥的作用越来越大。

中俄两国新闻作品中的外来词汇几乎涉及社会各个层面，所涉及的范围大体相同，包括政治、经济、文教、科技、计量、食品、服装等领域。无论在俄罗斯还是在中国，青年人是外来词汇最积极的使用者和传播者。

1. 两国新闻外来词汇的扩张条件相同

中国的改革开放和俄罗斯的社会变革都使两国对外交流达到空前程度，所以两国新闻语言中的外来词汇在扩张条件上大同小异。

第一，作为独立的大国，中俄两国都在国际舞台上扮演着愈来愈重要的角色，与其他国家之间的交往日益频繁。外来词汇在这种交往过程中得到充分扩张。比如：

> 世界卫生组织和联合国儿童基金会 20 日公布的数据显示，目前全球约有 26 亿人家中没有卫生间。世卫组织的材料说，使用适当的卫生间以及用肥皂洗手，可以防止人类的排泄物污染水源、土壤和食品，并阻止导致多种疾病的病毒和细菌传播。①

例中"世界卫生组织"、"联合国儿童基金会"都是外来称谓词。这些称谓词只有在与国际组织交往的过程中才能出现和使用。

> Так, например, речь шла о том, что прежде, чем Россия вступит в ВТО, необходимо найти решение по поддержке наиболее уязвимых секторов экономики. （比如说，在俄罗斯加入世贸组织之前，要找到国民经济最薄弱部门所存在问题的解决方法。）

---

① 2008 年 3 月 22 日《人民日报》。

例中的"世贸组织"是国际经济组织的名称。

这种国际交往为外来词汇扩张提供了宽阔的平台。中俄两国之间互相交往同样是外来词汇扩张的条件。

第二，中俄两国民族文化的对外交流，促使外来词汇涌现在新闻作品中。美式饮食文化对两国的影响，在中国人和俄罗斯人的生活中皆出现了"可口可乐"кока-кола、"百事可乐"пепси－кола、"雪碧"спрайт、"热狗"хот-дог、"汉堡包"гамбургер、"炸薯条"чипсы、"罐装啤酒"баночное пиво、"比萨饼"пицца、"肯德基"Кентаки фрайдчикн 等耳熟能详的美式快餐、饮料和食品。"美式饮食"在中国和俄罗斯餐饮业所占的一席之地正说明了饮食文化在各自文化中都占有很重要的位置。

另一个典型的例证便是中俄之间的文化交流。2006 年在中国举办"俄罗斯年"、2007 年在俄罗斯举办"中国年"。2009 年和 2010 年，双方相互举办"俄语年"和"汉语年"。在这种交流中间，外来词汇的相互渗透是显而易见的。

第三，开放后的中俄社会都面临着西方发达社会形态下的经济、科技、文化等方面的强势进入，从而导致外来词汇的强势扩张。首先是表示科学仪器的外来词大量涌入，如 факс（传真）、компьютер（电脑）、сканнер（扫描仪）、модем（调制解调器）、принтер（打印机）、харднэр（硬件）、софтнэр（软件）等；市场经济的术语也不少见，如 менеджмент（经济管理）、маркетинг（市场营销）等。

第四，学习外语是现代中俄两国人，尤其是年轻人中非常普遍的现象，从而导致外来词汇不但由专家使用，更大范围的使用出现在那些表现日常生活的新闻作品中。

比如，在中国新闻作品中，"酷"这个时髦词就非常受青少年喜爱，它源于英语的 cool。这个词经港台报纸流传过来，在使用过程中其"冷峻"之义逐渐淡化。"酷"可以用于人，用于物，用于观念，用于某种状况等，凡是够得上新潮和个性的似乎都可以谓之"酷"。"酷"俨然成了青年一代的象征。① 在俄罗斯同样如此，一些来自英语的外来语在年轻人中成为时髦语，常见的有 гринбакс（美元）、фрэнд（朋友）、о'кей（好）、бай－бай

---

① 裴文斌、戴卫平：《新时期外来词的文化、社会与心理功用》，《辽宁大学学报》2003 年第 3 期。

（再见）、ноу проблем（没问题）等。由于公众心态，这类用语常从年轻人圈子扩散到其他社会群体中，并见诸报端，成为公众熟悉的报刊词汇。

2. 两国新闻外来词汇的种类相同

由于出现的场合和使用功能的类似，中俄新闻作品中外来词汇的种类大致相同。

第一大类是称谓专用词，主要是指在新闻作品中以简洁或准确为目的而使用的外来词汇，用以指代特定的、受众普遍知晓的事物名称。它包括政治类、经济类、医疗卫生类、国家组织机构、商品品牌类等专用名称。

比如，ЮНЕСКО（联合国教科文组织）、ВТО（世界贸易组织）、ШОС（上海合作组织）、АО（股份公司）、СМИ（大众传媒）、сайт（网络）、рейтинг（支持率）、Боинги（波音）、Мальборо（万宝路）、пепси-кола（百事可乐）等。

第二大类是行业专用词，主要是指在某种程度上等同于行业术语，但来自于非本民族文化中的行业术语，包括文教、军事、体育、科技、经济等行业专用词。

比如，файл（资料）、имидж（形象）、резюме（简历）、бой（男孩）、поп（流行）、шоу（表演）、пати（晚会，聚会）、хакер（黑客）、сауна（桑拿浴）、компакт-диск（光盘）、фастфуд（快餐）、электрон（电子）、компьютер（电脑）、интернет（互联网）、он-лайн（上网）、электронные письма（电子邮件）等。

第三大类是生活专用词，主要是指与广大受众最紧密相关的、数量最多的、与日常生活有关的专用词，包括生活用品类和日常行为类专用词。

比如，"百事可乐"пепси-кола、"雪碧"спрайт、"汉堡包"гамбургер、"炸薯条"чипсы、"爆玉米花"попкорн、"罐装啤酒"баночное пиво、"牛仔夹克"джинсовка、"羽绒衫"пуховка、"棉质便裤"брюки-слаксы、"弹力裤"стрейч、"迪斯科"диско、"霹雳舞"брейк、"娱乐片"игровое кино 等。

还有一个很相似的情况，由于休闲文化兴起，在中国类似美国"卡巴莱"（cabaret）之类的歌舞厅（包括歌厅、舞厅、音乐茶座、音乐酒吧）的出现和繁荣，在俄罗斯也出现了 ночной клуб（夜总会）、джаз-клуб（爵士俱乐部）、диско-клуб（迪斯科俱乐部）等。

以上都是两国新闻作品中种类相同的外来词汇。

3. 外来词汇在两国新闻中的功能相同

由于汉语和俄语对外来词汇扩张条件及种类大致相似，所以在中俄新闻中使用的外来词汇，其功能有很大相似之处。

第一，用以填补概念、语义空白的外来词汇，能提高中俄新闻作品的准确性。由于外来词汇的自然进入占外来词汇总数的绝大部分，它们大大充实了汉、俄两种语言的词汇库，丰富了各自民族的知识，增加了受众对外界的了解。有时外来词汇还表示某一特定含义或反映修辞上的差异。吸收这种外来词可加强两国受众对概念的精确理解，丰富其对细微概念的表达手段。

第二，借用词形上的差异能增强中俄两国新闻作品的表现力，比如两国都在新闻作品中大量运用英文字母的外来词汇。

第三，外来词汇词源上的异域色彩及其塑造人物形象功能能展现中俄新闻作品的趣味性。中俄新闻作品都通过使用外来词汇，展示词汇来源国的文化风貌及审美取向，体现异域情调，在一定程度上迎合受众求新、求奇的心理。同时，由于外来词汇具有创造人物形象的独特功能，两国新闻作品都通过记录不同新闻人物的个性言语，从而揭示人物的职业、文化层次及年龄特点，刻画出生动的人物性格。

结　语

外来词汇对中俄新闻语言来说，都是非常重要的一个组成部分。通过比较中俄外来词汇的扩张条件、种类及在新闻作品中的功能，我们认为，两国外来词汇具备基本相同的扩张条件，这缘于国际交往、文化交流与传播，国家间政治、经济和科技的不均衡发展以及学习外语的影响，都直接导致外来词汇的强势和柔性侵入。

根据在新闻作品中的功用，外来词汇一般分为称谓专用词、行业专用词和生活专用词等三大类。

研究表明，外来词汇在中俄新闻作品中的主要功能有三点，即提高新闻作品的准确性，增强新闻作品的表现力，展现新闻作品的趣味性。

第六章
中俄新闻文体特征比较

新闻文体是新闻实践的载体。研究中俄新闻文体特征，目的在于探讨两国新闻作品的逻辑结构、对事件的叙述方法、记者的角色和用引语说话的方式，考察两国新闻作品的传播效果，找出适合中国新闻作品的结构方法、叙述方法、记者角色和说话方式。

为此，本章将分别论述中俄新闻作品的逻辑结构、中俄新闻作品对事件的叙述方法、记者在中俄新闻作品中的角色和中俄新闻作品用引语说话的方式，并在此基础上比较研究两国新闻作品的逻辑结构、叙述方法、记者角色和说话方式。

第一节　中俄新闻作品的逻辑结构比较

一　逻辑结构的内涵、要素及表现形式

1. 逻辑结构

新闻文体是一个由符号语言构成的抽象结构空间，用来指出并说明某种隐于其中的社会特性。而新闻文体的结构是把新闻事实的所有元素贯穿起来的脉络，是作者对新闻事实放映和思维的过程顺序，是文体思路的体

现和外在表现形式。①

新闻能产生多大的影响力，不仅取决于其表现力、简洁的语言和巧妙的构思，还取决于文章所表现的主题思想，及各段落之间的故事情节和连接关系。新闻结构设置得好，就会增强新闻作品的表达效果；反之，就会削弱作品的表现力。②

新闻的逻辑结构，即新闻作品内部的组织构造和总体安排，涉及的是新闻作品的谋篇布局。逻辑结构包含新闻素材之间的内在联系、联系过程中的过渡与照应以及新闻素材的取舍和详略安排等。③

2. 逻辑结构要素

新闻文体是新闻作品的表现形态，是一种特殊的叙事文本，有着独特的结构和组成部分。新闻文体可以划分为标题、导语、主体、结尾这四大板块，而文本中的过渡和照应就像螺丝钉一样将这些板块连接在一起，使之成为一个严密统一的整体，共同为新闻主题服务。总体来说，新闻文体的逻辑结构要素包括：标题、导语、主体、结尾、过渡、照应。

新闻标题是对新闻事实的高度浓缩与精华提炼，是新闻文体的逻辑论题。

导语是新闻文体的正式开头，即把整篇文章的主旨、目的表现出来，使其成为统领整个文体的语义中心和结构纲目，它是对新闻中最重要事实的高度概括。好导语不仅能够吸引读者继续读下去，而且能够让读者准确而清晰地把握整个文本脉络。

新闻主体，则是对导语中所概括事实的详细展开，或者是对导语中所提论据进行有力论证的过程。

结尾是对该新闻事实产生结果或者结论进行最后总结，从而对标题和导语形成首尾呼应之势，在文体结构上完成统一整合。

过渡是文体的整体层次与局部层次（段落、语句）之间的衔接和转换。它是文体结构周密严谨的手段，也是文体叙述保持文脉贯通的手段。从新闻文体结构的宏观意义上来说，过渡可以分为：词句过渡、段落过渡、标

---

① 谢晖：《新闻文本学》，中国传媒大学出版社，2007，第 88 页。
② Максимов В. И. *Стилистика и литературное редактирование.* Изд-во Гардарики，2004. 481～485.
③ 张永红：《优化新闻作品的结构》，《军事记者》2003 年第 1 期。

题过渡。①

照应，是指文体前后的关照与呼应。如果前文中提到某一问题或事件，为了保证语义方面的逻辑完整性，后文必定要对前面这一问题作出相应的解答或阐述。照应一般可以分为文题照应、首尾照应和文中照应。

3. 逻辑结构表现形式

新闻的本质是传播信息。然而，在信息的传播过程中，传播者首先要在大脑中对信息进行逻辑思维，并根据大众传播原理对该事实进行规划处理，以求达到最好的传播效果。由逻辑思维与传播原理结合而成的新闻文体，就形成了独特的文体逻辑结构。

新闻文体的逻辑结构大致有三种表现形式，即情节式叙事逻辑解证式叙事逻辑和论证式说理逻辑。

（1）情节式叙事逻辑

情节式叙事逻辑是文体以故事发展的线索或主要人物性格发展轨迹来构建整个文章叙事脉络，故事的发生、发展、高潮、结局的情节组成文体结构的中心轴。它是通讯作品中最为常见的逻辑结构。情节式叙事要求结构富于变化，情节展现跌宕起伏，通过矛盾冲突为读者制造悬念。这是情节式叙事逻辑的特点，也是其吸引读者的魅力所在。

（2）解证式叙事逻辑

解证，通俗来讲就是解释、证明。解证式叙事逻辑，就是通过叙事来形成新闻文体，以解证关系组织叙事要素。新闻报道中的"倒金字塔式"结构就是典型的解证式叙事逻辑。在倒金字塔式新闻文体中，首先由导语概括出新闻事实中最为重要或精彩的部分，接下来，主体运用叙事手法将背景材料、事实细节进一步展开，对导语中的内容进行解释说明。解证式叙事逻辑的本质在于叙事，文本层面以叙述为主。

解证式叙事逻辑存在一个很明显的特征，就是"三度反复"，即新闻文体的标题、导语、主体三次反复叙述同一新闻事件。"三度反复"遵循的是形式逻辑的基本规律，它能够使新闻文体的解证逻辑结构严密，论证充分，增强说服力。

（3）论证式说理逻辑

论证就是用一个或一些公认的判断确定另一个判断的真实性的思维过

---

① 谢晖：《新闻文本学》，中国传媒大学出版社，2007，第140～142页。

程，论证式说理逻辑就是运用事实、理论对未知论题的真实性或虚假性进行证明的逻辑思维形式。论证是新闻时评类文体中最为主要的说理方式。论证式说理逻辑的本质在于说理，其文体层面以议论为主。

值得注意的是，论证式说理与解证式叙事两者之间存在差别。虽然它们在证明过程、结构逻辑构成、推理形式等方面有相同之处，但两者具有本质上的区别。[①] 首先，论证式说理的本质是说理，文体层面以议论为主；解证式叙事的本质是叙事，文体层面以叙述为主。其次，论证说理的论题是理论观点；解证式叙事的论题是关于新闻事实的主题或核心事实概括，其论证过程也就是叙事的过程。

结　语

综上所述，新闻的本质在于传播事实，而新闻文体则是新闻事实的重要载体。要完成对新闻事实的传递并收到良好的传播效果，传播者需要对新闻文体的逻辑要素及结构进行选择和整合。任何新闻文体都暗含着作者特定的逻辑思维，这种思维借助于完整的文体逻辑要素，将新闻事实最重要的部分阐述出来，阐述过程也是作者流露个人主观看法的过程。因此，作者可以灵活组织新闻逻辑要素，完善个人看法，使新闻文体无论是在语义表达还是在逻辑思维方面同时达到完整统一。

二　中国新闻作品中的逻辑结构

前面说过，新闻文体是一个由符号语言构成的抽象结构空间，用来说明某种隐于其中的社会特性，受众只有介入这个抽象结构空间，并解读和体会隐于其间的社会特征，才能实现其传播意义。抽象结构空间所指的，也就是文体的逻辑结构。

1. 逻辑结构要素

分析中国新闻作品，其逻辑结构要素包括：标题、导语、主体、结尾、过渡与照应。各个逻辑要素在各司其职的同时也相互合作，共同形成一个完整的文体结构，无论是前后照应、文题照应、首尾呼应等，都有意或无意地对这种整体性思维进行着诠释。我们来看下条新闻。

---

① 谢晖：《新闻文本学》，中国传媒大学出版社，2007，第94～103页。

（引题）欢迎"孕妇"来，不舞彩旗；喜送"母子"去，不敲锣鼓。这段青藏铁路又成"无人区"——（标题）请过路吧，亲爱的藏羚羊：昨晚，约有500只藏羚羊带着刚满月的儿女们，通过可可西里青藏铁路建设工地，向黄河源头的扎陵湖、鄂陵湖迁徙。

为了不惊扰这些可爱的精灵，可可西里至五道梁一线，铁路夜间停止施工，拔走彩旗，灯光休眠，机器熄火；作为高原生命线的青藏公路，过往车辆在夜间停驶3个小时。这里又呈现一种远古洪荒的宁静，只有高原的夜风为这群母子结成的队伍送行。

潜伏下来的观察哨称：跨越铁路线，母藏羚羊若无其事，像跨过自己家的门槛一样；小羊羔紧依着母羊，流露出一种莫名其妙的惊喜。

每年6至8月，藏羚羊集结成群，长途跋涉，前往可可西里腹地的卓乃湖、太阳湖一带产崽，去完成一年一度的延续种群的历史使命。小羔羊满月后，再由母羊呵护着返回原栖息地。

今年6月20日前后，两万多只雌性藏羚羊北上产崽，铁路夜间停止施工10天，为它们开辟通道。一个多月里，两万只小羔羊诞生在那块神秘的"天然产床"上。估计，从8月4日到8月15日，将有4万只大小藏羚羊跨过铁路安然回迁。

藏羚羊是国家一级保护动物，有"羊绒之王"之称，因此，也遭来杀身之祸。近10多年，偷猎者大量涌入，每年有上万只藏羚羊遭到捕杀。1994年，保护区工委书记索南达杰，为保护藏羚羊，在太阳湖与18名偷猎者搏斗，壮烈牺牲。

青藏铁路开工后，环保理念渗透到建设者的血脉之中，青藏高原成为他们心目中的环保圣地。他们精心爱护每寸绿草，善待每一种动物。一年来，他们将五只失去母爱的小藏羚羊送到自然保护区机关，可爱的小宝贝得到妥善的保护。在他们的精神昭示下，没有一只藏羚羊在捕杀的枪声里倒下。

这块拥有野生动物230多种，国家重点保护的一、二级动物有20多种的土地，正在恢复野生动物天堂的动人景象。

可可西里自然保护区党委书记才嘎说，铁路建设的一年间，藏羚羊增添了两万多只，到铁路建成之日，将由现在的7万只增至15万只。

据悉：青藏铁路在设计中专门设立了动物通道。铁路建成后，不影响野生动物正常生活和自由迁徙。①

这则消息荣获了 2002 年度中国新闻奖二等奖。我们首先从标题开始分析，这则新闻的标题属于多行式标题，由引题和主题两部分构成。作者在引题中运用了对仗的修辞手法，其中"欢迎"和"喜送"、"来"和"去"、"彩旗"和"锣鼓"这三组词语共同构成了一种对应关系，读上去琅琅上口，充满节奏感。而主标题"请过路吧，亲爱的藏羚羊"则洋溢着作者对藏羚羊浓厚的爱意，表现出强烈的人文情怀，同时也为全文奠定了情感基调。

主体讲述的是在藏羚羊产子、迁徙期间，我国青藏铁路建设者对这批"贵客"进行的悉心关照。在导语中，作者对藏羚羊迁移一事进行了简单概述。在第二、三自然段，作者描述了青藏铁路工人们为藏羚羊顺利迁徙所做的工作及藏羚羊母子跨越铁路线的过程。作者在第四段对藏羚羊以往的繁衍和迁徙情况进行介绍。在第五段，作者对藏羚羊"今年"的相应情况进行了叙述，与前面一段内容形成对照。两段开头的"每年"与"今年"形成顺利的过渡。接下来作者分别在第四段到第九段叙述了藏羚羊的繁衍规律、藏羚羊本身的特殊价值、保护区负责人为了保护藏羚羊所作出的努力和牺牲、藏羚羊的群体规模，在揭示标题、导语意义的同时，对藏羚羊迁徙一事背后的故事进行了客观叙述。

从文章的逻辑结构来看，"藏羚羊迁徙→铁路工人采取保护措施→藏羚羊迁徙顺利→对藏羚羊的保护→藏羚羊群体规模扩大"形成了一条鲜明的主线。

从新闻主题来看，作者采用了以小见大的写作手法，"藏羚羊母子迁徙"这一新闻事实是"小"，而其背后青藏铁路工人及保护区负责人对藏羚羊的关心爱护则是"大"。文章通过由表及里的叙述逻辑，对新闻主题进行了深入发掘，使其进一步深化。在最后一段，也就是该文章的结尾，作者对青藏铁路中的"动物通道"进行了简单概述，与标题形成了文题照应。

2. 逻辑结构表现形式

整体观是中国最突出、最典型的思维方式，它特别注重事物之间的普遍联系，注重从整体上把握事物，关心事物之间或事物内部各个部分之间

① 2002 年 8 月 17 日《中国铁道建筑报》。

的相互作用，相互影响。当这种整体观体现到新闻报道中时，作品内部的逻辑结构将呈现怎样的表现形式呢？请看下面这则新闻报道。

（标题）在心里写了10年的家信：12月2日午后，温煦的阳光照遍抚顺市莫地沟棚户区改造后新建的楼群。忙活了两天的居民谢素芹和丈夫胡本印刚把新家拾掇出模样，就迫不及待地给山东娘家去了信儿。

"大哥：我家搬进了新楼，还铺了地板。屋里挺暖和，也亮堂，你和家里人快来看看吧……"

这封家信在34岁的谢素芹心里整整写了10年。这是她结婚10年第一次邀娘家人来串门儿！

莫地沟是辽宁省最典型的棚户区。这里居民不少是低保户，住的多是老房危房，屋顶漏水、墙体开裂。在社区干部的记忆里，过去的10年没有一个姑娘嫁进莫地沟。以前谢素芹一直不让娘家人来，是因为她在莫地沟的居住条件还不如农村老家。

10年前，谢素芹在山东菏泽老家遇到来走亲戚的胡本印，相中了他人老实，也想摆脱家乡的穷困，就跟他走进了胡家。公爹胡树彬是抚顺西露天矿退休工人，从1955年建矿开始就住在莫地沟一个45平方米的低矮工棚里。已经住了40年的屋子划出一间给他们小两口做了新房，房顶早就塌了个角，山墙裂了个大缝，常年用木桩支撑着。谢素芹的女儿都8岁了，一家三代还挤在窄仄的工棚里。

谢素芹的娘家哥哥非常自豪妹妹嫁到了大城市，几次要过来串门儿。要强的谢素芹看着挤巴、憋屈的棚子总是阻止。婚后10年，没有娘家人来看过她。

谢素芹居住的城市年年都发生巨大变化，她和邻居们年年都盼着这变化能早日惠及莫地沟。谢素芹不知道，在全辽宁省，像她和邻居们这样的，还有27万户、84万多口人，住在几十年前遗留下来的棚户区里，他们的困难牵动着党和政府的心。

和谢素芹命运休戚相关的莫地沟注定要被写进辽宁棚改历史。2004年12月26日，刚到任12天的省委书记李克强来到莫地沟，他含着眼泪对"老棚户"们说："政府一定让你们早日住上新房子！"

4天后召开的省委九届八次全会提出，2至3年内完成全省806万平方米集中连片的棚户区改造任务。2005 年，省里筹集 30 亿元资金下拨各市。到 12 月初，莫地沟有 800 户棚户区居民和谢素芹一样拿到了新房的钥匙。在全省还有 6 万户棚户区居民元旦前也将乔迁新居。更让棚户区居民高兴的是，政府不光管他们安居，还操心他们就业。谢素芹的邻居们就有十几人在政府帮助下实现了再就业。

打心眼儿里感谢党的谢素芹可能并不知道政府为棚户区改造克服了多少难处，不过她很高兴自家只花 5000 多元钱就住上 55 平方米的两居室。她说："一定要让娘家人来看看这亮堂堂暖洋洋的新楼房！"①

这篇新闻报道的逻辑结构属于解证式叙事逻辑，运用的是归纳推理的思维方式。它从具体事件"棚户区居民谢素芹乔迁新居"入手，通过描述一个家庭的 10 年变迁，揭开了"莫地沟"全面改造工程这一事实，随后记者的视野再由莫地沟区转向整个辽宁省的棚户区改造计划。由此看出，从整体性思维出发，产生的推理形式是横向的、逐渐展开的。

在这篇报道中，作者首先在导语里设下悬念："这封家信在 34 岁的谢素芹心里整整写了 10 年。"这究竟是怎样的一封家信？为何在心里写？而且还写了 10 年？读者看到这里一定心生疑窦。接下来，一个普通家庭的 10 年"棚户生活"逐步展现在读者眼前："房顶早就塌了个角，山墙裂了个大缝，常年用木桩支撑着。谢素芹的女儿都 8 岁了，一家三代还挤在窄仄的工棚里。"至此，读者心中的疑团开始慢慢解开，正是这个困窘的"工棚"让谢素芹 10 年来羞于让娘家人串门啊！"在全辽宁省，像她和邻居们这样的，还有 27 万户 84 万多口人，住在几十年前遗留下来的棚户区里"，作者笔锋一转，将棚户区改造的整体环境全面展示开来。

随后，文章按照时间顺序，将棚户区改造事件逐一进行叙述："2004 年 12 月 26 日，省委书记来访"→"4 天后，在省委九届八次全会上提出改造计划"→"2005 年 30 亿改造资金下拨"→"2005 年 12 月初，莫地沟有 800 户棚户区居民拿到新房钥匙"→"元旦前，全省还有 6 万户居民乔迁新居"。整个时间安排一气呵成，一方面表现出棚户区改造工程的雷厉风行，同时也展示出党和政府对棚户区居民生活的关心。

文章中多次出现的照应关系，令整篇报道叙事结构严密。比如，报道

---

① 2005 年 12 月 8 日《辽宁日报》。

中出现的"三度反复:

（标题）在心里写了 10 年的家信→（导语）这封家信在 34 岁的谢素芹心里整整写了 10 年→（主体）婚后 10 年，没有娘家人来看过她。

文章结尾，"她说：'一定要让娘家人来看看这亮堂堂暖洋洋的新楼房!'"与文章开头"就迫不及待地给山东娘家去了信儿"形成首尾呼应。同时"一封家信"如同一根红线贯穿文章始末，给读者留下深刻印象。

逻辑结构如同新闻报道的经脉，它贯穿通篇报道，只有明晰逻辑结构才能令报道脉络顺畅。上面报道的客观叙述充当了最为主要的力量，由此塑造出的中规中矩的记叙风格，也是中国新闻写作的一个特色。

翻阅今天的中国报刊，很容易就能发现，解证式叙事逻辑在中国新闻报道中占据重要地位。与解证式叙事逻辑相比，情节式叙事逻辑在中国新闻报道中所占比重微乎其微。论证式说理逻辑则多见于新闻时评类作品中。

3. 逻辑结构在中国新闻作品中的表现效果

中国新闻报道中常见的逻辑结构主要是解证式叙事逻辑结构，这种结构能从新闻整体出发，对新闻文体内部各要素加以有序概括，并根据主题思想展开新闻事实。这样更为严谨，有利于受众从宏观角度认识事物，把握规律，避免因强调个别现象而分散注意力。根据这种观点，我们来观察逻辑结构在新闻作品中的表现效果。

中国新闻作品的逻辑结构注重使用解证式叙事逻辑，对事物进行概括综合，却往往忽略个体的丰富性与多元性，致使新闻在报道形式上偏于单一的综合式与结论式。同时，由于中国媒体多年来担负着舆论宣传、整合社会的职能，在很大程度上难以使新闻报道结构顾及情节式叙事逻辑，这样无意间就形成一种以主题至上的模式，流露出很浓重的主观色彩。我们来看一篇例子。

（引题）实践宣布了公允的裁判　20 多年的是非终于澄清；（主标题）党组织为马寅初彻底平反恢复名誉；（副标题）统战部副部长李贵前往拜访马老通知平反

7 月中旬的一个上午，往日静悄悄的北京东总布胡同 32 号宅院顿时热闹了起来：中共中央统战部副部长李贵来到这里，拜访了 98 岁的著名经济学家马寅初先生。

会见是在马老的卧室进行的。马老坐在单人沙发上，在座的还有他的夫人和儿女。

　　李贵副部长说："今天我受党的委托通知马老：1958 年以前和 1959 年底以后这两次对您的批判是错误的。实践证明，您的节制生育的新人口论是正确的，组织上要为你彻底平反，恢复名誉。希望马老能精神愉快地度过晚年，还希望马老健康长寿。"马老兴奋愉快地回答说："我很高兴。""20 多年前中国人口并不多，现在太多了。要尽快发展生产才行啊！"……①

　　毫无疑问，这篇新闻报道的逻辑结构属于解证式叙事逻辑。其中报道的中心人物本来应该是"马寅初"，报道中最重要的新闻事实本来应该是"马寅初平反"。然而细细品味该消息，发现其中最为出彩的新闻事实却没有得到完全展现。

　　首先，新闻的主、副标题："党组织为马寅初彻底平反恢复荣誉"、"统战部副部长李贵前往拜访马老通知平反"。在这两个标题中，"党组织"、"统战部副部长李贵"分别作为其中的主语成分，而新闻人物"马寅初"、"马老"却充当宾语，处于被动的叙述地位。

　　再看该新闻的导语，根据新闻主题，导语中应当将"马寅初"及其"平反"作为重要事实突出来写，但实际情况却是："中共中央统战部副部长李贵拜访马寅初"成了最突出的新闻事实。另外，分析新闻的主体，除了对马寅初先生的一段外貌描写外，关于其人物的动作、语言、神态等描写不够充分，读者从这些简略的描写中既无法勾勒出一个生动鲜活的"马老"形象，也无法反映出"马老"内心最深处的感受。也就是说，这样的叙事逻辑虽然保证了叙事的完整性——告知读者"马寅初的 20 年是非得以平反"，却忽略了"马寅初"这 20 年来的风雨经历，也就是忽略了其个体的丰富性。

　　但从宣传角度来看，这种完整性的叙事逻辑结构却有利于表现出我国政府领导对"马老平反"一事的关心和高度重视，为社会公众塑造出一个良好的政府形象，能够起到很好的宣传效果。

　　需要注意的是，中国新闻报道若仅仅恪守"解证式叙事逻辑"和"整体观"的原则，时间久了必将给读者留下刻板、单一的印象，从而影响到

---

　　①　1979 年 7 月 26 日《人民日报》。

新闻报道的传播效果。

结　语

综上所述，中国新闻作品的逻辑结构要素主要包括：标题、导语、主体、结尾、过渡与照应，各个逻辑要素各司其职的同时，也相互合作，共同形成一个完整的文体结构。在中国新闻作品结构中解证式叙事逻辑模式占据重要地位。这种结构能从新闻整体出发，使新闻文体内部各要素有序概括，并根据主题思想展开新闻事实，更为严谨。但是，由于这种结构过于概括，往往忽略新闻事件中的个体细节，使信息缺乏丰富性与多元性，导致新闻报道形式偏于单一的综合式与结论式，直接影响新闻作品的传播效果。

三　俄罗斯新闻作品中的逻辑结构

1. 逻辑结构要素

新闻作品能产生多大的影响力，这不仅取决于其语言和构思，还取决于文章所表现的主题思想及各段落之间的故事情节和连接关系。其实，这一切都是由逻辑结构所决定的。俄罗斯新闻作品的逻辑结构要素主要有概念、判断和逻辑连词。[①]

概念，即根据某种事物的本质特征归纳和分解出某种想法、主意、念头等，可以使用与概念相符的词、词组或者句子来表达。

判断，思维的基本形式之一，就是肯定或否定某种事物的存在，或指明它是否具有某种属性的思维过程，或确定几种事物之间的关系，在形式逻辑上用一个命题表达出来，可以使用与判断相符的词组或句子来表达。

逻辑连词，用来确定、表示概念和判断之间特殊意义关系的辅助词。

概念、判断和逻辑连词是俄罗斯新闻作品逻辑结构的最基本要素。

分析文章的结构逻辑需要一些技巧。问题是，许多概念和语言所表达的语义并不总是相辅相成的。语言是句子的基本单元，其中可能还包含着多个语义单元和逻辑单元。比如：

---

① Максимов В. И. *Стилистика и литературное редактирование.* Изд-во Гардарики, 2004. 481.

Самое популярное женское имя в Москве Настя. На каждую тысячу новорожденных девочек появляется в среднем 100 Анастасий. Это имя стабильно держит первенство уже пять лет подряд. Не менее популярны Анна, Мария и Екатерина. （调查显示, 娜斯捷是莫斯科最普遍的女孩名称。每千名女孩中平均有 100 个女孩叫娜斯捷。这个名字在莫斯科已经连续 5 年占据第一。除此之外，叫安娜、玛丽娅和叶卡捷丽娜的也比较普遍。）①

前一个判断"最普遍"是建立在调查的基础上，并且有具体的数字"每千名女孩中平均有 100 个"作事实依据，是可信的。后面的"也比较普遍"是不合情理的。如果用"仅次于……"这样的词汇，也许比较合乎逻辑。

评价逻辑连词是否合理，要根据其使用环境能否表达各种不同的观点来衡量。如果这些观点之间不发生相互矛盾，那么它们就是合理的。根据逻辑的表示方法，所有的逻辑连词可以划分为两种：一种是单一意义的词汇，比如，"因为"、"因此"和标点符号"："。前两者具有唯一原因的含义，后者具有上述注解的含义；另一种是逻辑单元之间的关系意义，比如，连词"和"、标点符号"。"、","和表示多重的";"。

新闻作品的逻辑结构是一条连接各种新闻事实及新闻事件的联系链条，比如，因果联系、条件联系、主次联系等。为了追求传播效果，俄罗斯新闻报道往往会突破逻辑顺序，去另行构筑语义结构。比如：

Отличился и капитан нашей сборной. Во втором тайме он мастерски организовывал и завершал атаки. Как говорили после матча наблюдатели, после его ударов штанга дрожала как осиновый лист. （我们联合球队队长战功卓著。下半场刚开始，他就成功地组织了一次冲锋。正如观察员在球赛之后所说的那样，球门门框在他的冲击下晃动得像树叶一样。）②

---

① *ВечерняяМосква*2002 – 03 – 07.

② *Футбол*2002（36）.

　　当作者写作这篇稿件时，他回忆起球场的激烈场面，特别是足球以巨大的力量高速射入球门一刻，给现场观众留下深刻的印象，整个球门门框在剧烈抖动。如果按照正常的逻辑顺序去写，应该是"足球高速射入球门，足球带来的巨大冲击力传到球网上，使门框剧烈抖动起来"。但是，作者没有依照逻辑顺序先去描写足球如何飞进球门，而是把球门的剧烈抖动先作为主要画面，让受众产生了错觉：足球没有射进球门，而是打在了门框上，所以门框才剧烈抖动起来。随后，作者刻画了足球如何被球网反弹出球门，击中对方守门员的细节，使受众先为射球打在门框上惋惜，再为进球而兴奋。虽然说作者破坏了逻辑顺序，但为读者设置了悬念，掀起了一个高潮。

　　由此看来，俄罗斯新闻作品的逻辑结构要素主要有概念、判断和逻辑连词。但是，为了追求传播效果，俄罗斯记者往往会直接破坏逻辑顺序，或者使用与概念语义不相符的词汇，使前文产生歧义，后文去疑释惑，或者故意倒置因果联系等。

2. 逻辑结构表现形式

　　分析俄罗斯新闻报道结构后我们发现，非完整性逻辑结构在俄罗斯新闻作品中占有较大比重。

　　非完整性逻辑结构是指作品并不刻意追求完整结构，而是将注意力集中在对主题思想的刻画与渲染上。这看似违背了逻辑思维完整性的规律，但在信息传播时却往往能起到出人意料的传播效果，即吊足读者胃口，留下一个意味无穷的想象空间。请看俄罗斯《莫斯科华人报》刊登的一篇新闻报道。

　　（标题）普京开口 俄首富命运有转机：6 月 17 日，正当人们纷纷猜测尤科斯公司的命运之际，俄罗斯总统普京就尤科斯的生存问题首次向媒体指出："俄罗斯政府和经济管理部门无意让尤科斯这样的公司破产。政府将尽最大努力防止尤科斯石油公司崩溃。"尤科斯石油公司的股价随即上升了 30%。

　　普京的讲话可能会使尤科斯的案件出现转机。这也可能是梅先法院于 16 日对霍多尔科夫斯基偷税案进行了几小时的预审后，突然宣布法庭休庭一周的真正原因。此前，许多人认为，霍氏和尤科斯公司副总裁列别杰夫至少要面临 10 年牢狱之灾。尤科斯公司即将面临破产的命运。

自去年 10 月霍氏被捕以来，尤科斯公司的股票价格已经狂跌了 61%，导致近 200 亿美元市值在股市上蒸发。加上俄税务部要求补交 35 亿美元税款的压力，尤科斯公司正面临破产的危险。

6 月 18 日莫斯科仲裁法院将就尤科斯公司补交税款的问题再次举行听证会。是否会立即下令要尤科斯公司补缴税款，暂时无法预测。目前，尤科斯公司的资产已遭冻结，流动资产远远不足以偿还税款。

霍氏在被捕之后，一直利用各种途径向政府和媒体传递着自己的心愿。他表示，不管政府对他如何进行处理，他都不能与自己的祖国为敌，既不想做政治移民出走海外，也不会与政府正面对抗。

霍氏虽然成为俄国首富，但是普通老百姓对他并没有像对待其他寡头那样的仇恨情绪，一直认为他的财富是靠辛勤工作挣来的。从霍氏事件发生至今，许多俄罗斯媒体和评论家都在为他鸣不平。

事实上，针对 5 月 27 日莫斯科仲裁法庭对尤科斯案一审判决补缴税款和罚款 35 亿美元的结果，俄罗斯媒体就直截了当地指出："这件案子具有强烈的政治色彩，摆在尤科斯公司面前的只有三条路可走：宣布破产、出售公司资产和被其他公司兼并。"[1]

初看这篇稿件，其结构似乎属于解证叙事式逻辑。标题首先点明主题思想，即俄罗斯总统普京直接针对尤科斯事件发表言论，使俄首富命运出现转机。接下来，作者运用直接引语的写作手法，通过记叙普京的讲话，对文章标题形成照应，而"尤科斯石油公司的股价随即上升了 30%"这一客观事实，也对"转机"进行了实例印证。

第二自然段，作者对"尤科斯公司"的命运设置了一个悬念，为了证明普京总统的"开口"是否真的对首富命运转变发挥作用，作者在接下来的段落里，对去年尤科斯公司的运营情况展开叙述。

自此，在俄罗斯新闻报道中占有重要地位的非完整性逻辑结构渐渐显露，作者一改解证式叙事逻辑中惯用的思维方式，即由普遍到特殊或者从特殊到普遍，将"尤科斯案"置于俄国内些许相似案件中，进行横向类比

---

① 2004 年 6 月 18 日《莫斯科华人报》。

或者由"尤科斯案"推之于其他案件，通过对其他案件不同的处理结果来进一步论证"尤科斯案件"可能出现的结果。在这里，作者紧紧抓住"尤科斯公司"这一核心，纵向叙述了这个案件的有关细节。

尽管尤科斯公司涉及了有关政治问题，作者仍旧在客观记叙关注"霍氏"的不同声音，有来自百姓方面的，有来自媒体和评论家的，并不因为其"政治性"而偏袒任何一种观点，表现出客观中立的态度。

最后，再来看作品结构：普京开口促使尤科斯命运转机→此前对尤科斯命运的猜测→讲述去年尤科斯公司的运营情况及霍氏命运→俄罗斯百姓和许多媒体为霍氏鸣不平→尤科斯生存可"危"：结尾部分"摆在尤科斯公司的面前只有三条路可走：宣布破产、出售公司资产和被其他公司兼并"。出乎常规，没有与标题或是导语形成照应，而是戛然而止。这种悬而未决的结尾方式，轻而易举地令读者内心充满了悬念，大大增强了新闻的可读性与表现力。

事实证明，打破新闻的叙述逻辑能增加新闻作品的表现力，有助于将读者的注意力集中到作品的某一片段上。

俄罗斯新闻作品常用的突破手法主要有演讲手法、双关语手法、偷换概念手法等。

（1）演讲手法

运用演讲手法能迅速建立一种戏剧效果。演讲手法包括富有表现力的经典句型、善于渲染情绪的演讲口才和恰如其分的修辞手法。比如：

> "你，先等等。"戈尔巴乔夫猛地从桌旁跳了出来说，"他们向我讲了各种政策，说什么要进行选举，因此他们趁机而动。现在，我算看清楚了，叶利钦耍了手腕。对他已毫无办法，整个过程变得越来越复杂。怎么办呢？又如何是好？叶利钦与我在别洛韦日密林会晤中曾发誓说，他们没有什么见不得人的东西，只是一次协商会晤而已！滚他妈的蛋！政治，政治！你也知道，共产党人的职位是一级跟着一级上来的，而这些家伙，一群臭虫，谁知道他们是从何处爬出来的，我有自己的职位和责任，走出困境的唯一出路就是进行抓捕，否则别无选择！"①

---

① *Совершенносекретно* 1999（11）.

在这个例子中，作者对戈尔巴乔夫的行动和语言做了生动形象的描述，文中"猛地从桌旁跳出来"、"我算看清楚了"、"叶利钦耍了手腕"、"怎么办呢？又如何是好？""没有什么见不得人的东西"、"滚他妈的蛋！"这段文字带有极端强烈的感情色彩。

此外，戈尔巴乔夫还用"一群臭虫"来比喻其他党派的人，这些演讲式的、充满激情的口语和生动的比喻，将戈尔巴乔夫个人鲜明的性格特征表现得淋漓尽致。

（2）双关语手法

利用双关语有意识地突破逻辑结构的限制，提升新闻作品的感染力是俄罗斯记者比较常用的一种手法。比如：

И теперь чиновники 《 парятся 》 над проблемой, как вернуть банный пар малообеспеченному народу. （现在，官员们在许多棘手问题上"桑拿"自己，而把用过的蒸汽留给了尚不富裕的人民。）[1]

这里的"桑拿"就是一个典型的双关语。"桑拿"本身是在高温中接受沐浴，而敢在棘手问题上"桑拿"，其危险程度是可想而知的。俄罗斯记者对那些不关心群众死活的"官员"深恶痛绝，用"桑拿"来比喻他们"玩火烧身"是再恰当不过了。作者运用双关语作为暗示，使读者不仅容易理解，并且乐于接受。

（3）偷换概念手法

这种手法经常出现在访谈、记者招待会或者新闻发布会之类的作品中，一般由采访对象、答记者问者和新闻发布者使用，记者往往会把这种手法直接搬进作品中，以突出现场气氛。比如：

— Ну как объяснить стране придуманный для Путина лозунг ? диктатуры закона?? （——您该如何向全国解释"普京是位法律的独裁者"？）

— Я думаю, что Путин еще студентом усвоил, что диктатура — это нечто чуждое закону, а закон — нечто прямо противоположное

---

[1] *Аргументыифакты* 2003 (38) .

диктатуре. (—— 我想，普京依然用大学生的热情来学习"独裁者"。准确地说，独裁者并不是一部什么法律，而法律是反对独裁的。)①

这则新闻的结构形式属于访谈式。发言者运用偷换概念的手法，很巧妙地将"独裁者"换成了"法律"，接着对"法律"给予了充分肯定；而"独裁者"代表的是一种政治集权，是带有贬义的词语，发言者巧妙地给予了否定。他就这样在大庭广众之下，将"否定"概念换成了"肯定"，并从正面肯定了"法律"，同时又维护了自己国家总统的形象。这种偷换概念的语言游戏，不仅使得文章读起来饶有趣味，而且也给读者留下了深刻的印象。

上述这些打破新闻叙述逻辑手法，超越惯常思维，往往给受众留下耳目一新的感觉。

3. 逻辑结构在俄罗斯新闻作品中的表现效果

由于俄罗斯传媒业实行市场运作机制，最终目标是实现盈利，所以俄罗斯新闻报道更注重受众的感受与互动。新闻作品的风格呈现出多样化，新闻文体的逻辑结构显得更为灵活多变，表现效果更为出色。比如：

戈尔巴乔夫像一只鹰，戒备又不解……

"谁能下拘捕令？"雅科夫列夫懒洋洋地用手捂着嘴打了个哈欠。"他们都是些异教徒。怎么判？再说，还有宪法，上面明文规定，每个共和国随时有退出联盟的权力。现在他们急不可待，潜入密林，远离大家，在那儿品茶，作出决定。再例如最高苏维埃，乌克兰最高苏维埃有权通过决议，支持他，与最高苏维埃没有两样。如果把克拉夫丘克软禁起来，放在哪个办公室里；或者把他们都投入监狱，结果他们进行表决更快，不管怎么说，他们是为了自己的国家而受着煎熬……"

亚历山大·尼古拉耶维奇想站起身来，但戈尔巴乔夫迅速地坐到他的身边，并冷不防地碰了他一下手，说："萨沙，你看呢？"

"逮捕叶利钦？他有不受侵犯的权力，不经最高苏维埃同意，不能动他。"

"我要逮捕他。萨沙，要逮捕他！"

"没有代表们的同意，"雅科夫列夫平静地继续说，"这是一次政

---

① Комсомольскаяправда　2004－04－20.

变，戈尔巴乔夫，而您不用说，您就是政变的头目啦？此外无人给叶利钦签发逮捕令。"

"瓦吉姆·巴卡京不可以吗？"

"搬不动，会翻车的。恕我直言。"

戈尔巴乔夫站起身来，打开保险柜，却取出酒杯和一瓶"纪念"牌酒。

"您没有说服我，我们还有宪法，不是吗？看谁胜谁负吧。深思熟虑，会找到出路的。召开代表大会，我会提出几种方案，让大会选择。看他们怎么办。"

"戈尔巴乔夫，您的通行证是谁签发的？"雅科夫列夫叹了一口气。

"什么通行证？"

"出入克里姆林宫的。是叶利钦签发的，不是吗？把博尔金放到拘留所，您的出入证失效，那才是一个大创造呢。一旦逮捕，就无人发给出入证。不过，出路还是有的。也就是说，如果他们一旦宣布解散苏维埃联盟，苏联总统不同意。苏联总统可以让出克里姆林宫，但并不承认他们，总统去别墅办公。不过苏联总统仍是最高统帅；还有苏联总统掌握着核按钮，不能随便地交出来！交给谁？为什么要交？他们有 3 个人呢。又不能把按钮像酒那样，一人分一份，对吧？还有，也是最重要的……"雅科夫列夫俯向戈尔巴乔夫耳边，说："到了这时候，国际社会又会承认哪个呢？"

戈尔巴乔夫点了点头。

"纳扎尔巴耶夫（哈萨克斯坦共和国总统）飞走了吗？到伏努克沃机场或者飞机上找到他，我要与他通话！"

苏联总统和秘书们待在会客厅里。虽然镇定自若，却生硬无礼："赶快去找……听见没有……!"①

毫无疑问，这篇新闻报道的逻辑结构属于情节式叙事逻辑，其叙事中心为"一份解散苏联的文件"，但作者有意避开"该文件"相关内容的叙述，而是不惜笔墨地运用白描手法，对戈尔巴乔夫、雅科夫列夫、尼古拉耶维奇等事件人物的神态、语言、动作进行了惟妙惟肖的刻画。通过人与

---

① *Совершенносекретно* 1999 (11) .

人之间的冲突，巧妙地记叙了这令人惊心动魄的历史事件。

为了增强新闻的表现力，作者甚至运用了"戈尔巴乔夫像一只鹰"、"用手捂着嘴打了个哈欠"、"他们都是异教徒"、"打开保险柜却取出酒杯和一瓶酒"、"又不能把按钮像酒那样"等多种细节化语言和生动形象的比喻，将每个人的性格特征表现得淋漓尽致，这场气氛极为紧张的密会在作者笔下却显示出一丝幽默和轻松。

通篇报道，无论是逻辑结构还是写作手法都大胆突破了既有的思维形式，将报道事件借人物描述来展开，通过演讲技巧、双关语等多种表现手法，活灵活现地展现人物个性。这种非常规逻辑结构的新闻作品一经刊出，立即被俄罗斯国内外媒体热捧，得到广泛传播。可以说，这就是非常规逻辑结构的独特魅力吧。

综上所述，为了增强新闻的表现力，更好地履行信息传播功能，俄罗斯新闻作品逻辑要素由概念、判断和逻辑连词构成。为了强化新闻作品的感染力，俄罗斯记者喜欢使用非完整性逻辑结构，并借助演讲手法、双关语手法、偷换概念手法等表现形式突破常规逻辑结构，使新闻作品的风格多样，逻辑结构更为灵活。

特别是采用情节式叙事逻辑模式，以事件、事件主要人物为叙事脉络，构建非常规逻辑结构，使新闻故事的发生、发展、高潮、结局等情节故意出现断裂或者不完整现象，有助于给读者造成无限想象空间，带来一种别致的阅读体验，提高新闻作品的传播效果。

四　中俄新闻作品的逻辑结构不同

1. 两国新闻作品的逻辑结构要素不同

经过比较发现，中俄两国新闻作品的逻辑要素不同。两者之间的差异主要表现在：

第一，逻辑结构要素不同

中国新闻作品的逻辑结构要素包括：标题、导语、主体、结尾、过渡与照应。各个逻辑要素相互合作，共同形成一个完整的文体结构。

俄罗斯新闻作品的逻辑结构要素包括概念、判断和逻辑连词。为了追求传播效果，俄罗斯新闻作品往往打破常规逻辑顺序。

第二，逻辑结构完整度不同

中国新闻作品普遍要求文题照应、首尾照应，使得文体结构完整统一。

中国新闻作品追求整体性、完整性。

俄罗斯新闻作品并不刻意要求结构完整，而是讲究兴尽而止，善于运用各种信息细节来制造冲突，并在冲突中展示新闻事实。

第三，文章语序结构不同

中国新闻作品的语序先后直接反映实际生活的时间顺序，俄罗斯新闻作品的语序与事件经历的先后无关，先发生的事件可以先讲，也可以后讲。

2. 两国新闻作品的逻辑结构表现形式不同

不同思维类型的国家，其新闻报道采用的逻辑结构形式也不尽相同。中俄新闻作品的逻辑结构表现形式的不同在于：

第一，逻辑结构不同

中国新闻作品注重事物之间的普遍联系，注重从整体上把握事物，解证式叙事逻辑结构在中国新闻报道中占据重要地位。

俄罗斯新闻作品注重信息传播，强调传播效果，并不刻意追求完整结构，而是将注意力集中在对主题思想的刻画与渲染上。非完整性逻辑结构在俄罗斯新闻作品中占有较大比重。

第二，逻辑结构表现手法不同

中国新闻作品往往采用首尾照应、伏笔照应等逻辑结构的表现手法，以遵规守矩，追求主题思想完整的效果。

俄罗斯新闻作品常采用演讲、双关语、偷换概念等表现手法，以打破常规逻辑结构，追求新闻信息的传播效果。

第三，逻辑结构关注的核心不同

中国新闻报道的逻辑结构关注的核心是事件，即便是涉及事件的核心人物形象，也往往会和与之存在关联的其他人物形象混杂在一起，突出群体形象。

俄罗斯新闻报道的逻辑结构关注的核心是人物，即便是对事件进行报道，也不会遇到只见事件不见人的现象。而产生这一差别的原因在于，中国文化强调整体，忽视个体，强调义务责任，忽视个体权利。相反，俄罗斯文化强调个体主义与自由主义。

3. 两国新闻作品的表现结果不同

中俄新闻作品的逻辑结构要素、逻辑结构形式和表现手法不同，直接导致两国新闻作品的表现结果也不同。

中国新闻作品恪守中规中矩的解证式叙事逻辑结构，讲究完整，所用语言抽象概括，模板化、脸谱化和程式化。

与中国新闻作品相比，俄罗斯新闻作品比较喜欢情节式叙事逻辑结构，但并不固守这一逻辑结构，完全根据新闻事件的具体情况和新闻人物的具体个性，来安排文章的逻辑结构。从表现结果来看，俄罗斯新闻作品优于中国的新闻作品。

结　语

综上所述，中俄新闻作品的逻辑结构具体差异如下。

第一，作品形式不同

中国新闻作品注重从新闻整体出发，使新闻文体内部各要素有序、概括，并根据主题思想展开新闻事实，结构严谨。俄罗斯新闻作品注重受众的感受与互动，风格呈现出多样化，文体逻辑结构显得灵活多变。

第二，作品表现力不同

中国新闻作品过于概括，往往忽略新闻事件中的个体细节，使信息缺乏丰富性与多元性，新闻报道缺乏表现力。俄罗斯新闻作品强调个性、细节，通过采用演讲技巧、双关语、偷换概念等多种表现手法，活灵活现地刻画和展现新闻事件和新闻人物的个性，具有很强的表现力。

第三，作品感染效果不同

中国新闻作品惯用大量的概括与抽象语言，理性说教色彩浓厚，主观感染力不够。俄罗斯新闻作品个性化语言丰富，不固守程式，以事件、人物为叙事脉络，并根据新闻事件的叙事需要安排情节，主题思想有时会突然出现断裂等现象，给读者留下无限想象空间，作品感染力较强。

总之，由于中俄民族具有不同的思维方式，他们在不同思维方式下缔造的新闻报道所产生的传播效果也不尽相同。

第二节　中俄新闻作品对事件的
叙述方法比较

一　新闻作品常见的写作手法

写作手法也称表达手法，是新闻作品中表达主题、刻画人物形象、讲述事件过程的手段。一般来说，通讯运用的写作手法要比消息更加丰富。为了增强新闻作品的表现力，常常交替使用叙述、描写、议论、抒情、对话等多种表现手法，使之互为补充，相互配合。

1. 叙述式

叙述也称陈述、叙事。叙述是新闻作品中最常用的一种写作方法。根据它在文中的叙事顺序，可以把叙述分为顺叙、倒叙、插叙；根据语言繁简还可以分为详叙、略叙。

（1）顺叙、倒叙和插叙

顺叙就是按照新闻事件发生、发展、结束的时间先后叙述。它是新闻写作中最常见的一种叙述方式，这样进行叙述的新闻，层次、段落和事件发展的过程基本是一致的。顺叙具有明白晓畅的风格，易于被读者理解接受。

倒叙是先叙结果，然后再按事件发展的时间先后依次叙述。倒叙是设置悬念的手段之一。加入倒叙手法的文章，其结构显得起伏生动，但是采用倒叙手法要注意前后照应，保持首尾一致。

插叙也叫追叙、补叙，就是在叙述事件的过程中，暂时中断主线索，插入与主题有关的背景或其他相关材料，如一个情节、一个场面、一段谈话等。插叙能使结构避免平铺，富于变化。

（2）详叙和略叙

详叙也叫细叙，就是详细叙述事物、人物、观点等。通讯写作中的详叙主要是叙述事实。略叙也叫概述，就是粗线条地对事实进行形象概括。详叙如同血肉，略叙如同骨骼。详叙使作品丰满，行文节奏慢；而略叙能使作品精练，行文节奏快。略叙和详叙既可以用于顺叙，也可以用于倒叙和插叙。[①] 在新闻中采用不同的叙述手法，所产生的效果也不一样。

在新闻文体中运用顺叙式写作手法显得行文清晰流畅，而在其中适当使用插叙、倒叙等手法，能够使行文富于变化，增强可读性。

2. 描述式

现代新闻写作很注重"立体化"。立体化就是形象化，其具体表现是以视觉描写为主，注重多种现场感觉相互配合的写作技法，要求记者从视觉、嗅觉、味觉、触觉等多方面收集新闻事实，将相关的典型细节诉诸笔端。

---

① 康文久、高红玲：《实用新闻写作》，新华出版社，2002，第 317～323 页。

所以，描述就是刻画形象、展示场面，构建"立体"的重要手段。①

描述按表现风格，可分为白描和细描；按描写的视角，可分为直接描写和间接描写；按描写的内容，可分为人物描写和环境描写等。这里，我们主要从描述的表现风格入手，进行深入分析。

（1）白描

新闻作品中的白描就是指文字描写的具体方法，即用质朴的简笔勾勒，不用或少用渲染，力避浮华做作，简练而直接地勾勒出事物的特征。白描虽然是描写，但是从形式上看，白描与直接叙述相似。可以说，白描是直接叙述和描写的高度统一。

白描手法具有三大特点：第一，以精炼的口语描述人物对话；第二，以精练的语言勾勒人物；第三，以简洁的笔法描述事件场景。

（2）细描

细描与白描相比，好比绘画中的工笔，它主要是通过运用比喻、比拟、夸张、引用等多种修辞手段，对人物或事物进行细致入微的刻画，使新闻作品文字绚丽，色彩浓烈。在新闻作品中需要加以特写的场景、细节等往往要借助于细描手法，使读者产生身临其境之感。

（3）论述式

论述，就是指作者在对新闻人物、事件进行描述的时候，直接发表自己对该人物、事件的观点和看法。它一般着眼于一人一事，一个问题中的一个侧面、一个角度，"评其一点，不及其余"。其中，新闻时评就是论述式写作手法的典型代表。

西方新闻学有一个重要理论"任何媒体传播的任何一条消息或言论都是有着非常明确的目的，都是经过精心选择的"。在新闻中之所以采用论述式写作手法是因为需要对新事实进行必要引申，需要判断真伪，明辨曲直，需要由此及彼启发受众提高认识，甚至需要有针对性地展开论战，进行反驳等。议论在文章中有时候独立成段；有时候和叙述结为一体，夹叙夹议；有时候又和抒情糅合在一起，融情于理。②

论述式新闻具有鲜明的倾向性和战斗性，它偏重于理性分析，主要通过严密的逻辑语言来说服受众。

---

① 阎安：《新闻写作的"视觉化"技法》，《军事记者》2004年第3期。
② 宋春阳、孟德东、张志攀：《实用新闻写作概论》，复旦大学出版社，2005，第153页。

结　语

综上所述，各种新闻写作手法都有着其自身独具的风格与特色，采用何种写作手法要依据新闻体裁和新闻主题而定。消息体裁因受短、平、快的特点限制，其写作多采用概括式的叙述手法，对新闻事实中的重要信息进行提炼，加以简单概述。而对于通讯来讲，尤其是人物通讯或者事件通讯，要想刻画出鲜活灵动的人物形象，全方位展示人物的个性或者力图对新闻事件中最为重要的部分进行详尽地展示，为读者还原事实原貌，就需要多种写作手法的综合运用。

通过叙述手法为读者勾勒出人物或事件的大致轮廓，描述手法则相当于在这个轮廓中添加了一笔笔绚丽的色彩，使得人物变得鲜活丰满，令事件变得饶有趣味、勾人心魄。

如果要对某新闻事实作出褒贬评判，从而发挥新闻舆论宣传的功能，那么论述式写作手法是必不可少的。充满理性的逻辑语言辅助大量的事实论证使得所论述的观点无懈可击，再加入慷慨激昂的抒情手法，将理性的内容与感性的情感合二为一，让读者信服并召唤起内心最深处的共鸣。

二　中国新闻作品的写作手法

1. 新闻作品以叙述写作手法为主

分析中国新闻作品，其写作手法多以叙述式为主，用这种手法采写出来的新闻往往先由记者对其掌握的感性材料进行抽象概括，然后以新闻事实的本质、规律、概貌等理性材料为主要表达内容，再通过叙述式的语言将其表现出来，从而向受众揭示事实的概貌及内部联系，加深受众对新闻事实的理解。① 我们来看下面这条消息，该消息 2004 年获得中国新闻奖一等奖。

（标题）中国国家主席与艾滋病人握手：新华网北京 11 月 30 日电中共中央总书记、国家主席、中央军委主席胡锦涛 30 日同一位艾滋病患者握手交谈时，勉励他坚持治疗，增强信心，争取早日康复。

---

① 柯根松：《中西新闻写作传统差异比较》，《长江大学学报（社会科学版）》2006 年第 3 期。

　　这幕感人的情景发生在北京佑安医院的一间艾滋病房。在"世界艾滋病日"到来前夕,胡锦涛惦念着处于"弱势群体"的艾滋病人。从拉美国家访问回来不久,他就提出要看望艾滋病人。

　　北京佑安医院是专门诊治传染性疾病的三级甲等医院,设有权威的艾滋病临床诊疗和研究中心,目前有住院治疗的艾滋病患者14例。30日下午3时10分,佩戴着爱心红丝带的胡锦涛和随行的中共中央政治局委员、国务院副总理吴仪,中共中央政治局候补委员、中央书记处书记王刚,在中共中央政治局委员、北京市委书记刘淇和北京市市长王岐山等陪同下,来到这里。

　　……胡锦涛在医务人员引导下来到病房看望艾滋病患者。一进门,胡锦涛就微笑着主动伸出手,和一位艾滋病患者握手,并和这位患者面对面站着攀谈起来。胡锦涛说:"明天是'世界艾滋病日',今天我和有关方面的领导同志来看望你们。"在详细询问患者的治疗和家庭情况后,胡锦涛深情地对艾滋病患者说:"得了病是不幸的事情,但党、政府和全社会都会关爱和帮助你们。希望你们增强信心,积极配合治疗,争取早日康复。"胡锦涛的鼓励缓解了这位患者的紧张,他连连向胡锦涛表示感谢。离开病房时,胡锦涛再次握住这位艾滋病患者的手,希望他"好好治疗,争取早日康复"。随后,胡锦涛又到另一间病房,看望了艾滋病患者,并应患者的要求,为他写下"祝愿你早日恢复健康"几个字。这位患者十分感激,将他妻子做的鞋垫送给胡锦涛主席。

　　作为中国最高领导人的胡锦涛十分重视艾滋病防治工作。几天前,他在智利召开的亚太经合组织领导人非正式会议上就人类安全问题发言时表示,艾滋病的蔓延正在给成员的经济社会发展带来不可低估的冲击,"我们支持亚太经合组织加强防控传染病方面的合作,通过积极开展信息交流和技术合作,帮助各成员完善公共卫生体系"。据悉,自1985年中国报告首例艾滋病病例以来,艾滋病在局部地区和特定人群中出现高流行趋势,疫情从高危人群向一般人群扩散。2003年的一项调查显示,中国有艾滋病患者及感染者84万以上。面对严峻的艾滋病防治形势,中共中央、国务院高度重视,成立了国务院防治艾滋病工作委员会,下发了切实加强艾滋病防治工作的通知,召开了全国艾滋病防治工作会议，采取一系列措施努力遏制艾滋病蔓延的势头。①

　　在这则新闻的导语中，作者先通过简洁的叙述，将新闻作品中的重要事实"胡锦涛主席同艾滋病病人握手"进行了概述。从文章整体叙述方式来看，这篇新闻属于倒叙，即先在导语中点明事件结果，接下来按照事情发展顺序一步步展开叙述。其中运用了插叙手法对"北京佑安医院"的情况进行简要介绍，另外在新闻结尾部分，还对胡锦涛主席在"亚太经合组织领导人非正式会议"上的发言进行了叙述。这样做一方面充实了新闻事件的背景材料；另一方面，充分展现出我国国家领导人对艾滋病防治工作的深切关注，由此可对社会产生强烈影响。

2. 叙述手法的风格与表现力

　　新闻中的叙述，是记者对新闻事实的高度概括。它不着力展示细节，而是在概括事实五要素的基础上，对报道对象进行理性分析，以求反映事实的本质和规律，启迪读者进行深层次的思考。

　　叙述手法有其独特的风格和表现力：

　　首先，注重宏观视野，善于把握事物全貌，能以较少的文字概括反映出事物的概貌，给人以总体印象，有利于表现事物的广度。

　　其次，注重深度思考，善于透过纷繁复杂的表象，以深邃的目光、超出"社会平均认知水平"的高度理性直达事物的本质，有利于深度挖掘事物。

　　正因如此，中国许多新闻作品都善于运用叙述手法，把记者对问题的深刻认识以近乎理论化的方式表述出来，以显示作品的理性色彩。但是，新闻作品的叙述式手法要求记者在进行新闻写作时，必须叙述简洁、结构严谨、抽象概括、流于格式等。② 这些框框使文章结构无法展开，事件细节无法深化。比如：

　　（标题）云南加快实施天然林保护工程：本报昆明4月1日记者汪波报道：云南加快实施天然林保护等8大生态工程，建设森林旅游、森林花卉等8大林业产业。

---

① 新华社，http：//www.sina.com.cn 2004－11－30。
② 李春耘、何志武：《理性的陈述与感性的表现在消息中融合》，《新闻课堂》2005年第2期。

"十五"期间，云南省将投资 33.67 亿元实施天然林资源保护工程，在工程区完成森林管护和公益林建设 2 亿亩；全面推进陡坡地水土流失的治理，退耕还林还草 600 万亩；完成大江大河防护林建设工程1546 万亩；建设 11 个森林生态类型、湿地生态类型和野生动物类型自然保护区。

云南省目前已先后在沙荒化严重的 15 个县实施了防沙治沙工程项目，共营造生态经济林 7 万多亩，治沙改田 5000 多亩。各地营建速生丰产用林 117 万亩、珍贵用材林 100 万亩、短周期工业原料林 190万亩。①

这条新闻给人最深刻的印象是数字堆积，除了一堆数字之外，没有什么实际内容。新闻内容有时需要精确的数字作论据，但是数据毕竟只是抽象的符号，一点也唤不起受众对新闻事实的形象体验。记者只是进行静态陈述，使报道内容毫无生气和表现力可言。类似这种类型的稿件在中国媒体上随处可见。

新闻作品需要表现具体生活中可感的情景，表现生活中的具体场面和细节，展现活生生的画面，让读者看得见、摸得着，从中获得丰富多彩的感受。然而，中国的新闻作品至今还在延续着陈述式写作方法。让人振奋的是，《南方周末》、《外滩画报》等周刊刊载的新闻作品正在走出以陈述为主的写作模式。比如：

（标题）俄罗斯：胡锦涛初战告捷（记者 林竹）当地时间 5 月 26日晚，莫斯科西郊新奥加廖沃总统别墅。

受俄总统普京夫妇的盛情邀请，中国国家主席胡锦涛和夫人刘永清从下榻的总统饭店出发，驱车来到莫斯科西郊普京的总统别墅进行拜访。

总统别墅掩映在一片幽静的白桦林中。看到车队通过院门，普京手捧一束红黄相间的鲜花与夫人柳德米拉一起，站在别墅门前笑迎胡锦涛。

胡锦涛下车，这位普京总统的贵宾身着西装，却没系领带。身着

---

① 2001 年 4 月 2 日《人民日报》。

便装的普京跨步上前，将鲜花献给胡锦涛夫人刘永清，与胡锦涛握手寒暄，神态一如老友。

现场有一个小型的记者招待会，普京向在场的记者们介绍："这是两年来我与胡锦涛先生的第三次见面。我们彼此已经相当熟悉，并建立起了良好的个人关系。俄罗斯非常高兴地了解到，中国新一代领袖是一位经验十分丰富的政治家，并且对俄罗斯怀有深厚的友好感情。我和夫人很高兴今天能在家里接待我们的朋友。"

记者会后，普京和夫人柳德米拉带领胡锦涛夫妇参观了别墅，并举行了丰盛的家宴，为他们接风洗尘。出席晚宴的只有两国元首夫妇和翻译，宾主数人围坐桌边，与那种高朋满座、觥筹交错的国宴大异其趣。

当日，俄罗斯有媒体刊文评说：在领导人正式会谈开始之前，总统先邀请外国领导人进行家访，这在俄罗斯外交活动中相当罕见……①

新闻作品要想取得良好的传播效果，就需要用生动活泼的新闻语言来对场景和事件的过程进行描述和展示。只有这样，才能提高新闻作品的可读性。中俄两国元首峰会，是一件多么庄重和严肃的外交峰会。如果用陈述手法去转述峰会场景，会使读者产生一种两国元首"走过场"的生硬、冷冰等感觉。用描述的手法来讲述现场，则会出现生动、热情、感人的真实场景。例子中的"盛情邀请"、"掩映在一片幽静的白桦林中"、"手捧一束红黄相间的鲜花"、"身着西装，却没系领带"、"握手寒暄，神态一如老友"、"带领参观了别墅"、"家宴"、"接风洗尘"等描述，把严肃的外交场合，描绘成了"亲朋好友之间的家宴"。

虽然中国不乏用描述手法来写作新闻的记者，但是由于受新闻功能和报刊版面的限制，这类新闻作品在中国新闻媒体上并不普及，媒体使用最多的还是叙述式手法。

3. 中国新闻写作手法发展趋势

大众传媒已经进入读图时代，面对电视、网络等媒体的激烈竞争，中国报纸媒体开始重视新闻的视觉化写作。记者用自己的眼睛目睹事实的经过，对新闻场景有计划、有目的、有选择地分析和感受，并把这种视觉感

---

① 2003 年 6 月 5 日《南方周末》。

受客观地加以描述，"既有景象再现，又有声响音律；既有动感显示，又有静穆庄重，使读者如见其人，如临其境，这种新的新闻写作手法具有较强的感染力"。①

随着中国现代新闻理念的嬗变，新闻报道越来越重视新闻价值，从最初偏于喉舌的工具性，逐渐转向以事实性、客观性为宗旨。概念化的陈述式新闻写作方法正在受到形象、立体的描述式新闻写作方法冲击。

近年来，中国新闻写作已经跨越纯客观叙述的樊篱，开始借助于描述手法，将众多文学元素融入新闻写作之中，从而打破了刻板的写作模式，使得新闻表现出文无定法、不拘一格的风格。这成为中国新闻写作手法的发展趋势。

我们来看一个例子。

　　（标题）一场前所未有的大对峙（片段）25 日上午 9 点左右，一位满脸络腮胡须、两眼通红的男子，一手拨开执勤警察，冲入警戒圈。他发疯似的从怀里拔出两把菜刀，想冲进馆内同车臣武装分子决斗，以救出自己的妻小。后被几名军人赶上，硬是给拉了回来。他双眼怒视着军警们："就你们也有资格拦我？军人的话，我是再也不能相信啦。你们不是说车臣的匪首已经于去年就给捕杀了吗？你们看，他就在那儿！正在我们的眼皮底下指挥着他的女兵们，杀戮我那手无寸铁的妻儿！你们救不了他们，难道还不允许我去救吗？!"
　　看到这种情景，许多人都把忧愁的眼光挪开了。②

例中对男主人公的描写符合其心态，把一个鲜活的人物形象表现了出来。"满脸络腮胡须"、"两眼通红"、"一手拨开执勤警察"、"冲入警戒圈"、"发疯似的从怀里拔出两把菜刀"、"想冲进馆内同车臣武装分子决斗"、"救出自己的妻小"、"赶上"、"拉了回来"等描述，把现场那种紧张、无奈、残酷的气氛刻画得淋漓尽致，有种身临其境的感觉，给读者留下深刻的印象。

①　徐明贞：《边缘新闻写作初探》，《军事记者》1996 年第 7 期。
②　2002 年 10 月 28 日《南方日报》。

结　语

中国新闻报道的写作手法从整体来看是以理性的叙述式风格为主。这种写作手法的推广与长期使用，很容易使文章结构单一化、模式化，直接导致新闻作品千篇一律，对读者的吸引力会逐渐降低。

近年来中国纸媒新闻作品、新闻写作正在由纯客观叙述手法向叙述＋描述手法转变。这一方面体现了中国新闻观念的渐变，另一方面也表现了中国广大受众的心理需求变化。作为信息接受者，受众已经不再仅仅满足于新闻的"信息性"，而是要求新闻作品既有信息又有可读性，在理性陈述中合理加入感性描述，在能够使新闻作品变得形象生动、具体可感的同时，提高其传播效果。这是中国新闻写作方法的典型发展趋势。

三　俄罗斯新闻作品的写作方法

1. 新闻作品以描述手法为主

优秀新闻作品中的细节描写，就如同指纹，它将作者所写的人或故事与其他人区别开来，具有独特的不可复制性。俄罗斯新闻作品写作手法多以描述为主，即使像会议、科技类的"硬新闻"也毫无例外。描述手法的应用，不仅使新闻中的人物、事物的形象更加具体丰满，而且也大大增强了新闻的表现力。比如：

（标题）驻留宇宙的俄沃罗涅日蟑螂将很快返回地面：俄新网 沃罗涅日 9 月 25 日电　飞向宇宙的俄罗斯"光子－M3"科研卫星搭载了五十多只沃罗涅日蟑螂，以便研究失重对活体的影响。26 日，这些蟑螂将返回地面。沃罗涅日医学院生物生态教研室助教德·阿佳克申 24 日向俄新社记者作出了这一表示。

阿佳克申说："沃罗涅日医学院大学生赢得了'实验'比赛奖项。他们推出了自己的项目，即为研究失重对活体的影响而提议向宇宙发送 54 只普通棕黄色蟑螂。"

他指出，挑选棕黄色蟑螂研究并非偶然：它们无需进食进水就能存活一个月以上。此外，它们身材小体重轻，可以将它们大量发送到宇宙。这对于精确实验非常重要。

他指出："装蟑螂的密封容器体积共有 150 立方厘米。此外，还没有谁向宇宙发送过蟑螂。"

蟑螂归来后研究人员将利用其进行实验。预计研究失重蟑螂的计划将持续一年半至两年时间。

阿佳克申补充道:"我们不仅研究驻留在宇宙的那些蟑螂,而且还要分析它们的子孙后代。对于科学而言,蟑螂还有许多值得研究的东西。"

除蟑螂外,卫星上还装有蚕蛹、沙鼠、北螈、壁虎和蜗牛。

"光子-M3"卫星重约6.5吨,是"光子"卫星的改进型。自1985年起已12次成功发射"光子"卫星。①

在这则科技新闻里,大部分细节都是围绕"蟑螂"这个新闻的主角进行的,作者介绍了进入宇宙的这批蟑螂的种类——"沃罗涅日蟑螂"、蟑螂的数量——"54只"、蟑螂的颜色——"棕黄色"、选择棕黄色蟑螂的原因——"无需进食进水就能存活一个月以上;此外,身材小体重轻,可以将它们大量发送到宇宙也是一个重要原因。这对于精确实验非常重要。作者甚至对装蟑螂的容器也没有忽视——"装蟑螂的密封容器体积共有150立方厘米"。

这些看似琐碎的细节描写,一方面表现出俄罗斯科学家严谨的科研作风;另一方面在使读者饶有趣味地学习到相关知识的同时,也能对整个新闻有更深刻的印象。这不正是细节的魅力吗?

2. 描述手法的风格与表现力

西方写作经典《风格的要素》中这样界定细节:"最能唤起读者兴趣,引发读者关注的是那些明确、具体、特定的细节。"而描述手法最大的优点就是通过对新闻细节的展示,尽可能地还原新闻事实,让事实如同电影画面一样依次展现在读者面前,直接刺激读者的视觉、听觉、嗅觉、味觉甚至触觉,激发读者的阅读兴趣。比如:

Путин чуть-чуть опоздал и был заметно смущен этим. Он ужасно извинялся, прижимал руку к сердцу и вообще выглядел, как провинившийся молодой человек … в ожидании президента мы успели

---

① http://themoscowtimes.com 2007-09-25.

дважды выпить кофе и съесть почти все кремлевские пирожки, похожие на белых жареных мышек. Президент, видимо изголодавшись, тоже не удержался и сразу набросился на один из оставшихся пирожков. Я обратил внимание, что это был пирожок без сладкой начинки. Как спортсмен, путин, вероятно, выдерживает диету … президент был предельно откровенен, много импровизировал и не особенно стеснялся в выражениях. Он произвел на меня впечатление очень азартного, увлеченного, целеустремленного, словно летящий дротик, человек.

（普京稍稍迟到了一会儿，使得现场气氛顿时困惑不解起来。就在这时，他突然出现在大家面前，把右手放在胸前，上身前倾，作出一个很夸张的姿势，请求大家原谅。猛一看，这个动作俨然一个做了错事而请长辈原谅的小伙子那样……

在等总统到来期间，我们不慌不忙地品尝了两杯咖啡，几乎吃掉了克里姆林宫的所有点心……总统，也许是饿坏了吧，竟忍不住快步走到桌前，抓起盘子里的最后一块点心，放到了嘴里。我在总统进来之前曾经仔细看过，这块点心里没有果酱夹心，或许才剩了下来。普京，也许就像运动员那样，需要丰富的伙食支持才行吧……

总统是一个开诚布公的人，他随即发表了即席讲话，其言谈举止中没有丝毫拘束。他给我留下了精力充沛、热情洋溢、意志坚定的深刻印象。）①

这是俄罗斯"Завтра"报主编 А. Проханов 先生描述有关俄罗斯总统 В. 普京约见俄罗斯主流报刊主编们的场面。被普京邀请的对象里就包括俄罗斯左派媒体代表——"Советская Россия"（苏维埃俄罗斯）报和"Завтра"（明天）报的主编。

例中所描述的"把右手放在胸前，上身前倾，作出一个很夸张的姿势，请求大家原谅"。"猛一看，这个动作俨然一个做了错事而请长辈原谅的小伙子那样……""总统，也许是饿坏了吧，竟忍不住快步走到桌前，抓起盘子里的最后一块点心，放到了嘴里"。这三个细节把普京活脱脱地领到了读

① *Аргументы и факты*2000（33）.

者面前。当时，普京刚刚就任俄罗斯总统，许多读者对他一不熟悉二不了解。我们从上述三个细节中首先能体会到，作者把神秘的新总统描述成一个"诚恳、谦虚、忍不住饥饿"的普通人。其中的"把右手放在胸前"、"上身前倾"、"猛一看"、"快步走到桌前"、"抓起最后一块点心"、"放到嘴里"等动作，把普京刻画得活灵活现。

这种描述手法向读者再现了与总统相会的场面，形象地展示了具体细节，给读者一种看得见、摸得着的现实感觉。这种手法使新闻作品富有生气和激情。

3. 俄罗斯新闻写作手法发展趋势

俄罗斯新闻记者在采写新闻时，善于捕捉新闻中的形象事实，即那些容易被人直接感知的，能引起受众兴趣的形象元素，比如精彩的场面、典型的细节等，而后以流畅朴实的行文，充满感情的笔触，将其细致描绘出来。

虽然用这种描述式手法写出来的新闻，具体、生动、感性、立体、可读性强，但这种表现手法也存在着缺点，即无法很好地把握比较复杂的问题。仅靠感性的表现，而缺乏有层次、有条理的分析，往往难以全面、深入地反映事实的真相。因此俄罗斯记者们开始将理性的陈述手法用到新闻报道之中，使得感性与理性相结合，以期达到更好的传播效果。比如：

> "照顾好俄罗斯！"叶利钦在走出门口时对继任者普京说。自从他离开克里姆林宫并把保管核密码的责任交给普京后，叶利钦几乎是默默无闻地住在他的总统别墅里。这座别墅建有高大的围墙，距莫斯科大约80公里，他在位时就住在这里。当总统的最后几年里，叶利钦呈一副衰弱之相。他经常喝醉，有时是在公众场合，几乎总在生病。会一连几周下不了床，无法与外界接触。"鲍里斯·尼古拉耶维奇在审阅文件。"克里姆林宫的新闻官会这样告诉记者。"你现在应该看看他的样子，"他最亲近的顾问之一阿纳托利·丘拜斯不久前告诉我，"鲍里斯·尼古拉耶维奇几年来的气色都没这么好过。他现在很少喝酒，他游泳。"①

---

① *Аргументы и факты* 2002（26）.

在这个片段中，作者一边使用描述手法一边使用叙述手法，将两种风格不同的写作手法同时运用到一条新闻里，将俄罗斯前总统叶利钦的形象进行了概括性描述，实实在在展示出前总统叶利钦作为普通人的一面。

俄罗斯记者在新闻实践中发现，把理性陈述与感性描述两种手法综合运用于新闻写作中，能保证新闻文体详略得当，简洁传神，使新闻作品平添无比的感染力。这正是俄罗斯新闻写作手法的发展趋势。

结　语

综上所述，俄罗斯新闻作品以描述手法为主。这种手法不仅可以使新闻人物、新闻事件的形象特征具体丰满，而且能大大增强新闻作品的表现力，让事实和人物如同电影画面一样依次展现在受众面前，直接刺激受众的视觉、听觉、嗅觉、味觉甚至触觉，激发受众的阅读兴趣。

然而，单纯的描述手法同样存在缺点，即对那些比较复杂的问题难以全面把握。描述手法因为缺乏理性分析，所以往往难以全面、深入地反映事实的真相。与描述手法相比，叙述手法则能够从宏观视野上把握事物全貌，并善于透过纷繁复杂的表象，直指事实本质，利于发掘更深层次的信息。

鉴于此，俄罗斯记者开始将描述手法和叙述手法综合运用于新闻写作当中，使得新闻报道在保证趣味性与可读性的同时，能够深刻反映事实的本质与规律，启发受众进行深层次思考。这代表着俄罗斯新闻写作的发展方向。

四　中俄新闻作品写作手法不同

1. 两国新闻作品的写作手法不同

通过对中俄两国新闻作品的上述分析，我们认为两国在新闻写作手法上存在着明显区别。

中国新闻作品的写作手法多以叙述为主。这种写作手法往往采用抽象概括，理性叙述，向受众揭示事实的概貌及内部联系。这种写作手法能加深受众对新闻事实的理解，从而取得宣传成效。

俄罗斯新闻作品的写作手法多以描述为主。这种写作手法往往用形象、具体、细节等描绘笔触，向受众展示直观、生动、细致的新闻事件和人物形象，作品具有较强的表现力。

2. 两国新闻作品的表现力不同

中俄两国记者采用的新闻写作手法不同，直接导致两国新闻作品的表现力存在区别。

中国记者常用的叙述式写作手法不仅注重宏观视野，善于把握事物全貌，能以较少的文字反映出事物的概貌，给人以总体印象，有利于表现事物的广度，注重深度思考，有利于深度挖掘事物。同时，新闻作品形式叙述简洁，结构严谨，抽象概括，思想完整，语言流畅。

但是，这种写作手法使文章结构无法展开，事件情节无法细化，在许多新闻作品中表现出鲜明的主观色彩。这种自上而下的说教式叙述手法，笼统概括式的新闻语言，不仅显得单一呆板，而且不易给受众留下深刻印象，会直接影响传播效果。

与中国新闻写作手法相比，俄罗斯新闻经常采用的描述式写作手法则具有很多优点。其最大的优点就是通过对新闻细节的展示，尽可能地还原新闻事实，让事实如同电影画面一样依次展现在读者面前，直接刺激读者的视觉、听觉、嗅觉、味觉甚至触觉，激发受众的参与兴趣，增强文章的可读性和表现力，使受众对新闻事件和新闻人物产生深刻印象，不知不觉中接受作者的观点，具有较强的传播效果。

虽然用描述式手法写出来的新闻作品具有较强的表现力和感染力，可读性强，但是这种写作手法同样存在着缺陷，即无法全面把握深刻复杂的问题，因为仅靠感性的表现，缺乏有层次、有条理的分析，很难全面深入反映事实的真相。

3. 中俄新闻写作手法发展趋势不同

比较发现，中俄新闻写作手法发展趋势不同。区别在于：

中国新闻写作手法随着近年来国家新闻体制的改革发展，正在发生深刻的变化。这种变化主要体现在中国记者正在由"纯粹的叙述式"写作手法，向"叙述 + 描写"式写作手法转变。那些寓理于事，顺事成理，在理性陈述中加入感性描述，通过丰富的事实细节写就的新闻作品，越来越受到读者欢迎。这是中国新闻写作手法发展的显著趋势。

俄罗斯新闻写作手法经过社会大转型期的检验与洗涤，也在发生着深刻变化。纯粹采用描述式写作手法是难以全面深入反映社会重大问题，难以把握较为复杂的新闻事件的。于是，俄罗斯记者发现，如果能在描述式写作手法中借鉴叙述式手法，就能使新闻报道直接触及社会重大新闻事件，并全面深刻反映社会重大问题。由此，俄罗斯新闻写作开始由感性描述手法向"感性描述 + 理性叙述"手法进行转变，成为俄罗斯新闻写作手法发展的显著趋势。

结　语

综上所述，由于中俄两国的思维方式、文化背景、新闻观念等存在着差异，两国新闻写作手法也因此表现出不同风格和特色。

对于新闻报道来说，无论是惯用感性描述，还是偏重理性叙述，都不能达到最佳的表现效果。没有叙述，就看不到客观内容的总体发展，缺乏新闻广度；而缺乏描述，则难以突出新闻事实的特点，缺乏新闻深度。分析两国新闻写作手法的发展趋势，其转变的方向共同体现了叙述与描述的融合。

第三节　记者在中俄新闻作品中的角色比较

一　记者、记者职责与记者角色

1. 记者

记者是新闻机构中专门从事采写报道的专业人员。作为新闻传播活动的主体，记者是新闻信息孜孜不倦、永不停息的挖掘者和推动者，是新闻传播过程中最有生机、最具能动性的活力因子。

记者的职业是一个神圣的工作，新闻传播重任要求新闻记者必须具备较高的素质和修养，即要"有较高的政治素养和新闻敏感，善于迅速、准确地发现新闻；有广博的知识和敏捷的文笔，能够准确、鲜明、生动地报道有新闻价值的事实；有坚强的意志和强健的体魄，能在复杂、艰苦的条件下坚持工作；敢于说真话，坚持真理，真实、全面反映人民群众的呼声，通过新闻报道为人民服务"①。

---

① 中国大百科全书总编辑委员会：《中国大百科全书·新闻出版》，中国大百科全书出版社，2002，第158页。

作为传播主体，记者的主观意识构成对其在整个新闻传播活动中的行为起着直接影响。记者的主观意识主要由以下三方面构成：

第一，记者的社会意识

记者的社会意识，即记者作为某一个社会组织的成员而存在，自觉地将所在组织、集团、政党等的意志转化为个体的信念，并通过其行为和活动体现出来。在记者的主体意识中，社会意识的特点最鲜明、最突出，这也是记者的社会地位得以实现的基础。

第二，记者的自我意识

记者的自我意识，即记者作为一个相对独立的个体，将其自身的心理、性格、意志、情感、思维等个性化的内涵在新闻传播活动中自然闪现和流露。正是由于这种表现形式的存在，记者才拥有了自己的独特风格和鲜明个性，整个新闻传播活动才更显多姿多彩。

第三，记者的受众意识

记者的受众意识，即记者关注并重视受众的存在，把握受众特征，进而满足其需要。[①]

社会意识、自我意识、受众意识三方面相互影响、相互作用，共同架构为一个有机整体——记者的主观意识。

在主观意识支配下，记者成为新闻传播活动中最富有特色也最具主观能动性的关键一环，在共性与个性的交织中扮演着不同角色，呈现出不同风采，践行着各自的任务和使命。

2. 记者职责

新闻本身就是为公共利益服务的。记者是新闻传播的使者，在新闻传播活动中占据重要地位，承担着社会职责。记者的职责主要包括以下方面。

第一，客观、真实地传播信息，满足受众知晓权

新闻记者必须时刻保持新闻敏感，及时感知客观事物变化动态，选择有价值的、能够引起受众兴趣的内容，传播给受众。同时，在报道事实的过程中，记者必须做到客观、真实、公正，不允许有任何虚构和夸张，尊重并满足受众的知晓权。

第二，引导舆论，实施新闻舆论监督

社会舆论是公众意见的公开表达。在市场经济发达的今天，市场主体

---

① 贾树枚、陈龙：《当代新闻传播学读本》，上海三联书店，2006，第43~47页。

和价值观念呈现多元化，人们的思想和心理经受着更多诱惑和考验。因此，新闻记者有责任、有义务对社会舆论加以正确引导，使之有利于社会向前发展。

同时，新闻记者还担负着新闻舆论监督的重要职能。新闻舆论监督就是指新闻传播者通过新闻报道与评论，针对国家权力机关及其工作人员以及社会上一切有悖于法律和道德的行为提出批评和建议，以达到抨击时弊，抑恶扬善的目的。[①]

第三，提供知识和娱乐，服务公众

新闻记者无论传播信息、满足受众的知晓权，还是引导舆论、监督时政，其目的都在于为公众服务，这与新闻媒体本身具有的公共性特质有关。除此之外，新闻记者服务公众的职责还体现为提供知识与文化以滋养公众和提供娱乐以愉悦公众两个方面。

3. 记者角色

记者在人们的日常生活中扮演着重要角色。人们通常把记者称为"无冕之王"、"第四权力"、"布衣宰相"、"社会活动家"、"耳目喉舌"、"权威人士"、"消息灵通人士"等，这些美誉足以说明记者在社会活动中的重要地位和作用。

记者在新闻传播活动中担当的主要角色如下。

第一，新闻信息把关人。对于新闻传播活动来说，记者是新闻信息的第一把关人，这一角色体现了记者对于整个信息环境的重要使命。记者的把关人角色首先体现在对信息的净化方面，即记者首先要把好信息的第一道关，不传播虚假有害信息，更不能捏造、制造假新闻，以便为公众营造一个洁净的信息空间。

除此之外，记者的把关作用还体现在信息的选择上。面对浩如烟海的信息潮流，人们要想迅速接触到有用信息并加以高效利用并非易事。这就需要记者从大量的新闻事实中捕捉并筛选出那些受众感兴趣的、具有较高新闻价值的信息，以各种新闻报道形式传播给受众。

第二，时代瞭望者。倘若一个国家是一条航行在大海上的船，新闻记者就是船头的瞭望者。他要在一望无际的海面上观察一切，审视海上的不

---

① 贾树枚、陈龙：《当代新闻传播学读本》，上海三联书店，2006，第36页。

测风云和浅滩暗礁，及时发出警告。[①]

事实上，从原始社会人类最早的新闻传播活动开始，早期的新闻传播者就在履行瞭望者功能。在信息技术无限发达的今天，记者更是时代不折不扣的瞭望者。记者每天通过大众传媒把大量的信息传递给公众，使人们可以时时感知外界环境变化，及时把握时事动态，并以此为依据作出相应的决策和行动。[②]

第三，社会沟通与交流的中介人。记者在人们的日常和交往中发挥着"桥梁"和"纽带"作用，担负着"中介人"重要角色。[③]

作为信息的传递者，记者每天搜集大量的新闻事实，并对其进行筛选和加工，制作成新闻，然后通过新闻媒介传播给受众。因此，记者在公众与信息之间建起了一座桥梁，使公众的信息需求得到满足。同时，记者把各类信息加工成新闻传递给处于不同社会系统中的人们，从而使社会各系统之间取得联系。从这个意义上来说，记者成为社会沟通与交流的重要桥梁和中介。

由此可见，记者角色呈现多元化特点，一方面在于记者职业本身具有桥梁性和公共性的特点，另一方面也是记者自身职业道德和社会责任感共同使然。

结　语

记者是新闻传播活动的主体，是新闻传播中最活跃的因素，在人们的日常生活中同样扮演着重要角色。记者必须具备较高的自身素质才能真正担当起新闻传播重任。

新闻传播是一种有意识的自觉活动，为了更好地把握记者在整个新闻传播过程中的表现，考察记者的主观意识构成十分必要。综合来看，记者的主观意识由社会意识、自我意识、受众意识三部分构成。

记者的职责主要体现在三个方面：第一，客观、真实地传播信息，满足受众知晓权；第二，引导舆论，实施新闻舆论监督；第三，提供知识和娱乐，服务公众。

---

① 普利策新闻奖创立者约瑟夫·普利策语。
② 童兵：《理论传播新闻学导论》，中国人民大学出版社，2000，第27页。
③ 贾树枚、陈龙：《当代新闻传播学读本》，上海三联书店，2006，第37~39页。

记者在新闻传播活动中扮演着多重角色。从社会角色层面来看，记者是新闻信息的把关人、时代瞭望者、社会沟通与交流的中介人。

二　中国记者在新闻作品中的角色

1. 媒体对记者的角色限制

记者角色功能的发挥离不开新闻自由，新闻自由是新闻事业的基础，也是记者进行新闻采写活动的关键条件。中国现行宪法第三十五条规定："中华人民共和国公民有言论、出版、集会、结社、游行、示威的自由。"言论出版自由原则在新闻传播活动中的贯彻即是"新闻自由"。[①] 但在中国，由于诸多原因，记者的新闻传播行为会受到种种限制，导致角色无法充分自由地展现和发挥。

从媒体内部来看，媒体组织通常会制定一些规章制度和新闻工作纪律等，对记者的新闻传播活动进行规范，以使其能够与媒体的宗旨、原则和要求相一致。无疑，这些规定是对记者最直接也是最强硬的限制，记者必须遵守，一旦违背将会受到相应惩罚。

除了来自媒体内部的直接约束外，记者还受到来自媒体之外的限制。中国长期以来就有政治控制新闻的传统。新闻媒体是国家的行政隶属机构，与政府之间是一种领导与被领导的关系，服从和听命于政府。因此，中国的新闻较多地受到政府的干预和控制，要为政治和国家利益服务，肩负着宣传国家的政策法规，为国家的繁荣与富强营造良好舆论环境的重任。此外，中国共产党是中国的执政党，加上新闻传媒的相关法律尚不完备，因此形成了党管媒体的政策和规定，坚持党性原则成为中国对新闻媒体及媒体工作者的一贯要求。

由此可见，中国新闻媒体处于党和政府组织和管理体系之中。"新闻生产并不仅仅受到编辑部或组织的控制，相反，编辑部或组织存在于特定的社会中，是在特定的环境中运转，因而也就不能不受到社会诸方面的影响。"[②] 这样就不难理解，新闻媒体所受到的来自党和政府的新闻调控，必然会转化为对包括记者在内的所有工作人员的约束和限制，以使其能够在党和国家的新闻政策、法规和原则规定范围内开展新闻传播活动。

---

① 陈奕：《试论新闻自由的合理性及其现实困境》，《新闻知识》2007 年第 4 期，第 29 页。
② 黄旦：《传者图像：新闻专业主义的建构与消解》，复旦大学出版社，2005，第 199 页。

总之，由于中国特殊的政治环境，中国记者会受到来自媒体内外的诸多限制，这种限制在记者的报道理念、新闻表现形式和方法等方面都有体现。一篇新闻稿件从记者笔下到读者手中经历层层把关，致使记者个性张扬的空间受到极大压缩。

而记者在进行舆论监督时所受到的限制则最为突出。尽管中国的舆论监督得到党和政府的关心和支持，也取得了较大进展，但从整个生态环境来看，依然会受到来自权力组织、社会机构和媒体内部等多方面的阻力，导致记者在进行舆论监督时遇到重重阻碍，甚至会遭受打击、报复。这些都严重阻碍了记者正常的新闻传播活动。① 尽管记者的新闻报道目前依然会受到各种条条框框的约束，但有理由相信，随着整个新闻传播生态的逐步优化以及记者自身主体意识的不断增强，记者在新闻传播活动中施展的空间一定会更为宽松，角色自由度也将进一步提高。

2. 记者角色在新闻作品中的表现形式及影响方式

为了使新闻报道保持客观、公正，记者在新闻作品中很少使用第一人称"我"，而是更多地使用"记者、本报记者、本报特派记者、本报特约记者、本报通讯员、本报特约通讯员、作者和笔者"等第三人称。比如：

> （记者　申长明　实习生　张丽娜）② "我每天上下学走在这里，都是先看看头顶，再看看地下，然后才敢往前走。我害怕头顶上突然掉石头，又害怕一不小心会被脚下的石块绊倒。"在新市场拆迁现场，一名不到十岁的女孩拉着记者，说出了自己的"心事"。
>
> 11 月 17 日，记者在新市场拆迁现场看到，市场门口悬挂的水泥石块（市场内人们都戏称炸弹），岌岌可危。走进市场，路面上的石块成堆。因为没有下水通道，在新市场东门处，污水汇成了一条"小河"，让过往此处的人们，不得不跳跃着前行。在市场上空，拆迁工人正干得热火朝天，敲打声阵阵入耳，还时不时地掉下小块碎石，但市场内交通依旧繁忙。尤其到了铁一小学生放学时，道路上挤满了家长、孩

---

① 郑保卫：《"三股推力"与"三重阻力"下的舆论监督》，《新闻界》2007 年第 2 期，第 8 ~ 9 页。

② 2005 年 11 月 19 日《平原晚报》。

子以及车子。

在这篇新闻作品中，作者以第三人称"记者"口吻来叙述事件，将给孩子们带来极大安全隐患的拆除工地，生动地呈现在读者面前，现场感较强，记者以第三人称身份出现使报道客观可信。

在有的新闻作品中，记者还直接以媒体的身份出现，客观性更强。比如：

> ……"可能刹不住，也可能刹住了方向不对。"龙乐豪对《南方周末》分析说，"到月球时该刹车时没刹，可能撞上月球，也可能从月球旁边飞走。"①

在这个例子中，作者在对中国探月工程副总设计师、中国工程院院士龙乐豪的采访中，记者的角色直接由媒体《南方周末》来代替，更显客观。

毫无疑问，记者在新闻报道时所持的客观立场是必需的。新闻客观报道的大忌是，在新闻报道的叙事中，把记者本人写进去。② 新闻报道的客观性要求记者必须避免主观色彩。

客观报道是西方新闻界最早提出并运用的，中国新闻界同样追求尊重客观实际，如实反映事实真相。但客观报道并不等于记者在新闻报道中没有主观立场。事实上，记者并非一味地向受众传播信息，不加选择地报道新闻事实。从这一点上来说，中国记者采用第三人称给读者以客观中立的印象，恰恰是为了更好地表达自己含而不露的"无形的意见"，使读者在获知新闻事实的同时不知不觉地接受记者隐藏在事实中的立场和观点。

记者在新闻报道中保持客观中立是值得肯定和提倡的。但从另一方面来看，"记者、本报记者、本报特派记者、本报特约记者、本报通讯员、本报特约通讯员、作者和笔者"等这些中性概念，充其量只是一种身份的代码，没有太多的感情色彩，也容易使人产生一种疏远感和距离感。

在新闻作品中，"记者"被淹没在大量的新闻事实中，失去了自己的个性和特色，既不引人注目，也很难激起受众更高的兴趣和热情，亲和力和

---

① 2007 年 10 月 25 日《南方周末》。
② 李希光：《畸变的媒体》，复旦大学出版社，2003，第 50 页。

感染力不强。在某种特定的情景中，如果用第一人称写作能够使读者更深刻地理解记者的感受或记者的观察，有助于帮助读者理解新闻事件或新闻人物，记者也可以用第一人称写作。①

比如：

身在异国不是客 年饭美酒忘乡愁

1月31日下午2点多钟（北京时间晚上7点多钟），我顶风冒雪来到莫斯科市东北角的"山东公寓"二楼餐厅门前。一块牌子上写着"今日过大年，暂停营业！"这儿是康立中开办的一家可供百人用餐的中餐厅。

我推开两扇对开的枣红色大门，走进餐厅。两个鲜红的大灯笼跃入眼帘。透过灯笼间的空隙可以看见一个"双喜"红字，几乎占满了右边半堵墙壁，向宽阔的餐厅里宣泄着喜庆气氛……

在餐厅中央，一张方方大大的桌子上摆满了琳琅满目的佳肴美酒。由康立中请来一起欢度春节的一帮亲朋好友们，正说说笑笑地坐在周围，一边推杯换盏，一边享用丰盛的年饭。看见我这个陌生人走进来，他们的喧笑声戛然而止。

正好康立中从吧台后掀帘子出来，一看见我如约而来，一边笑哈哈向在座的各位朋友介绍，一边热情地把我让到他身旁的一把空椅子上坐下，亲自为我斟酒布菜，嘴里嚷嚷着要罚我"迟到酒"……

吃着中餐，喝着五粮液，讲着南腔北调，看着新闻联播，这是在莫斯科吗？……②

在这个例子中，记者用"我顶风冒雪来到"、"我推开两扇对开的枣红色大门"、"把我让到"、"为我斟酒布菜"、"罚我'迟到酒'"等第一人称进行着写作，记述一帮海外华人在莫斯科欢度春节的动人场面，凸显身临其境、如闻其声、如见其人的现场效果。如果换作第三人称去记写这种喜庆场面，将无法直接表达目击的效果。

研究发现，记者经常使用第三人称进行新闻报道，除了避免主观立场

---

① 李希光：《新闻学核心》，南方日报出版社，2002，第208页。
② 张举玺：《俄罗斯大国转型之道》，新华出版社，2008，第344页。

外，叙事手法也不受时空限制，记者在选择和展现新闻事实时能够突破自身视野的局限，在更宽广的空间里自由地反映现实生活。

中国记者在新闻作品中的第三人称表现方式可以用来淡化主观立场，将观点隐于事实之中，对读者产生"润物细无声"的影响。对第三人称使用如果恰到好处，会使报道显得真实可信。但是，由于第三人称表现方式过于含蓄，面孔生硬，亲和力和感染力略显不足。如果能在新闻报道中增加一些富有故事性的内容，如个性化的人物对话、戏剧性的情节展现、生动的细节描写等，就可以弥补这点不足。

3. 记者在中国新闻作品中充当旁观者、见证人

作为一种新闻手段，"用事实说话"在中国受到普遍肯定和推崇，是中国记者最常用的一种新闻写作方法。为了保持新闻报道的客观性，记者往往使用第三人称，用以表明自己是所报道事实的旁观者和见证人。

记者以旁观者身份存在，不仅是职业需要也是专业要求，有利于记者成为不偏不倚的观察者，客观公正地履行职责，为公众服务。比如：

（标题）五个孤儿一个"妈"：（本报记者 郭体忠 张宗和 姚广义）
"阳光妈妈对俺好，就像亲妈妈一样，经常给俺们做好吃的。上午给俺们包的饺子，可好吃啦！"12月25日下午，记者来到平桥区甘岸镇孔庄村"阳光家庭"，几个正在写作业的孩子听记者问现在的"妈妈"好不好时，都高兴地抢着回答。

"阳光家庭"是一个特殊的家庭，一个"妈妈"领养着5个孩子，最大的15岁，最小的10岁，5个孩子都不同姓，他们的亲生父母因染上艾滋病早些年已离开人世。在"阳光家庭"组建之前，这些孤儿流落社会，生活无依无靠。党和政府非常关心这些孤儿，去年拨专款组建"阳光家庭"，将这些孤儿集中供养。"阳光家庭"占地约240平方米，一套住房，一个院子。住房约110平方米，四卧两厅，有厨房、卫生间、活动室，电视机、洗衣机、冰箱等一应俱全。院子里的地面全部被硬化，还建有乒乓球台、滑梯等设施。挑选"阳光妈妈"，条件要求很高：一、必须是高中毕业；二、自己的孩子已考上了大学。孔庄村选来选去，在家的只有43岁的胡荣琴符合这些条件。胡荣琴来这里当"阳光妈妈"之初，也有思想斗争，不仅仅是畏惧这种疾病，尤其是担心照顾不好孩子会遭到左邻右舍的埋怨。但看到这些孤苦伶仃的孩子，她毅然自愿出任这个"妈妈"。

……

　　一位镇干部介绍说："胡荣琴管教孩子有经验，又认真，有两个孩子已上初中，都在重点班，学习成绩在班里都是前几名。她管理很规范，你看屋里干干净净，整整洁洁。她教孩子叠被子，要求孩子进屋换拖鞋，让孩子们都养成良好的生活习惯。"

　　"和孩子们生活了大半年，现在我和孩子们都建立起深厚的感情，我走到哪，他们跟到哪，都像自己的孩子一样。一次我感冒睡在床上不想吃饭，几个孩子都站在我床边，喊'妈妈吃点吧，妈妈看看医生吧'，我感动得直流泪！"胡荣琴十分动情地说道："孩子们也得到了社会各界的关爱，民政部和省、市、区的领导多次来看望孩子们，给孩子们捐款捐物献爱心。"

　　"阳光家庭"里一个叫小刚（化名）的孩子，今年 13 岁，上五年级，他还有一个年迈的爷爷。记者问他在这儿住好还是在爷爷家住好，小刚说："这里好，有'妈妈'管俺吃、管俺穿、管俺学习。"

　　一位镇干部深有感触地说："孩子们在这里，不仅有人照顾生活、学习，更重要的是孩子们又得到了母爱，又有家的感觉。"①

　　在这篇报道中，记者用自己通俗而又生动的笔触给读者呈现了一个个感人的细节，一句句质朴的话语。记者没有去说平桥区甘岸镇孔庄村"阳光家庭"里的这位农村妇女如何富有爱心，事迹如何感人，记者所做的只是深入采访，如实记录，让读者自己去解读事实，做出评价。作品也从一个侧面反映出当今农村社会的和谐文明之风，这种客观记录的方式显然比记者直白的表达要真实可信。

　　记者不能参与到新闻事件中，是中国新闻界一条公认的职业规范。记者的本职工作就是以旁观者的身份向受众忠实传达新闻信息，如果超出职业权限成为新闻事件的参与者或策划者，势必会遭到怀疑。

　　除此之外，中国记者在多数情况下充当着新闻事件的见证人。成为见证人是记者从事新闻工作的强大动力之一。在进行深度报道时，记者的见证不仅可以更直观地呈现新闻事实，反映现实生活，而且可以使报道写得

---

① 2005 年 12 月 28 日《信阳日报》。

更真实可信，富有人情味和感染力。记者本人的见证不但没有削弱新闻的客观性，反而使报道更有亲和力，真实可信。①

中国记者在新闻作品中的旁观者、见证人身份与其所担负的宣传者和引导者的角色功能并不矛盾。新闻宣传是中国新闻的主要功能，中国记者担负着重要的宣传使命，而利用事实"说话"本身就是一种宣传，因为这样比离开事实，去空洞地说教和灌输更有说服力，更容易让人接受。尽管记者不直接以宣传者角色出现，但在事实选择、遣词造句、叙事逻辑框架等诸多方面都渗透着记者的意见和观点，隐藏着记者的宣传意图。

当然，记者在新闻作品中作为旁观者、见证人出现，不等于干巴巴地描述，也并非一味地排斥议论。优秀新闻记者应该通过自己的文字、视点或被采访者的视点，把读者带到新闻事件的现场。对于文字记者来说，记者在用文字绘画，这些文字就像剪贴画一样，不断地在读者脑海里翻页。②而适当的议论也能使事实更清楚完整，主题更深化，起着画龙点睛的作用。

结　语

综上所述，尽管中国现行宪法第三十五条赋予新闻传播活动以自由，但由于诸多原因中国记者的新闻传播行为会受到来自媒体内外的种种限制，记者在新闻传播活动中的角色自由度有待进一步提高。这种限制直接影响和制约着记者的新闻活动。

在角色表现形式上，为了使新闻报道保持客观、公正，中国记者在新闻作品中大多使用第三人称。第三人称的客观中立身份，有助于提高新闻作品的可信度，但对受众的亲和力和感染力不够。此外，为了避免主观色彩，记者在新闻作品中普遍以旁观者、见证人身份出现。这种身份与记者所担负的宣传者和引导者的角色功能并不矛盾，因为"用事实说话"本身就是一种宣传，比那些空洞说教和理性灌输更有说服力。

三　俄罗斯记者在新闻作品中的角色

1. 媒体对记者的角色自由

与中国记者相比，俄罗斯记者所受到的限制相对较少。只要新闻报道

---

① 周胜林、尹德刚、梅懿等：《当代新闻写作》，复旦大学出版社，2004，第221页。
② 李希光：《新闻学核心》，南方日报出版社，2002，第203页。

的选题等不违背媒体及媒介集团的利益和价值取向，记者在新闻采访活动和新闻作品制作等方面较少受到干涉，享有较大的自主权，角色自由度较高。

第一，推崇西方新闻自由

从苏联解体而来的俄罗斯新闻媒体快速吸收了西方新闻自由。俄罗斯媒体推崇西方新闻自由理念，赋予记者揭露、干预某些政治事务和社会问题的权力，享有俄联邦大众传媒法规定的新闻自由。从1991年俄罗斯独立到1999年底，俄罗斯媒体推崇的新闻自由可谓发挥到了极点，媒体舆论甚至扮演了与政府对立的角色，使政府陷入举步维艰的境地。①

第二，以满足市场需求为己任

从1991年开始，俄罗斯传媒开始实行大规模的私有化改革，媒体由单一的国家所有制转变成多种形式并存，成为独立于政府之外的"第四产业"。媒体与政府之间在政治关系上是平等的，不再是由国家控制的意识形态部门。② 记者在这样的大环境中进行新闻报道，考虑最多的是市场需要、读者兴趣，而不再是国家和政府的要求。大批记者热衷于调查性报道，尤其是对揭露官员腐败、政治丑闻的报道兴趣盎然。为了吸引受众眼球，记者尽情施展个性风采，使新闻报道不拘一格、灵活多样。

第三，享有充分的新闻自由

俄罗斯先后颁布了一系列新闻法规对传媒业加以管理和规范。但俄罗斯奉行的是西方自由主义理念，因此其传媒法十分开放。现行《俄罗斯联邦大众传媒法》，第四十七条规定记者享有高度的新闻采访自由和传播自由。③ 立法目的在于对新闻自由的保护。

2. 记者在俄罗斯新闻作品中的表现形式及影响方式

在俄罗斯新闻作品中，记者以"我"、"记者"等多种身份出现，表现形式自由多样。尤其在新闻特写中，记者可以使用第一人称"我"，毫不掩饰自我意识，使创作个性得以自由展现。

第一人称"我"是一种直接表达的方式，不仅可以增强作品的感染力，确定作者与作品之间的关系，增强作品、作者与读者之间的亲近感，还可

---

① 文武英：《试论车臣战争中的新闻宣传》，《当代传播》2000年第3期，第45页。
② 梅琼林、国秋华：《社会转型与俄罗斯新闻传播观念的嬗变》，《上海交通大学学报》2003年第1期，第49页。
③ 2007年3月12日《俄罗斯联邦大众传媒法》修订稿。

以烘托主题。作者在新闻报道中所运用的各种自我表现手法，将有效地提高对新闻事实进行客观报道的力度。这种收放自如的表现空间使记者能够用多种方式切入新闻事件，在各种场景中发挥不同的作用。比如：

叶利钦躺在床上，辗转反侧，怎么躺着也不适……需要更换地方，简直连觉也睡不成了，或许是床太硬了吧？看着总统如此忍受失眠的痛苦，我突然体会到了这位老人家的艰辛。

叶利钦害怕失眠，他更怕疾病。实际上他热爱生活，然而自8月19日之后，他似乎患上了一种恐惧症。此病是在8月20日夜里至21日留下的后遗症。同叶利钦一起躲藏在白宫地下室里的我亲眼所见，由于恐惧，他几乎昏死过去。

在白宫前广场上，群众聚集，燃起篝火。人们有的朗诵诗歌，有的引吭高歌，都在准备誓死保卫白宫。而在地下室里，则是死人一般的寂静，闷热。但……却异常可怕。科尔扎科夫弄清了，在白宫的地下有一条窄小的通道与地铁"克拉斯诺波涅尔斯卡娅"站台相连。斯塔克维奇在那里同美国大使馆进行了联络，布什同意接受叶利钦及其4名随同者（美国只许4名）在美国海军陆战队的保护下直接从地铁站到美国大使馆躲避……①

在这篇报道中，记者直接从主人公——叶利钦辗转反侧、难以入睡的状态切入，一句"看着总统如此忍受失眠的痛苦，我突然体会到了这位老人家的艰辛"，一下就把受众的思维拉了过来，让受众感到仿佛亲眼所见一般。而那个同叶利钦一起躲藏在白宫地下室里的"我"，又把作品的时空推向过去那个让叶利钦总统由于恐惧"几乎昏死过去"的夜晚……

显然，在这个例子中，记者"我"所采用的是直接以主人公的身份切入。除此之外，俄罗斯新闻作品中"我"的视角还可以从新闻事件中不同的点切入，然后再把事实一一铺陈开来。比如，可以从事件的某一瞬间、某一场景或某一特征切入，从对新闻事件或人物所引发的某一看法、某一情绪或某一创作意图切入等。这种独特的切入手法，能够把受众带进一个更加感同身受的境界，从而使作品迅速与受众建立一种感知效果，拉近两

① *Российская газета* 1994－02－07.

者之间的距离。①

由此可见，俄罗斯记者试图通过使用"我"这种更感性的表现手段，来激发受众兴趣，吸引受众更多关注。记者在以"我"的身份展示新闻事件的同时，使报道更具人情味和亲和力，这样就更有利于将读者对新闻事件的看法和观点具体化、客观化，使报道更加深入人心。

在俄罗斯新闻作品中记者的思维能够直接影响读者对新闻事件的阅读和评价。当记者"我"在俄罗斯新闻作品中被具体化后，"我"的思维活动足以牵动受众心理，使受众的心与作品的节奏一起跳动，并与记者、作品保持同步思考，记者的兴趣、关注点发生转移，读者的兴趣、关注点也会随着转移。读者会在不知不觉中跟随着记者的叙述逻辑和思维框架去了解、认识新闻事件，不由自主地被记者所展现的新闻图景所感染。这种影响不仅体现在新闻事件的报道框架上，更重要的在于，读者在不知不觉中接受了记者隐藏在新闻事实中的观点和主张，有助于实现记者的创作意图。

不可否认，俄罗斯记者注重在新闻作品中使用第一人称，是一种更自由更开放的报道思维，它不仅缩短了作品与读者之间的距离，也增强了新闻报道的感染力。

但必须看到，第一人称也有局限性。一方面，记者"我"的"视野"实际上就是读者的"视野"，读者的思维只能跟随着记者的思维活动，为记者的思维所牵引，难免会受限于记者的主观视野，留给读者自我思维的空间很小；另一方面，记者毕竟是有情感有立场的个体，以第一人称出现的记者很难不夹杂着个人的偏见和倾向，这样就需要读者在阅读新闻作品时有更多参与，能够超越记者第一人称视角的束缚来重新评判新闻事实。

3. 记者在俄罗斯新闻作品中充当宣传者、主观评论者、目击者、调查者

苏联时期的新闻有着社会主义新闻作品共同的特征，即记者大多仅作为旁观者和见证者，对新闻事件进行客观报道，以避免在作品中渗透更多的主观因素。但是苏联解体之后，西方自由主义新闻观主导俄罗斯新闻界，加之《俄罗斯联邦大众传媒法》为记者提供更为宽松的新闻采访政策，俄罗斯记者享有较大的新闻自主权。记者在新闻作品中的角色和身份突破了

---

① 张举玺：《新闻写作技法》，俄罗斯人民友谊大学出版社，2004，第235页。

原有禁锢而变得丰富多样，不仅可以充当宣传者、主观评论者，直接对新闻事件发表个人的看法、意见和见解等，还可以成为事件的目击者、调查者等。我们来看一个例子。

例如：

　　而当我如今重返莫斯科时，有种迷失的感觉，甚至和历史上的方向迷失也有类似的特点。苏联共产党和苏联本身垮台 12 年后，俄罗斯人生活在一种与历史既脱节又同步的状态下。《真理报》的读者从 900 万减少到 10 万；在一些城市，地图上很多街道的名称已被改成新的或者革命前的名称；但在有的城市，街道仍以列宁、劳动、红旗等命名。

　　俄罗斯人生活在一种既非社会主义，又非资本主义的经济中。他们居住在苏联时期的公寓中，生活轻松自在、干净、富有，像斯堪的纳维亚半岛人那样生活着。在大城市——甚至在小一些和想不到的地方——每种现代世界所知的，能带来物质享受或精神堕落的东西都能以现金或信用卡买到；然而，还有几千个城市及乡村，那里的男男女女穿着高腰靴走在泥泞的路上，那些路跟沙皇时代的情况一模一样。

　　不久前，我在莫斯科的主要街道特维尔斯卡雅大街上的旅馆开了个房间住。19 世纪时，此大街居于俄罗斯最时髦的大街之列：托尔斯泰曾在英国俱乐部打扑克输掉一大笔钱。共产党时期，英国俱乐部成了革命中央博物馆。俄罗斯刚成立时，食品店里几乎没有什么食品卖。现在美食，包括鱼子酱和螃蟹又有了，但是价格与东京的看齐。没几个人买得起，许多人只是来盯着看一看，就像他们以前在列宁纪念馆盯着列宁的帽子和他的劳斯莱斯汽车看一样。消费主义于 90 年代初冒头时，似乎仅仅是少数有钱的俄罗斯人和外国人的事。那是"新俄罗斯人"的时代，他们粗俗、无礼，而且经常够得上是犯罪之人，那是美国黑帮电影、防弹玻璃、脱衣舞场、色情影院以及有裸女侍女的赌场时代。

　　苏联之后头几年中出现的丑陋现象和贫穷至今仍是现实。裸女仍在赌场做侍女，黑帮遍地。但是现在，在莫斯科以及许多别的城市显现出一种新的情形：一定程度上令人沉闷的平静，人们对政治失去兴趣，缓慢增长的中等及专业人士阶层，更为正常的商业主义。处处给人留下一种深刻的印象，即新的俄罗斯是一个独立、繁荣，跟东、西方都有密切联系的新兴国家。在俄罗斯，现代化体现在总统弗·普京身上。①

在这个片段中，记者的主观印象和感受处处可见。"而当我如今重返莫斯科时，有种迷失的感觉，甚至和历史上的方向迷失也有类似的特点"，把一个迷失的"我"，一个迷失的历史方向呈现在读者眼前，作者的感伤情怀在字里行间闪现。透过"俄罗斯人生活在一种既非社会主义，又非资本主义的经济中"、"消费主义于90年代初冒头时，似乎仅仅是少数有钱的俄罗斯人和外国人的事"、"苏联之后头几年中出现的丑陋现象和贫穷至今仍是现实"、"处处给人留下一种深刻的印象，即新的俄罗斯是一个独立、繁荣，跟东、西方都有密切联系的新兴国家"等可以看出，作者毫不掩饰自己的主观立场，清晰明了地作出判断，把一个转型时期混乱、贫穷、丑陋与独立、繁荣、现代并存的俄罗斯直截了当地告诉受众。

当然，前面我们已经提到的俄罗斯新闻作品中第一人称"我"的用法，对记者在新闻作品中能够自如地表现也起了一定作用。在俄罗斯新闻作品中，记者"我"不仅是一个简单的人称代词，还经常表达一个词组的含义。例如，"我看见"、"我听到"、"我感到"、"我发现"、"我找到"等，能够随时树立起一种立体效果，通过记者的所见所感直接向读者传递现场生动景象，给读者以身临其境之感。记者采用第一人称目击者的手法，通过自己的眼睛把现场画面清晰地记录下来，使读者通过这些生动的文字仿佛能看到现场画面，触摸到记者当时的感觉。

俄罗斯学者斯达鲁什（М. И. Старуш）认为，第一人称"我"适用于各种场合，比如作者可以是事件现场的目击者、新闻事件的参与者及调查者等。记者的这些身份及叙述角度有助于将读者变成事件的"直接参与者"，拉近读者与作品之间的距离，从而提高新闻的可信度，有效地保证新闻作品的传播效果。②

总之，俄罗斯记者在新闻作品中的角色表现很自由，不拘泥于冷静客观地呈现新闻事实，可以直接发表个人意见和观点，作出自己的主观评价和判断。除此之外，记者还可以成为新闻事件的直接目击者和调查者。

---

①　*Аргументы и факты* 2003（17）.

②　Старуш М. И. *Авторское "я" в публицистическом произведении.* Изд – во МГУ，1985. 17.

结　语

苏联解体后，受西方自由主义新闻理论影响，俄罗斯记者在新闻传播活动中拥有较大的自由度和灵活性，在新闻采访活动和新闻作品制作等方面很少受到限制。

角色的自由赋予俄罗斯记者更加宽松的表现空间，记者在新闻作品中不再局限于第三人称叙事，而可以以第一人称"我"出现，这可以直接影响读者对新闻事件的阅读和评价，使作品的感染力更强。除此之外，记者不仅可以充当宣传者、主观评论者，还可以成为事件的目击者、调查者等。

总之，俄罗斯记者身份的多元化增强了新闻报道的张力和表现力，使新闻作品风格更加多姿多彩。

四　中俄记者在新闻作品中的角色不同

中俄两国不同的社会体制、不同的经济背景，决定了两国新闻功能的根本差异，这也直接影响着两国记者在新闻作品中的角色表现。两国记者在新闻作品中的角色不同主要体现在如下方面。

1. 两国记者的角色自由度不同

记者的角色自由度，是指记者在从事新闻传播活动时可以自由履行职业角色的程度和表现空间。中俄两国记者角色自由度不同有两个方面。

第一，从媒体层面来看，中国媒体对记者的限制较多，而俄罗斯媒体对记者的限制较少。

第二，从法制层面来看，中国新闻法规对记者的规范和约束多于保护，而《俄罗斯联邦大众传媒法》则对记者充分享有新闻自自给予保障。

结果表明，中俄两国记者的角色自由度存在明显差异，中国记者受到的来自各方面的限制与规范较多，角色自由度有限。

俄罗斯记者所受的限制较少，加上新闻法制对记者权利的保护较为完善，记者的角色自由度较大。

2. 两国记者在新闻作品中的表现形式及感染力不同

记者在新闻作品中的表现形式不单是某一类人称代词，而是记者所秉持的新闻报道理念和思维方式的体现，有着十分丰富的内涵和意义。由于中俄两国不同的新闻报道理念和价值取向，两国记者在新闻作品中的表现形式不同，其作品产生的感染力也不一样。

中国记者在新闻作品中大多以第三人称出现，"记者、本报记者、本报特派记者、本报特约记者、本报特约撰稿、本报通讯员、本报特约通讯员、作者、笔者"等成为中国记者身份的代用词。记者使用第三人称可以使新闻报道客观公正，有效提高新闻作品的可信度。但是，由于记者被淹没在大量新闻事实当中，新闻作品的亲和力和感染力减弱。

俄罗斯记者在新闻作品中的表现形式自由多样，偏好使用第一人称"我"。以第一人称"我"的视角，可以直接将读者引领到新闻现场，感知新闻事实图景，使新闻报道与读者更亲近。同时，"我"的思维也可以直接影响读者，使之在不知不觉中接受隐藏在新闻事实背后的观念和意见，使新闻作品具有较强的感染力。

3. 两国记者在新闻作品中充当的角色不同

记者是新闻传播活动的主体，在新闻作品中直接控制着新闻文体的叙事框架和风格，能够引领读者按照自己的世界观和价值观对新闻事实进行理解和评判。而记者的角色认知直接决定和影响着记者在新闻报道中的角色呈现。

由于中俄两国社会体制不同，新闻功能各异，两国记者在新闻作品中的角色定位及所发挥的作用存在较大差异。

中国新闻功能以宣传为主，提倡"用事实说话"。在此背景中，记者往往采用客观记录的方式，如实报道新闻，挖掘事实真相，向人们提供真实可靠的信息，在新闻作品中以旁观者和见证人角色出现。

俄罗斯新闻功能为信息传播，以满足人们的信息需要为主要目的。由此，俄罗斯记者在新闻报道中角色呈现的自由度较大，不仅可以对新闻事实进行客观记录和呈现，充当目击者和调查者，也可以直接发表个人意见，作出主观评价和判断，成为宣传者和主观评价者。

结　语

综上所述，由于社会政治环境不同，新闻功能各异，中俄两国记者在新闻作品中的角色区别较大，主要体现在以下三个方面。

第一，从角色自由度来看，中国记者受到的限制较多，角色自由度有限；而俄罗斯记者所受限制较少，角色自由度较大。

第二，从表现形式及感染力来看，中国记者多以第三人称身份出现，客观公正有余，感染力略显不足；而俄罗斯记者多以第一人称出现，客观性不减，表现力和感染力增强。

第三，从充当的角色来看，中国记者在新闻作品中多充当旁观者和见证人，而俄罗斯记者的角色多样，不仅充当目击者和调查者，也可以成为宣传者和主观评价者。

第四节　中俄新闻作品用引语说话的方式比较

一　引语概念及分类

1. 引语

引语，也叫引文，即引自其他书籍或文件的语句。新闻报道中的引语，主要指的是引用新闻中人物的原话。[①]

引语是新闻作品的重要组成部分。作为一种重要的语言手段和写作技巧，引语对新闻作品的品质和风格有着不可忽视的影响。在新闻作品中使用引语可以为作品增添色彩。[②] 没有引语的新闻报道，无论细节描写多么生动形象，事实叙述多么翔实全面，依然少了几分灵动和真实。因此，优秀的记者需要有一对灵敏的耳朵去寻找精彩的引语。

引语所包含的内容十分广泛，不仅可以是人物对新闻事件的描述和介绍，还可以是人物对新闻事件的看法和态度以及情感流露与抒发等。恰当地使用引语不仅能增强读者的阅读兴趣和关注热情，也能为新闻增添细节、深度和张力。

2. 引语分类

引语有直接引语和间接引语之分。

直接引语，即直接引述新闻人物的原话。直接引语必须加引号表示，要求完整和准确，时态、语态、人称等不发生任何变化。

直接引语具有复制性的特点，是人物原话的再现，所受的干预和变动少，保真性强。直接引语使用得好的新闻作品文风淳朴、文趣盎然，读来

---

① 甘惜分：《新闻学大辞典》，河南人民出版社，1993，第 169 页。

② 程道才：《西方新闻写作概论》，新华出版社，2004，第 146 页。

令人耳目一新。

适用于直接引语的话语有：一是新闻人物讲了一些非同一般的话；二是重要人物讲了一些重要的话；三是新闻人物讲了一些生动、幽默、寓意深刻、令人回味的话。[①]

间接引语，即经过记者转述或概括介绍的新闻人物所说的话。间接引语的使用不加引号，可以是对新闻人物话语的完整复述，也可以部分转述和引用，但必须忠实话语原意。人物原话的时态、语态、人称等发生相应变化与调整。

记者使用间接引语对人物话语进行删减与转述是十分必要的。那些不着边际、模棱两可或乏味的引言会使报道陷入困境。对这样的引言最好转述，同时保留人们表达的最强有力、最重要或最有意思的观点，以进行强调或增加报道的生命力。

无论直接引语还是间接引语，都要遵循新闻的客观性和真实性原则，不能杜撰和捏造人物语言，不能曲解话语原意，不能断章取义，更不能编造消息来源。除此之外，使用引语必须精当、恰到好处，以起到画龙点睛的作用。

3. 引语在新闻作品中的作用

引语是记者在新闻写作时常常使用的一种写作技巧。直接引语和间接引语在新闻作品中发挥着重要作用。

直接引语的作用主要表现在：

第一，增强报道的人情味和感染力。直接引语是新闻人物的原话，最能表达人物的心理和感受。直接引语具有的"吸收功能"，能营造一种人物重现的效果，增强作品的现场感。[②] 不同身份、立场和个性特征的人物所说的话有着不同的风格和特色，不拘一格地使用人物语言，能使报道富有戏剧性和人情味，读来亲切生动。

第二，提高新闻的真实性和权威性。直接引语是记者经过深入、细致采访得来的宝贵的第一手资料，有明确的消息来源。被采访者一般是新闻事件的直接参与者、目击者、见证人和知情者等，他们对新闻事件的过程

---

① 刘其中：《直接引语与文风——直接引语在新闻报道中的作用》，《中国记者》1995 年第 12 期，第 44～45 页。
② 徐赳赳：《叙述文中直接引语分析》，《语言教学与研究》1996 年第 1 期，第 63 页。

和进展较为了解。多数情况下，记者所采写的新闻报道离不开消息来源提供的事实和资料。向读者指明新闻出处可以使新闻更显客观真实。①

　　第三，借口说话。借口说话，又被形象地称为"藏舌头"，即记者在新闻报道中可以借助说话者之口表达自己不便表露的观点和意见。借口说话是直接引语最独特的作用。托尔斯泰说过："我不讲述，我不解释，我只是展现，让我的角色替我说话。"表面上看直接引语是被采访者在客观叙述他的所见所闻所感，实际上记者的主观倾向和个人立场就隐含在其中。记者往往会选择那些有助于揭示问题实质和新闻主旨的直接引语，以深化主题。

　　由此可见，直接引语在新闻作品中发挥着十分重要的作用。

　　间接引语虽然不如直接引语真切感人、个性突出，但在表达人物观点与情感，增强新闻真实性等方面同样发挥着重要作用。除此之外，间接引语的作用还突出表现在以下方面②：

　　第一，话语提炼作用。记者的概括和提炼能够使人物引语的意思表述得更加清晰流畅，不仅有利于读者更好地理解说话者所要表达的内容要义，也有利于行文的简洁顺畅。

　　第二，篇幅精简作用。使用间接引语可以使作品叙事更紧凑，结构更清晰，从而使整个篇幅得到适当的压缩和精简。

　　第三，观点融合作用。经过记者的概括与提炼，间接引语实际上已经成为记者声音与说话者声音的融合体。

　　直接引语和间接引语在新闻作品中都发挥着不可替代的作用。在新闻报道中可以将两者巧妙结合，恰当穿插，使之相得益彰，相互映衬。

结　语

　　引语是新闻作品的重要组成部分，也是一种重要的语言手段和写作技巧。在新闻作品中恰当使用引语不仅可以为作品增添色彩，提高可读性，还能够增强新闻的深度和表现力。

　　引语有直接引语和间接引语之分。直接引语是对新闻人物原话的直接引述，具有复制性，保真性更强。间接引语则是经过记者转述或概括介绍的新闻人物所说的话，是一种重述和描述。记者在新闻作品中使用引语要

---

① 张夫稳、吕关社：《直接引语在新闻中的作用》，《青年记者》2007年第2期，第54页。
② 贾树枚、陈龙：《当代新闻传播学读本（第一辑）》，三联书店，2006，第50页。

做到客观、真实、精确。

直接引语和间接引语在新闻作品中发挥着重要作用。直接引语的作用主要表现在增强报道的人情味和感染力，提高新闻的真实性和权威性，借口说话。间接引语的作用则突出体现在话语提炼、篇幅精简及观点融合三个方面。

二 中国新闻作品用间接引语说话

在中国新闻作品中，记者更倾向于把消息来源所说的话转化成间接引语。间接引语之所以受到如此重视和偏爱，主要是因为：

第一，中国新闻功能强调宣传性和指导性。中国媒体尤其是主流媒体承担着新闻宣传职能。间接引语消除了新闻的个性色彩，更多地体现为一种话语强势和集体意识。对新闻的宣传性和指导性的强调使中国记者更多地使用这种看似更为客观公正的间接引语，久而久之甚至成了中国记者报道新闻的固定模式。①

第二，使用间接引语更安全。政府官员担心他们说过的话被加上引号见诸报端后，一旦有错会被上司追究，所以他们不愿记者直接引述他们的话。对于记者而言，直接引语如果引述有误也很容易招致新闻官司之类的麻烦。使用间接引语则无此顾虑，更安全。②

1. 间接引语的作用与形式

中国记者在新闻作品中大量使用间接引语，形式上多采用"谁强调"、"谁指出"、"谁认为"、"谁提出"、"谁说"等，陈述性较强。比如：

（标题）国务院召开会议审议航天发展"十一五"规划：（片段）

新华社北京 5 月 10 日电

5 月 10 日，国务院召开会议审议航天发展"十一五"规划，中共中央政治局委员、国务院副总理曾培炎出席并讲话。他强调，"十一五"期间是我国航天产业发展的关键时期，要抓紧组织实施好航天重大工程，增强自主创新能力，扩大业务服务范围，提高资源共享水平，

---

① 张夫稳、吕光社：《直接引语在新闻中的作用》，《青年记者》2007 年第 2 期，第 53 页。
② 杨慧芸：《直接引语使用分析——以〈中国青年报〉直接引语使用情况为例》，《新闻界》2005 年第 6 期，第 123 页。

努力把航天产业做大做强。

会议指出，《航天发展"十一五"规划》是我国航天领域第一个全面的发展规划，提出了未来几年发展的指导思想、目标任务和政策措施……

曾培炎说，实施航天规划，科学技术要先行……

曾培炎指出，要积极推进航天科技产业化，重点发展通信、导航、遥感等卫星及其应用系统，完善发射服务、运营服务，努力形成天地一体、协调发展的航天产业链……

曾培炎强调，航天产业的健康发展，离不开体制改革与机制创新……①

在这个例子中，记者大量使用间接引语，多处出现"强调"、"指出"、"说"等字样，是典型的间接引语转述形式。

使用间接引语的作用十分明显，可以帮助作者归纳整理说话者零散的观点或混杂的思路，从而在有限的版面内传达出更多的新闻信息，使之更符合作者的报道意图。

使用间接引语，记者可以用一种大众化的语言来解读并传达人物原话的实质内容，使之更容易被读者领悟和理解，运用得当能够大大增强报道的亲和力和人情味。

除此之外，使用间接引语，记者可以把个人的主观意图融于话语之中，能够表达一种无形的意见，这实际上也是一种"用事实说话"的方式。间接引语中引述动词的使用有着更为宽广的选择空间，比如，"解释"、"强调"、"辩解"等，其中融入了转述者更多的个人感情色彩，有时甚至已经对转述的话作出了结论性的评价，可以直接影响读者的理解和判断，从而实现作者的报道意图。

2. 间接引语在新闻作品中的表达效果

间接引语之所以受到中国记者的偏爱，除了其自身特点外，与中国的新闻报道理念和写作风格有着十分密切的关系。间接引语在中国新闻作品中所产生的表达效果十分显著。

中国新闻作品中的间接引语使文章的结构严谨，行文流畅，干净利落。

---

① 2007年5月11日《光明日报》。

与直接引语相比，间接引语较为灵活，作者可以不受人物语言、思想和情感模式的束缚，自由顺畅地用自己的方式把直接引语转化成间接引语，并按照自己的习惯和需要自如地驾驭材料。而新闻人物所说的话语经过提炼会更加言简意赅，更符合作者的叙事需要。比如：

> 职称评定前夕，在评委的名单公布之后，张鸣就去询问院长：为什么职称评定的评委要由院长办公会，也就是院长来定？为什么不由学术委员会讨论？
>
> 院长回答说：因为职称评定，不仅仅是个学术问题，连学术委员会，也是院长办公会决定的。
>
> 张鸣提出质疑：这样做，评委的合法性不足。
>
> 研究科学社会主义专业的李景治说：你们讲政治学，强调合法性，我讲社会主义，不讲合法性。
>
> 一位当时在场的国关学院老师向本报记者证实，李景治当时的确是这么说的，但最后一句话"可能有开玩笑的意思"。[①]

在这篇新闻作品中，除了最后一句"可能有开玩笑的意思"是对人物原话的部分引用外，其他均为记者的间接转述。"询问"、"回答"、"质疑"、"证实"，是一种非口语化的用法，其中显然嵌入了作者自己的某种态度或评价。从话语内容上来看，逻辑性很强，语序紧凑严密，条理清晰，这固然与说话者本人的语言表达和思维有密切关系，记者的提炼与整理痕迹却清晰可见，导致新闻人物的语言风格和个性有所消减。

长期以来，中国记者过于偏重使用间接引语的习惯，导致中国新闻宣教色彩较重，而且这种平铺直叙式的转述风格也导致新闻报道缺少个性，写作样式单一，模式化现象严重，感染力不强。过多地使用间接引语而忽视直接引语，使中国新闻给人以较"硬"的印象，亲和力和人情味欠缺。

中国的新闻强调宣传，记者使用间接引语一定程度上也是为了更好地达到宣传目的，但结果往往并不理想。千篇一律的"谁强调"、"谁认为"、"谁指出"，使作品面孔刻板，缺少变化，很难吸引读者的注意。

---

① 2007 年 3 月 22 日《南方周末》。

因为在间接引语中，记者的声音淹没了被采访者的声音，与其说是读者在听记者转述被采访者的话，不如说记者在告诉读者他所理解的被采访者是怎样说的，间接引语似乎成了记者观点的附着物。尽管这样可能更符合记者的宣传需要，却容易导致话语主体个性的丧失，新闻人物的形象不突出，报道的表现力大打折扣。

3. 中国新闻作品用引语说话的发展趋势

近年来，如何更好地使用引语成为中国新闻界学者和记者们研究和关注的焦点。记者在使用间接引语的过程中，越来越认识到直接引语在新闻报道中独特的表现力，逐渐采用直接引语说话，中国新闻作品用引语说话的发展趋势呈现出间接引语与直接引语相结合的特点。我们来看以下的例子：

> 上周有一个重要的记者见面会，袁隆平的秘书给他精心准备了一个讲话稿，一个很美好的比喻，"人就像一颗种子一样"。
>
> 没想到，等到讲话时，他把讲稿摊开，又反面压了，放到了一边。然后，抠了抠脑袋，说："这样郑重其事地夸奖我，我觉得一点都不自在。"
>
> 其实，秘书一点都没有说错，只不过，这颗种子实在不一样。①

上面这个例子的一句直接引语——"这样郑重其事地夸奖我，我觉得一点都不自在"，便把杂交水稻之父袁隆平院士喜欢自由自在、朴实无华的性格特点凸显出来。

有些新闻报道干脆直接用人物自身的语言来表现新闻细节和人物心理变化，原汁原味，生动鲜活，增强了作品的感染力。

不可否认，在时政新闻、法制报道中，直接引语的使用依然相对较少，有待加强。此外，会议报道更是少见直接引语。会议新闻模式化现象十分严重，给人千篇一律的印象，读来让人兴味索然。如果能巧用直接引语则能为新闻增辉不少。

总体来看，中国记者在大量使用间接引语的同时，对直接引语的使用较以前有明显增多，中国新闻报道的亲和力和表现力有所增强。

---

① 2007 年 5 月 24 日《南方周末》。

结　语

中国记者普遍忽视直接引语的使用，而更热衷于采用间接引语来说话。间接引语的表现形式多为"谁强调"、"谁指出"、"谁认为"、"谁提出"、"谁说"等，概括性较强。使用间接引语，可以帮助作者在有限的篇幅内向读者传达更多的有用信息，使之更符合读者的阅读需要，更有利于实现报道意图。

间接引语在中国新闻作品中所产生的表达效果十分显著，使新闻作品结构更严谨，行文更流畅，材料取舍、语言组织更符合作者的需要。

但过于偏重间接引语，忽视直接引语也导致中国新闻宣教色彩较重，新闻报道缺少个性，写作风格单一，缺乏感染力和亲和力，甚至影响到新闻的真实性和权威性。可喜的是，近年来记者们越来越认识到直接引语的独特优势，新闻作品逐渐采用直接引语说话，并将间接引语与直接引语相结合，使新闻报道的亲和力与表现力有所增强。

三　俄罗斯新闻作品用直接引语说话

俄罗斯新闻作品中的表现手法自由多样，富有变化，在引语的使用上也是如此。记者通常会把被采访者所说的话原原本本地搬到新闻作品中，直接展现人物特征、心理、观点与情感。在新闻报道中，俄罗斯记者大量使用直接引语来说话。

1. 直接引语的作用与形式

直接引语是一种表现式的表达风格，独立性较强，所受到的干预很少，"谁说"、"谁认为"、"谁强调"等形式，在俄罗斯的新闻作品中发挥着十分显著的作用。

第一，使人物形象鲜活生动，增强作品的表现力和戏剧性

直接引语体现为一种对细节的挖掘和展现，较多的口语化表达使读者仿佛听到人物的内心世界，能够把活脱脱的人物形象呈现在读者面前，使作品情节跌宕起伏，戏剧色彩浓郁。比如：

> "你听一听。"戈尔巴乔夫看了一眼雅科夫列夫。
> "我这是在自己人中间，戈尔巴乔夫。"索布恰克夫继续说，"要采取严厉的措施，最严厉的措施！眼下，俄罗斯、乌克兰与白俄罗斯最

高苏维埃还没有批准《别洛韦日协定》。您还是总统。如果一通过，您就什么也不是了。您赶在明天早晨 5 点钟之前，情况紧急！"

"要真的那样，他们会不会派军队攻打克里姆林宫？"戈尔巴乔夫问道。

"还想什么呢？"雅科夫列夫惊讶了。"新的民主政权是从派坦克上街向合法的总统射击开始的，哪还会有谁与他们这样的人和谈呢？可能是布什，他为自己的选举正忙得不可开交呢！"……

"叶利钦，叶利钦！"戈尔巴乔夫在椅背上动了一下说。"肆无忌惮地撒谎，去白俄罗斯之前对我说……没什么，见见面，打打猎……可做了什么，见鬼去吧！萨沙，我至今不明白，为什么我会落到这样的下场？也许，这是我第一次这样问，为什么会适得其反？大家都异口同声地喊，自由，自由！给了国家自由，而自由回报的却是危害了国家。有的地方出现了政治多元化，那本是我们力求达到的目的，公众利益协商一致来解决，结果，最后以我们的失败而告终。"①

如果不告诉你上面的内容来自于俄罗斯《绝密》周报记者安·卡雷洛夫采写的新闻报道《苏联解体的内幕》，你一定会以为这是某篇小说里的一个片段。作品中"你听一听"、"我这是在自己人中间，戈尔巴乔夫"、"要采取严厉的措施，最严厉的措施"、"眼下，您还是总统。如果一通过，您就什么也不是了"、"要真的那样，他们会不会派军队攻打克里姆林宫"、"还想什么呢"、"叶利钦，叶利钦"、"肆无忌惮地撒谎"、"最后以我们的失败而告终"一系列的激烈对话使新闻报道故事性增强，充满戏剧冲突，扣人心弦。如果不采用直接引语则很难收到这样的效果。

第二，直接引语可以使记者把自己不便表达的观点借人物之口讲述出来，不动声色地表露自己的主观立场和倾向

表面上看，直接引语是记者把人物所说的话原封不动地吸收，具有绝对的独立性。实际则不然，话语的选择权在记者手中，哪些可用哪些不可用，都有记者的主观判断在里面。由于读者相信是被采访者自己在说，所以更容易接受话中所陈述的内容。从这个意义上来说，直接引语的借口说话作用使记者的观点隐藏得更为巧妙，记者会选择那些更符合报道主旨和

---

① *Совершенносекретно* 1999（11）.

意图的话来影响读者对新闻事件的看法和认识。比如：

> "列宁的一生都在为人民的幸福而斗争。像列宁这样的好人，自他去世后俄罗斯再也没有过。有的，只是贪官污吏！有的，只是列宁事业的叛徒！有的，只是祸国殃民的窃国大盗……"。回想起刚才那位女解说员那充满激情的语调和饱含泪水的眼睛，我的鼻子也感到酸酸的……①

例子中记者没有直接表达自己的感受和观点，但女解说员充满激情的话语中似乎也隐含着作者自己的看法和判断。此处直接引语的使用恰到好处，既无损于新闻报道的客观性，又增强了作品的深度和分量。

第三，直接引语可以把读者带进新闻现场，拉近作品与读者之间的距离

直接引语能十分完整地保留说话者的语调和语气，使读者如闻其声、如见其人，深入到人物的内心世界。直接引语能够使说话者与读者建立一种直接联系，缩短两者之间的距离。除此之外，直接引语更为形象、生动、具体，感性的材料带给读者的也是一种更直观的感觉。

比如：

> "照顾好俄罗斯！"叶利钦在走出门口时对继任者普京说……②

作品中叶利钦对普京说"照顾好俄罗斯！"让人觉得好像亲耳听到一样，真切自然。

2. 直接引语在新闻作品中的表达效果

俄罗斯记者在新闻作品中不拘一格地使用直接引语。直接引语的表达效果使俄罗斯的新闻报道更加人性化。

直接引语的广泛使用使报道更加风趣而富有亲和力，充满人性色彩。如前例中的那句"照顾好俄罗斯！"用这样一种独特的方式，作者把叶利钦对继任者普京的殷切期望与信任表达得淋漓尽致，使严肃的政治新闻也充满了温情，消融了可能给读者带来的疏远感。

---

① *Комсомольская правда* 2001 - 06 - 19.

② *Аргументы и факты* 2002（26）.

　　直接引语的另一个表达效果是增强了俄罗斯新闻作品的可读性，使新闻报道风格更加灵活多样，新闻的客观性和可信度较强。直接引语给人一种"人物重现"的感觉，保真效果较好，读者能够从说话者的语气、语调中更完整地了解人物性格特征，感知新闻事件过程，现场感较强。比如：

　　　　"东西带来了吗？"

　　　　"哪还能不带来？诺，接着！"

　　　　"不对吧，这不是一把瓦斯枪吗？"黑暗中传来一阵低声细语的交谈声，一场好戏就在双方小心翼翼中开始上演。

　　　　"什么？瓦斯枪？您没弄错吧，这可是一把货真价实的军用手枪。"说话者原来还是个孩子。由于激动和紧张，声音有些发颤。

　　　　"你从哪儿弄来的？"斯杰潘继续问道。

　　　　"从我父亲那儿拿的。"卖主一把接过斯杰潘递过去的钱，一边借着微弱的灯光点钱，一边说道。①

　　在这个新闻片段中，透过人物急迫的对话，读者能感受到地下军火交易现场那紧张的气氛，有身临其境、眼睁睁看着事件进展的感觉。人物对话使报道多了一些戏剧色彩，可读性更强。

　　不可否认，直接引语是一种不加任何修饰和加工的语言使用方法，能够最大限度地呈现人物话语中所包含的一切元素，信息含量较大。但直接引语的滥用会导致信息冗余、混杂，一定程度上降低信息的有效性和新闻的分量。除此之外，过于琐碎和零乱的直接引语也会使新闻的逻辑框架显得过于松散，缺少严谨性。这些状况在俄罗斯新闻作品中也常看到。

3. 俄罗斯新闻作品用引语说话的发展趋势

　　直接引语的使用在俄罗斯新闻作品中十分普遍。近年来，俄罗斯记者在广泛采用直接引语的同时，也开始重视对间接引语的使用，新闻作品中用引语说话的趋势逐渐朝着将直接引语与间接引语相结合的方向发展。我们来看下面这篇简讯。

---

①　*Аргументы и факты* 2001（42）.

（标题）俄罗斯假药市场正在得到控制：2月4日，俄罗斯卫生部发言人瓦季姆透露，2002年药品市场上有7%~8%的假药在流通，其价值高达2.5亿美元，比2001年高出近三分之一。瓦季姆指出："假药像一张恶毒的大网，搜刮着居民的钱财，危害着人们的健康。"

假药比重最大的要数在各药品专卖店里出售的所谓"进口药品"。今年4~5月，俄罗斯卫生部先后对药品市场进行了4批次大检查。在每次对17种进口药品的抽查中，竟然有至少两种是在俄国生产的。

在已经发现的假药中，俄罗斯某些企业模仿进口的药品占67%，在境外仿造的占33%。最容易仿造的药品有抗生素、激素（荷尔蒙）、抗菌药和止痛药……

统计资料显示，2001~2002年俄罗斯医药市场上国产药品只占35%，而有1050家药品公司经营着来自66个国家的进口药品，占领着俄罗斯65%的市场。

卫生部副部长阿·卡特林斯基对记者说："仿制贵重药品是一种非常普遍的现象。这种假冒药原则上来说，对人体的健康没有多大的直接危害，但是对疾病的治疗却不起什么作用。用苏打粉来冒充阿司匹林早已不是什么新鲜事了。在假药面前，人们损失的是钱财，耽误的是对疾病有效治疗的宝贵时间。假药对老年人的健康危害比较大。"①

在这篇报道中，作者先是将俄罗斯卫生部发言人瓦季姆对该国2002年药品市场假药流通相关情况的介绍进行转述，使信息更集中。接着，作者直接引用瓦季姆的原话"假药像一张恶毒的大网，搜刮着居民的钱财，危害着人们的健康"来突出表现假药危害的严重性，使作品的表现力大大增强。然后，又使用间接引语，把俄罗斯市场上有关假药生产相关情况进行了梳理和筛选，用最简洁明了的话语告知读者。之后，作者再次采用直接引语，用卫生部副部长阿·卡特林斯基所说的话强调假药的危害性和控制的紧迫性，使报道主题更突出，更富有说服力。

俄罗斯新闻作品开始把直接引语与间接引语结合起来使用，使两者互为补充，相得益彰。

---

① *Известия* 2003-02-05.

结　语

在俄罗斯新闻作品中记者大量使用直接引语来说话。直接引语的使用不仅增强了作品的现场感和表现力，还可以帮助记者借口说话，不动声色地表露自己的主观立场和倾向。

直接引语的使用不仅使俄罗斯的新闻报道充满人性化，缩短了与读者之间的距离，也增强了新闻报道的可读性，提高了新闻的客观性和可信度。但是，滥用直接引语在一定程度上也会导致信息冗余，降低新闻的价值，使作品结构拖沓。

近年来，俄罗斯记者逐渐认识到滥用直接引语的缺点，开始注意采用间接引语。新闻作品中用引语说话的趋势逐渐朝着将直接引语与间接引语相结合的方向发展。

四　中俄新闻作品用引语说话的方式不同

1. 两国新闻作品用引语说话的方式不同

由于新闻观念和写作风格的不同，中俄两国在用引语说话的方式上存在明显差异。

中国新闻作品在使用引语说话时，往往会更多地选择间接引语，较少使用直接引语说话。与中国相比，直接引语在俄罗斯新闻作品中是说话的主角。记者热衷于从新闻人物那里采写宝贵的直接引语，将其承载的所有信息元素与情感色彩毫无保留地呈现在受众面前。

中俄两国在引语说话方式上的区别主要表现在：中国新闻作品用间接引语来说话，记者对人物话语进行提炼和整理，概括性更强；俄罗斯新闻作品用直接引语来说话，自由呈现人物个性语言，以提高作品的表现力。

2. 两国引语在新闻作品中表达效果不同

作为两种不同的"说话"方式，直接引语和间接引语具有不同的特点和作用。因此，中俄两国记者所采用的不同引语方式，在新闻作品中产生的表达效果也大相径庭。

中国新闻作品中的间接引语在宏观叙事方面具有独特优势，能使文章逻辑严密紧凑，语言精简凝练。但是，间接引语在表现新闻细节、刻画人物个性和情感、增强新闻作品感染力等方面则显得力不从心。

俄罗斯新闻作品中大量使用直接引语，有益于打破平铺直叙的叙述框架，使结构起伏多变，文风清新活泼。除此以外，还可以增强新闻的表现力和感染力，给读者留下深刻的印象。但是，仅用直接引语一种手法写新闻，无法挖掘新闻深度。

由此可见，中俄两国不同的引语使用方式在新闻作品中产生的表达效果截然不同，各有其长，互有所短。两国记者在使用引语的过程中可相互借鉴，取长补短。

3. 两国新闻作品用引语说话的发展趋势不同

就新闻作品中用引语说话的发展趋势而言，中俄两国在引语使用上的不同取向和侧重，决定了其发展趋势也迥然相异。

在长期的新闻实践中，中国记者发现用间接引语写新闻具有许多优势。但仅用间接引语写新闻，容易导致新闻报道程式单一，风格僵化，不易被受众接受，传播效果无法保证。于是，近年来中国记者不断尝试，在用间接引语精简篇幅、简要叙事的同时，越来越注意兼收并取直接引语的优点来丰富新闻作品的说话技巧，以增强作品的感染力。这成为中国新闻作品用引语说话的发展趋势。

直接引语的表现力使俄罗斯新闻作品具有独特的传播魅力，深得受众喜爱。但俄罗斯记者在新闻实践中认识到，在新闻作品中同时使用间接引语说话，有助于挖掘新闻深度，有助于使新闻篇章结构紧凑，有助于全面表达报道思想。因此，俄罗斯记者近年来开始注重把直接引语和间接引语同时运用于新闻写作之中。这成为俄罗斯新闻作品用引语说话的发展趋势。

中俄两国用引语说话的发展趋势各有特色。中国新闻在用间接引语说话的基础上，开始注重吸收用直接引语说话。俄罗斯新闻在用直接引语说话的基础上，开始注重吸收用间接引语说话。

结　语

综上所述，中俄两国新闻作品用引语说话的方式不同，主要表现在以下三个方面。

第一，在用引语说话的方式上，中国新闻作品惯用间接引语来说话，俄罗斯新闻作品则倾向于用直接引语来说话。

第二，在引语的表达效果上，中国新闻运用间接引语说话，使文章结构紧凑，语言凝练，但风格千篇一律，无法保证传播效果。俄罗斯新闻运用直接引语说话，使新闻作品结构跌宕起伏，语言丰富多彩，富有感染力，但无法挖掘新闻深度。

第三，在用引语说话的发展趋势上，两国呈现出不同的特点。中国新闻作品呈现出"间接引语 + 直接引语"的发展风格，俄罗斯新闻作品呈现出"直接引语 + 间接引语"的发展风格。尽管两国都采用将两种引语说话方式相结合的模式，但两者的采用却有先后次序之分，即先有前者，之后吸收后者，从而将两者相结合。

参考文献

中文参考文献

一　书籍

程道才：《西方新闻写作概论》，新华出版社，2004。

丁柏铨：《中国当代理论新闻学》，复旦大学出版社，2002。

丁淦林：《中国新闻事业史》，武汉大学出版社，2000。

方汉奇、张之华：《中国新闻事业简史》，中国人民大学出版社，1993。

方汉奇：《中国新闻传播史》，中国人民大学出版社，2002。

甘惜分：《新闻学大辞典》，河南人民出版社，1993。

甘惜分：《新闻理论基础》，中国人民大学出版社，1982。

高尔基：《高尔基论新闻与科学》，王庚虎译，新华出版社，1981。

高宁远、郭建斌、罗大眉：《现代新闻采访写作教程》，新华出版社，1998。

顾潜：《中西方新闻传播：冲突·交融·共存》，复旦大学出版社，2003。

关雪凌：《俄罗斯社会转型期的经济危机》，中国经济出版社，2002。

郭庆光：《传播学教程》，中国人民大学出版社，1999。

郭亚夫、殷俊：《外国新闻传播史纲》，四川大学出版社，2006。

胡正荣：《新闻理论教程》，中国广播电视出版社，2001。

胡正荣：《媒介市场与资本运营》，北京广播学院出版社，2003。

黄瑚、李新丽：《简明中国新闻事业史》，中南大学出版社，2005。

黄瑚、钟瑛：《新闻法规与职业道德教程》，复旦大学出版社，2003。

黄旦：《传者图像：新闻专业主义的建构与消解》，复旦大学出版社，2005。

华莱士·马丁：《当代叙事学》，北京大学出版社，1990。

季宗绍、石坚：《新闻采访与写作》，南京师范大学出版社，2004。

贾乐蓉：《当代俄罗斯大众传媒研究》，中国广播电视出版社，2008。

贾树枚、陈龙：《当代新闻传播学读本》，上海三联书店，2006。

康文久、高红玲：《实用新闻写作》，新华出版社，2002。

李长春：《"三项学习教育"新闻媒体负责人培训班材料汇编》，学习出版社，2004。

李良荣：《新闻学概论》，复旦大学出版社，2001。

李良荣：《西方新闻事业概论》，复旦大学出版社，1997。

李良荣：《当代西方新闻媒体》，复旦大学出版社，2003。

李希光：《畸变的媒体》，复旦大学出版社，2003。

李希光：《新闻学核心》，南方日报出版社，2002。

李希光：《媒体的力量》，南方日报出版社，2002。

李玮：《转型时期的俄罗斯大众传媒》，上海外语教育出版社，2005。

李元授、白丁：《新闻语言学》，新华出版社，2001。

林枫：《马克思主义新闻观》，新华出版社，2005。

刘海贵：《中国报业发展战略》，上海人民出版社，2006。

刘华蓉：《大众传媒与政治》，北京大学出版社，2001。

刘明华、徐泓、张征：《新闻写作教程》，中国人民大学出版社，2002。

刘笑盈：《中外新闻传播史》，中国传媒大学出版社，2006。

陆小华：《整合传媒》，中信出版社，2002。

吕凡等：Стилистика русского языка，外语教学与研究出版社，2000。

毛泽东：《毛泽东选集》，第5卷，人民出版社，1977。

明安香：《全球传播格局》，社会科学文献出版社，2006。

祁述裕：《中国文化产业国际竞争力报告》，社会科学文献出版社，2004。

邱沛篁：《新闻传播手册》，四川大学出版社，2004。

桑义燐：《新闻报道学》，杭州大学出版社，1999。

沙舟：《克里姆林宫70年内幕》，山东人民出版社，2005。

司红霞：《语言艺术与写作》，北京广播学院出版社，2002。

史有为：《外来词——异文化的使者》，上海辞书出版社，2004。

宋春阳、孟德东、张志攀：《实用新闻写作概论》，复旦大学出版社，2005。

田中初：《新闻实践与政治控制》，山东人民出版社，2005。

覃露莹：《跨媒体：传媒游戏新方略/集团化》，北京广播学院出版社，2002。

唐绪军：《报业经济与报业经营》，新华出版社，1999。

童兵：《理论新闻传播学导论》，中国人民大学出版社，2000。

童兵：《中西新闻比较论纲》，新华出版社，1999。

童兵：《马克思主义新闻经典教程》，复旦大学出版社，2002。

汪凯：《转型中国：媒体、民意与公共政策》，复旦大学出版社，2005。

魏永征等：《西方传媒的法制、管理和自律》，中国人民大学出版社，2003。

吴非、胡逢瑛：《转型中的俄罗斯传媒》，南方日报出版社，2005。

吴非、胡逢瑛：《俄罗斯传媒体制创新》，南方日报出版社，2006。

谢晖：《新闻文本学》，中国传媒大学出版社，2007。

徐琴媛：《中外新闻发布制度比较》，中国传媒大学出版社，2005。

喻国明：《中国传媒业：洗牌、模式与规则再造》，中国人民大学出版社，2003。

姚福申：《新时期中国新闻传播评述》，复旦大学出版社，2002。

余敏：《前苏联俄罗斯出版管理研究》，中国书籍出版社，2002。

杨保军：《新闻活动论》，中国人民大学出版社，2006。

杨步国等：《整合：集团化背景下的报业广告经营》，武汉大学出版社，2005。

张殿元：《中国报业传媒体制创新》，南方日报出版社，2007。

张昆：《大众媒介的政治社会化功能》，武汉大学出版社，2003。

张举玺：《新闻写作技法》，俄罗斯人民友谊大学出版社，2004。

张举玺：《新闻理论基础》，俄罗斯人民友谊大学出版社，2004。

张举玺：《中俄现代传媒文体的比较研究》，河南大学出版社，2006。

张举玺：《实用新闻理论》，河南大学出版社，2006。

张举玺：《俄罗斯大国转型之道》，新华出版社，2008。

张浩：《最新新闻写作必备全书》，蓝天出版社，2006。

张鲁闽、陈桂林：《集团化：城市电视新闻的对策》，北京广播学院出版社，2002。

张树华：《过渡时期的俄罗斯社会》，新华出版社，2001。

张威：《比较新闻学：方法与考证》，南方日报出版社，2002。

张寅德：《叙述学研究》，中国社会科学出版社，1989。

张允若：《外国新闻事业史》，武汉大学出版社，2000。

支庭荣：《西方媒介产业化历史研究》，广东人民出版社，2004。

赵中颉：《法制新闻与新闻法制》，法律出版社，2004。

郑保卫：《中国共产党新闻思想史》，福建人民出版社，2004。

郑保卫：《当代新闻理论》，新华出版社，2003。

郑超然：《外国新闻传播史》，中国人民大学出版社，2000。

周胜林、尹德刚、梅懿等：《当代新闻写作》，复旦大学出版社，2004。

〔俄〕阿法纳西耶夫：《真理报总编沉浮录》，东方出版社，1993。

〔美〕杰格什·谢斯、拉金德拉·西索迪亚：《三法则》，机械工业出版社，2004。

〔英〕卡瑟琳·丹克斯：《转型中的俄罗斯政治和社会》，华夏出版社，2003。

二 文章

陈妮、沈振鹏：《民营资本进入传媒产业风险问题研究》，《新学术》2007 年第 5 期。

陈奕：《试论新闻自由的合理性及现实困境》，《新闻知识》2007 年第 4 期。

程曼丽：《转型期俄罗斯新闻业透视》，《国际新闻界》2002 年第 1 期。

程曼丽：《国际传播中的出境信息控制分析》，《上海师范大学学报》2006 年第 3 期。

程曼丽：《现行俄罗斯新闻体制的演变及特点》，《国际新闻界》1996 年第 4 期。

戴尔：《俄罗斯铁腕治寡头》，2003 年 11 月 17 日《解放军报》。

邓涛：《论新闻传媒的集团化整合》《新闻知识》，2008（5）。

董宽：《纪念改革开放 30 周年特稿在改革的年代里成长进步——1992～2007：中国传媒业 16 年市场经济进程纪事》，《新闻三昧》2008 年第 1 期。

董晓阳：《俄罗斯金融工业集团角逐传媒界》，《东欧中亚研究》1998年第4期。

丁柏铨：《论新闻宣传》，《新闻知识》2006年第9期。

杜方：《俄罗斯寡头流亡不忘大选》，2003年9月15日《环球时报》。

冯励：《试析俄语多义词的词义体系》，《常德师范学院学报》2001年第6期。

高粱：《浅析普京政府的经济改革政策》，《当代经济研究》2006年第8期。

关海贵：《俄罗斯寡头的困惑》，《南风窗》2003年第21期。

郭建国：《"别斯兰人质事件"中舆论力量调控的启示》，《中国记者》2004年第10期。

国秋华：《俄罗斯大众传媒自由化的理想与现实》，《新闻传播》2003年第1期。

洪沫：《当代俄罗斯传媒的政治宣传模式评析》，《世界广播电视参考》2003年第5期。

胡锦涛：《在全国宣传部长会议上的讲话》，2002年1月11日。

何振红：《中国报业集团化发展瓶颈分析》，《青年记者》2005年第7期。

胡逢瑛、吴非：《俄罗斯传媒背后的金融工业集团》，《新闻记者》2003年第11期。

胡怀福等：《以市场化运作拓展党报发行市场——天津日报报业集团党报发行体制改革的调查》，《中国报业》2006年第8期。

胡锦涛：《在人民日报社考察工作时的讲话》，《新闻知识》2008年第7期。

胡太春：《从古辛斯基的浮沉看俄罗斯传媒政策的走向》，《国际新闻界》2002年第4期。

胡义强：《从车臣战争看未来的战时新闻宣传》，《国际新闻界》2000年第5期。

黄永鹏：《试析普京对金融工业寡头的规范与整顿》，《东欧中亚研究》2001年第4期。

贾乐蓉、宁文茹：《俄罗斯媒介经济模式》，《国际新闻界》2006年第8期。

姜飞:《试析跨文化传播中的几个基本问题》,《新闻大学》2006 年第 1 期。

姜宗仁:《上海文广的探索之路》,《当代电视》2006 年第 3 期。

靖鸣、侯晓辉:《俄罗斯政府在恐怖主义事件中的新闻发布》,《新闻与写作》2006 年第 4 期。

康卫华:《中国报业集团现状与发展实证研究》,《中国报业》2003 年第 11 期。

柯根松:《中西新闻写作传统差异比较》,《长江大学学报（社会科学版）》2006 年第 3 期。

郎劲松:《俄罗斯大众传媒步入"普京时代"》,《当代传播》2001 年第 2 期。

李春耘、何志武:《理性的陈述与感性的表现在消息中融合》,《新闻课堂》2005 年第 2 期。

李芳华、张丹:《俄罗斯——收回传媒控制权》,《党建》2007 年第 1 期。

李瑞英:《亟待加强语文与逻辑基础教育》,2007 年 2 月 15 日《光明日报》。

李良荣:《论中国新闻传媒的双轨制》,《现代传播》2003 年第 3 期。

李良荣:《中国传媒业的性质定位和制度创新》,《南方电视学刊》2004 年第 2 期。

李乐君:《俄语报刊词汇的几个特点》,《解放军外国语学院学报》2002 年 2 第 2 期。

李明:《民营资本:传媒产业发展的推动力》,《西南民族大学学报》2009 年第 4 期。

李兆丰:《转轨模式的选择与俄罗斯传媒发展》,《新闻大学》2003 年第 3 期。

李玮:《漫谈俄罗斯的新闻查禁》,《俄罗斯文艺》2004 年第 3 期。

李玮:《俄罗斯传媒的现状与发展趋势》,http：//www. zlmedia. net，2006 - 11 - 15。

李玮:《中俄传媒市场化道路之比较》,《国际新闻界》2005 年第 1 期。

李静:《转型期俄罗斯传媒业发展轨迹透视》,《佳木斯大学社会科学学报》2005 年第 9 期。

李萍:《社会转型条件下的俄罗斯大众传媒》,http://blog. hexun. Com/ I/error. aspx? type = 1。

李振国:《"广电集团"的未来之路》,《大市场·广告导报》2001 年第 8 期。

李艳华:《非完全国有制媒体存在的可能性》,《当代传播》2006 年第 4 期。

梁衡:《从消息到通讯》,《新闻战线》1997 年第 12 期。

梁晓茂:《论西部电视发展的着眼点和着力点》,http://www. xatvm. com/html/dsjingji/ 2007 – 1/26/11_43_39_933_10. html。

刘卫国、李亚利:《广电集团化:要走内涵式扩大再生产之路》,《传媒观察》2004 年第 3 期。

刘友芝:《业外资本进入传媒业的若干影响研究——以报业为例》,《新闻界》2007 年第 5 期。

刘建明:《西方的新闻宣传观念》,《新闻爱好者》1996 年第 11 期。

刘年辉等:《体制改革与报业集团的行动策略:一个基于社会关系的利益分析视角》,"新疆日报、深圳报业集团、当代传播:传媒产业发展与传媒理论创新高峰论坛",2005 年 6 月 14 日。

刘其中:《直接引语与文风——直接引语在新闻报道中的作用》,《中国记者》1995 年第 12 期。

陆云鹤、江玮:《我国传媒产业与资本市场融合的策略思考》,《重庆工学院学报》2004 年第 3 期。

吕岩松:《我亲历的中国使馆被炸》,1999 年 5 月 9 日《环球时报》。

梅琼林、国秋华:《社会转型与俄罗斯新闻传播观念的嬗变》,《上海交通大学学报》2003 年第 1 期。

门立军:《社会和经济转型时期的俄罗斯报刊传媒业》,《中国出版》2002 年第 4 期。

孟娜、张汨汨、黄书波:《铁军来了》,2007 年 8 月 27 日《现代教育报》。

聂莉:《外资传媒入华的效应分析》,《商讯商业经济文荟》2006 年第 3 期。

牛雯雯:《垄断竞争——我国传媒集团化的趋势》,《新闻知识》2005 年第 1 期。

潘咏：《中国传媒管理问题探讨》，《新闻前哨》2004 年第 7 期。

彭焕萍：《新闻修辞与"真实感"的生成路径》，《新闻界》2007 年第 2 期。

裴文斌、戴卫平：《新时期外来词的文化、社会与心理功用》，《辽宁大学学报》2003 年第 3 期。

芮必峰：《"西方媒介哲学"评价》，《昌潍师专学报》1997 年第 1 期。

史天经：《普京"可控民主"与俄国新闻媒体》，《青年记者》2006 年第 19 期。

孙凌齐：《俄国政党政治走向及媒体作用》，《当代世界与社会主义》2000 年第 4 期。

孙凌云：《俄罗斯转型过程中媒体的变化》，《俄罗斯研究》2002 年第 3 期。

孙汉军：《俄语外来词研究》，《外语与外语教学》2002 年第 11 期。

孙玉鹏、贾乐蓉：《俄罗斯取消对大众传媒的海关优惠》，《新闻战线》1998 年第 7 期。

孙吉春、付剑元：《浅议新闻作品的信息含量》，《佳木斯大学社会科学学报》2005 年第 3 期。

石峰：《总结经验，深化改革，全面推进报业集团建设的新阶段》，《传媒》2006 年第 2 期。

童兵：《界定"新闻"和"宣传"》，《新闻与写作》1995 年第 2 期。

童兵：《大众传媒的使用与驾驭：执政能力的重要标示》，《中国人民大学学报》2006 年第 1 期。

王攀：《俄罗斯：电视转播有危机，报纸在兼并》，http：//home. donews. com，2006 - 9 - 12。

王前军：《转型期俄罗斯大众传媒的变迁》，《长春工业大学学报》2007 年第 3 期。

王向东：《俄罗斯传媒业发展轨迹初探》，《世界广播电视参考》2005 年第 4 期。

王荣：《区域化发展战略》，《新闻知识》2001 年第 1 期。

王永亮：《西方国家的新闻自由与法规调控》，《当代传播》2007 年第 2 期。

文武英：《试论车臣战争中的新闻宣传》，《当代传播》2000 年第 3 期。

伍玉婵：《浅谈新词语中外来词的特点》，《广西政法管理干部学院学报》2001 年第 3 期。

吴信训、金冠军：《中国传媒经济研究概观》，《人民网》2005 年 7 月 26 日。

吴非、胡逢瑛：《俄罗斯媒体资本运作与政府角色》，《新闻记者》2004 年第 11 期。

吴非、胡逢瑛：《俄国媒体运营体制转型的轨迹》，《当代中国研究》2004 年第 2 期。

吴昊：《俄罗斯电视风云录》，《人物》2006 年第 8 期。

吴泽霖：《苏联解体后俄国办刊业的发展态势》，《新闻与传播研究》2002 年第 2 期。

肖泉、钱永兴：《俄罗斯新政下的电视改革——强化中央调控》，《视听界》2005 年第 5 期。

谢飞：《转型期俄罗斯传媒业改革观察》，《青年记者》2006 年第 7 期。

谢耘耕：《中国传媒资本运营若干问题研究》，《新闻界》2006 年第 3 期。

熊澄宇：《WTO 对中国传媒的影响》，《现代广告》2001 年第 12 期。

徐光春：《WTO 与广播影视业改革》，《新闻战线》2002 年第 7 期。

徐明贞：《边缘新闻写作初探》，《军事记者》1996 年第 7 期。

徐赳赳：《叙述文中直接引语分析》，《语言教学与研究》1996 年第 1 期。

徐晴：《我国广电媒体集团化现状及发展趋势研究》，《湘潭师范学院学报》2006 年第 3 期。

徐胜：《打造跨区域强势媒体——访东方卫视总编辑陈梁》，《中国记者》2004 年第 1 期。

徐熙玉：《报业集团体制创新和组织再造的九大着力点》，《青年记者》2005 年第 2 期。

阎安：《新闻写作的"视觉化"技法》，《军事记者》2004 年第 3 期。

姚德权、曹海毅：《外资进入中国传媒业态势与政府规制创新》，《吉林大学学报》2007 年第 2 期。

杨保军：《新闻自由：责任与精神》，《四川理工学院学报》2007 年第 2 期。

杨慧芸：《直接引语使用分析》，《新闻界》2005 年第 6 期。

杨继绳：《试论新闻和政治权力的关系》，《新闻记者》1988 年第 3 期。

杨运芳：《俄罗斯报业现状一瞥》，《军事记者》2006 年第 11 期。

喻国明：《我国传媒行业发展的四个阶段》，http：//www．wowa．cn，2005 - 5 - 13。

宇文利：《“大跃进”运动期间新闻宣传产生的消极作用述评》，《党史纵览》2006 年第 6 期。

袁隆平：《像野稻一样自在》，2007 年 5 月 24 日《南方周末》。

张丹：《变化中的俄罗斯传媒》，《新闻与传播研究》2004 年第 3 期。

张丹：《俄罗斯媒体：静悄悄的革命》，《传媒》2002 年第 3 期。

张允若：《俄罗斯当今新闻事业概述上》，《当代传播》1996 年第 5 期。

张举玺译：《俄罗斯联邦大众传媒法》，《新闻与信息传播研究》2006 年冬季号。

张举玺：《试析和谐舆论环境对化解人民内部矛盾的作用》，《学习论坛》2007 年第 4 期。

张举玺：《传媒大亨古辛斯基沉浮记》，2005 年 5 月 23 日《第一财经日报》。

张举玺：《院士寡头别里佐夫斯基：没有解不开的难题》，2005 年 5 月 24 日《第一财经日报》。

张举玺：《祖国等待你回国奉献才智》，2003 年 9 月 21 日《莫斯科华人报》。

张举玺：《华商是“灰色清关”的受害者》，2001 年 11 月 20 日《莫斯科华人报》。

张举玺：《蒙难莫斯科》，2003 年 4 月 14 日《莫斯科华人报》。

张夫稳、吕光社：《直接引语在新闻中的作用》，《青年记者》2007 年第 2 期。

张青青：《宣达政令 VS 权力制衡——中西新闻功能之比较》，《新闻知识》2006 年第 6 期。

张贺：《天天出新词的背后》，2003 年 1 月 17 日《人民日报》。

张锦胜：《朱镕基视察央视》，1998 年 10 月 7 日《人民日报》。

张明：《开拓新闻媒体运作新领域》，2006 年 8 月 26 日《新华日报》。

张永红：《优化新闻作品的结构》，《军事记者》2003 年第 1 期。

张诗扬《俄罗斯报业改革发展及受众分析》，《中国新闻研究中心》2006 年 6 月 1 日。

张晓群等：《对报业集团管理体制的初步探讨》，《新闻战线》1998 年第 9 期。

张养志：《普京道路与俄罗斯传媒发展》，《北京印刷学院学报》2007 年第 2 期。

张养志：《政府职能与俄罗斯传媒宏观管理体制演变》，《俄罗斯中亚东欧市场》2008 年第 2 期。

詹成大：《民营资本与传媒业的融合发展》，《新闻实践》2006 年第 12 期。

赵华胜：《变化中的俄罗斯新闻业》，《国际新闻界》1997 年第 5 期。

周葆华、刘芊芊：《中国广电集团发展的策略和空间》，《中国广播电视学刊》2003 年第 7 期。

周翼双：《建设具有强大竞争力的现代报业集团》，2006 年 1 月 17 日《中国新闻出版报》）。

祝寿臣：《世界新闻媒体六大发展趋势》，《新闻记者》2007 年第 3 期。

郑保卫：《事业性、产业性：转型期中国传媒业双重属性解读》，《今传媒》2006 年第 8 期。

郑保卫：《"三股推力"与"三重阻力"下的舆论监督》，《新闻界》2007 年第 2 期。

郑保卫：《十六大以来我国新闻传媒的政策调整与改革创新》，《现代传播》2005 年第 6 期。

郑丽勇：《论传媒产业的产权改革及思路选择》，《新闻界》2006 年第 2 期。

周亚飞：《中国共产党新闻八十年》，《新闻爱好者》2001 年第 7 期。

三　报纸

《北京青年报》　　　　　　　　　《大河报》

《北京晨报》　　　　　　　　　　《第一财经日报》

《北京日报》　　　　　　　　　　《光明日报》

《长沙晚报》　　　　　　　　　　《广州日报》

《楚天金报》　　　　　　　　　　《河南日报》

《华商报》　　　　　　　　　　《现代教育报》

《环球时报》　　　　　　　　　《新华每日电讯》

《科技日报》　　　　　　　　　《新民晚报》

《科学与技术》　　　　　　　　《信息日报》

《解放日报》　　　　　　　　　《许昌晨报》

《辽宁日报》　　　　　　　　　《羊城晚报》

《南方周末》　　　　　　　　　《中国环境报》

《农民报》　　　　　　　　　　《中国青年报》

《平原晚报》　　　　　　　　　《中国消费者报》

《齐鲁晚报》　　　　　　　　　《中国铁道建筑报》

《青年参考》　　　　　　　　　《中国体育报》

《人民日报》　　　　　　　　　《中国教育报》

《山西晚报》　　　　　　　　　《郑州日报》

《文汇报》　　　　　　　　　　《21 世纪环球报道》

四　学位论文

严功军:《变迁与反思：转型期俄罗斯大众传媒研究》2004 年四川大学博士学位论文。

俄文主要参考文献

一　书籍

Бельчиков Ю. А. Стилистика Изд-во Русский язык, 1997.

Ваншенкин К. Журналистика как творчество. Изд-во РИП-холдинг, 2003.

Виноградов В. В. Великий русский язык. Изд-во Гослитиздат, 1945.

Володина М. Н. Язык средств массовой информации. Изд-во Альма Мастер, 2008.

Ворошилов В. В. Журналистика. Изд-во Михайлова В. А. , 2006.

Гальперин И. Р. Текст как объект лингвистического исследования Изд-во Наука, 1981.

Головлева Е. Л. Массовые коммуникации и медиапланирование. Из. Высшее образование, 2008.

Горбаневский М. В. Не говори шершавым языком. Изд-во Галерия, 1999.

Грабельников А. А. Работа журналиста в прессе. Изд-во РИП-холдинг, 2002.

Грабельников А. А. Массовая информация в России от первой газеты до информационного общества. Изд-во РУДН, 2001.

Грабельников А. А. Русская журналистика на рубеже тысячелетий. Изд-во РИП-холдинг, 2001.

Евгеньевой А. П. Словарь русского языка. Изд-во Русский язык, 1981.

Засурский Я. Н. Средства массовой информации постсоветской России. Изд-во Аспект пресс, 2002.

Земская Е. А. Языка игра, Изд-во Наука, 1983.

Земская Е. А. Русский язык конца XX столетия 1985 ~ 1995, Изд-во Языки русской культуры, 1996.

Земская Е. Я. Словообразование как деятельность, Изд-во Наука, 1992.

Ивин А. А. Логика для журналиститов. Изд-во Аспект пресс, 2002.

Ким М. Н. Технология создания журналистского произведения. Изд-во Михайлова В. , 2001.

Ким М. Н. Жанры современной журналистики. Изд-во Михайлова В. А. , 2004.

Колесников Н. П. Стилистика и литературное редак-вание. Изд-во ИКЦ "МарТ", 2003.

Корконосенко С. Г. Основы журналистики: учебник для вузов. Изд-во Аспект пресс, 2002.

Корконосенко С. Г. Основы журналистики. Изд-во Аспект пресс, 2009.

Костомаров В. Г. Языковой вкус эпохи. Изд-во Зла-тоуст, 1994.

Кузнецов И. В. История отечественной журн-стики (1917 ~ 2000) . Изд-во Флинта, 2003.

Лаптева О. А. Живая русская речь с телеэкрана. Изд-во УРСС, 2001.

Лекант П. А. Краткий справочни к по современному русскому языку. Изд-во Наука, 1995.

Ленин В. И. Полн. Собр. Соч. . Изд-во Советская школа, 1964.

Максимов В. И. Стилистика и литературное редактирование. Изд-во Гардарики, 2004.

Маркс. Собр. соч. М. . №3 т. Изд-во Советская шко-ла, 1948.

Мильчин А. Э. Методика реактирования текста. Изд-во Книга, 1980.

Миньяр-Белоручев Р. К. Общая теория и методы перевода. Изд-во Флинта, 1996.

Ожегов С. И. и Шведова Н. Ю. Толковый словарь рус-го языка. Изд-во Азбуковник, 1999.

Парамонов Б. М. Конец стиля. Изд-во Прогресс, 1999.

Петрякова А. Г. Культура речи. Изд-во Флинта, 1998.

Прохоров Е. П. Введение в теорию журналистики. Изд-во РИП-холдинг, 2002.

Прохоров Е. П. Введение в теорию журналистики. Из. Аспект пресс, 2009.

Реформатский А. А. Введение в языковедение. Изд-во Аспект пресс, 2004.

Солганик Г. Я. Лексика газеты. Изд-во Высшая школа, 1981.

Солганик Г. Я. Стилистика русского языка. Изд-во Высшая школа, 1995.

Сметанина С. И. Медиа-текст в системе культуры. Изд-во Михайлова В. А. , 2002.

Старуш М. И. Авторское "я" в публицистическом произведении. Изд-во МГУ, 1985.

Тертычный А. А. Жанры периодической печати. Изд-во Аспект пресс, 2002.

Цвик В. Л. Телевизионные новости России. Изд-во Аспект пресс, 2002.

二　文章

Засурский Я. Исследователи жур-тики и развитие отечественных СМИ. Журналитика, 2002. № 1.

Ботодина А. и К. Воронцев. Кому принадлежит Россия 2004. Коммерсант-Власть, 09. 08. 2004.

Закон РФ осредствах массовой информации, 2005.

Б. Руденко. Гибель четвертой власти. Совершенно секретно, 1995. №5.

Одальнейшем улучшении идеологической, олитико-воспитательной работы. Коммунист, 1979 – 04 – 26.

Гвоздев А. Н. Как приготовится экзамен. Где учится, 2000. №7.

Индустрия Российских СМИ: Цифры, Факты, проблемы. Журналист, 2002. № 7.

Чжан Цзюйси. Особенность и основной принцип образования газетного языка. Аспирант и соискатель, 2004. № 4.

Чжан Цзюйси. Перемена газетного языка в Китае. Вопросы филологических наук, 2004. № 4.

Чжан Цзюйси. Отличительная логическая структура современного газетного текста в России и в Китае. Вопросы филологических наук, 2005. № 5.

Чжан Цзюйси. Отличительные методы описания современного газетного текста в России и в Китае. Вопросы филологических наук, 2005. № 5.

Чжан Цзюйси. Отличительные функциональные особенности современного газетного текста в России и Китае. Вопросы гуманитарных наук, 2005. № 5.

Чжан Цзюйси. Отличительная функция авторского 《я》 в сов-ременном газетном тексте России и Китая. Вопросы гуманитарных наук, 2005. № 5.

三　报纸

Версия	*Время*
Время	*Вечерняя Москва*

Деловой Петербург

Добрый вечер, Москва

Известия

Итоги

Коммерсантъ

Комсомольская правда

Московская китайская газета

МК

Независимая газета

Общая газета

Огонёк

Профиль

Российская газета

Совершенно секретно

Труд

Футбол

the moscow times. com

四　学位论文

Чжан Цзюйси. Сходства и различия современных текстов в Китайской и Российской прессе. 2005.

后 记

　　本书是在国家社会科学基金项目"中俄现代新闻理论比较研究"最终成果的基础上修改完成的。该项目于 2008 年 6 月立项。为了保证在 2009 年 12 月底之前完成，我的研究生涂钢、夏冰、杨天瑜、崔秋丽、沈琦、张清媛、王凤喜、郝红霞、谷畔、程若春、王慧、张玉涛、韩庆亚、刘颖，同事白志茹先后参加了课题的研究工作。

　　2009 年 12 月底，"中俄现代新闻理论比较研究"成果准时完成，在申报结项的过程中，鉴定专家们对成果提出了一些修改意见。在修改过程中，我们吸取了合理的建议。对成果的修改恰逢我积劳成疾、服中药治疗期间，每天要忍受病痛，排除各种干扰，挤出一切可用时间，去一条条核查资料，核对研究数据，确认专家们认为有误的地方。修改过程在艰难中一直持续了近两个月，到 2010 年 6 月底才全面完成。然而，健康状况彻底向我亮起了红灯：脖子转不动了，脚后根骨质增生痛疼难忍，无法走路⋯⋯

　　2010 年 9 月 6 日深夜，我的手机突然响起，一名研究生在电话里向我说："老师，祝贺您！我们的课题通过了最终鉴定，并且获得了良好成绩。请您上国家社科基金网站去看看 8 月份成果鉴定等级公告吧！"当我在"良好"等级中亲眼看见成果名称时，才意识到我回国后所主持的第一个国家社科基金项目经过繁重的劳动终于完成了。

学术研究是一项甘苦自知的工作，无论是文山书海的精心翻阅，还是互联网上的认真浏览，无论是夜深人静时的苦心笔耕，还是高朋满座时的精彩辩驳……所有这些，都需要付出巨大的心力。

感谢鉴定专家们对该研究成果提出的宝贵修改意见。感谢课题组全体成员，大家的辛苦和努力，圆了我一个多年的梦想。

本书的研究参阅了许多中俄专家学者的文献，这些研究成果给了我十分宝贵的启迪。在研究和撰写本书期间，得到我的导师——俄罗斯人民友谊大学 Галина Трафимова 教授和 Виктор Барабаш 教授的大力帮助；得到了河南大学领导、科研处和新闻与传播学院的大力支持。在此，一并向大家表示最诚挚的感谢！

张举玺

2010 年 10 月于河南大学明伦校区

图书在版编目（CIP）数据

中俄现代新闻理论比较/张举玺等著.—北京：社会
科学文献出版社，2011.6
　ISBN 978 - 7 - 5097 - 2239 - 8

　Ⅰ.①中…　Ⅱ.①张…　Ⅲ.①新闻学 - 对比研究 -
中国、俄罗斯　Ⅳ.①G210

中国版本图书馆 CIP 数据核字（2011）第 048073 号

中俄现代新闻理论比较

著　　者／张举玺 等

出 版 人／谢寿光
总 编 辑／邹东涛
出 版 者／社会科学文献出版社
地　　址／北京市西城区北三环中路甲 29 号院 3 号楼华龙大厦
邮政编码／100029

责任部门／社会科学图书事业部（010）59367156　　责任编辑／李建军
电子信箱／shekebu@ssap.cn.　　　　　　　　　　　责任校对／邓　敏
项目统筹／王　绯　　　　　　　　　　　　　　　　责任印制／岳　阳
总 经 销／社会科学文献出版社发行部　　（010）59367081　59367089
读者服务／读者服务中心（010）59367028

印　　装／北京季蜂印刷有限公司
开　　本／787mm×1092mm　1/16　　印　张／26.75
版　　次／2011 年 6 月第 1 版　　　字　数／449 千字
印　　次／2011 年 6 月第 1 次印刷
书　　号／ISBN 978 - 7 - 5097 - 2239 - 8
定　　价／68.00 元